頭がよくなる詰将棋ドリル

将棋を孫に伝える会・編
監修 九段 勝浦修

楓書店

はじめに　～おうちの方《かた》へ～

藤井聡太四段《ふじいそうたよだん》の活躍《かつやく》で、いま将棋《しょうぎ》が大《だい》ブームになっています。子《こ》どもを対象《たいしょう》にした各地《かくち》の将棋《しょうぎ》イベントも大盛況《だいせいきょう》のようです。

藤井四段《ふじいよだん》の登場《とうじょう》をきっかけに、多《おお》くの子《こ》どもたちが将棋《しょうぎ》の魅力《みりょく》に触《ふ》れることは喜《よろこ》ばしいことです。

実際《じっさい》に将棋《しょうぎ》を指《さ》したことがある方《かた》ならおわかりでしょうが、将棋《しょうぎ》の最中《さいちゅう》は意識《いしき》を集中《しゅうちゅう》させて一手《いって》一手《いって》を考《かんが》え抜《ぬ》きます。そして真剣勝負《しんけんしょうぶ》を終《お》えたあとは、脳《のう》が疲《つか》れるという感覚《かんかく》を味《あじ》わうはずです。この考《かんが》えるという行為《こうい》が、脳《のう》の活性化《かっせいか》に役立《やくだ》つのです。

人間《にんげん》の脳《のう》が最《もっと》も発達《はったつ》するのは5歳《さい》くらいから小学生《しょうがくせい》までの間《あいだ》です。この時期《じき》に頭《あたま》を目一杯《めいっぱい》使《つか》って脳《のう》を働《はたら》かせると、脳《のう》の神経細胞《しんけいさいぼう》が発達《はったつ》して、まるでスポンジが水《みず》を吸《す》い込《こ》むかのように、ものすごいスピードで向上《こうじょう》していくのです。

この将棋《しょうぎ》の知的効力《ちてきこうりょく》はいまかなり注目《ちゅうもく》されています。東京大学《とうきょうだいがく》では「知性《ちせい》と感性《かんせい》を磨《みが》く」ために将棋《しょうぎ》の授業《じゅぎょう》が設《もう》けられているほどです。

また、将棋《しょうぎ》は精神教育《せいしんきょういく》にも役立《やくだ》ちます。現代《げんだい》の子《こ》どもたちの遊《あそ》びの主流《しゅりゅう》はポータブルゲームやスマートフォンなどになっています。対人関係《たいじんかんけい》が希薄《きはく》になっているいまの時代《じだい》に、人間相手《にんげんあいて》のゲームである将棋《しょうぎ》をやることで、コミュニケーション能力《のうりょく》も養《やしな》われるようになります。

藤井四段《ふじいよだん》の人気《にんき》はその強《つよ》さだけにあるわけではなく、中学生《ちゅうがくせい》らしからぬ立派《りっぱ》な立《た》ち居振《いふ》る舞《ま》いにあるのではないでしょうか。

「礼《れい》にはじまり、礼《れい》におわる」というのが将棋《しょうぎ》のマナーの基本《きほん》です。対局前《たいきょくまえ》には「よろしくお願《ねが》いします」と相手《あいて》に一礼《いちれい》し、負《ま》けたときは「負《ま》けました」と頭《あたま》を下《さ》げます。勝《か》った方《ほう》は、負《ま》けた相手《あいて》の悔《くや》しい気持《きも》ちを思《おも》いやり「ありがとうございました」と一礼《いちれい》するのです。

どんなに強《つよ》い子《こ》でもずっと勝《か》ち続《つづ》けることはできませんから、「負《ま》ける」という体験《たいけん》も大切《たいせつ》であると考《かんが》えます。そこで相手《あいて》の気持《きも》ちを思《おも》いやる心《こころ》が学《まな》べます。そして自分《じぶん》の感情《かんじょう》をコントロールできるようになってきます。

将棋《しょうぎ》がいかに人間形成《にんげんけいせい》に役立《やくだ》つか、それは羽生善治先生《はぶよしはるせんせい》をはじめとした将棋界《しょうぎかい》のトップ棋士《きし》の方《かた》たちが、みな人格者《じんかくしゃ》としても知《し》られていることがその証明《しょうめい》ではないでしょうか。

まけました
よろしく おねがい します
どうも ありがとう ございました

もくじ

この本《ほん》の特徴《とくちょう》

藤井《ふじい》四段《よだん》の抜群《ばつぐん》の強《つよ》さは「詰将棋《つめしょうぎ》」によって養《やしな》われたといわれます。

そこで、この本《ほん》では、将棋《しょうぎ》を覚《おぼ》えるのに最適《さいてき》である詰将棋《つめしょうぎ》を紹介《しょうかい》し、その面白《おもしろ》さを知《し》ってもらうことをねらいとしています。

また、詰将棋《つめしょうぎ》は、よくできたパズルとしても、注目《ちゅうもく》を集《あつ》めています。将棋自体《しょうぎじたい》にさほど興味《きょうみ》がなくとも、詰将棋《つめしょうぎ》を解《と》くことを趣味《しゅみ》にしている方《かた》も大勢《おおぜい》います。脳《のう》のトレーニングにも詰将棋《つめしょうぎ》は最適《さいてき》なのです。

レベルごとの問題《もんだい》

この本《ほん》には「初級問題《しょきゅうもんだい》」「中級問題《ちゅうきゅうもんだい》」「上級問題《じょうきゅうもんだい》」各《かく》30問《もん》と、「レベル判定問題《はんていもんだい》」10問《もん》が収録《しゅうろく》されています。詰将棋《つめしょうぎ》を始《はじ》める前《まえ》に、練習問題《れんしゅうもんだい》も35問用意《もんようい》し、詰将棋《つめしょうぎ》に慣《な》れてもらえるように、豊富《ほうふ》な問題《もんだい》とわかりやすい解説《かいせつ》で、さまざまに工夫《くふう》をこらしました。

問題《もんだい》は、基本的《きほんてき》にやさしい順《じゅん》から出題《しゅつだい》しています。中級問題《ちゅうきゅうもんだい》に1手《いって》で終了《しゅうりょう》する1手詰《いってづめ》があり、逆《ぎゃく》に、初級問題《しょきゅうもんだい》にもっと手数《てすう》がかかる「3手詰《さんてづめ》」の問題《もんだい》があるのを不思議《ふしぎ》に思《おも》われるかもしれませんが、初級問題《しょきゅうもんだい》の3手詰《さんてづめ》よりも、中級問題《ちゅうきゅうもんだい》の1手詰《いってづめ》の方《ほう》がむずかしくなっています。やさしい問題《もんだい》から順番《じゅんばん》に解《と》いて、答《こた》えがわかる面白《おもしろ》さを知《し》り、次第《しだい》にむずかしい問題《もんだい》にチャレンジしていく、というのが上達《じょうたつ》のための大切《たいせつ》なポイントです。

上級問題《じょうきゅうもんだい》の後《あと》には「レベル判定問題《はんていもんだい》」を掲載《けいさい》しました。この10問《もん》は、長年《ながねん》トップ棋士《きし》として活躍《かつやく》され、詰将棋《つめしょうぎ》についても造詣《ぞうけい》の深《ふか》い勝浦修先生《かつうらおさむせんせい》に、特別《とくべつ》に出題《しゅつだい》していただいたものです。最後《さいご》のレベル判定問題《はんていもんだい》にたどりつくまでがんばってトライしてください。

そして、この本《ほん》の最大《さいだい》の特典《とくてん》は、付録《ふろく》の「動《うご》きかたが一目《ひとめ》でわかる特製将棋駒《とくせいしょうぎごま》」です。初《はじ》めて将棋《しょうぎ》に触《ふ》れる子《こ》どもが、一番《いちばん》とまどうのが各駒《かくこま》の動《うご》きですが、特製将棋駒《とくせいしょうぎごま》では、駒《こま》自体《じたい》に動《うご》きが書《か》いてありますので、視覚的《しかくてき》につかむことができ、すぐに習得《しゅうとく》できます。また駒《こま》の位置《いち》がわかりやすい「特製将棋盤《とくせいしょうぎばん》」もセットになっていますので、この本《ほん》が1冊《さつ》あれば、すぐに将棋《しょうぎ》を始《はじ》められます。

藤井《ふじい》四段《よだん》も、最初《さいしょ》に将棋《しょうぎ》を覚《おぼ》えたとき、こうした特製将棋《とくせいしょうぎ》を用《もち》いたことはよく知《し》られています。

将棋《しょうぎ》を知《し》らない、あるいはルールくらいしかわからないというお母《かあ》さんお父《とう》さん方《がた》も、ぜひお子《こ》さんと一緒《いっしょ》に詰将棋《つめしょうぎ》にチャレンジしてみてください。

将棋《しょうぎ》の最大《さいだい》の魅力《みりょく》は、年齢性別《ねんれいせいべつ》を問《と》わずに楽《たの》しめることであり、世代間交流《せだいかんこうりゅう》にもとても役《やく》に立《た》ちます。きっと家族《かぞく》での楽《たの》しいコミュニケーションツールになるでしょう。

将棋《しょうぎ》のルール

「詰将棋《つめしょうぎ》」を始《はじ》める前《まえ》に、基本的《きほんてき》な将棋《しょうぎ》のルールを覚《おぼ》えておきましょう。

将棋《しょうぎ》は9×9のマス目《め》の将棋盤《しょうぎばん》に駒《こま》をならべて、ふたりでおこなうゲームです。

ひとりで使《つか》う駒《こま》は全部《ぜんぶ》で20枚《まい》、駒《こま》は「歩《ふ》・香《きょう》・桂《けい》・銀《ぎん》・金《きん》・角《かく》・飛《ひ》・玉《ぎょく》」の8種類《しゅるい》になります。一番大切《いちばんたいせつ》なのは「玉《ぎょく》」で、相手《あいて》の「玉《ぎょく》」をつかまえた方《ほう》の勝《か》ちになります。

駒《こま》の動《うご》きかた

はじめに、それぞれの駒《こま》の動《うご》きかたを覚《おぼ》えましょう。**この本《ほん》の付録《ふろく》の特製駒《とくせいごま》は、それぞれの動《うご》き方《かた》が矢印《やじるし》でわかるようになっています**ので、途中《とちゅう》で動《うご》きかたを忘《わす》れても大丈夫《だいじょうぶ》です。

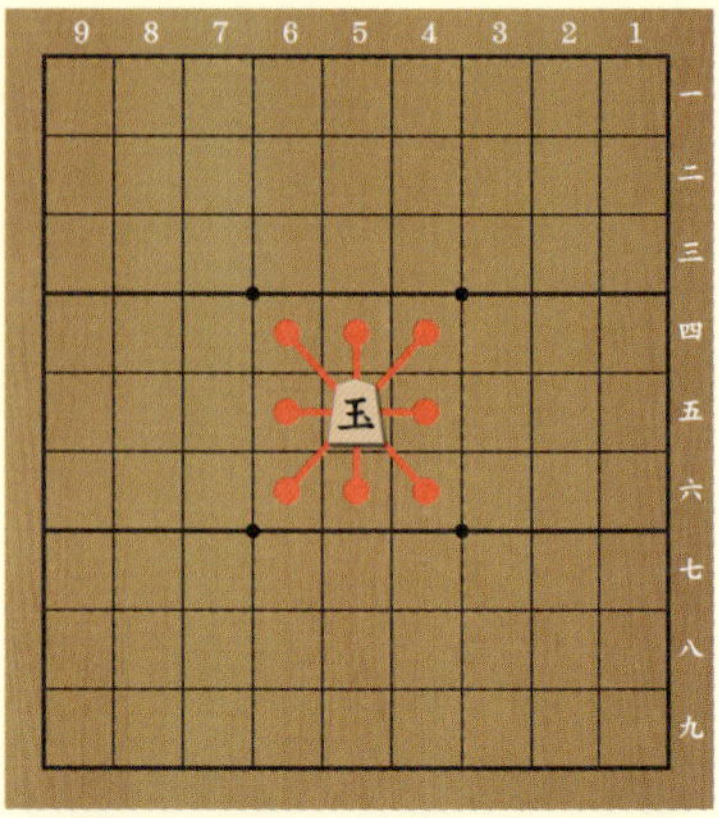

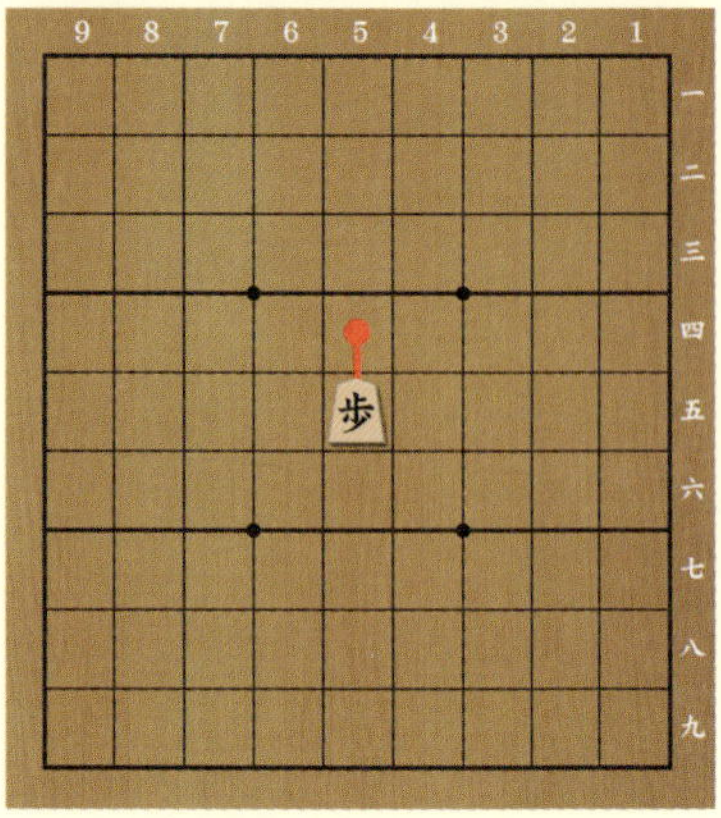

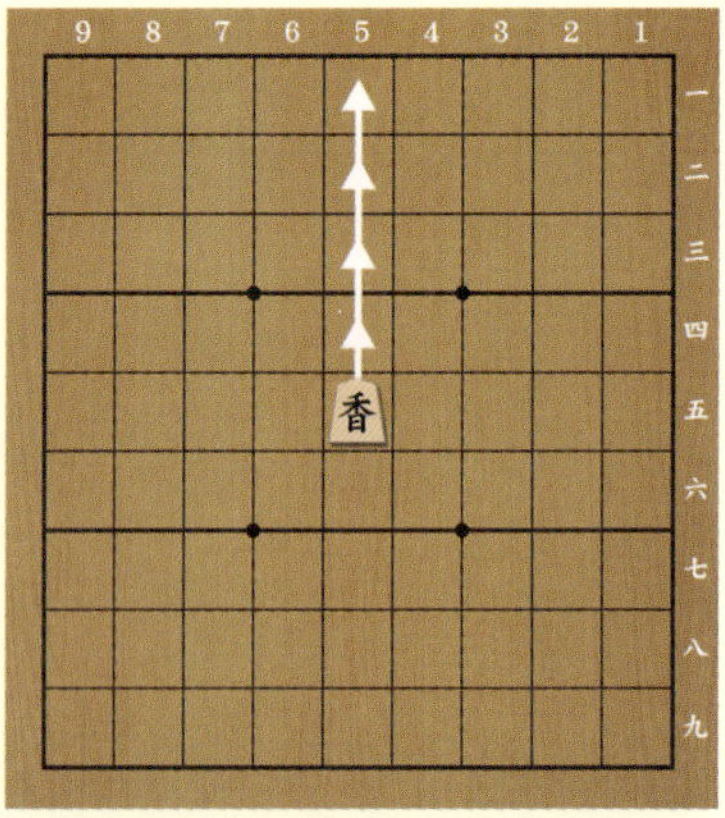

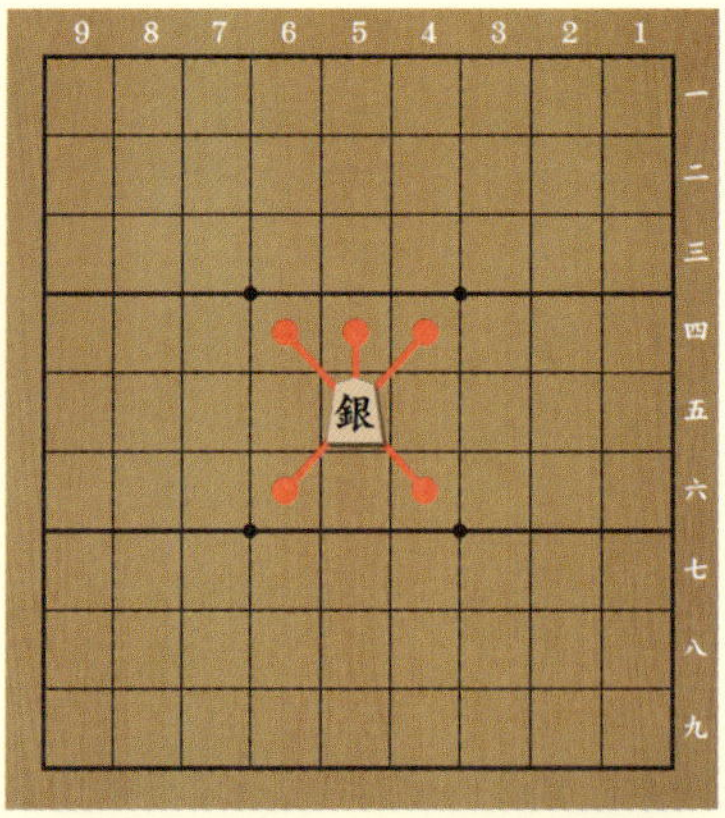

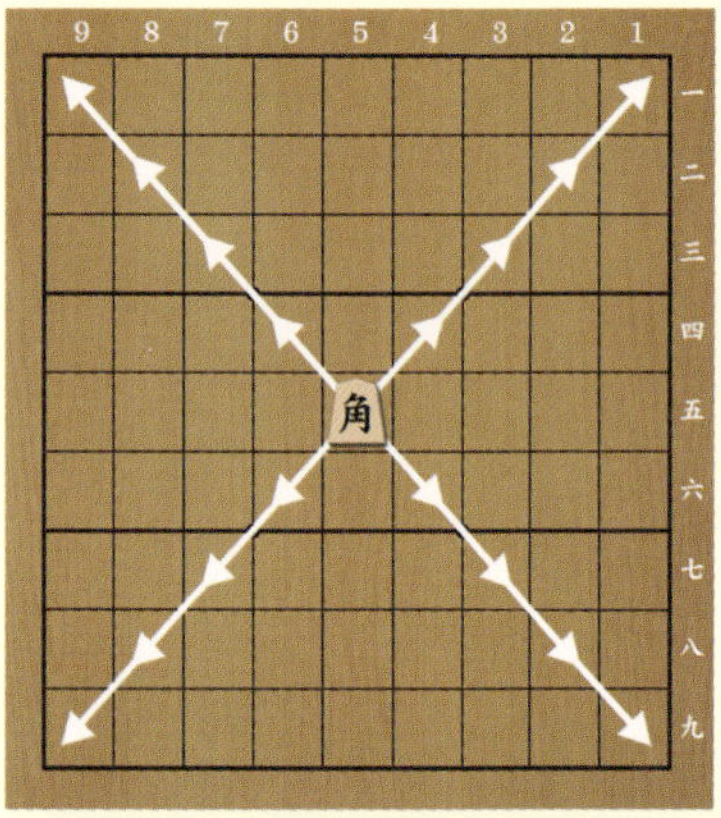

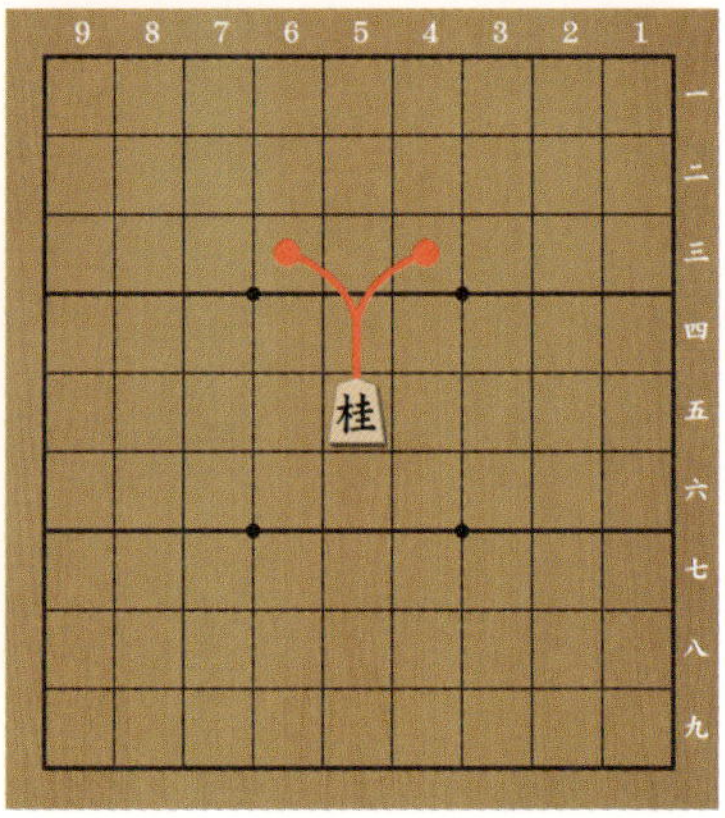

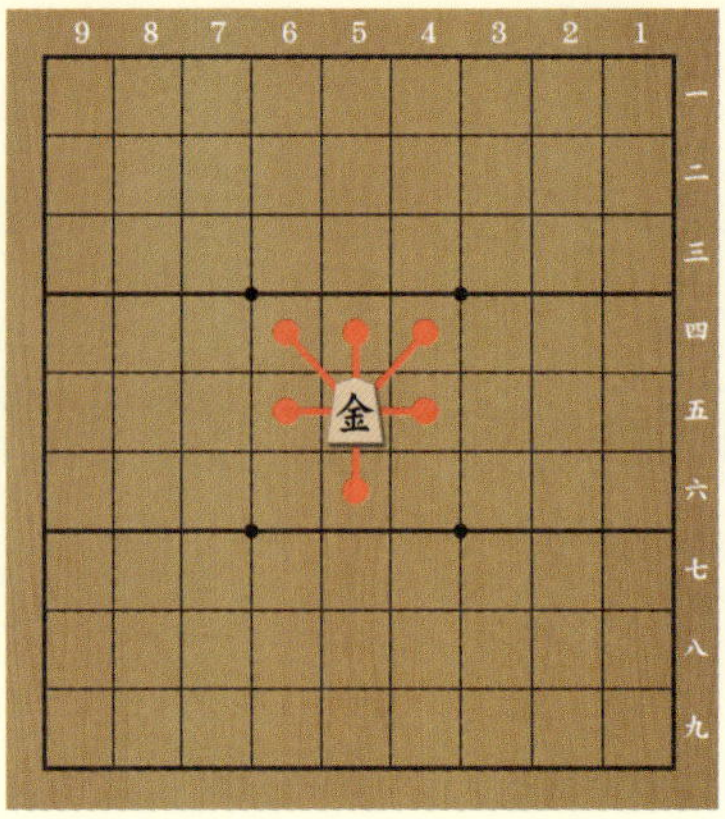

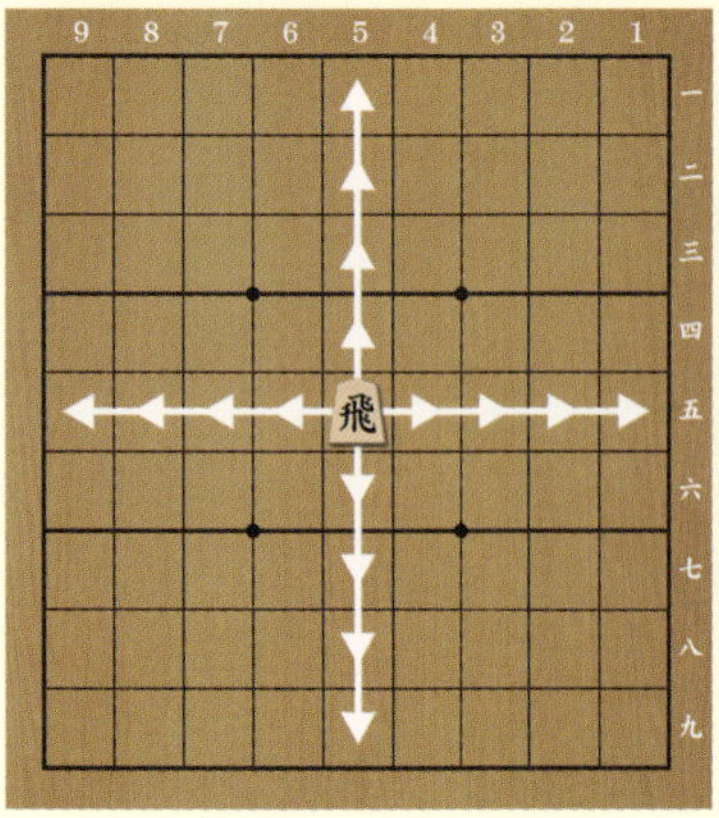

相手《あいて》の駒《こま》のとりかた

それぞれの駒《こま》を動《うご》かすことを「指《さ》す」といい、指《さ》したことを「手《て》」といいます。相手《あいて》とあなたで順番《じゅんばん》に、交互《こうご》に指《さ》していきます。

自分《じぶん》の駒《こま》があるマスに、駒《こま》を動《うご》かすことはできませんが、相手《あいて》の駒《こま》がある場合《ばあい》は、それをとって自分《じぶん》の駒《こま》にすることができ、同時《どうじ》に、自分《じぶん》の駒《こま》はその場所《ばしょ》に進《すす》めます。

ほとんどの駒《こま》は、決《き》まった方向《ほうこう》に1マスずつしか進《すす》めないので、すぐそばの駒《こま》しかとれません。

「角《かく》」と「飛《ひ》」は、ほかの駒《こま》がなければ盤《ばん》の一番端《いちばんはし》まで進《すす》めるので、離《はな》れたところにある駒《こま》もとることができます。ただし、自分《じぶん》の駒《こま》や相手《あいて》の駒《こま》を飛《と》びこすことはできません。

「桂《けい》」だけは、駒《こま》を飛《と》びこして動《うご》き、相手《あいて》の駒《こま》をとることができます。

チェス（西洋《せいよう》の将棋《しょうぎ》）では、とった相手《あいて》の駒《こま》は使《つか》えません。しかし、日本《にほん》の将棋《しょうぎ》ではとった駒《こま》が「持駒《もちごま》」となり、自分《じぶん》の駒《こま》として使《つか》えるのが面白《おもしろ》いところです。持駒《もちごま》は自分《じぶん》の番《ばん》に、あいている好《す》きな場所《ばしょ》に置《お》くことができます。これを「打《う》つ」といいます。

成《な》り

相手陣《あいてじん》（相手方《あいてがた》の奥《おく》から3列目《れつめ》まで）に入《はい》ったら、駒《こま》を裏返《うらがえ》すことができます。駒《こま》を裏返《うらがえ》すと赤《あか》い文字《もじ》になります。これを「成《な》る（成《な》り）」といい、3つのやりかたがあります。

①相手陣《あいてじん》に入《はい》って成《な》る
②相手陣《あいてじん》の中《なか》で動《うご》いて成《な》る
③相手陣《あいてじん》から出《で》て成《な》る

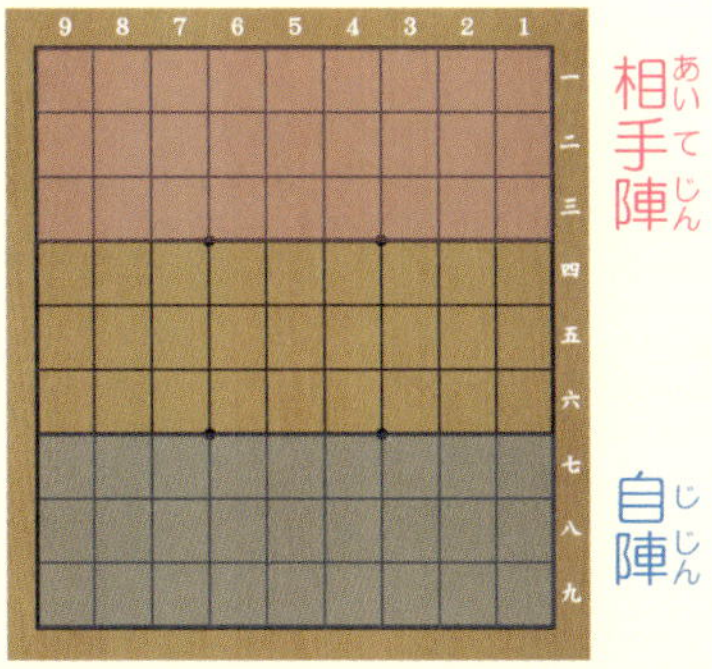

②相手陣《あいてじん》の中《なか》で動《うご》いたとき

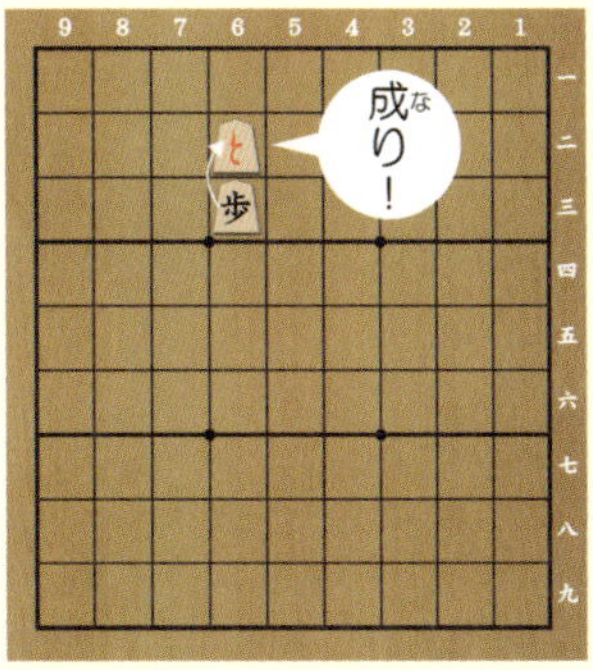

①相手陣《あいてじん》に入《はい》ったとき

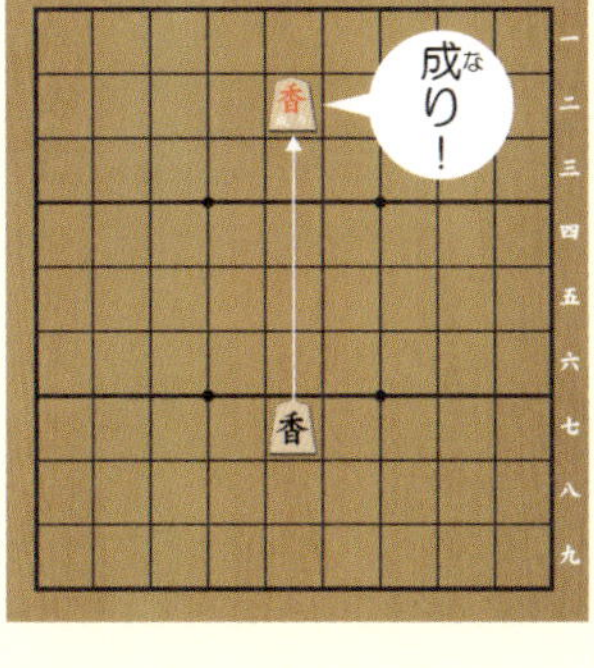

③相手陣《あいてじん》から出《で》るとき

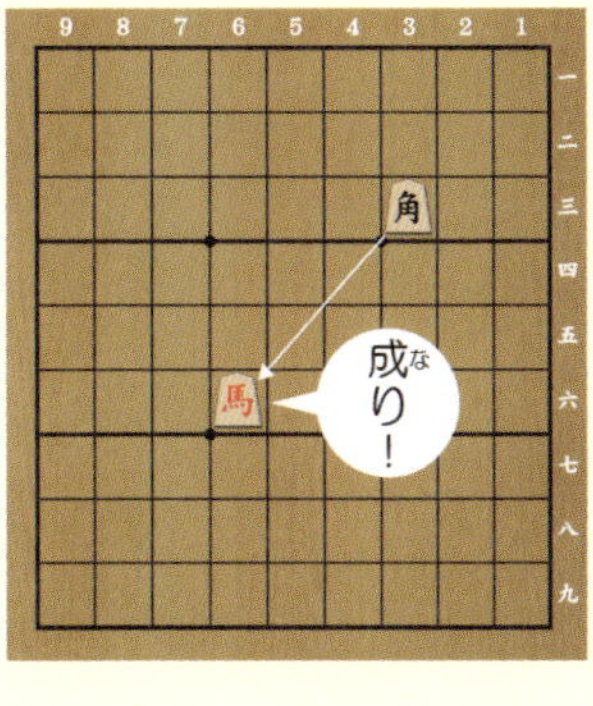

成《な》った駒《こま》は前《まえ》より多《おお》くの方向《ほうこう》に動《うご》くことができます。これも付録《ふろく》の駒《こま》では一目《ひとめ》でわかるようになっています。

ただし、成《な》れるからといって、**必《かなら》ず駒《こま》が成《な》る必要《ひつよう》はありません。**これは大切《たいせつ》なポイントです。

たとえば相手陣《あいてじん》に「桂《けい》」で攻《せ》めこんだとき、「桂《けい》」のままの動《うご》きのほうが攻《せ》めやすいのであれば、「金《きん》」に成《な》らなくてもかまいません。自分《じぶん》にとって、より有利《ゆうり》な方法《ほうほう》を考《かんが》えましょう。

また、一度《いちど》成《な》った駒《こま》はもとにもどすことはできません。裏返《うらがえ》して「金《きん》」になったら、ずっとそのままです。もとの状態《じょうたい》にもどるのは、成《な》った駒《こま》を相手《あいて》にとられたときだけです。たとえば、「と金《きん》」（歩《ふ》が成《な》った状態《じょうたい》）をとられても、相手《あいて》はその駒《こま》を「と金《きん》」として打《う》つことはできず、もとの歩《ふ》として使《つか》える、ということです。

なお、「玉《ぎょく》」と「金《きん》」は成《な》りません。裏返《うらがえ》すこともないので駒《こま》の裏側《うらがわ》に字《じ》が書《か》かれていないのです。

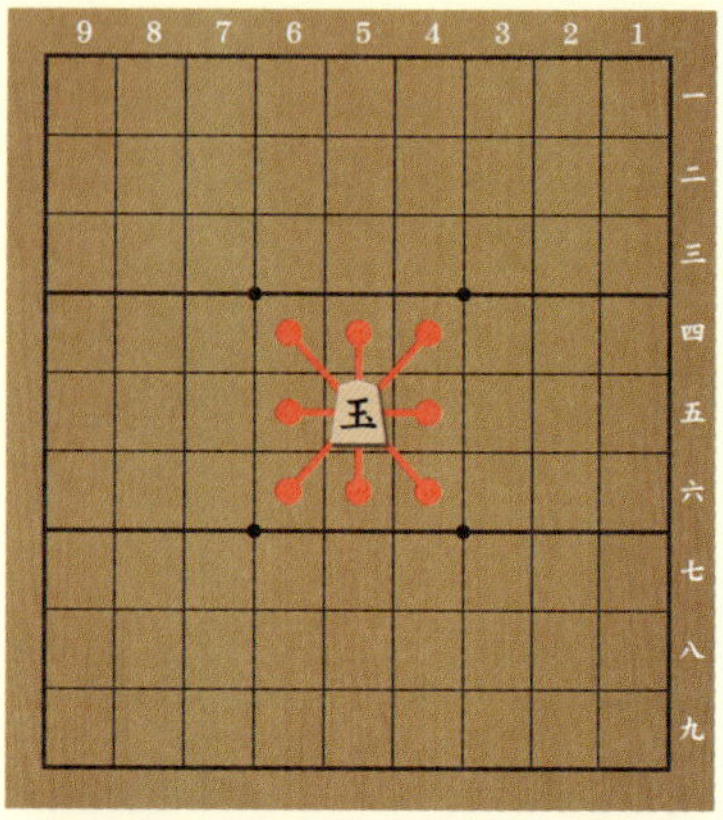

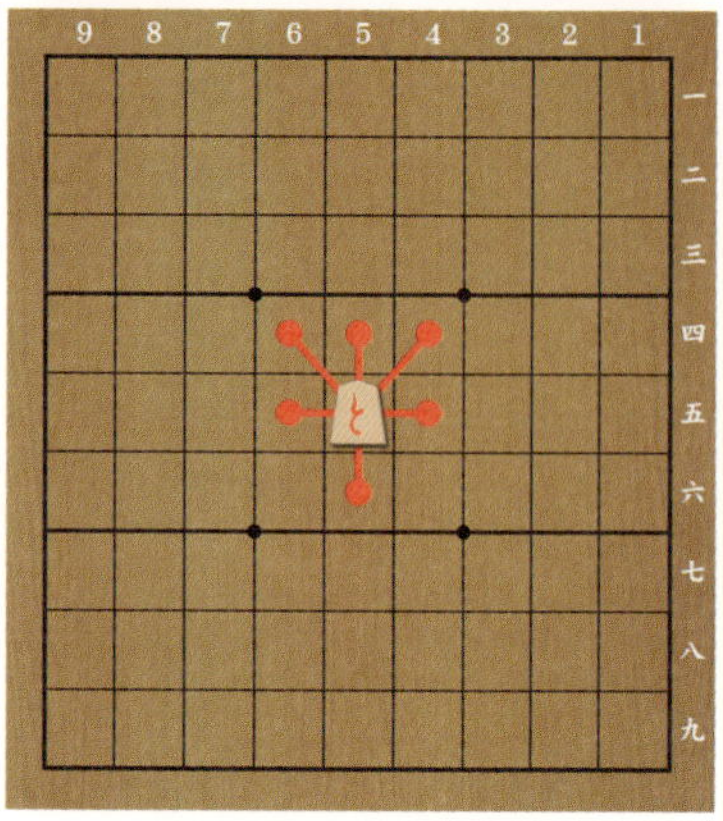

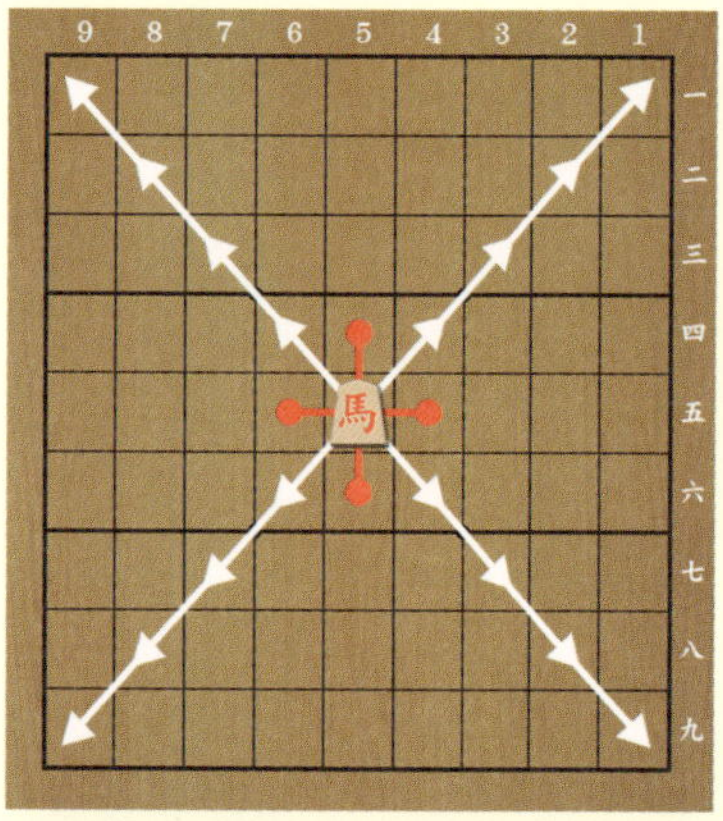

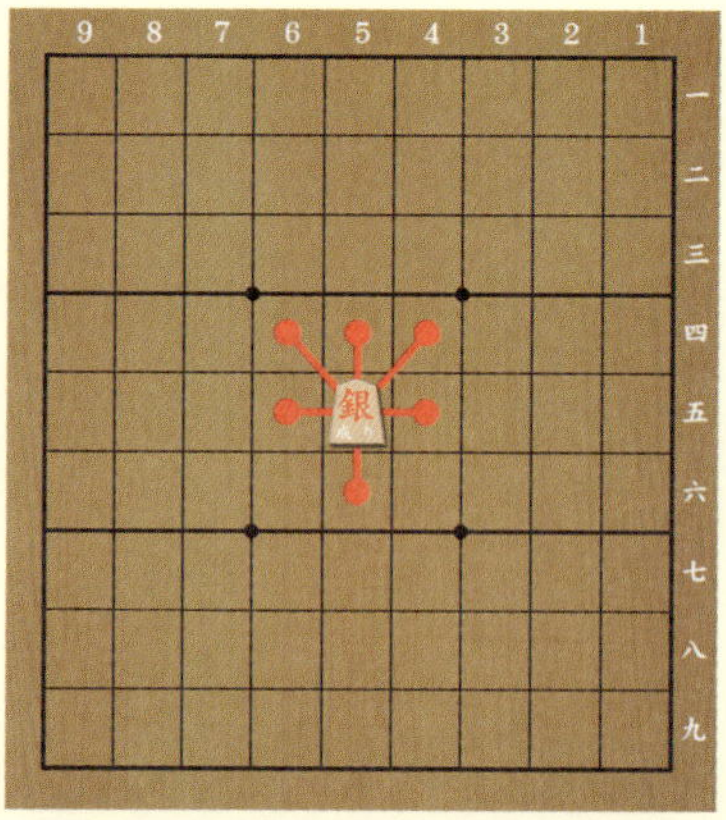

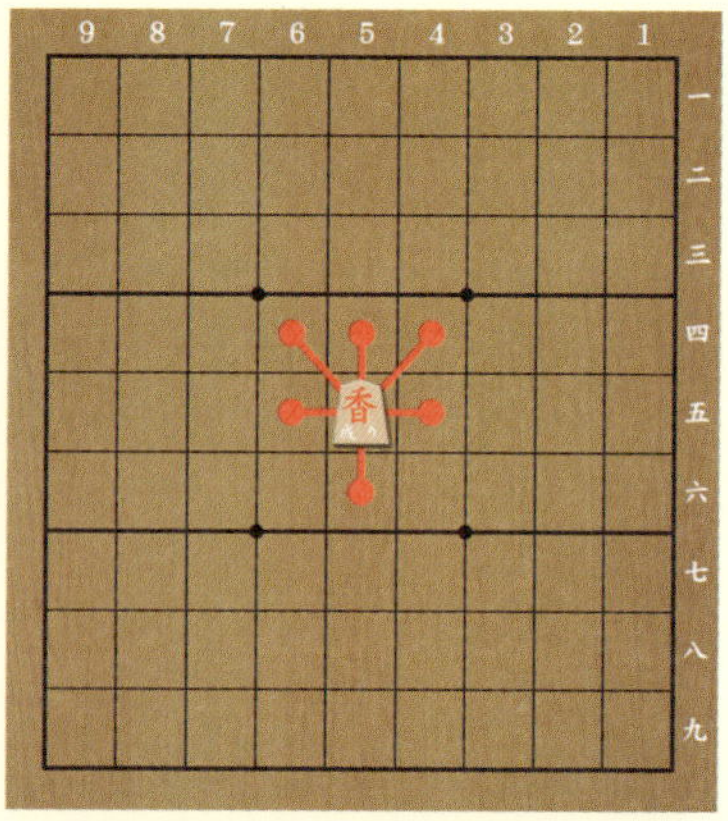

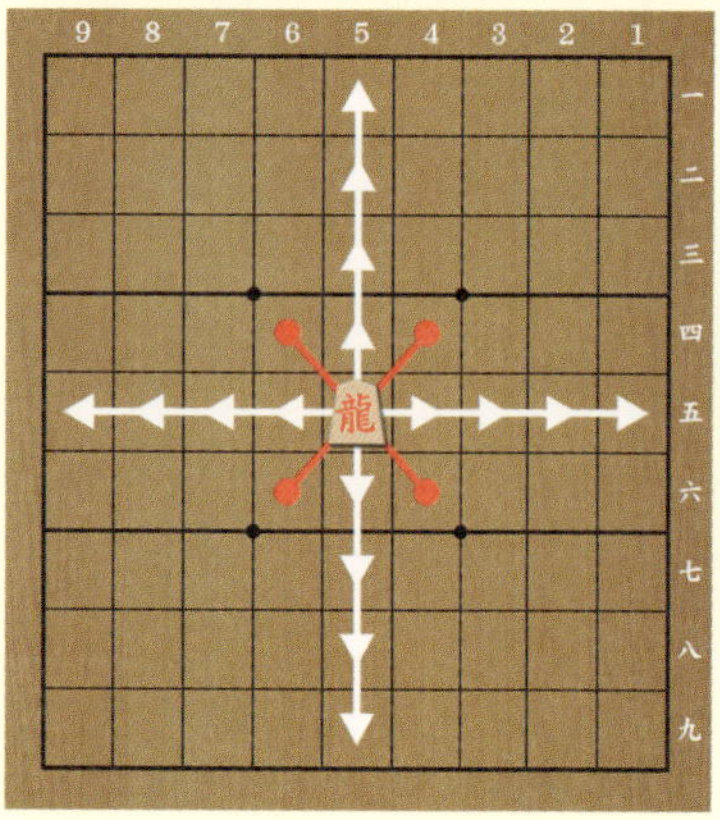

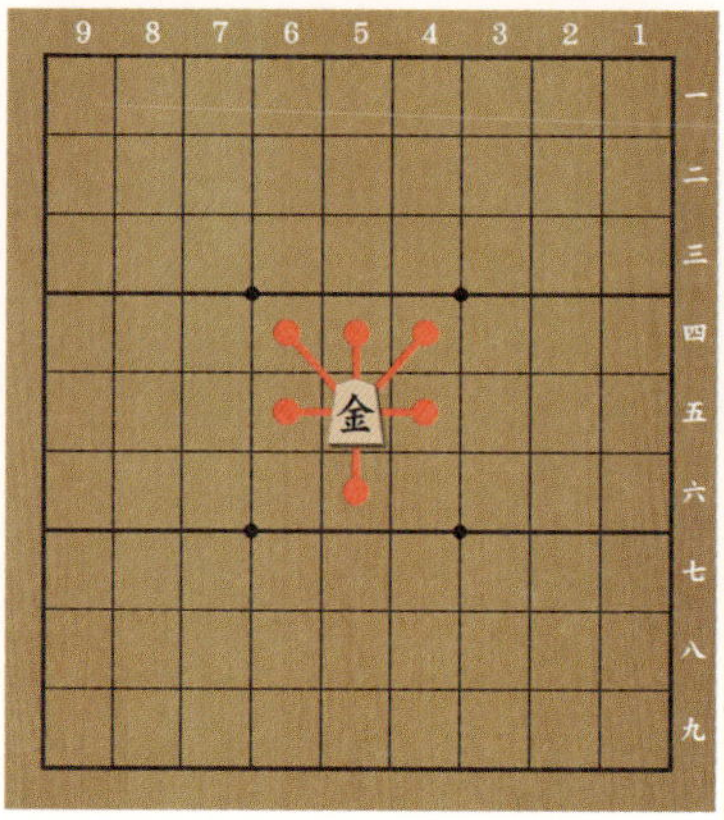

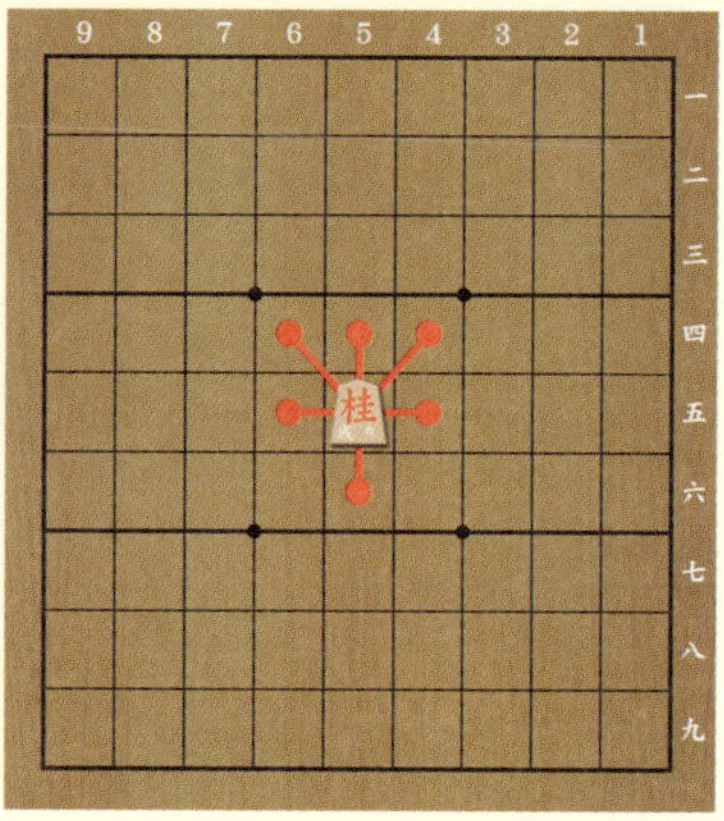

将棋《しょうぎ》の勝《か》ち負《ま》け

相手《あいて》の「玉《ぎょく》」をとれる場所《ばしょ》に駒《こま》を動《うご》かしたり、持駒《もちごま》を打《う》つことを「王手《おうて》」といいます。王手《おうて》とは、次《つぎ》に「玉《ぎょく》」をとりますよ、という手《て》です。

王手《おうて》と宣言《せんげん》しなければならないというルールはありませんが、最初《さいしょ》のうちは、王手《おうて》に気《き》づかず、すぐに勝敗《しょうはい》が決《き》まることもあるので、相手《あいて》に教《おし》えてあげてもよいでしょう。

将棋《しょうぎ》は「玉《ぎょく》」をとったほうが勝《か》ちです。しかし、実際《じっさい》の対戦《たいせん》では「玉《ぎょく》」をとる前《まえ》に、相手《あいて》がどう指《さ》しても逃《に》げられなくなったところで負《ま》けになります。これを「詰《つ》み」といいます。

将棋《しょうぎ》の「王《おう》」には「王《おう》」と「玉《ぎょく》」2種類《しゅるい》の駒《こま》がありますが、この本《ほん》では「玉《ぎょく》」に統一《とういつ》します。

将棋《しょうぎ》の禁《きん》じ手《て》

将棋《しょうぎ》には、禁《きん》じ手《て》（やってはいけない手《て》）がいくつか決《き》められています。正式《せいしき》な対局《たいきょく》で禁《きん》じ手《て》を打《う》ってしまったら、その場《ば》で負《ま》けになります。

◆二歩《にふ》……盤《ばん》の上《うえ》に「歩《ふ》」があるとき、同《おな》じタテの列《れつ》に持駒《もちごま》の「歩《ふ》」を打《う》つことです。将棋《しょうぎ》の禁《きん》じ手《て》としては一番《いちばん》よく知《し》られています。

ただし、「歩《ふ》」が「と金《きん》」に成《な》っている場合《ばあい》は、おなじタテの列《れつ》でも「歩《ふ》」を打《う》つことができます。

×二歩《にふ》（禁《きん》じ手《て》）

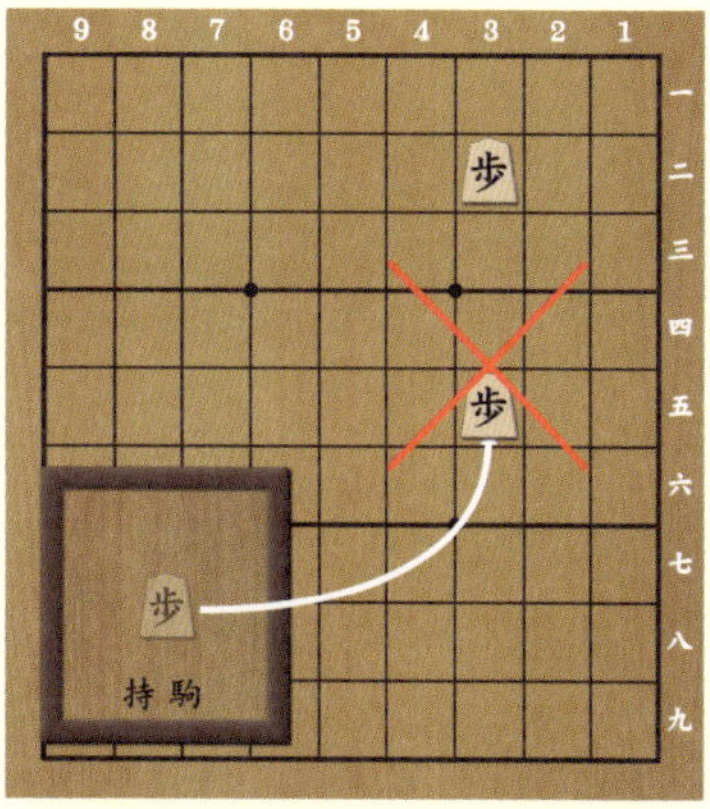

○二歩《にふ》ではない

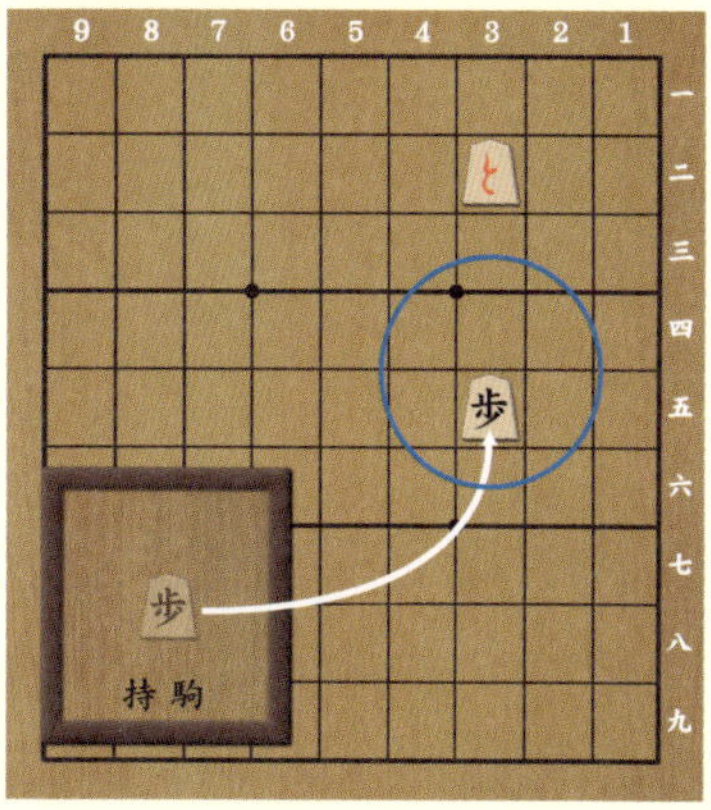

◆打歩詰《うちふづめ》……持駒《もちごま》の「歩《ふ》」を打《う》って、相手《あいて》の「玉《ぎょく》」が詰《つ》みとなる場合《ばあい》は「打歩詰《うちふづめ》」といって反則《はんそく》になります。

ただし、もとから盤《ばん》の上《うえ》にあった「歩《ふ》」をひとつ進《すす》めて詰《つ》みになる手《て》は「突歩詰《つきふづめ》」といって反則《はんそく》ではありません。

×打歩詰《うちふづめ》

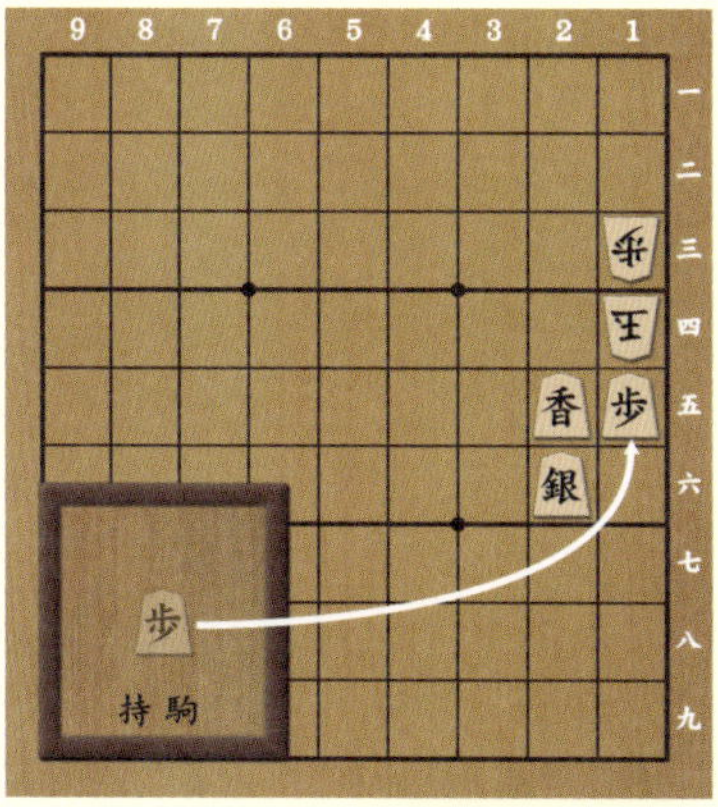

○突歩詰《つきふづめ》

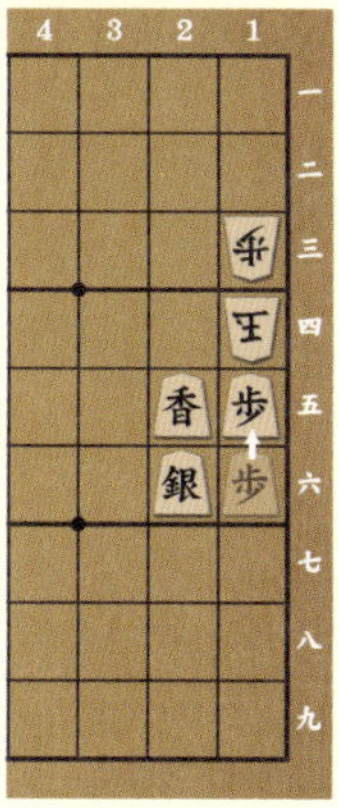

上図《じょうず》と右図《うず》は、同《おな》じく1五歩《ふ》で詰《つ》みのようですが、持駒《もちごま》を打《う》つ上図《じょうず》は反則《はんそく》。盤面《ばんめん》の駒《こま》で玉《ぎょく》の頭《あたま》を突《つ》く右図《うず》はOKです。

◆**行《い》きどころのない駒《こま》**……持駒《もちごま》は、その後動《あとうご》けない場所《ばしょ》に打《う》つと反則《はんそく》です。たとえば、相手《あいて》の陣地《じんち》の一番奥《いちばんおく》（１一～９一）の列《れつ》に「桂《けい》・香《きょう》・歩《ふ》」は打《う》てません。その列《れつ》に打《う》てるのは、後《うし》ろに下《さ》がることのできる「金《きん》・銀《ぎん》・飛《ひ》・角《かく》」だけです。

また、相手陣《あいてじん》に駒《こま》を進《すす》めたとき、成《な》らないと動《うご》けなくなってしまう場合《ばあい》は、成《な》らないと反則《はんそく》になります。５四にいた「桂《けい》」を４二に進《すす》めたら、桂《けい》のままでは動《うご》けませんから、必《かなら》ず成《な》らなければならないということです。

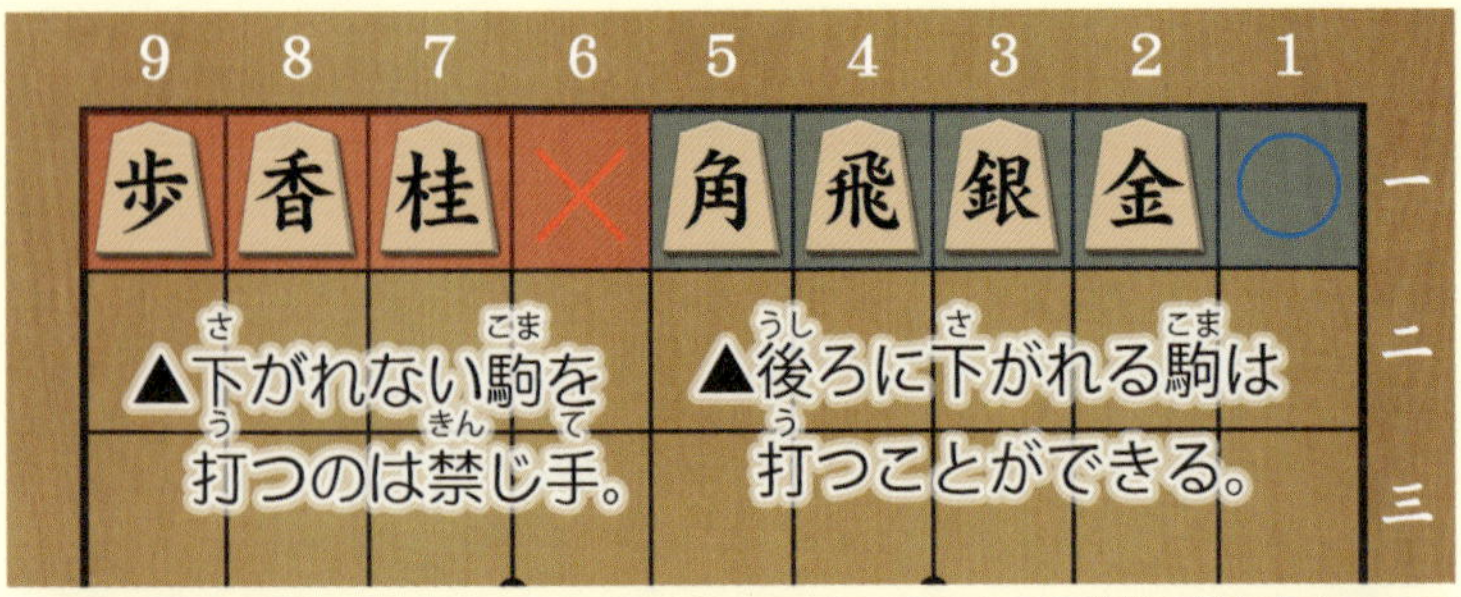
9 8 7 6 5 4 3 2 1
一 二 三
歩 香 桂 角 飛 銀 金
▲下《さ》がれない駒《ごま》を打《う》つのは禁《きん》じ手《て》。
▲後《うし》ろに下《さ》がれる駒《こま》は打《う》つことができる。

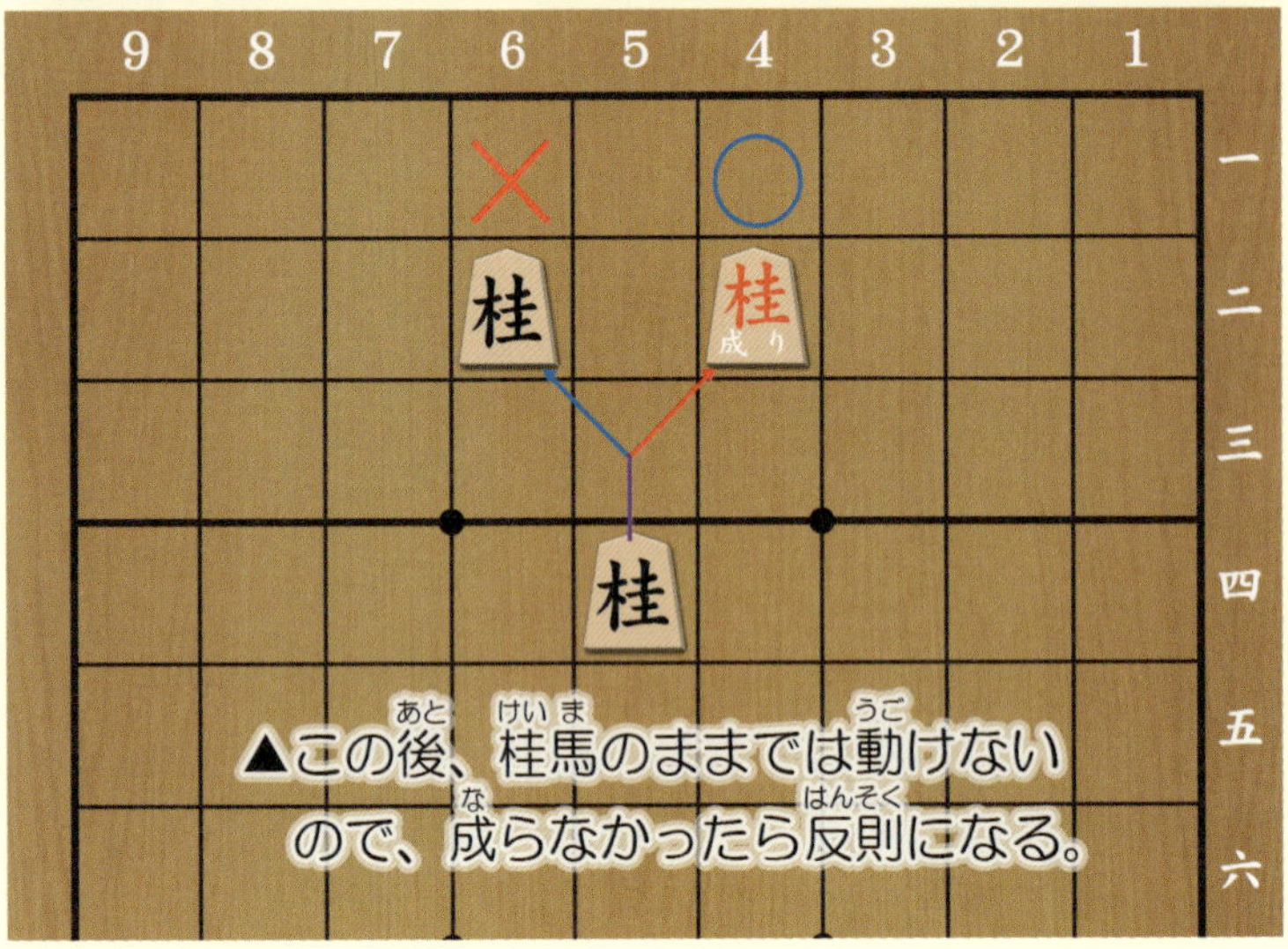
9 8 7 6 5 4 3 2 1
一 二 三 四 五 六
桂
桂 成り
桂
▲この後《あと》、桂馬《けいま》のままでは動《うご》けないので、成《な》らなかったら反則《はんそく》になる。

詰将棋《つめしょうぎ》とは?

それでは「詰将棋《つめしょうぎ》」の説明《せつめい》に入《はい》りましょう。「詰将棋《つめしょうぎ》」とは相手《あいて》の「玉《ぎょく》」を「王手《おうて》」の連続《れんぞく》で詰《つ》ますゲームです。どのように指《さ》したら、相手《あいて》の「玉《ぎょく》」を追《お》いつめることができるかを探《さが》しあてるクイズなのです。ふつうの将棋《しょうぎ》のように勝《か》ち負《ま》けをあらそうものではありません。ひとりで楽《たの》しみ、勉強《べんきょう》するものです。

詰将棋《つめしょうぎ》はもともと将棋《しょうぎ》が強《つよ》くなるためのトレーニング問題《もんだい》として、江戸時代《えどじだい》に生《う》まれたものです。現代《げんだい》では、ふつうの将棋《しょうぎ》でなく、詰将棋《つめしょうぎ》だけを楽《たの》しむ将棋《しょうぎ》ファンもとても多《おお》くなっています。

また、詰将棋《つめしょうぎ》で強《つよ》くなったと藤井四段《ふじいよだん》が言《い》っているように、将棋《しょうぎ》と詰将棋《つめしょうぎ》は切《き》っても切れない関係《かんけい》にあります。藤井四段《ふじいよだん》は「詰将棋解答選手権《つめしょうぎかいとうせんしゅけん》」という大会《たいかい》で３回連続《かいれんぞく》で優勝《ゆうしょう》しており、こうした解答《かいとう》の速《はや》さと正確《せいかく》さを競《きそ》い合《あ》うコンクールもおこなわれています。

詰将棋《つめしょうぎ》が得意《とくい》になると、実際《じっさい》の将棋《しょうぎ》の対局《たいきょく》でも、相手《あいて》の玉《ぎょく》を詰《つ》める方法《ほうほう》があっというまに見《み》つけられるようになり、勝《か》つ可能性《かのうせい》が高《たか》くなるというわけです。

将棋《しょうぎ》では、駒《こま》の場所《ばしょ》をしめすとき、タテの列《れつ》を算用数字《さんようすうじ》（１～９）、ヨコの列《れつ》を漢数字《かんすうじ》（一～九）で表《あらわ》します。ふつうの将棋盤《しょうぎばん》に数字《すうじ》は書《か》かれていませんが、付録《ふろく》の将棋盤《しょうぎばん》では、一目《ひとめ》でわかるようにしてあります。

詰将棋《つめしょうぎ》のルール

「詰将棋《つめしょうぎ》」には決《き》められたルールがあります。

＊先手《せんて》（攻《せ》める側《がわ》）は、常《つね》に「王手《おうて》」をしなければなりません。相手《あいて》の「玉《ぎょく》」が逃《に》げた場合《ばあい》も、ずっと王手《おうて》をし続《つづ》けなければならず、王手《おうて》がとぎれたら、詰《つ》まなかった（失敗）ということになります。

＊後手《ごて》（守《まも》る側《がわ》）は、逃《に》げるための一番良《いちばんよ》い手《て》を指《さ》します。

＊先手《せんて》は、一番短《いちばんみじか》い手数《てすう》で、相手《あいて》の「玉《ぎょく》」を詰《つ》ませなければなりません。

＊「持駒《もちごま》」がある場合《ばあい》は、それを使《つか》うことができます。

＊王手《おうて》をしながらとった駒《こま》も、持駒《もちごま》として使えます。

＊「禁《きん》じ手《て》」を使《つか》ってはいけません（↓Ｐ９）。

＊後手《ごて》の持駒《もちごま》は「残《のこ》った駒全部《こまぜんぶ》」です。特《とく》に後手《ごて》の持駒《もちごま》として書《か》かれていなくても、盤上《ばんじょう》の駒《こま》と、先手《せんて》の持駒《もちごま》、そして「玉《ぎょく》」以外のすべての駒《こま》を使《つか》うことができます。

詰将棋《つめしょうぎ》でよく使《つか》われる記号《きごう》で、☗は「先手《せんて》」で攻《せ》める側《がわ》、☖は「後手《ごて》」で「玉《ぎょく》」を守《まも》る側《がわ》をしめします。

1手詰《いってづめ》、3手詰《さんてづめ》、5手詰《ごてづめ》……

相手《あいて》の「玉《ぎょく》」を何手《なんて》で詰《つ》ますかも重要《じゅうよう》になります。

◆**1手詰《いってづめ》**……1手詰《いってづめ》とは、一手指《いってさ》して、相手《あいて》の「玉《ぎょく》」を詰《つ》ませる詰将棋《つめしょうぎ》です。左上《ひだりうえ》の図《ず》の問題《もんだい》では「☗（先手《せんて》＝あなた）3二金《きん》」と打《う》つ左下《ひだりした》の図《ず》が正解《せいかい》になります。詰将棋《つめしょうぎ》の答《こた》えは必《かなら》ず「王手《おうて》」なので、1手詰《いってづめ》の問題《もんだい》では、問題図《もんだいず》の王手《おうて》をすべて確認《かくにん》すれば答《こた》えにたどりつきます。

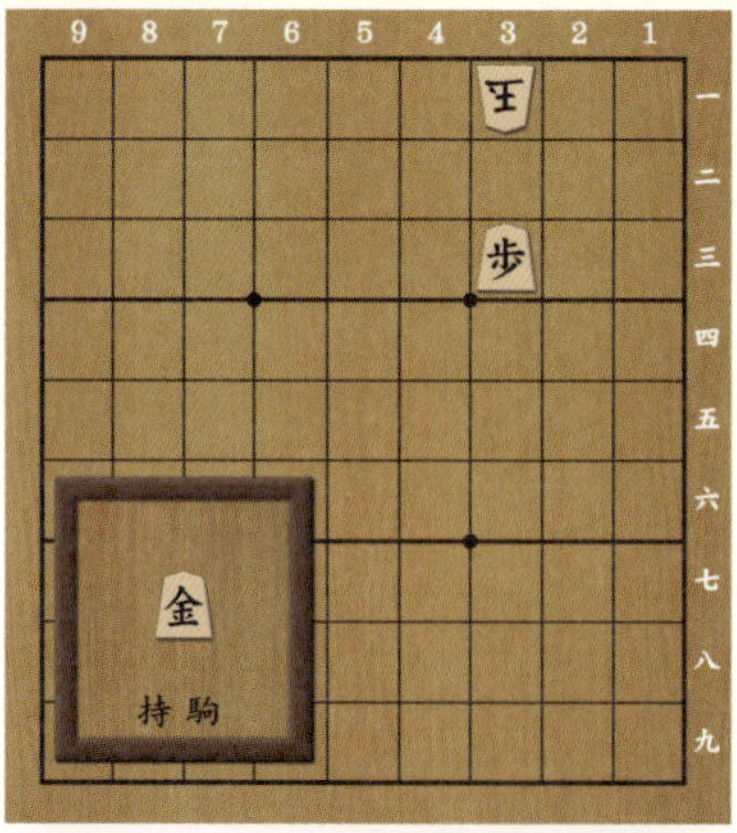

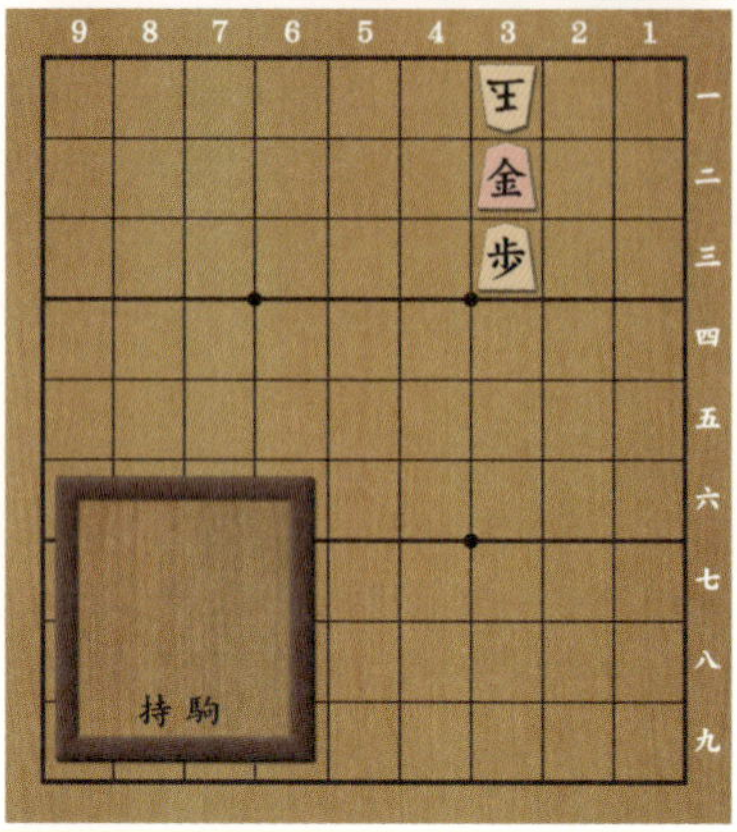

このような1手詰《いってづめ》で、解答《かいとう》が文字《もじ》でしめされるときは、【解答《かいとう》】☗3二金《きん》まで1手詰《いってづめ》のようになります。

◆**3手詰《さんてづめ》**……3手詰《さんてづめ》とは、攻《せ》める側《がわ》が3回指《かいさ》すということではなく、「☗（先手《せんて》）3三金打《きんうち》、☖（後手《ごて》＝守備側《しゅびがわ》）3一玉《ぎょく》、☗3二金打《きんうち》」のように、攻《せ》める方《ほう》の手《て》が2回《かい》。守《まも》る玉側《ぎょくがわ》の手《て》が1回《かい》で、合計《ごうけい》3回《かい》で詰《つ》ませる詰将棋《つめしょうぎ》です。

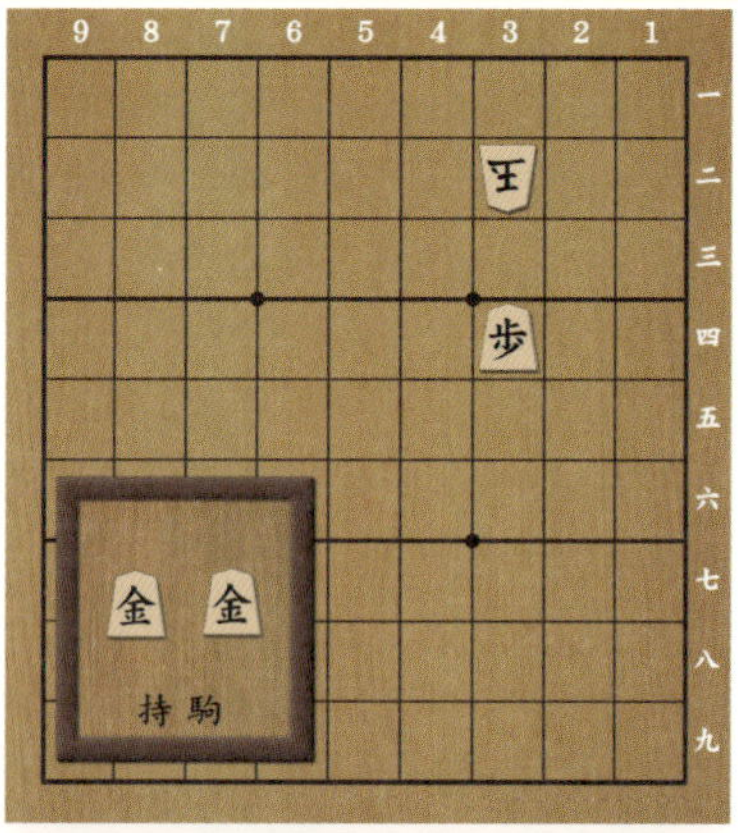

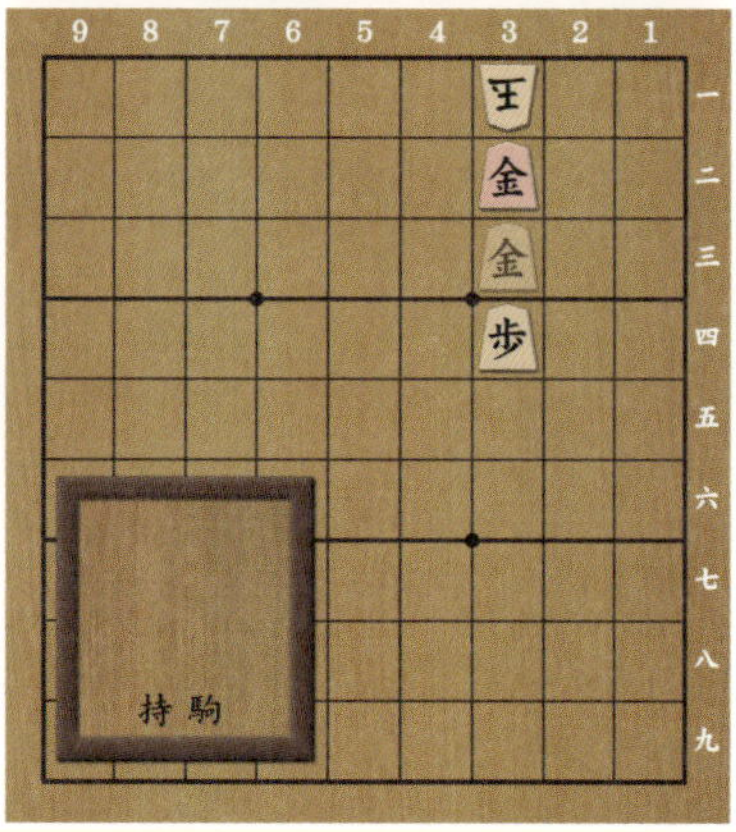

◆**5手詰《ごてづめ》**……「5手詰《ごてづめ》」とは「☗3四金打《きんうち》、☖3二玉《ぎょく》、☗3三金打《きんうち》、☖3一玉《ぎょく》、☗3二金打《きんうち》」のように、攻《せ》める方《ほう》の手《て》が3回《かい》、玉側《ぎょくがわ》の手《て》が2回《かい》で、合計《ごうけい》5手《て》となる詰将棋《つめしょうぎ》です。

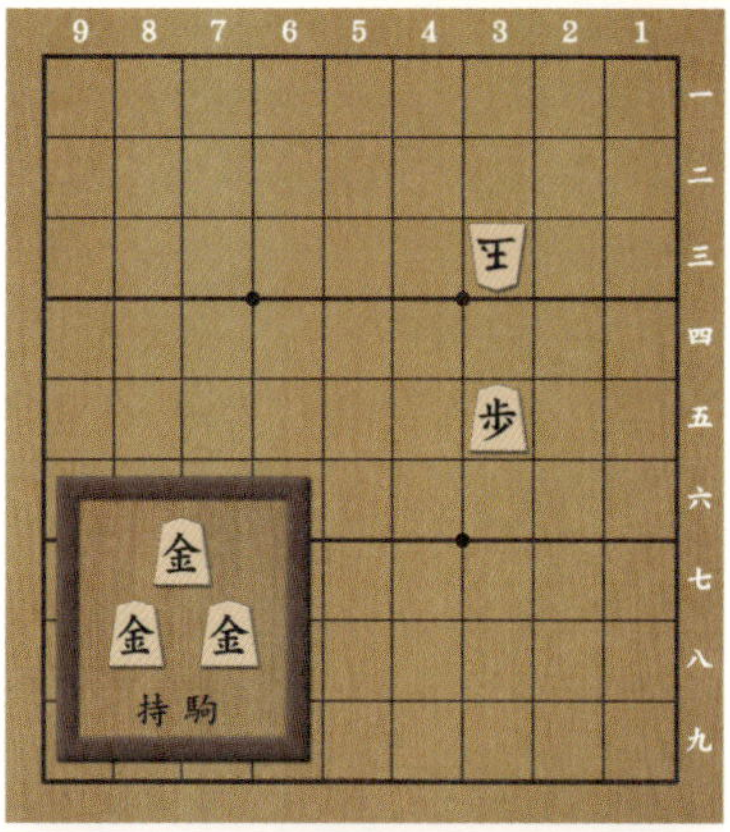

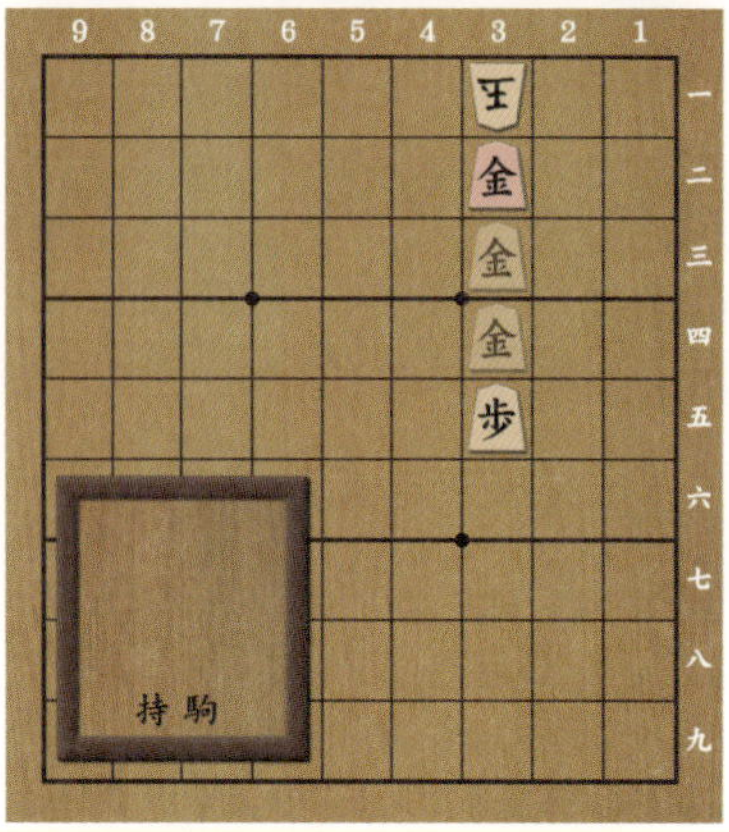

詰《つ》め上《あ》がりまでの手順《てじゅん》が整《ととの》っていれば、詰将棋《つめしょうぎ》の手数《てすう》に制限《せいげん》はありません。長手数《ちょうてすう》とよばれる100手《て》を超《こ》えるの詰将棋《つめしょうぎ》も、多《おお》くの人《ひと》に楽《たの》しまれています。

詰将棋《つめしょうぎ》を解《と》くためのヒント

詰将棋《つめしょうぎ》に慣《な》れるには、まず、**1手詰《いってづめ》をたくさん解《と》くことをおすすめします。**1手詰《いってづめ》に自信《じしん》がついたら、次《つぎ》は3手詰《さんてづめ》をたくさん解《と》いてください。最初《さいしょ》から手数《てすう》の長《なが》い詰将棋《つめしょうぎ》に挑戦《ちょうせん》するのはよくありません。どうしても手数《てすう》の多《おお》いものをやりたいのであれば、解答《かいとう》を見《み》ながら勉強《べんきょう》するのがいいでしょう。

詰将棋《つめしょうぎ》の問題《もんだい》では、**持駒《もちごま》がある場合《ばあい》は、必《かなら》ず持駒《もちごま》を全部《ぜんぶ》使《つか》って詰《つ》むようにできています。**1手詰《いってづめ》で持駒《もちごま》があるときは、その駒《こま》をどこに打《う》つか考《かんが》えてください。置《お》いてある駒《こま》を動《うご》かす必要《ひつよう》はありません。同様《どうよう》に、3手詰《さんてづめ》で持駒《もちごま》が2枚《まい》あるときも、持駒《もちごま》をどこに打《う》つかが問題《もんだい》のポイントで、盤《ばん》の上《うえ》の駒《こま》を動《うご》かすことを考《かんが》える必要《ひつよう》はありません。

対局《たいきょく》では詰上《つめあ》がりに持駒《もちごま》が余《あま》ることはふつうですが、詰将棋《つめしょうぎ》では持駒《もちごま》が手元《てもと》に残《のこ》ることはありません。そこで相手《あいて》の駒《こま》をとる手順《てじゅん》は少《すく》ないです（初級問題《しょきゅうもんだい》21と22は練習用《れんしゅうよう》に出題《しゅつだい》しました）。

また、11ページで説明《せつめい》したように玉側《ぎょくがわ》（後手《ごて》）は残《のこ》りの駒《こま》をすべて使《つか》うことができます。たとえば、先手《せんて》が「飛《ひ》」「角《かく》」「香《きょう》」を使《つか》って、遠《とお》くから王手《おうて》した場合《ばあい》、玉側《ぎょくがわ》に特《とく》に持駒《もちごま》が書《か》かれていなくても、好《す》きな駒《こま》を「合駒《あいごま》」として打《う》てるのです。「合駒《あいごま》」とは、離《はな》れた駒《こま》からの王手《おうて》に対《たい》して持駒《もちごま》を打《う》ってふせぐことをいいます。

詰将棋《つめしょうぎ》の解答《かいとう》は一通《いっとお》りしかありません。守《まも》りの側《がわ》の逃《に》げかたが何通《なんとお》りかあっても、攻《せ》める手段《しゅだん》はひとつだけです。逃《に》げかたが何通《なんとお》りかある場合《ばあい》、その手順《てじゅん》を「変化手順《へんかてじゅん》」といいます。たとえば、前ページの3手詰《さんてづめ》の盤面《ばんめん》で、「玉《ぎょく》」がまっすぐ下《さ》がらず、「2一玉《ぎょく》」や「4一玉《ぎょく》」と逃《に》げてもほぼ同《おな》じ結果《けっか》になります。これが変化手順《へんかてじゅん》です。変化手順《へんかてじゅん》については、ドリルの問題《もんだい》でくわしく説明《せつめい》します。

将棋《しょうぎ》のルールでは同《おな》じ局面《きょくめん》が4度《ど》現《あらわ》れたら「千日手《せんにちて》」として引《ひ》き分《わ》けになります。

ただし、「王手《おうて》」の連続《れんぞく》は「王手《おうて》をしている方《ほう》（＝先手《せんて》）」が手《て》を変《か》えなくてはなりません。たとえば左《ひだり》の図《ず》では、２一龍《りゅう》、２三玉《ぎょく》、３二龍《りゅう》、１二玉《ぎょく》……と繰《く》り返《かえ》しの王手《おうて》ができますが、これは「千日手《せんにちて》」になってしまうので、詰《つ》みとはなりません。

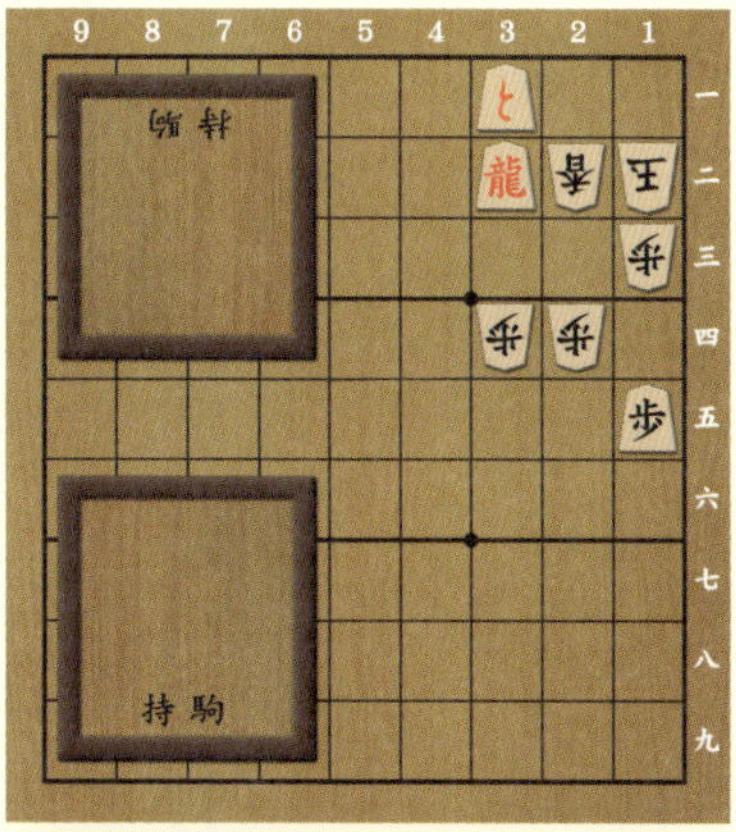

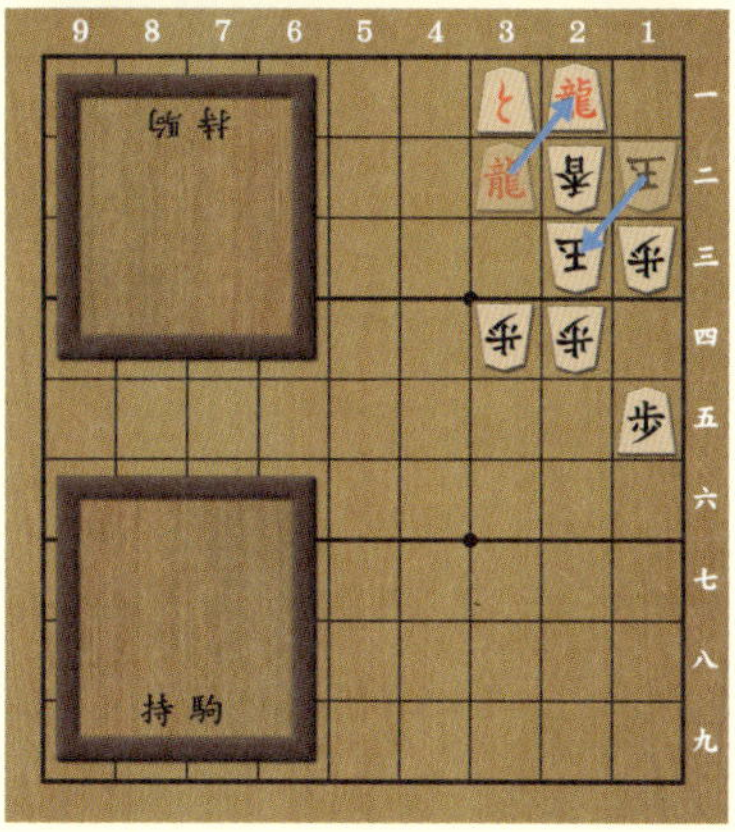

練習問題《れんしゅうもんだい》

実際《じっさい》の詰将棋《つめしょうぎ》の問題《もんだい》に入《はい》る前《まえ》に、「玉《ぎょく》のとりかた」と「王手《おうて》のかけかた」の練習《れんしゅう》をしておきましょう。

すでに、どちらもよくわかっている場合《ばあい》は、練習問題《れんしゅうもんだい》を飛《と》ばして、「初級問題《しょきゅうもんだい》」をはじめてください。

玉《ぎょく》をとる練習《れんしゅう》

玉《ぎょく》をとる練習《れんしゅう》をしてください。駒《こま》の動《うご》きの確認《かくにん》と「棋譜《きふ》」の呼《よ》び方《かた》（「２三歩《ふ》」「２五角成《かくなり》」など）にも慣《な》れておくとよいですね。

①

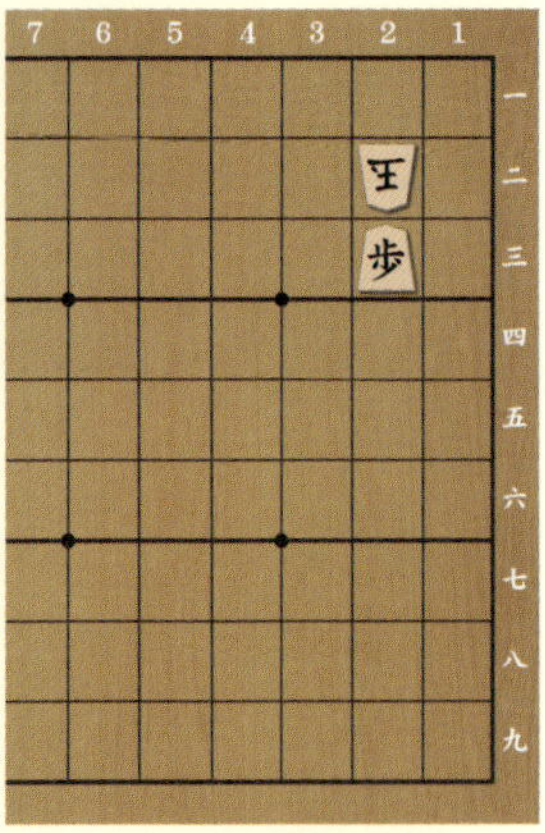

②

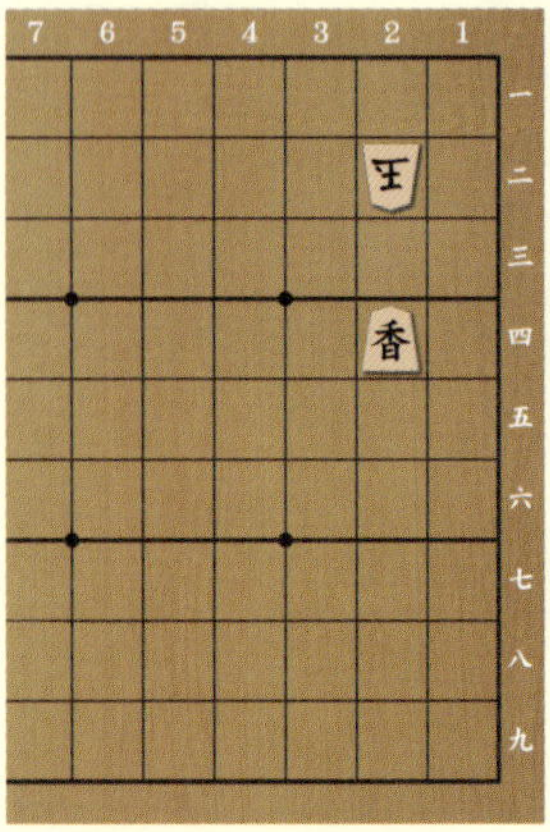

解答《かいとう》①

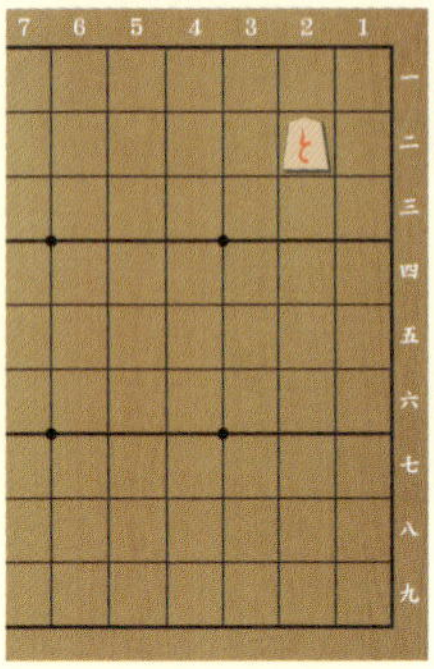

２二歩成《ふなり》

解答《かいとう》②

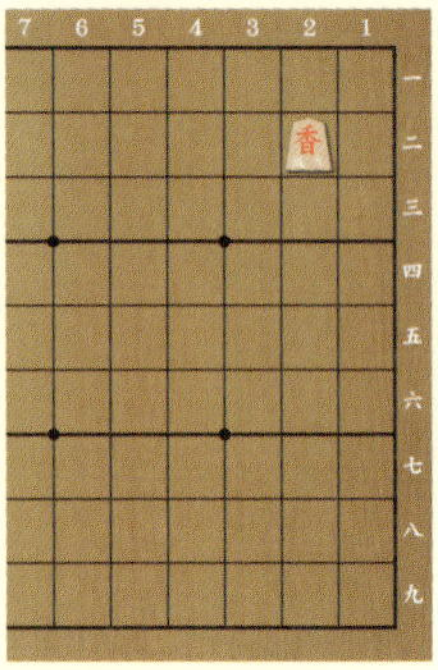

２二香成《きょうなり》

③

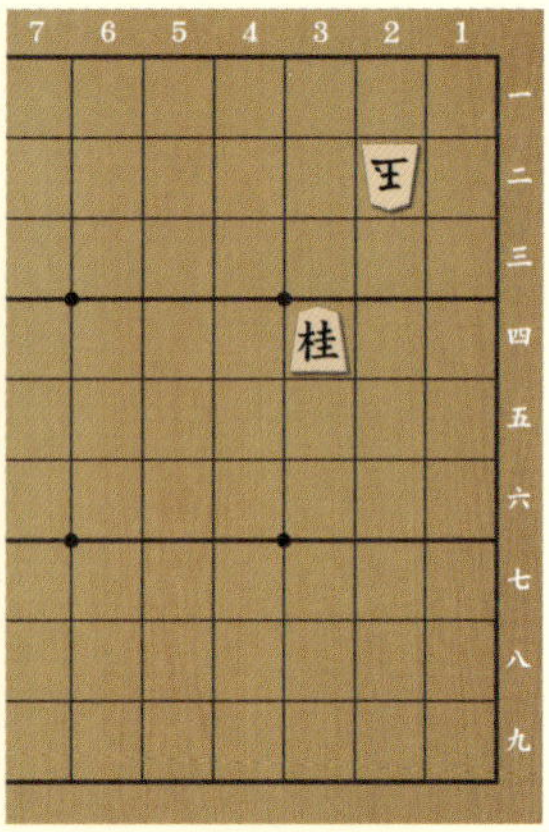

④

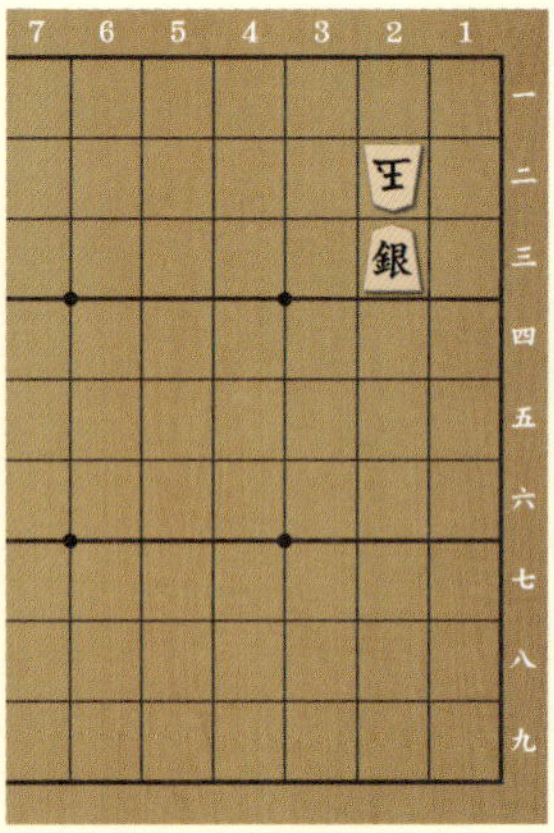

⑤

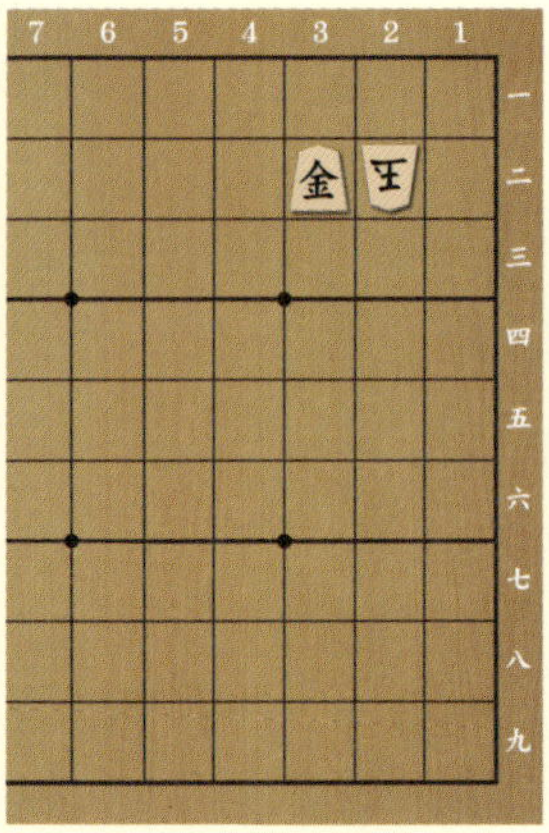

⑥

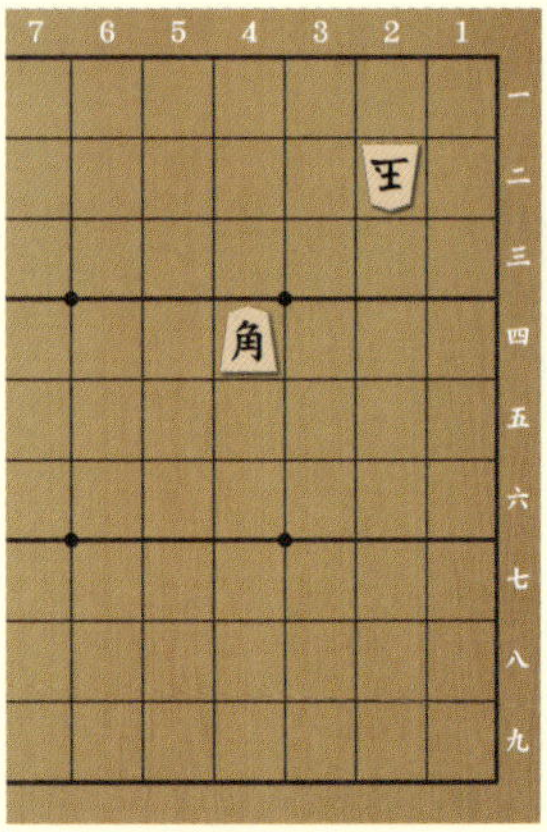

解答《かいとう》③

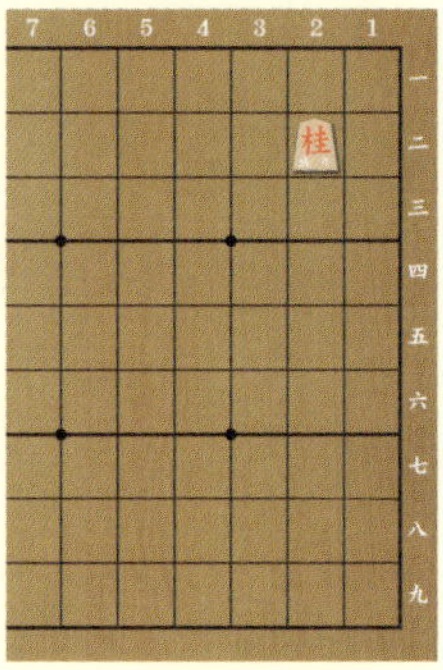

２二桂成《けいなり》

解答《かいとう》④

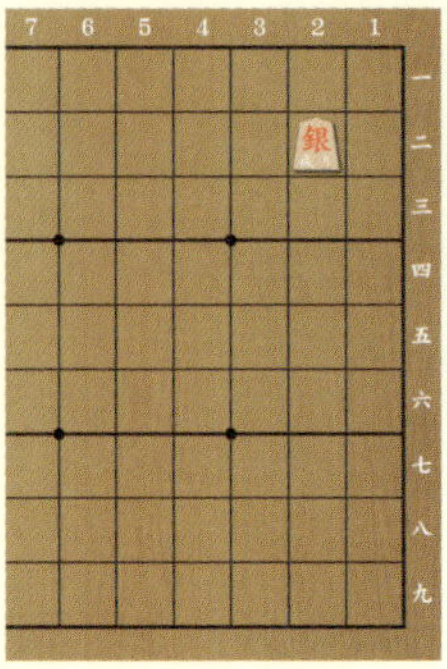

２二銀成《ぎんなり》

解答《かいとう》⑤

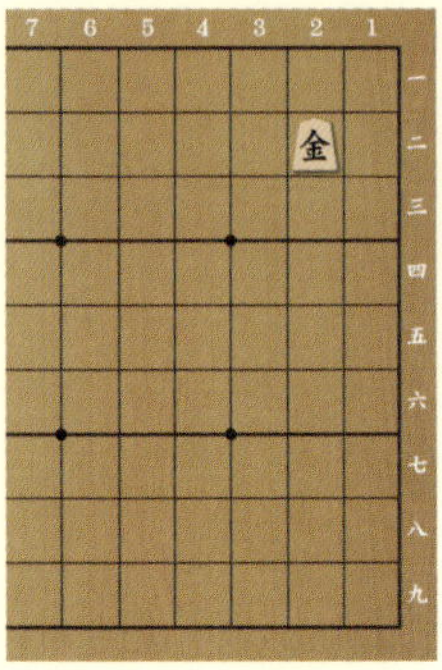

２二金《きん》

解答《かいとう》⑥

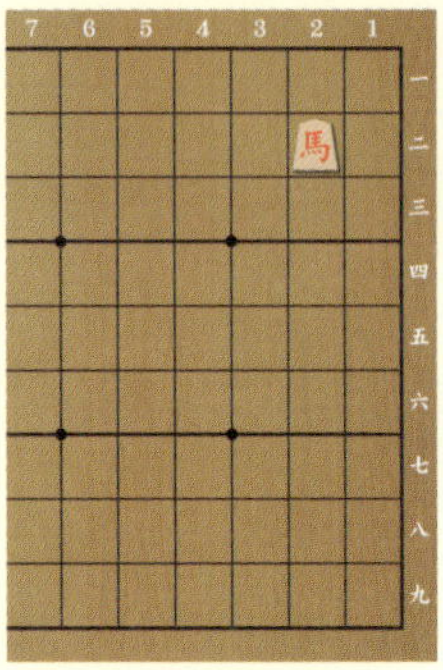

２二角成《かくなり》

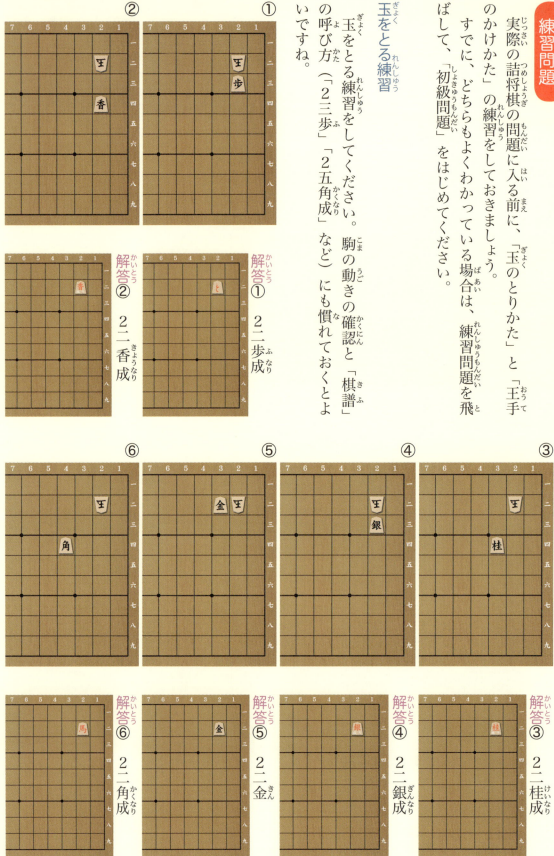

⑦

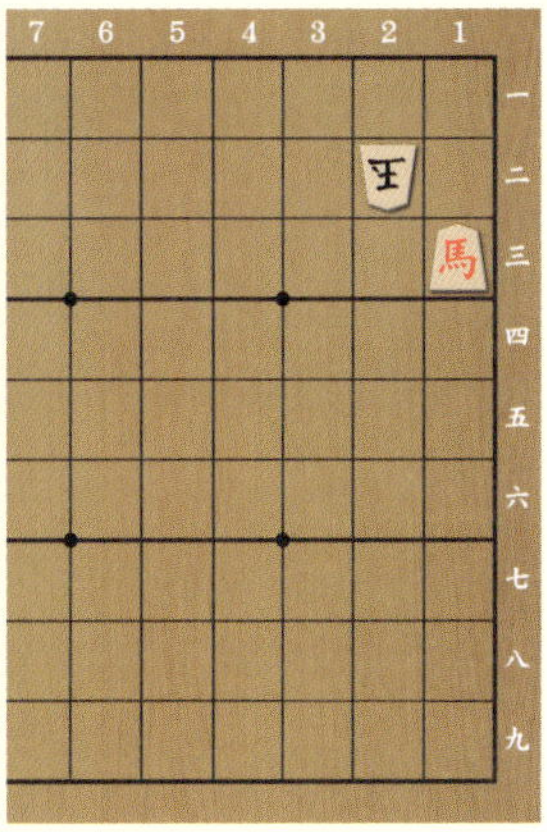

⑧

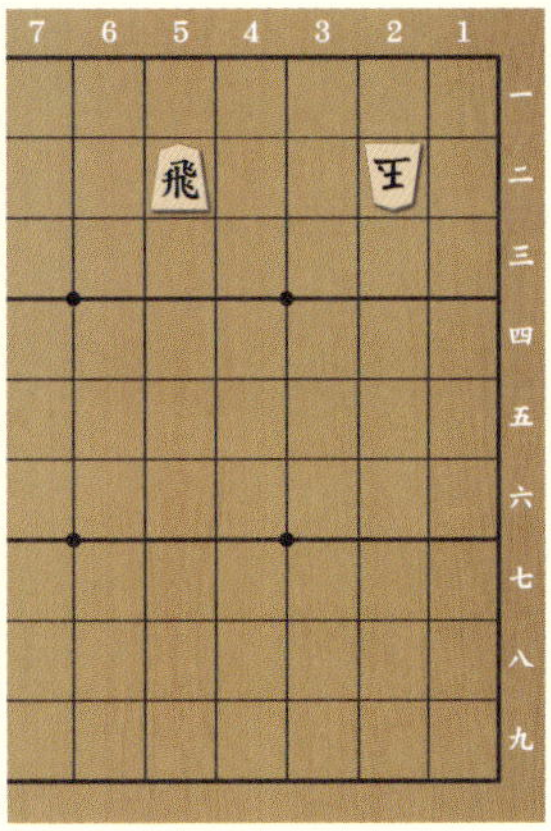

⑨

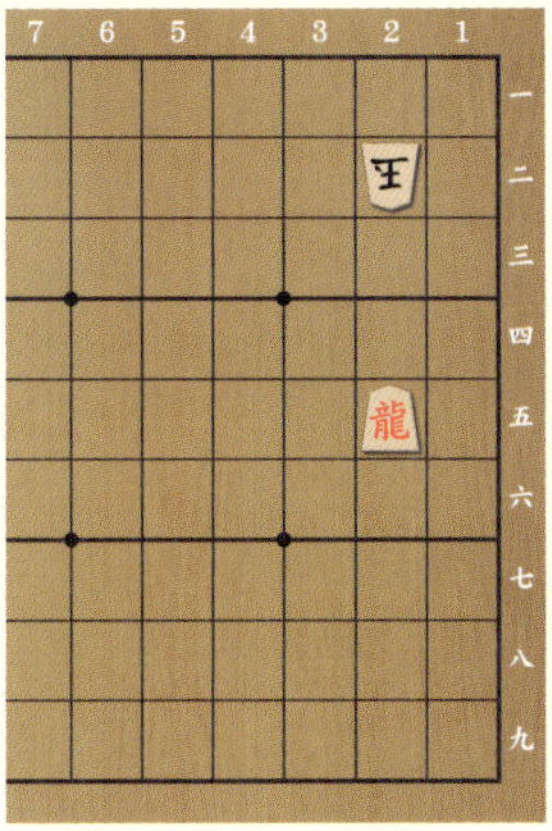

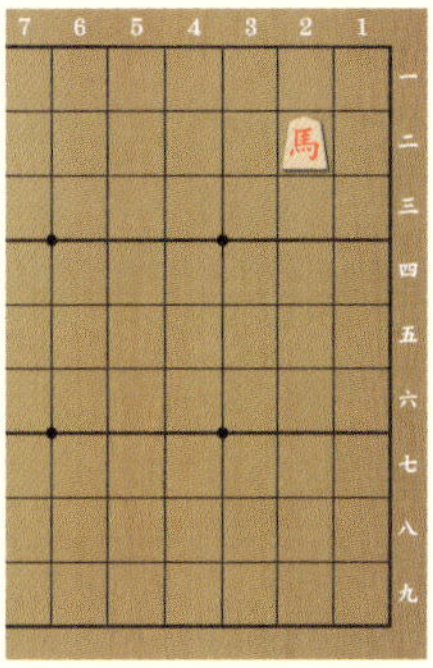

解答《かいとう》⑦　２二馬《うま》

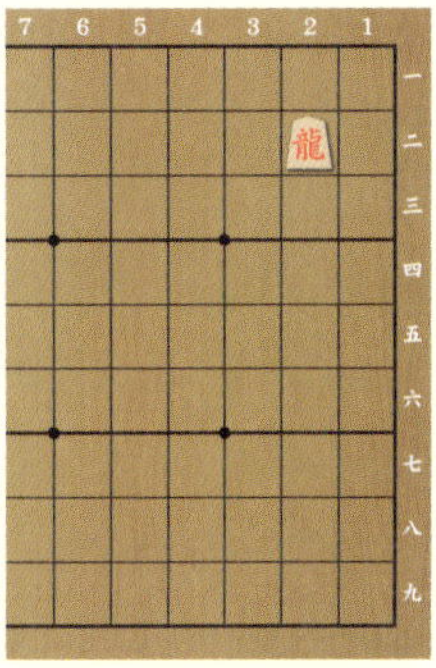

解答《かいとう》⑧　２二飛成《ひなり》

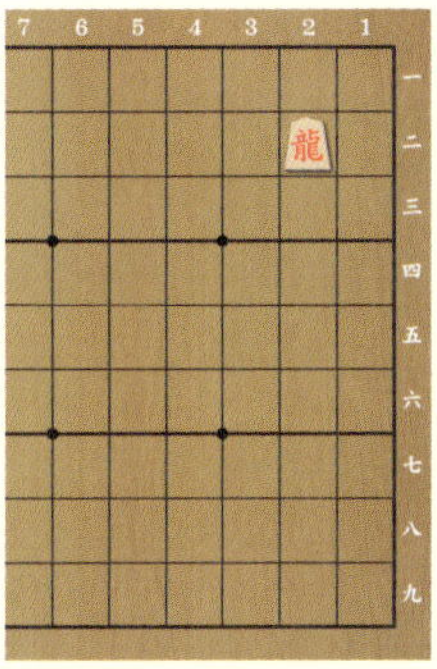

解答《かいとう》⑨　２二龍《りゅう》

【解説《かいせつ》】

①②④⑥⑧では、駒《こま》は成《な》らなくてもOKですが、③の桂《けい》は、必《かなら》ず成《な》らなければなりません（↓P10　行《い》きどころのない駒《こま》）。

「玉《ぎょく》」のとり方《かた》はわかりましたか。実際《じっさい》の対局《たいきょく》や詰将棋《つめしょうぎ》の解答《かいとう》では、「玉《ぎょく》」はとるのではなく「詰《つ》める」のです。

持駒《もちごま》による王手《おうて》

王手《おうて》の練習《れんしゅう》をします。慣《な》れないうちは、どの手《て》が王手《おうて》なのか、どう指《さ》せば王手《おうて》になるのか、盤面《ばんめん》を見《み》ただけではわかにくいものです。

次《つぎ》の練習問題《れんしゅうもんだい》で、王手《おうて》をすべて答《こた》えてください。

①

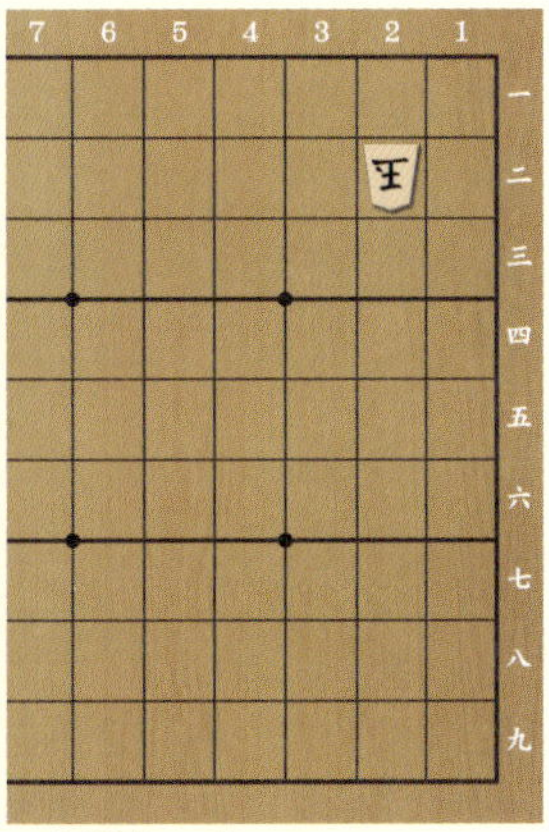

■持駒《もちごま》…歩《ふ》

②

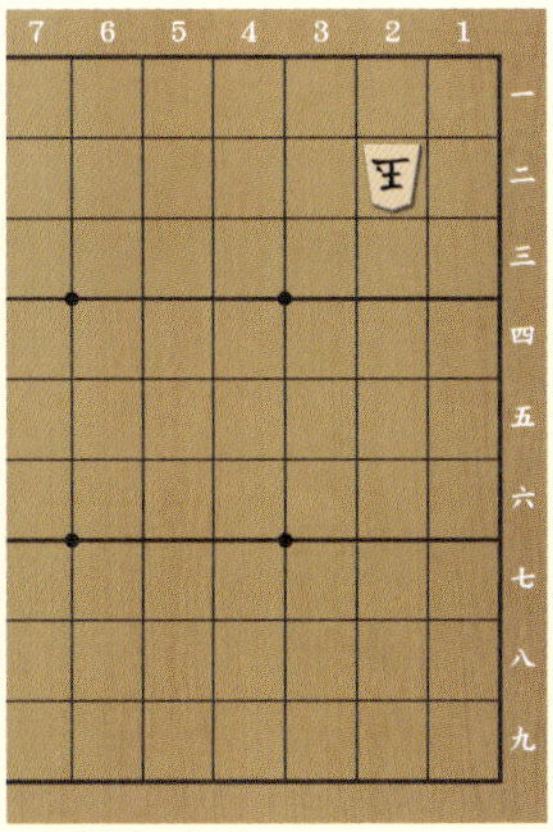

■持駒《もちごま》…香《きょう》

③

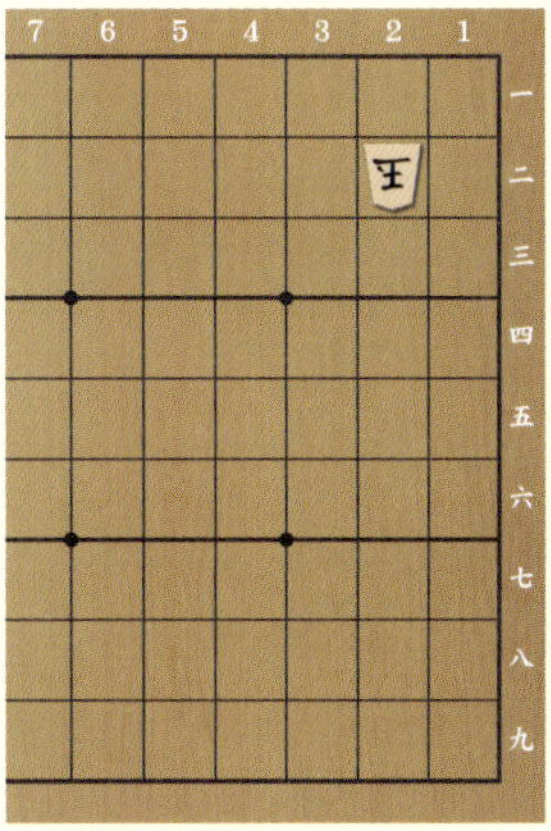

■持駒《もちごま》…桂《けい》

解答《かいとう》①　王手《おうて》は1通《とお》り

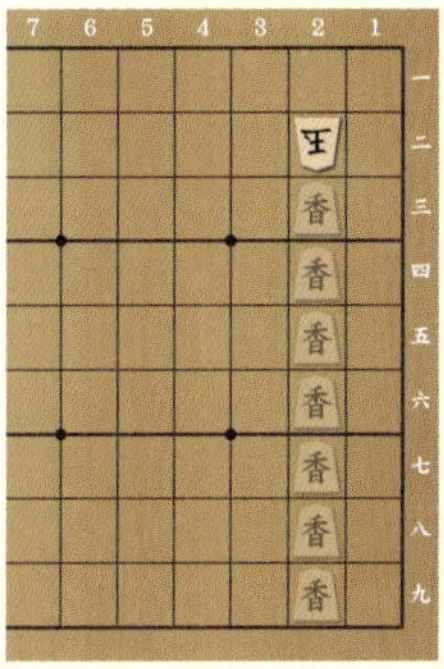

解答《かいとう》②　王手《おうて》は7通《とお》り

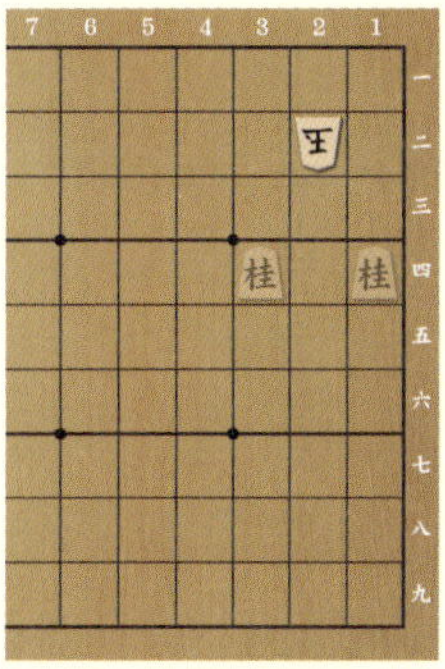

解答《かいとう》③　王手《おうて》は2通《とお》り

④

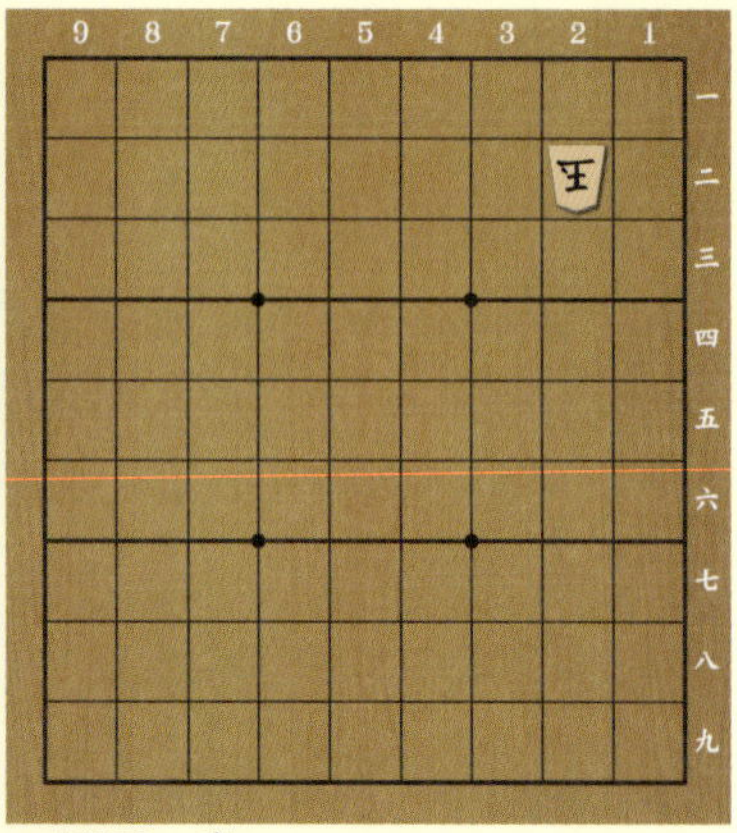

☗持駒《もちごま》…銀《ぎん》

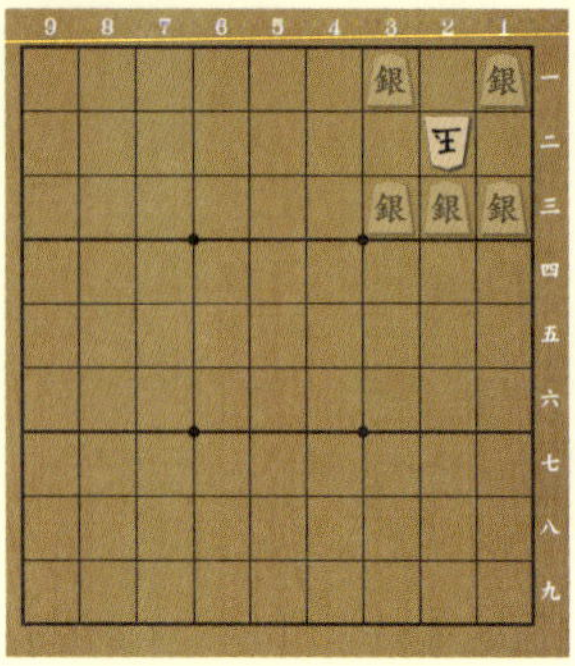

解答《かいとう》④

王手《おうて》は5通《とお》り

⑤

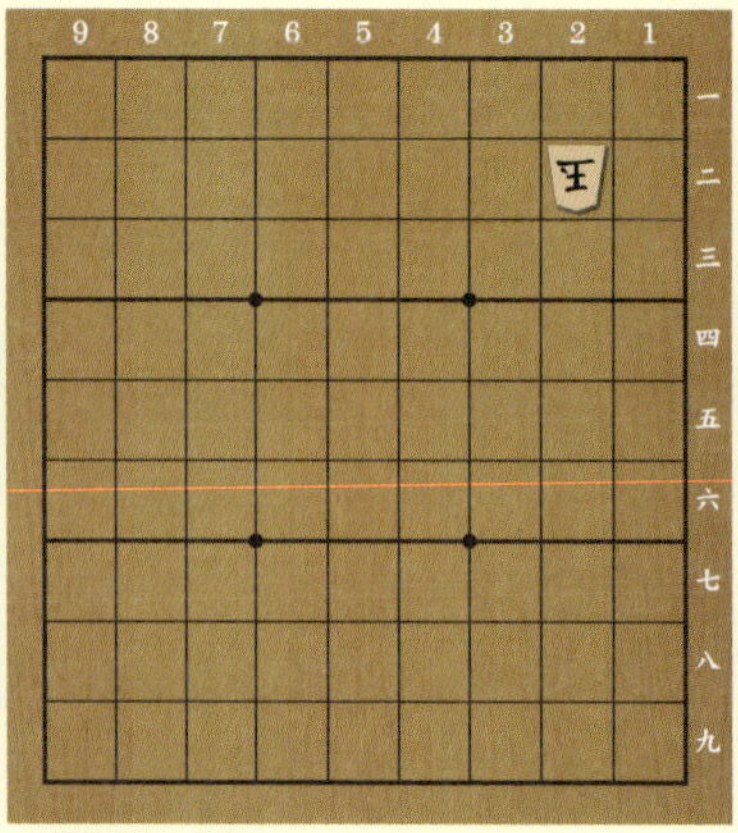

☗持駒《もちごま》…金《きん》

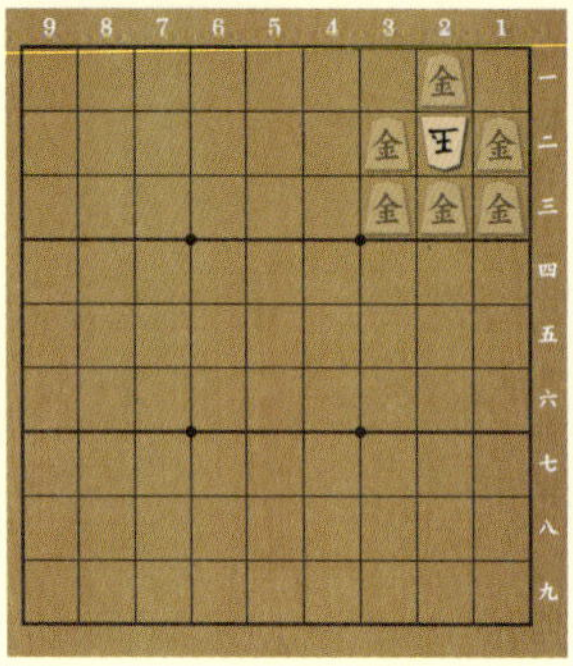

解答《かいとう》⑤

王手《おうて》は6通《とお》り

⑥

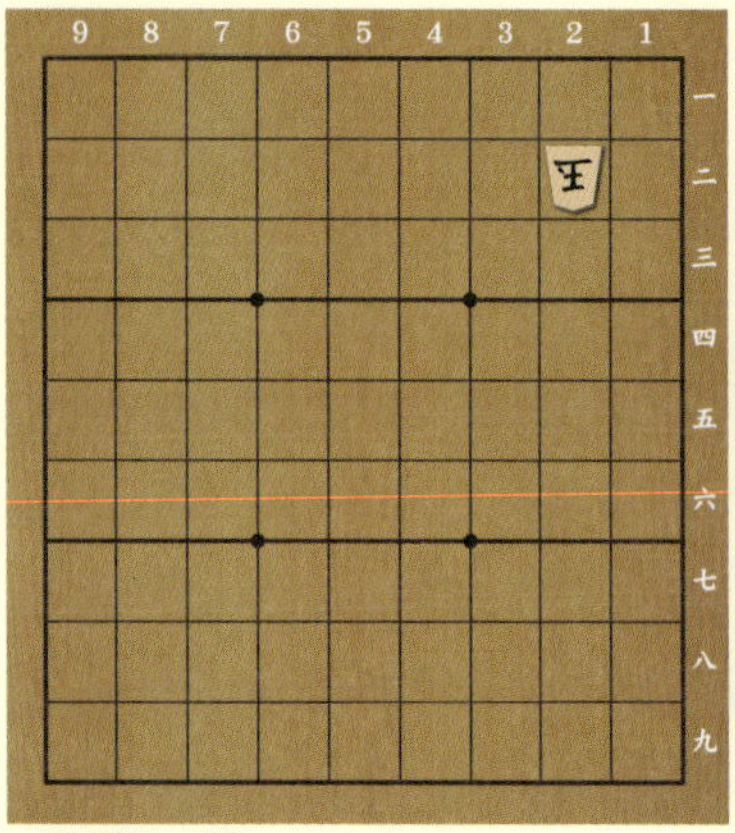

☗持駒《もちごま》…角《かく》

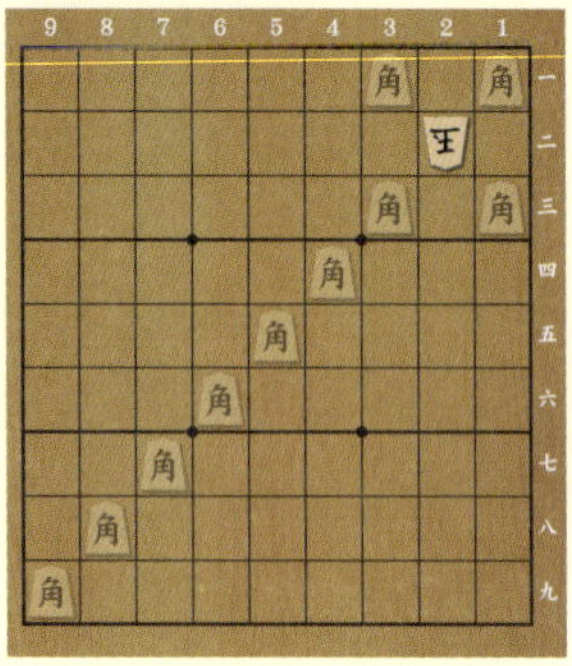

解答《かいとう》⑥

王手《おうて》は10通《とお》り

⑦

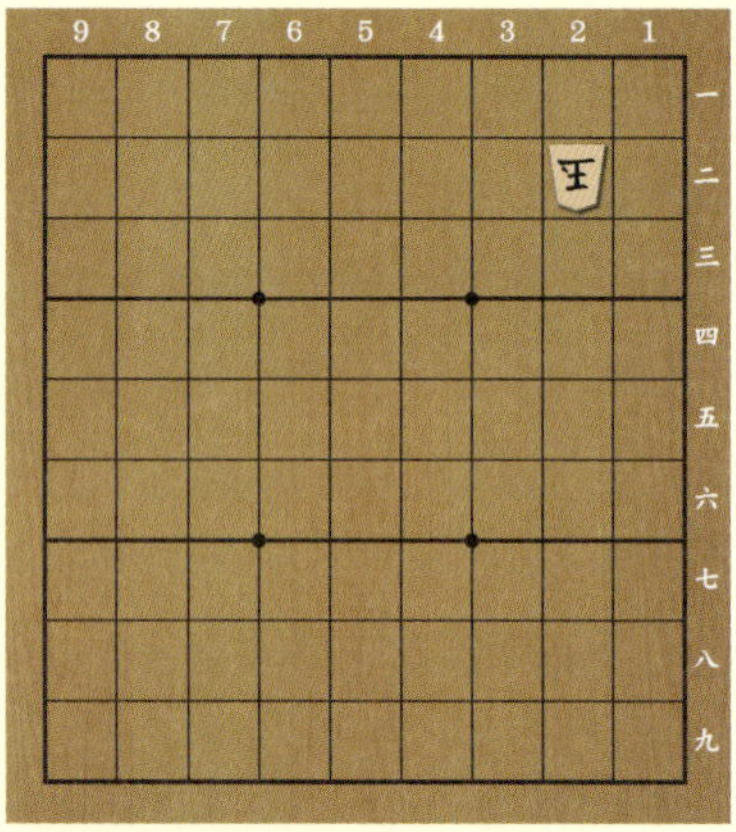

☗持駒《もちごま》…飛《ひ》

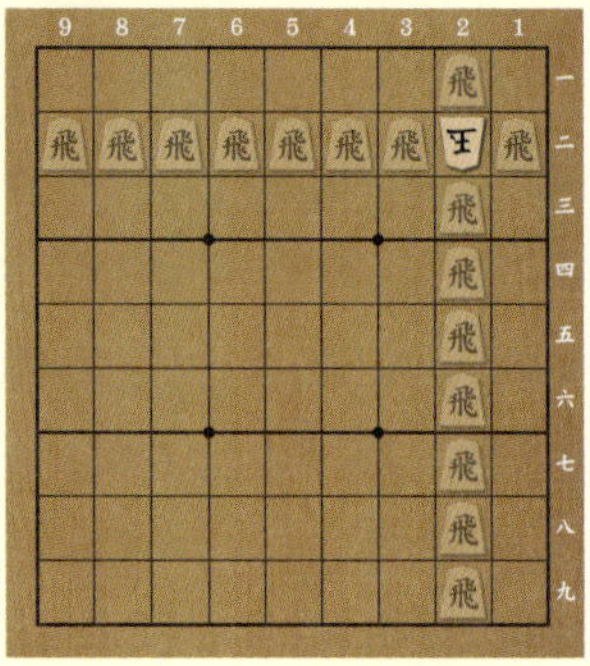

解答《かいとう》⑦

王手《おうて》は16通《とお》り

盤面駒《ばんめんごま》による王手《おうて》

こんどは持駒《もちごま》でなく、盤《ばん》の上《うえ》にある自分《じぶん》の駒《こま》を使《つか》って王手《おうて》してみましょう。動《うご》かしたい駒《こま》がどう動《うご》くのか、動《うご》いたあと、どこにある駒《こま》をとることができるのかを、頭《あたま》の中《なか》でよく考《かんが》えてください。

①

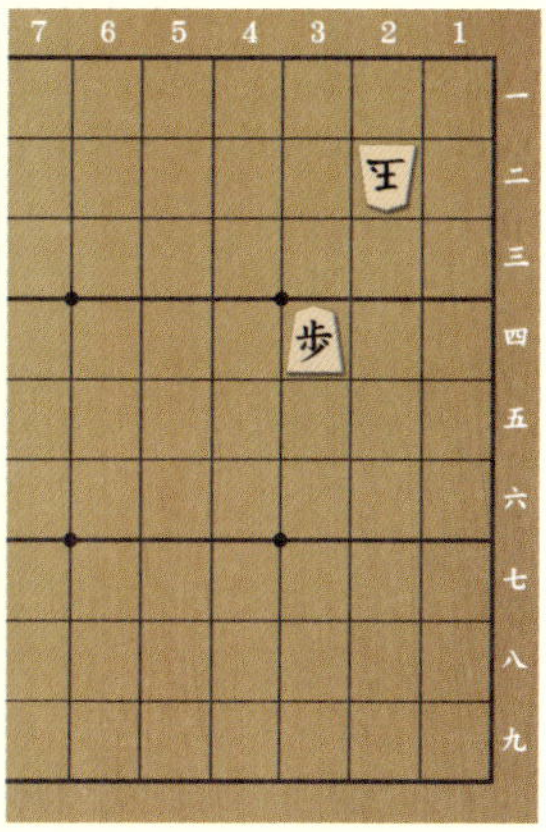

②

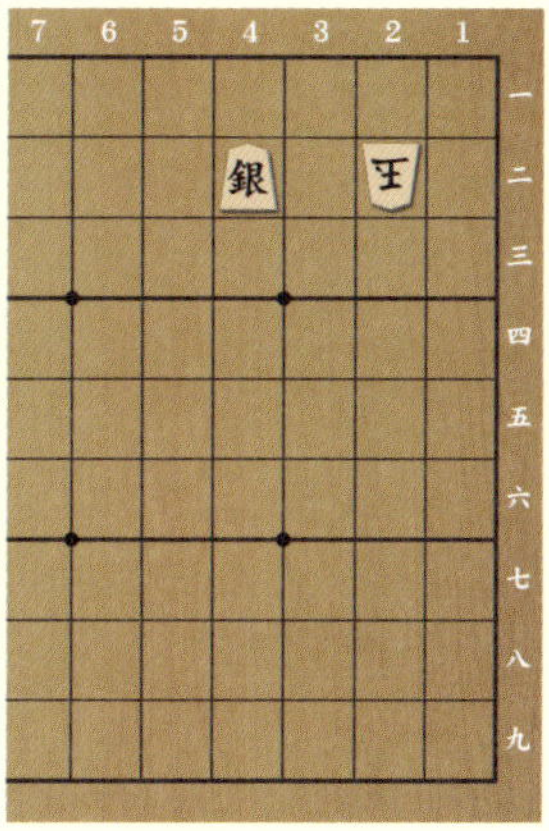

③

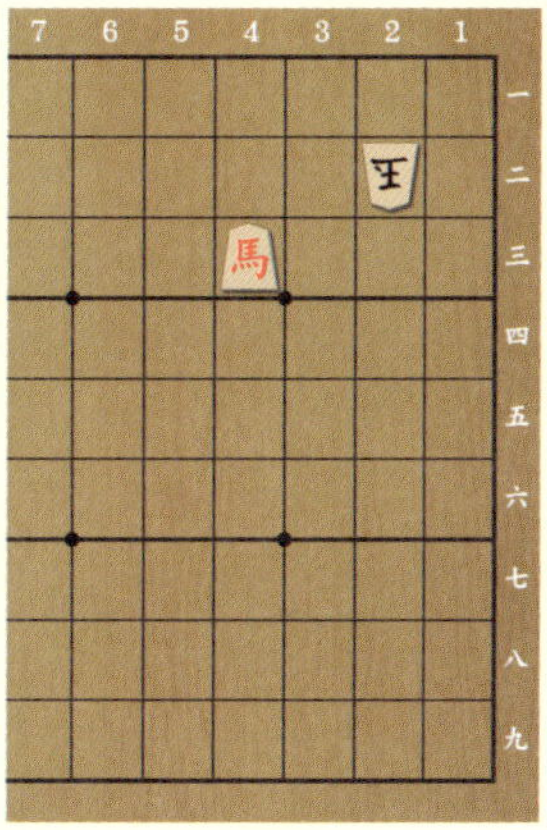

④

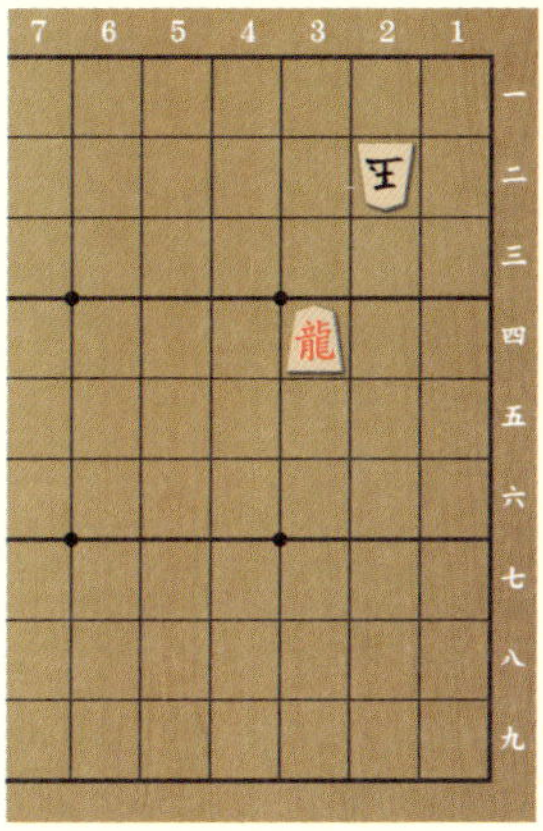

解答《かいとう》①　王手《おうて》は1通《とお》り

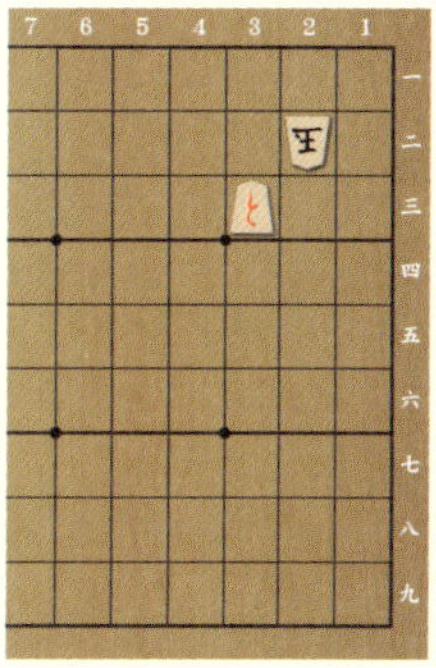

解答《かいとう》②　王手《おうて》は3通《とお》り

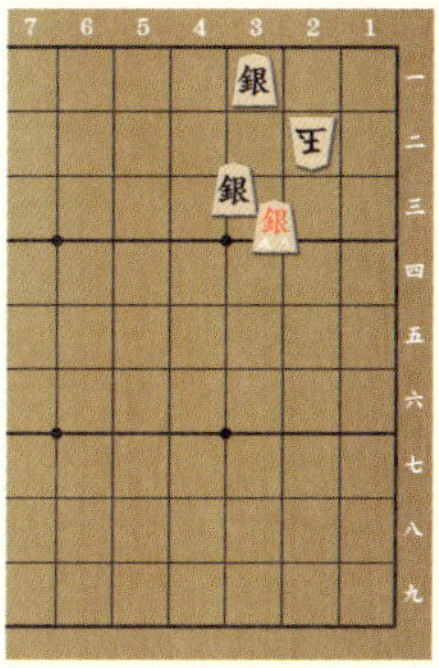

解答《かいとう》③　王手《おうて》は4通《とお》り

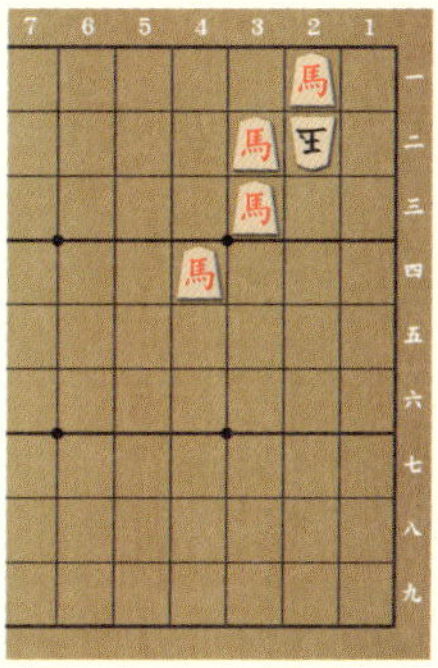

解答《かいとう》④　王手《おうて》は6通《とお》り

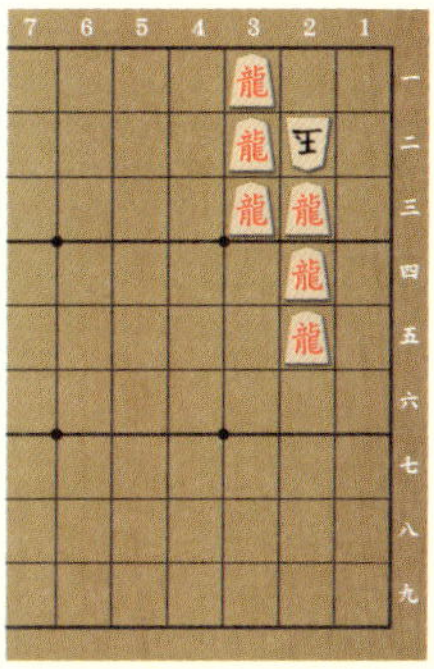

【解説《かいせつ》】②銀《ぎん》が3三に動《うご》いたときは成《な》る王手《おうて》と、成《な》らない王手《おうて》があります。
③は4四馬《うま》を見落《みお》としがち。
④は2五龍《りゅう》を見落《みお》としがち。

詰《つ》めの形《かたち》

王手《おうて》の練習《れんしゅう》はうまくできましたか？　詰将棋《つめしょうぎ》は「王手《おうて》」をしっかりと理解《りかい》することからスタートします。

それでは次《つぎ》に「詰《つ》めの形《かたち》」を学《まな》びましょう。詰《つ》めの形《かたち》をイメージできれば、どの王手《おうて》が一番《いちばん》よい王手《おうて》なのか早《はや》く見《み》つけることができるようになります。

そのあたりのことが、もうしっかりとわかっている場合《ばあい》は「初級問題《しょきゅうもんだい》」に進《すす》んでください。

（1）金《きん》の詰《つみ》①　玉《ぎょく》の上《うえ》に金《きん》を打《う》つことを「頭金《あたまきん》」といいます。

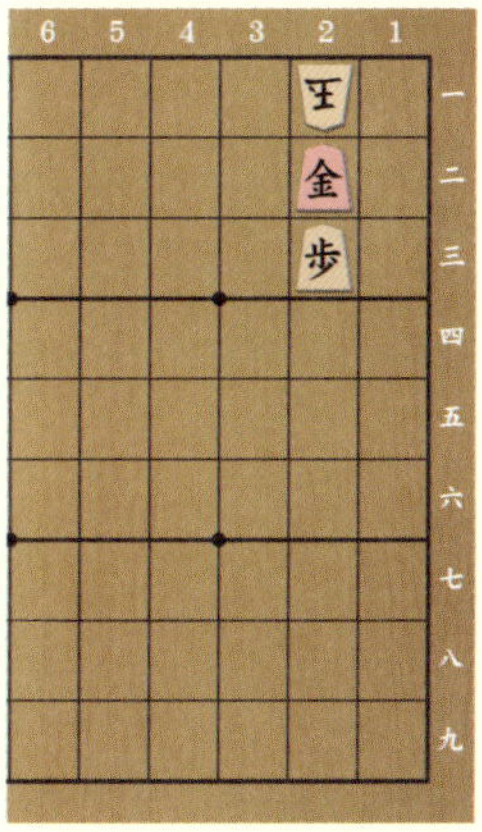

▲2二金《きん》まで

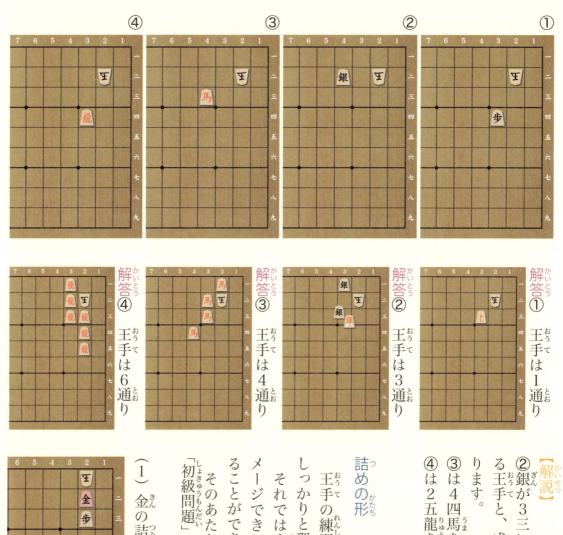

（2）金《きん》の詰《つみ》②　玉《ぎょく》の横《よこ》に金《きん》を打《う》つことを「腹金《はらきん》」といいます。

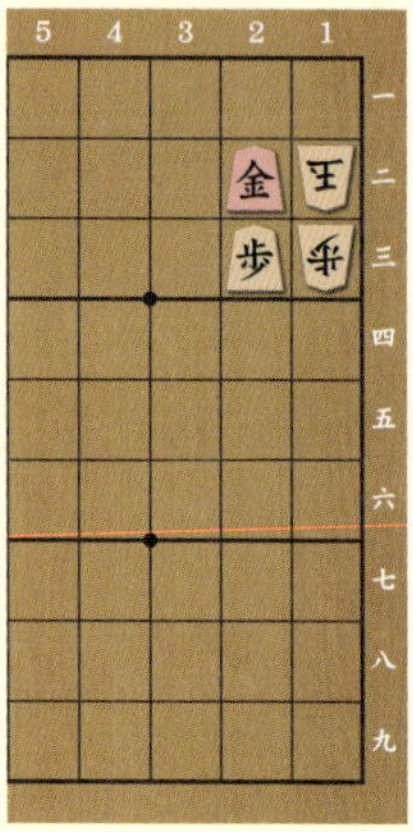

☗2二金《きん》まで

（3）金《きん》の詰《つみ》③　玉《ぎょく》の下《した》に金《きん》を打《う》つことを「尻金《しりきん》」といいます。

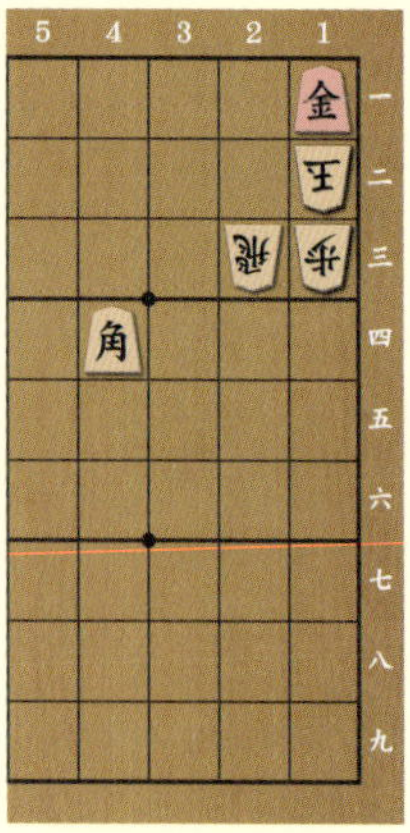

☗1一金《きん》まで

（4）金《きん》の詰《つみ》④　玉《ぎょく》の斜《なな》めに金《きん》を打《う》つことを「肩金《かたきん》」といいます。

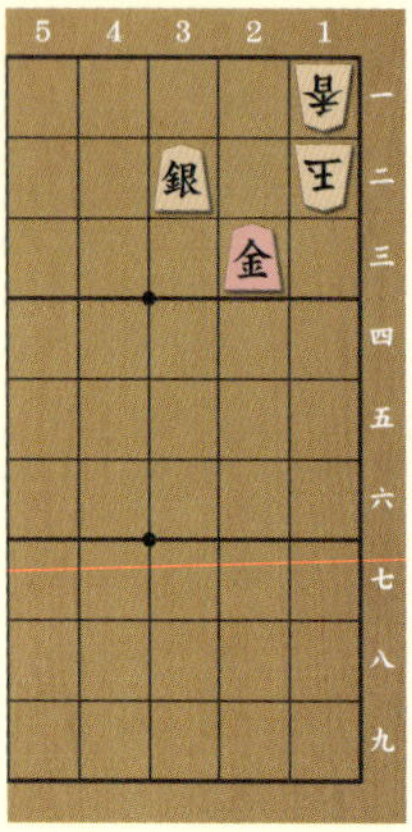

☗2三金《きん》まで

（5）銀《ぎん》の詰《つみ》①　玉《ぎょく》の上《うえ》に銀《ぎん》を打《う》つことを「頭銀《あたまぎん》」といいます。

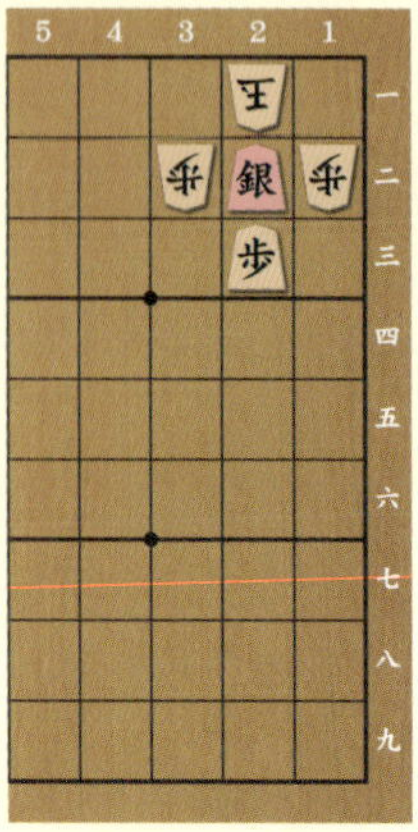

☗2二銀《ぎん》まで

（6）銀《ぎん》の詰《つみ》②　玉《ぎょく》の斜《なな》めに銀《ぎん》を打《う》つことを「肩銀《かたぎん》」といいます。

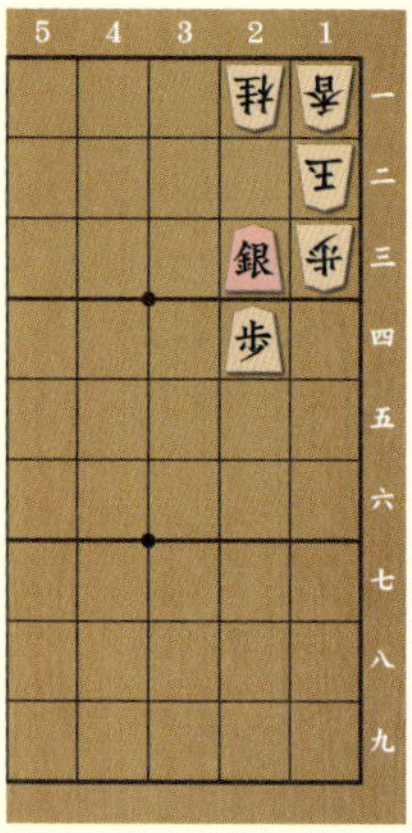

☗2三銀《ぎん》まで

（7）銀《ぎん》の詰《つみ》③　玉《ぎょく》の下《した》に銀《ぎん》を打《う》つことを「尻銀《しりぎん》」といいます。

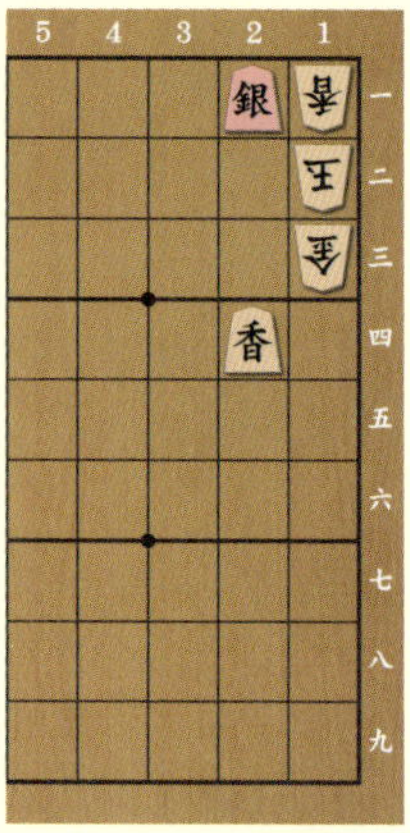

☗2一銀不成《ぎんならず》まで

（8）歩《ふ》の詰《つみ》（突歩詰《つきふづめ》）

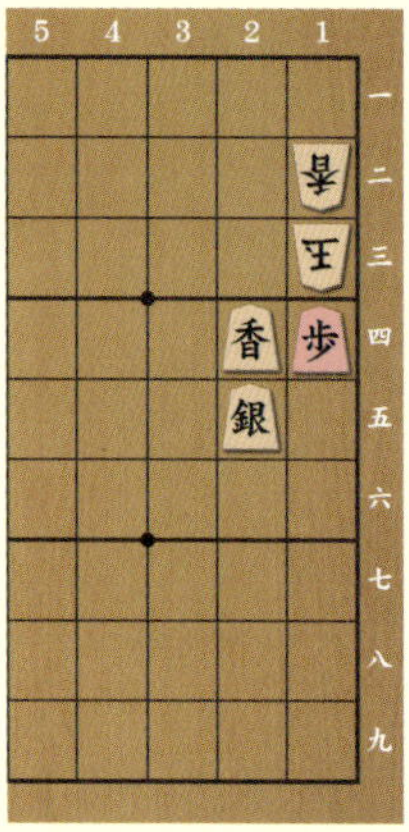

☗1四歩《ふ》まで

（9）香《きょう》の詰《つみ》

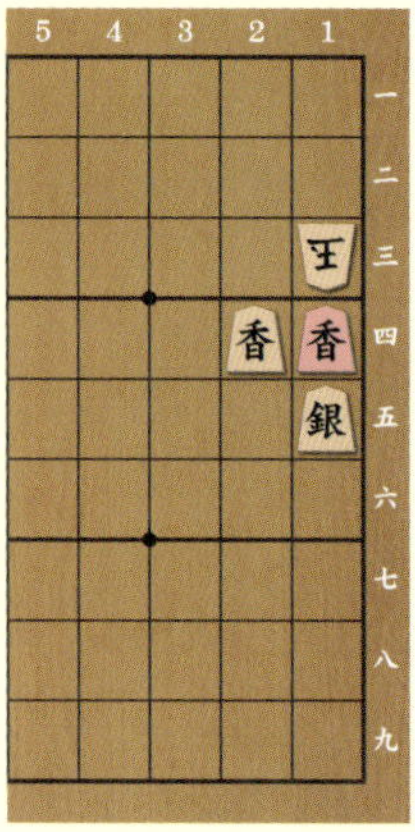

☗1四香《きょう》まで

(10) 角《かく》の詰《つみ》

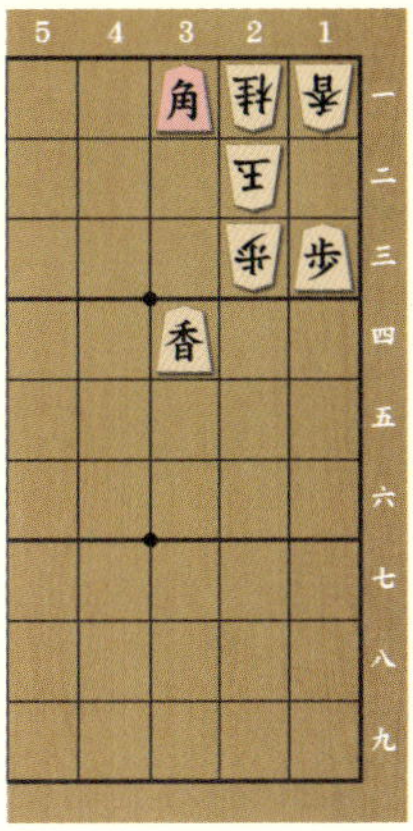

▲3一角《かく》まで

(11) 飛《ひ》の詰《つみ》

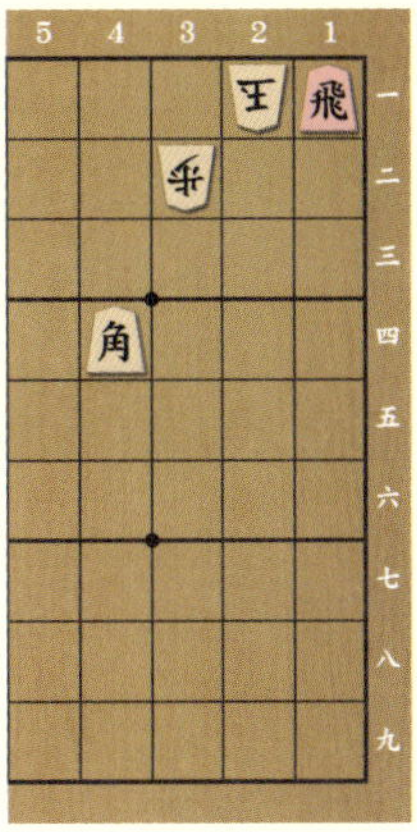

▲1一飛《ひ》まで

(12) 馬《うま》の詰《つみ》

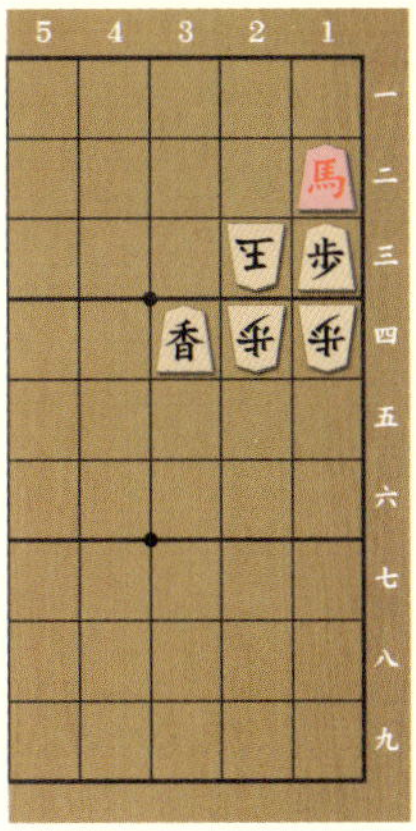

▲1二馬《うま》まで

(13) 龍《りゅう》の詰《つみ》

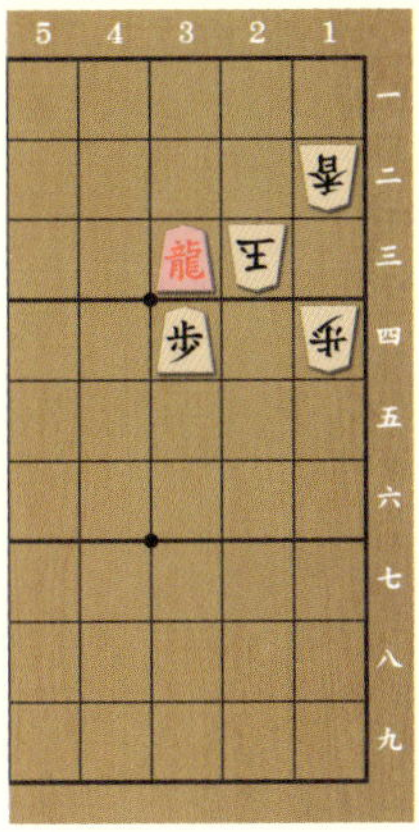

▲3三龍《りゅう》まで

(14) 桂《けい》の詰《つみ》①

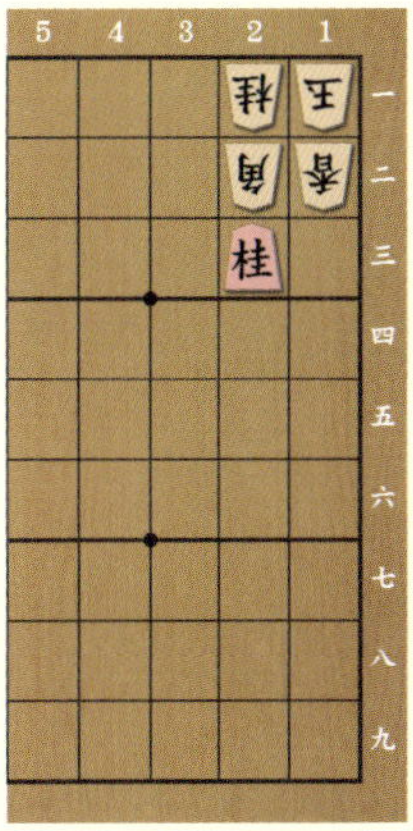

▲2三桂《けい》まで

(15) 桂《けい》の詰《つみ》②

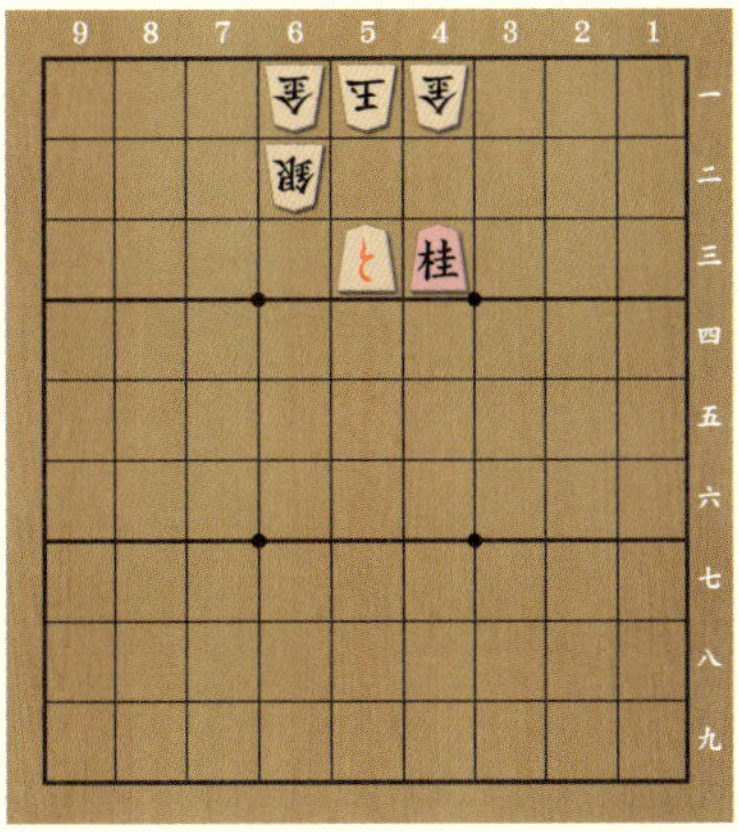

▲4三桂不成《けいならず》まで

【解説《かいせつ》】(7) 相手陣《あいてじん》なので、たとえば2一銀《ぎん》へと動《うご》くときに成《な》ることもできますが、そうすると王手《おうて》になりません。相手陣《あいてじん》に入《はい》ったり、相手陣《あいてじん》で動《うご》いても成《な》らないことを「不成《ならず》」といいます。
(8) 突歩詰《つきふづめ》はOKですが、持駒《もちごま》の歩《ふ》を1四に打《う》つこと（打歩詰《うちふづめ》）はできません（→P9）。
(14)(15)「桂《けい》」は、敵《てき》の駒《こま》も味方《みかた》の駒《こま》も飛《と》び越《こ》えて進《すす》むことができます。詰将棋《つめしょうぎ》の詰上《つめあ》がりにはよく使《つか》われます。

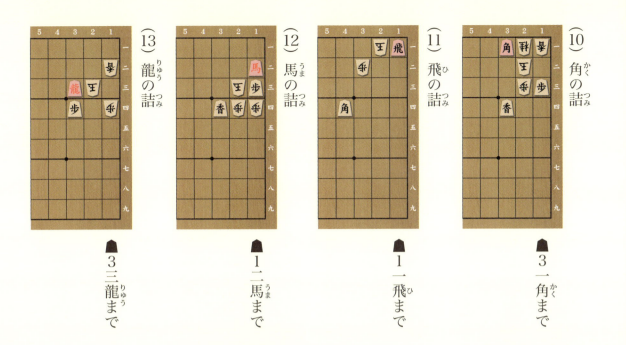

詰将棋《つめしょうぎ》の基本問題《きほんもんだい》

練習問題《れんしゅうもんだい》の総仕上《そうしあ》げとして、基本的《きほんてき》な詰将棋《つめしょうぎ》にチャレンジしてみましょう。「詰《つ》めの形《かたち》（↓P17〜）」がヒントになっています。

①

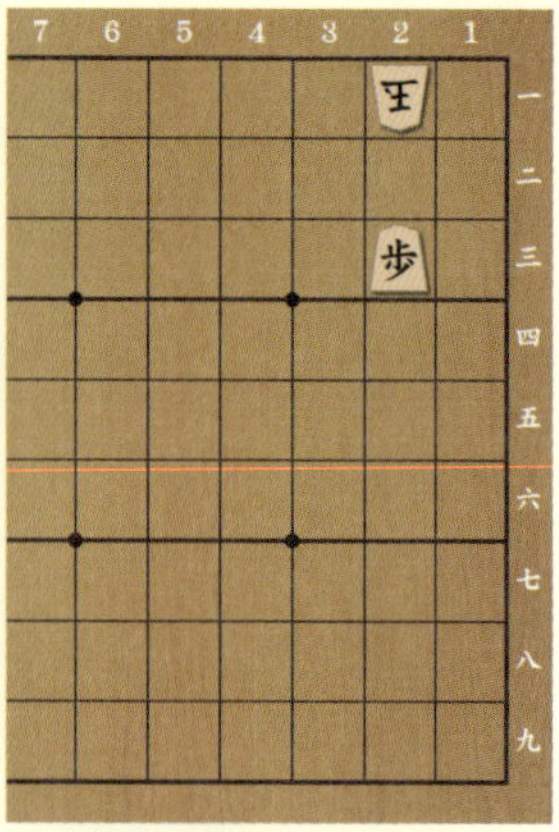

☗持駒《もちごま》…金《きん》

②

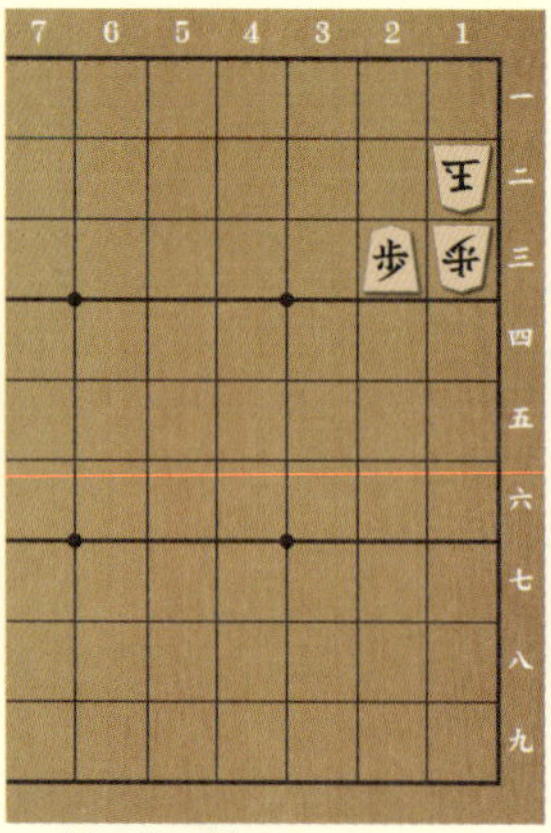

☗持駒《もちごま》…金《きん》

③

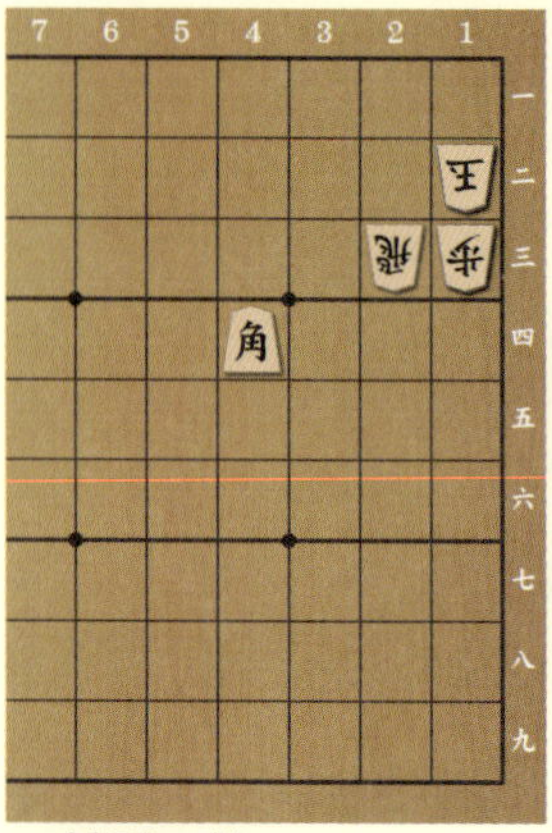

☗持駒《もちごま》…金《きん》

解答《かいとう》①

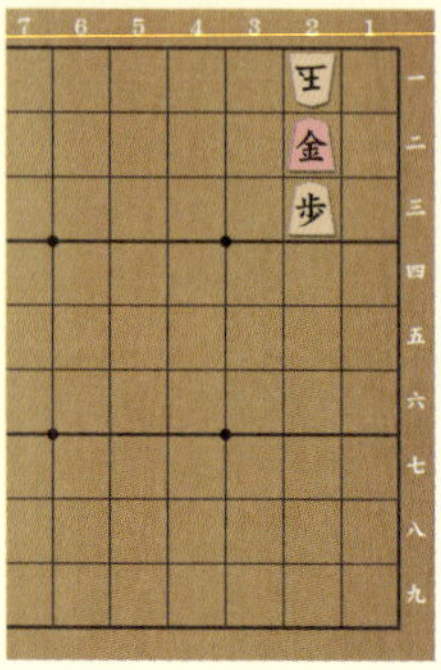

2二金《きん》まで

解答《かいとう》②

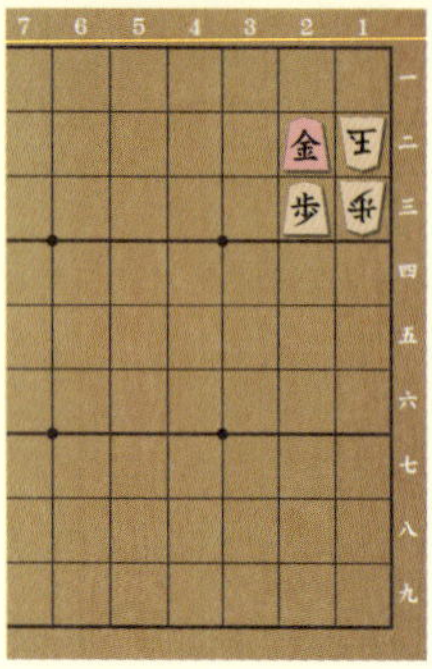

2二金《きん》まで

解答《かいとう》③

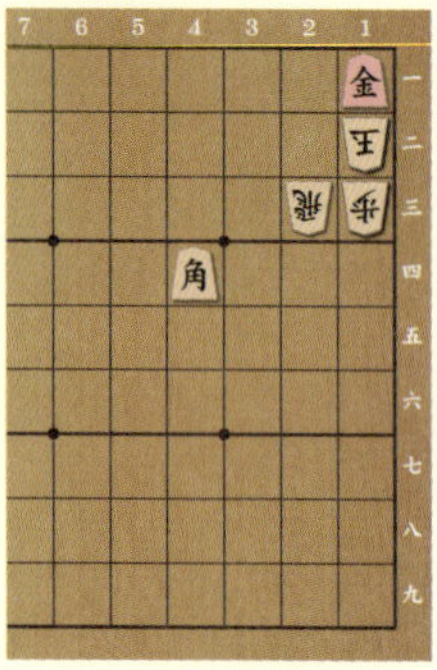

1一金《きん》まで

④

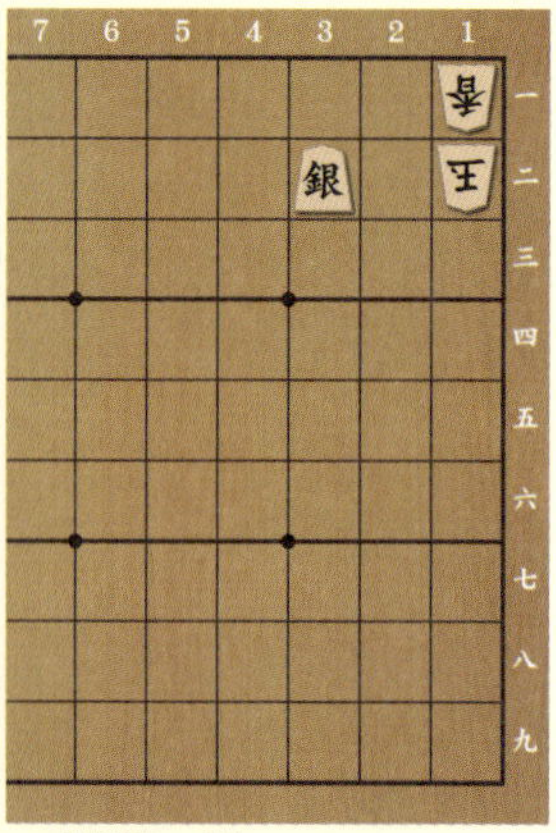

☗持駒《もちごま》…金《きん》

⑤

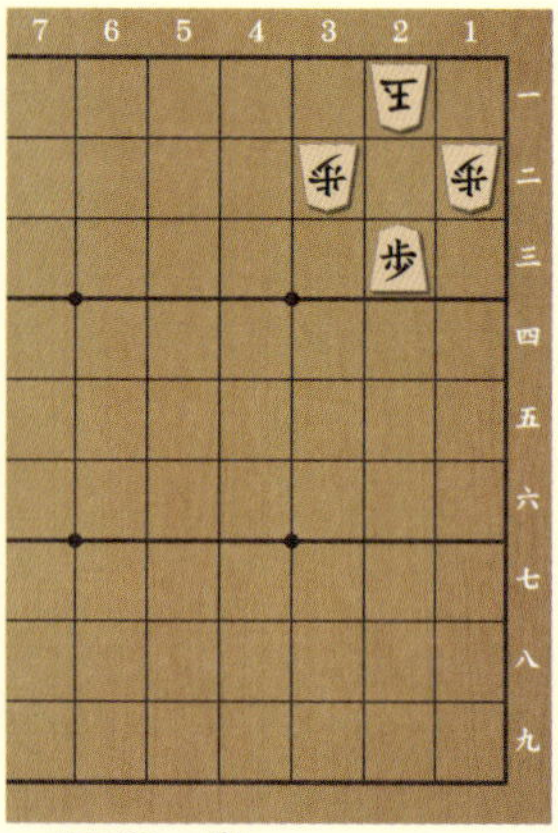

☗持駒《もちごま》…銀《ぎん》

⑥

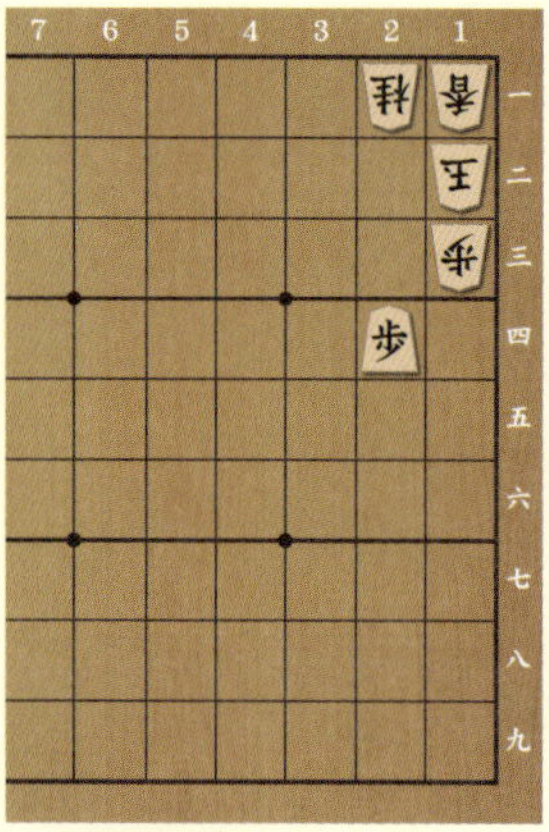

☗持駒《もちごま》…銀《ぎん》

⑦

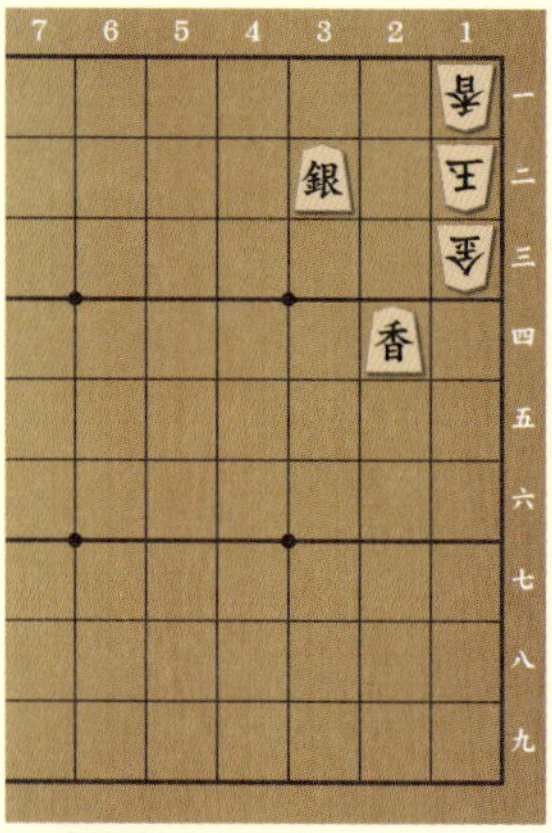

☗持駒《もちごま》…なし

解答《かいとう》④

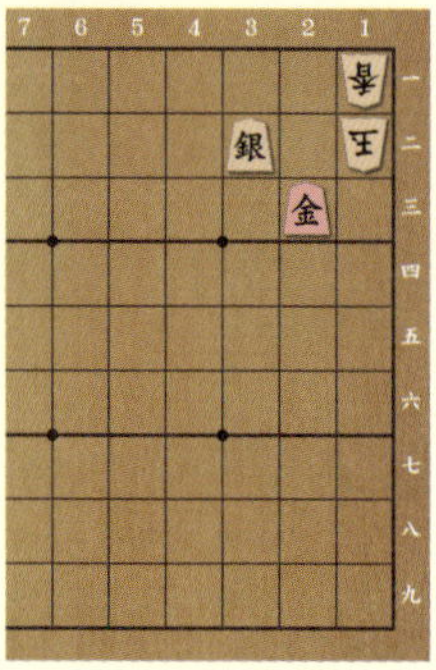

2三金《きん》まで

解答《かいとう》⑤

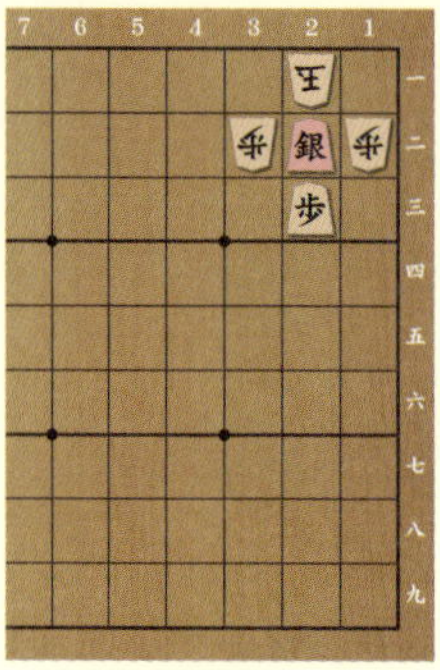

2二銀《ぎん》まで

解答《かいとう》⑥

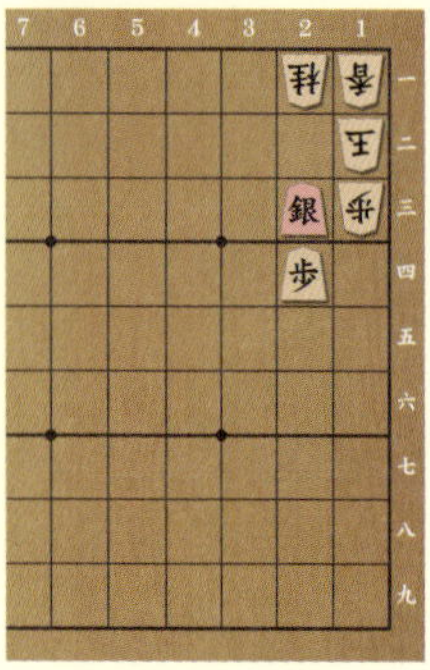

2三銀《ぎん》まで

解答《かいとう》⑦

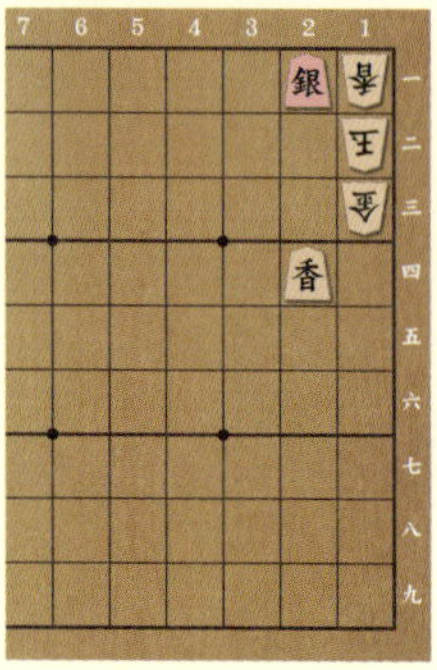

2一銀《ぎん》不成《ならず》まで

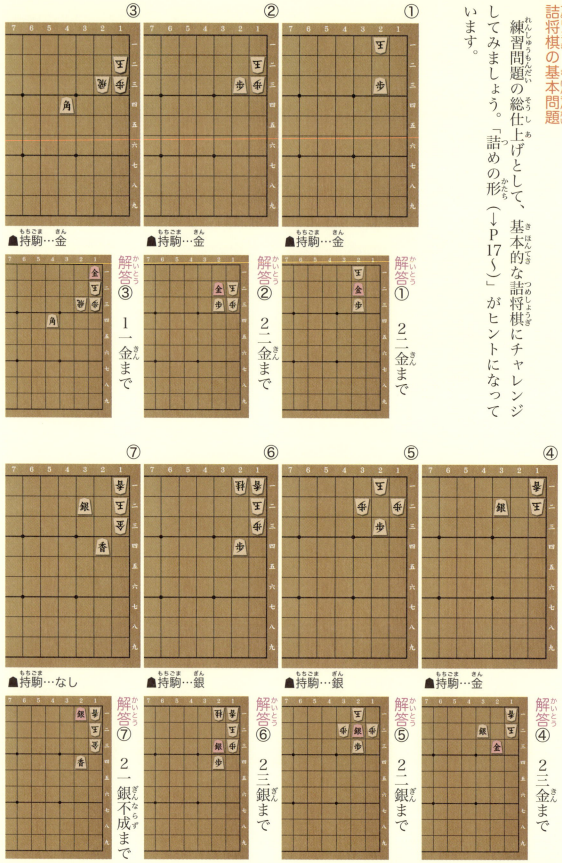

⑧

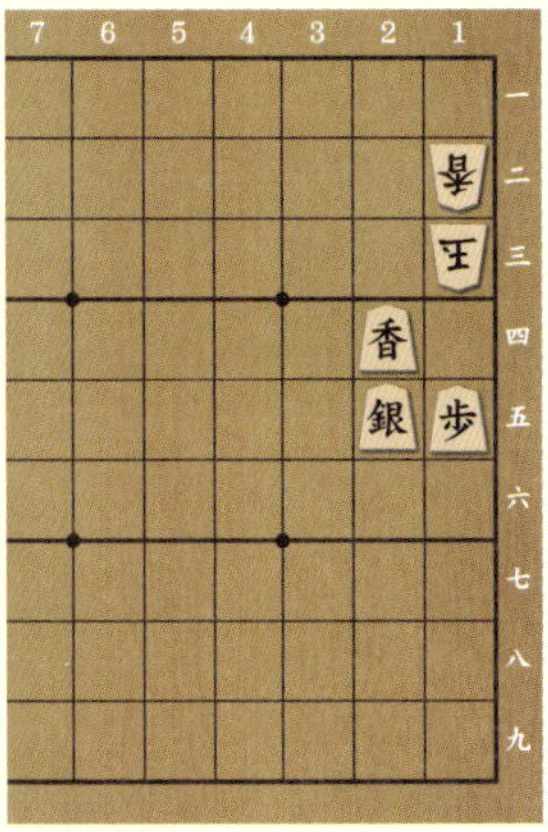

持駒《もちごま》なし

解答《かいとう》⑧

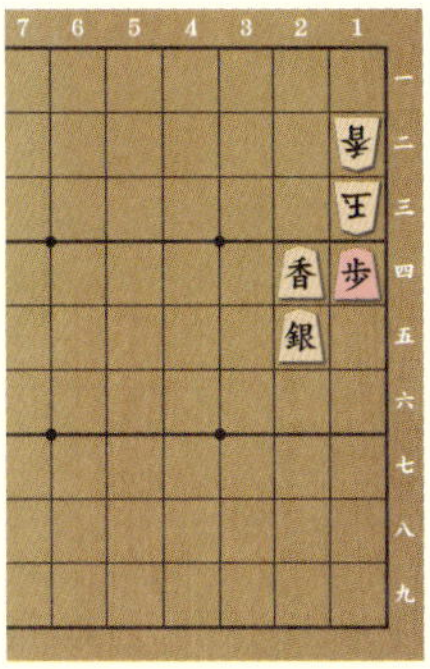

1四歩《ふ》まで

⑨

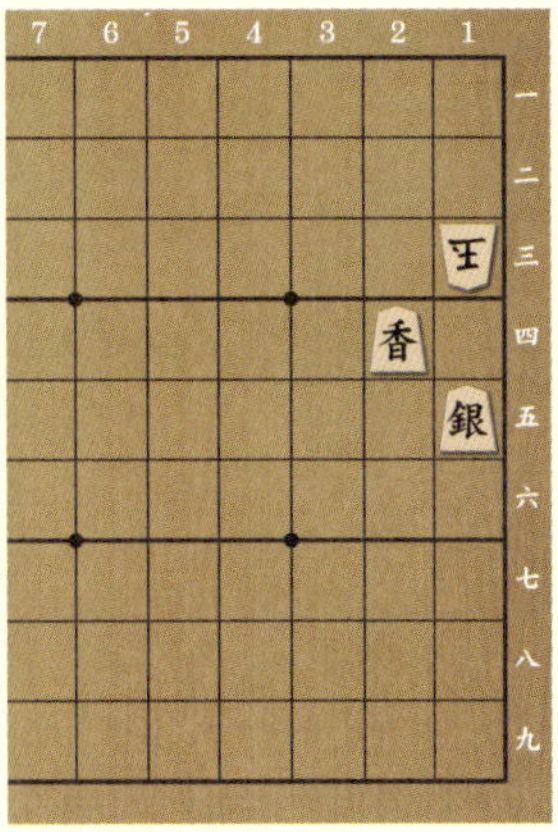

持駒《もちごま》…香《きょう》

解答《かいとう》⑨

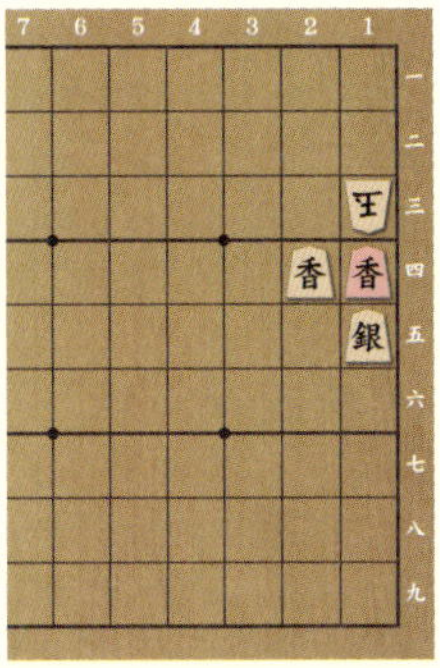

1四香《きょう》まで

⑩

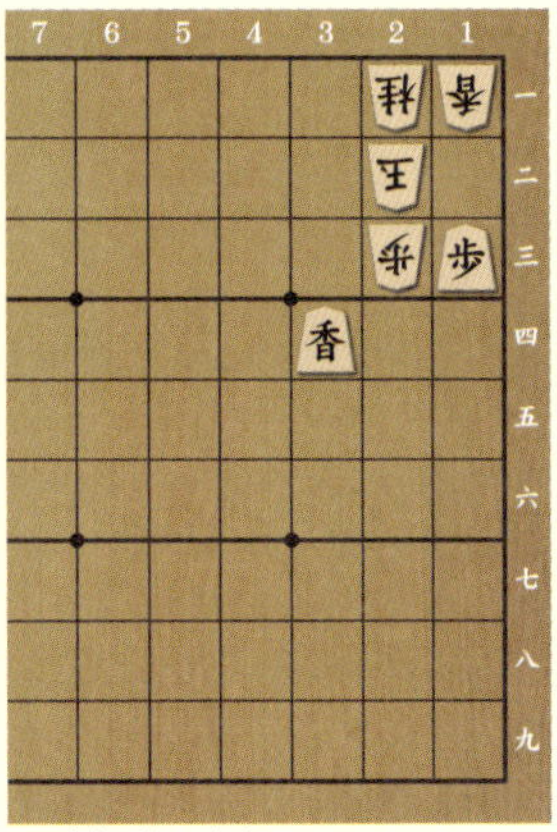

持駒《もちごま》…角《かく》

解答《かいとう》⑩

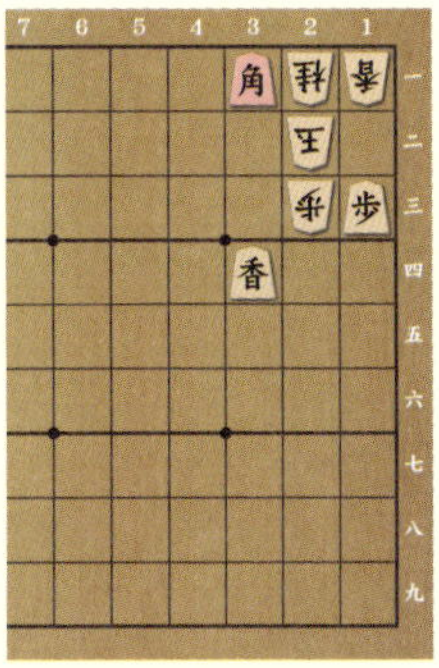

3一角《かく》まで

⑪

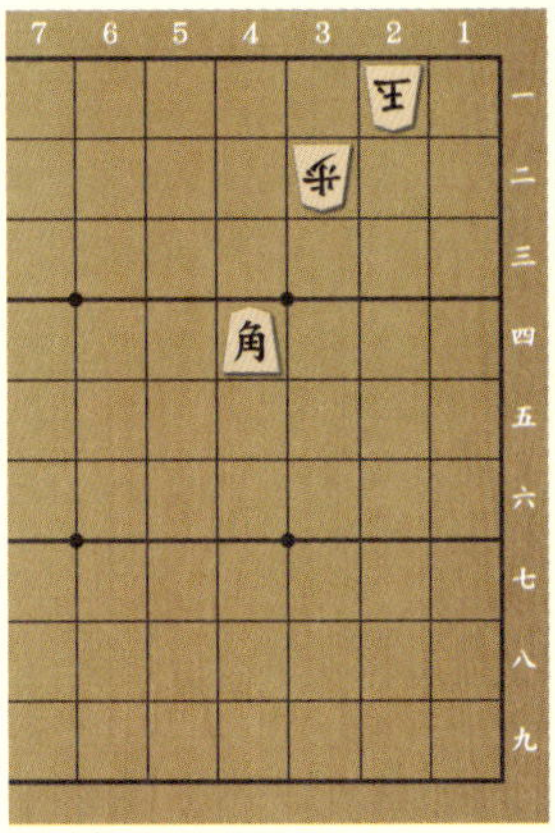

持駒《もちごま》…飛《ひ》

解答《かいとう》⑪

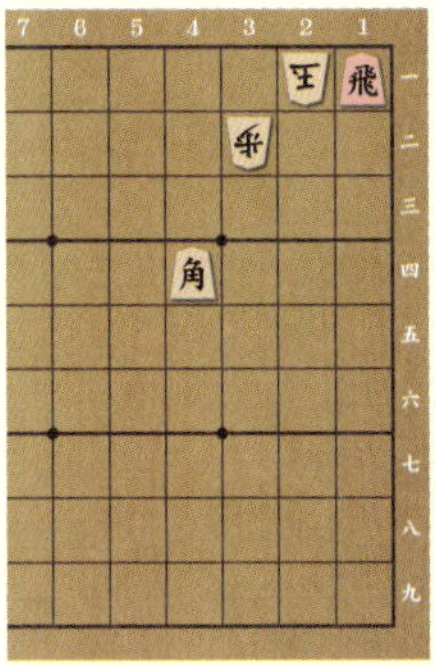

1一飛《ひ》まで

⑫

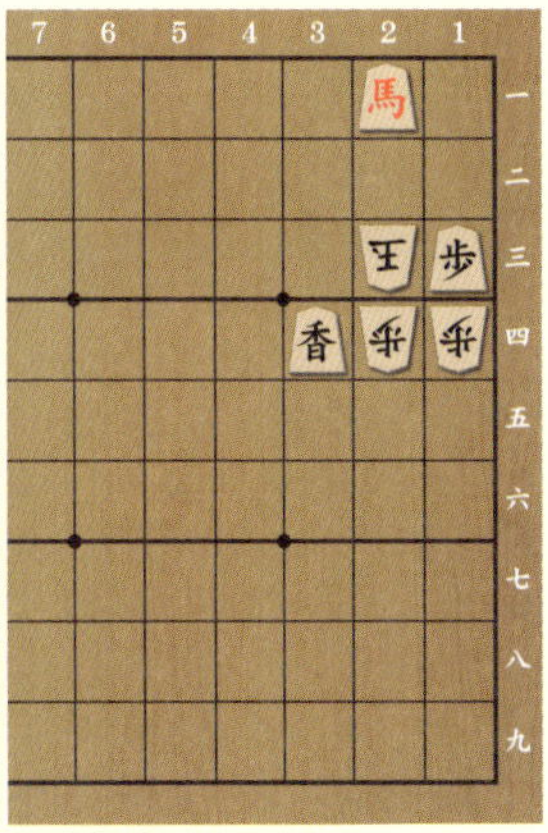

持駒《もちごま》なし

解答《かいとう》⑫

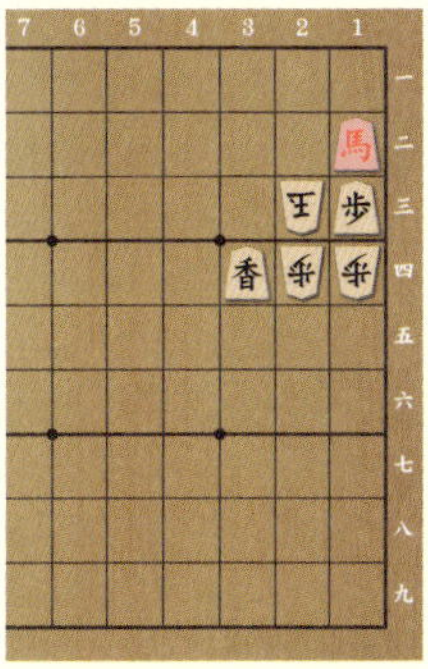

1二馬《うま》まで

⑬

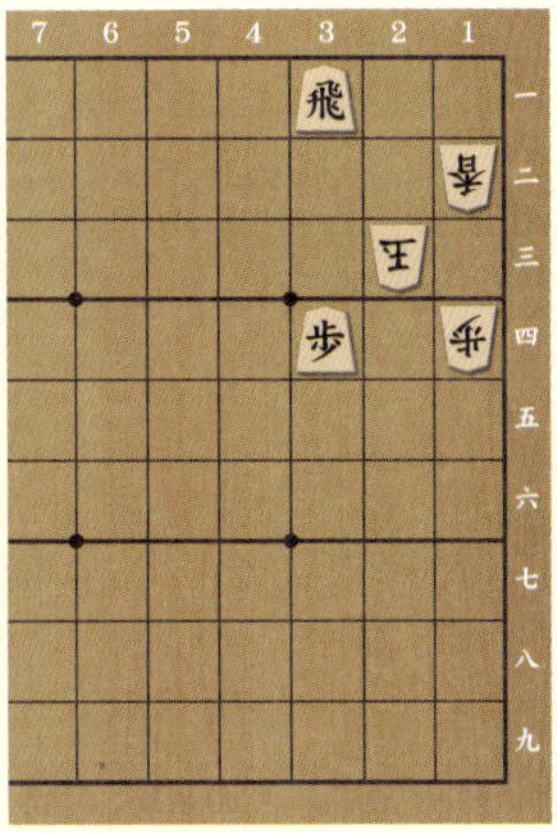

持駒《もちごま》なし

解答《かいとう》⑬

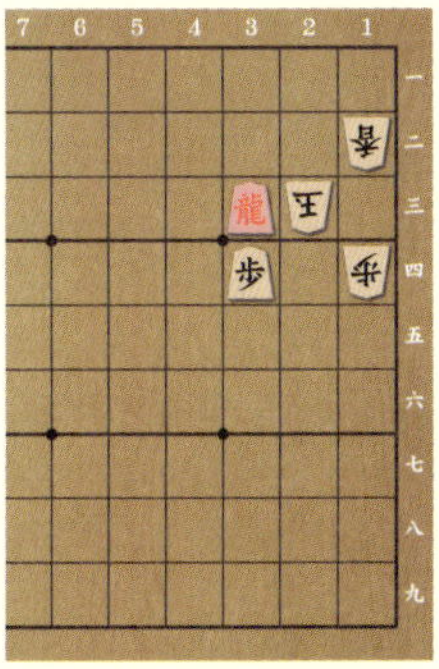

3三飛成《ひなり》まで

⑭

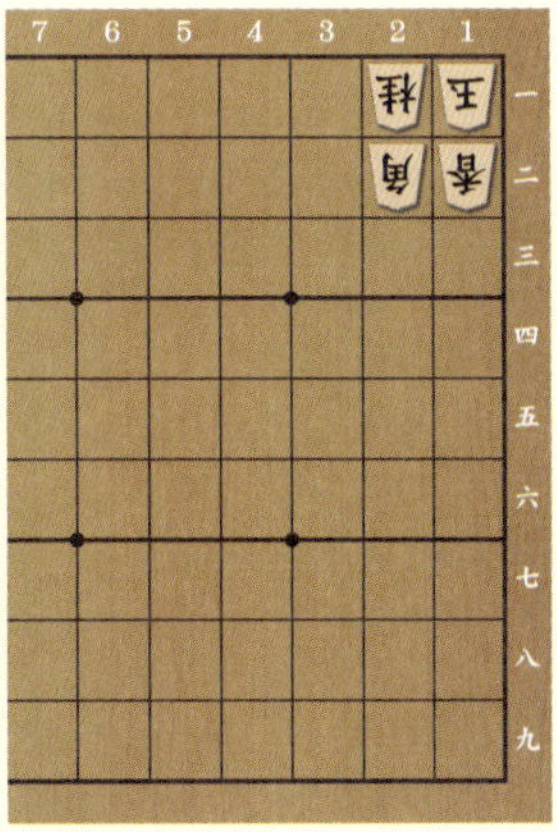

持駒《もちごま》…桂《けい》

解答《かいとう》⑭

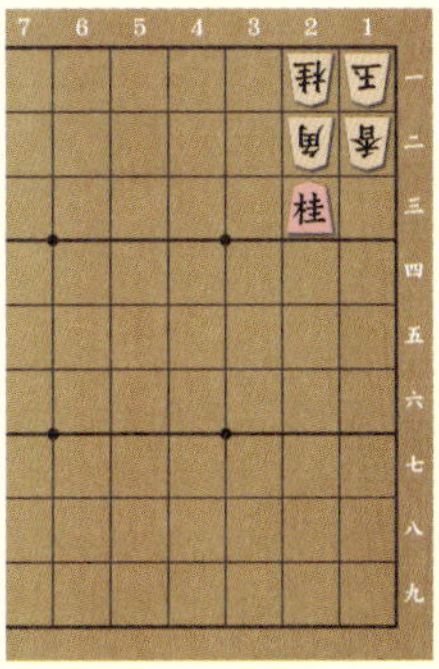

2三桂《けい》まで

⑮

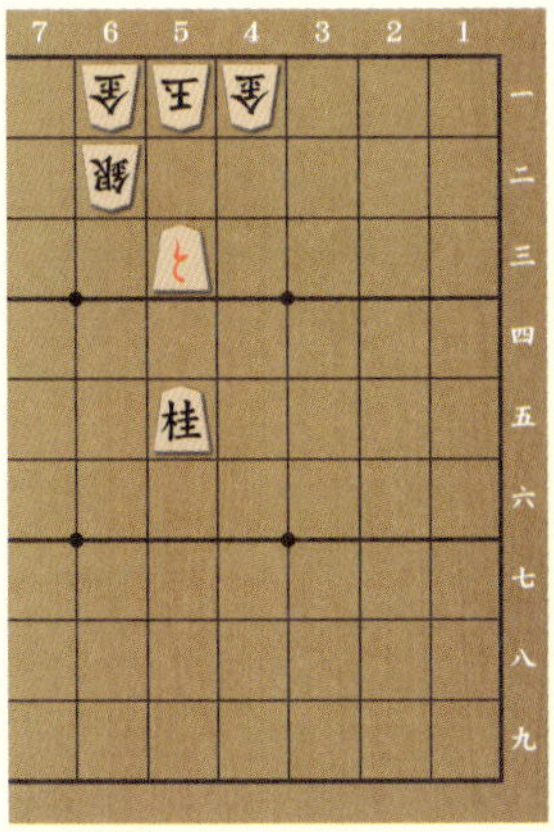

持駒《もちごま》なし

解答《かいとう》⑮

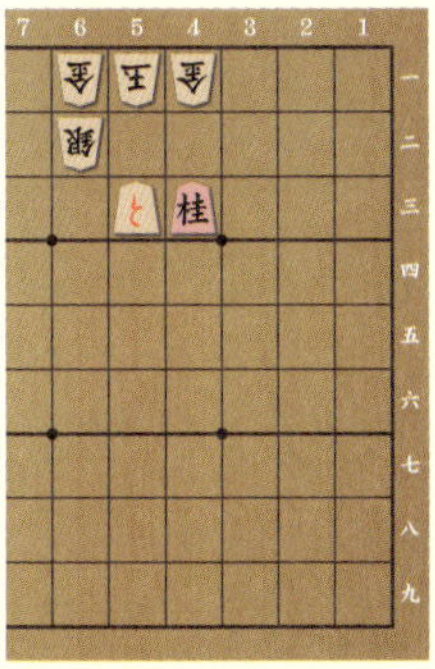

4三桂不成《けいならず》まで

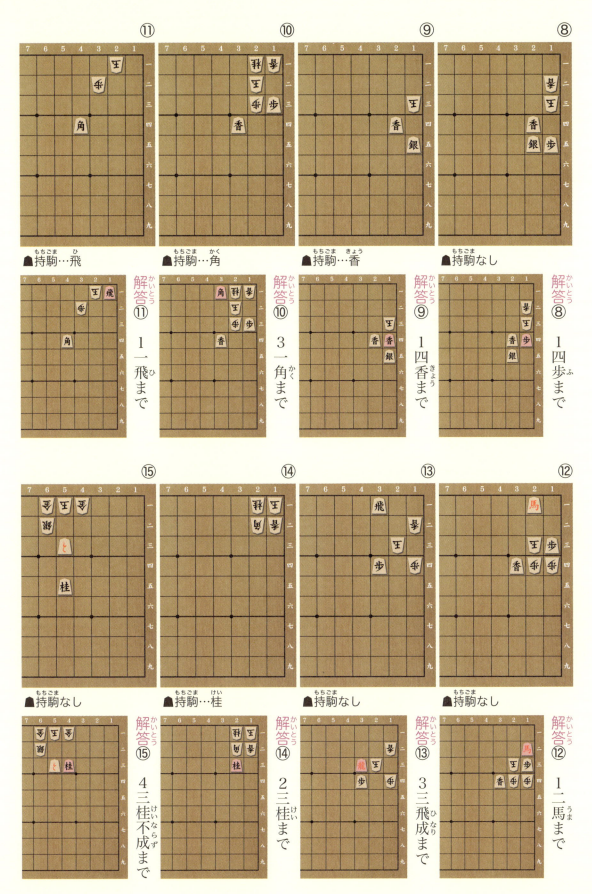

初《しょ》級《きゅう》問《もん》題《だい》

基本《きほん》の形《かたち》がわかれば、かんたんに解《と》いていくことができる問題《もんだい》ばかりです。

相手《あいて》の「玉《ぎょく》」がどことどこに逃《に》げられるか、よくさがしましょう。どこにも逃《に》げられない手《て》を見《み》つけられたら「詰《つ》み」です。

それでは、付録《ふろく》の駒《こま》と盤《ばん》を使《つか》ってはじめてみましょう！

問題01

1手詰《いってづめ》

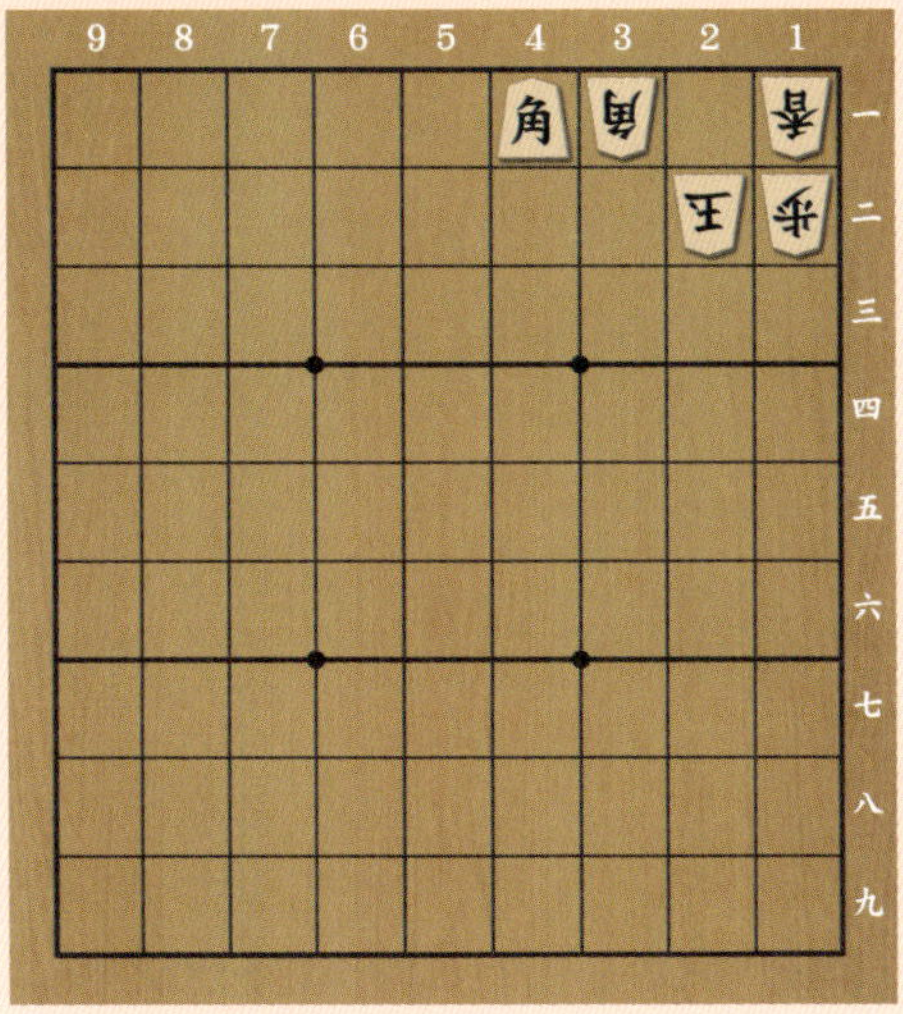

持駒《もちごま》

飛

持駒《もちごま》の「飛《ひ》」をどこに打《う》つかを考《かんが》えましょう

問題02

1手詰《いってづめ》

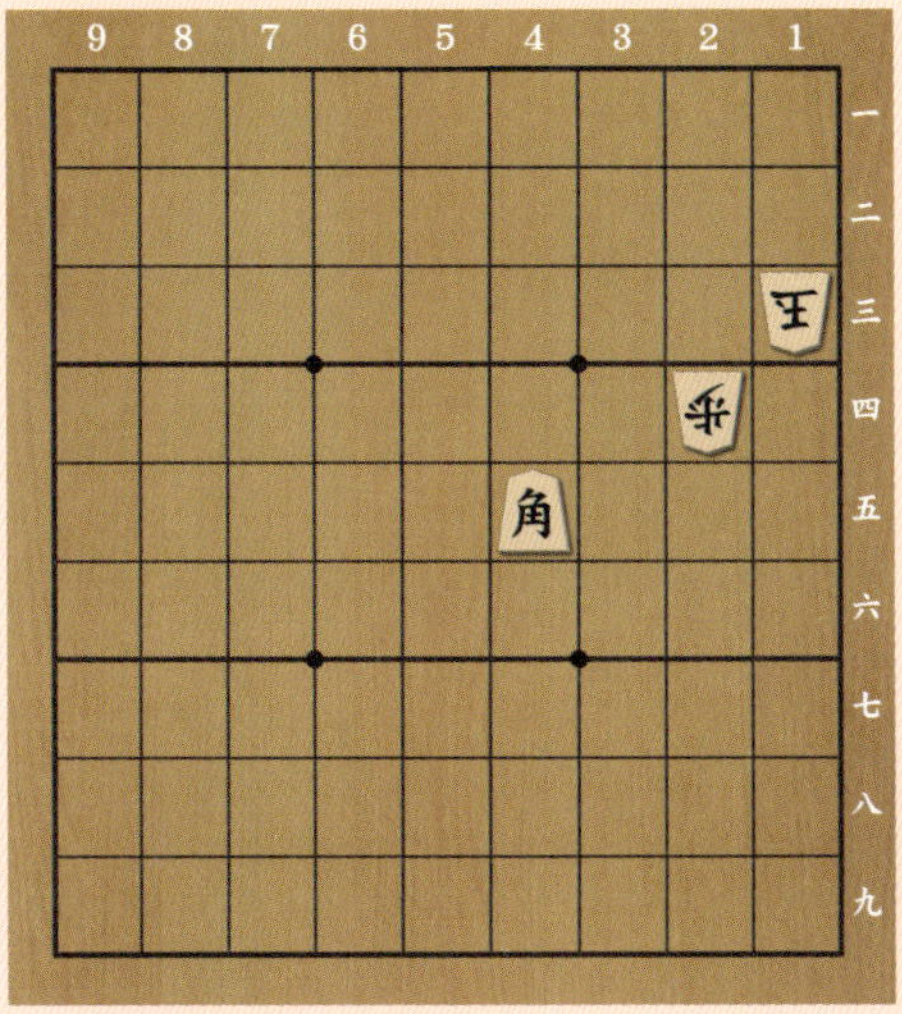

持駒《もちごま》

飛

【ヒント】この問題《もんだい》も、どこに「飛《ひ》」を打《う》つかがポイントです。はじめのうちは「飛《ひ》」や「角《かく》」を大事《だいじ》にして、相手《あいて》の力《ちから》の届《とど》かない、安全《あんぜん》な場所《ばしょ》に打《う》ちたくなりますが、それがよい手《て》とは限《かぎ》りません。

問題03

1手詰《いってづめ》

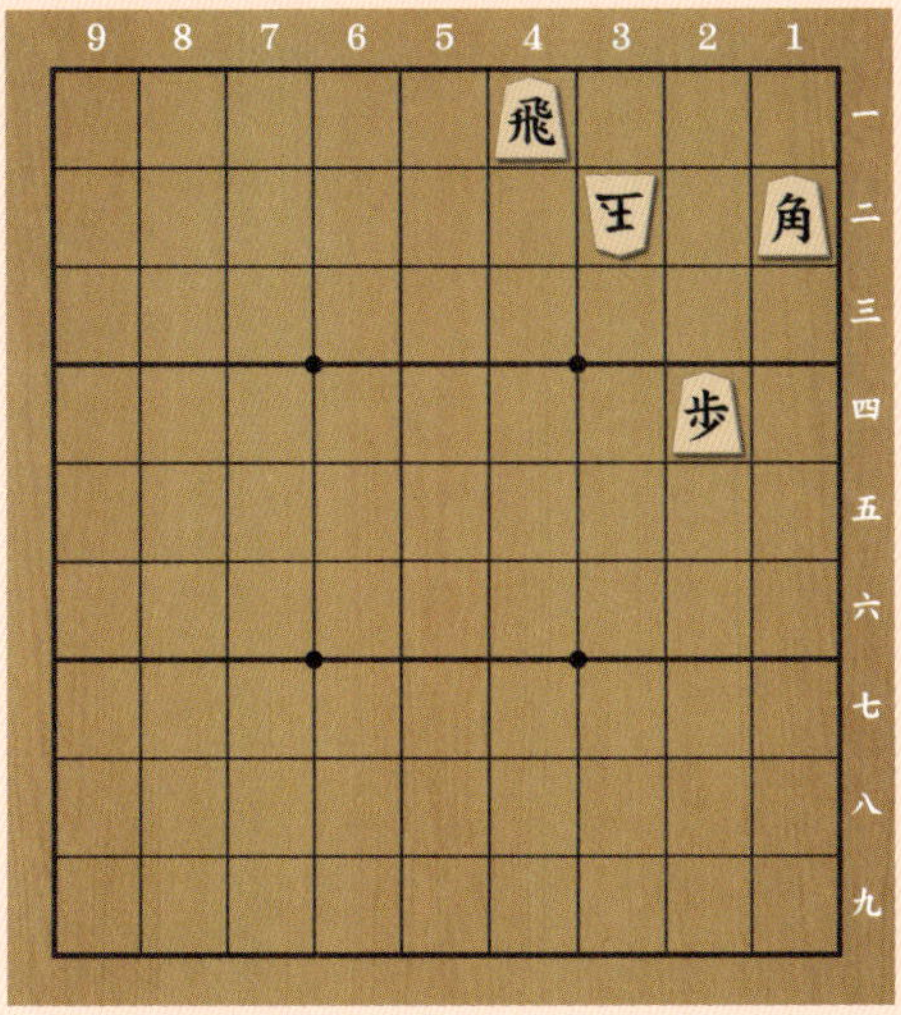

持駒《もちごま》

なし

盤《ばん》の上《うえ》の味方《みかた》の駒《こま》をうまく利用《りよう》しましょう

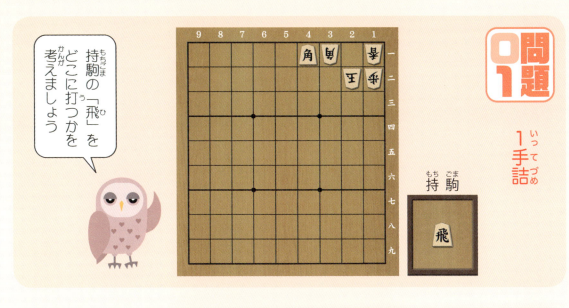

手順《てじゅん》と解説《かいせつ》

問題01 正解《せいかい》手順《てじゅん》と失敗例《しっぱいれい》

持駒《もちごま》 なし

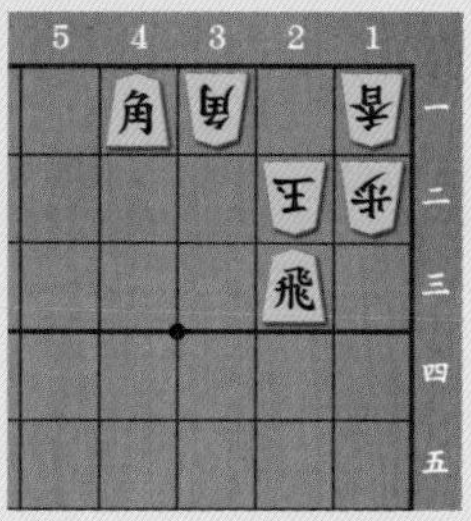

【正解図《せいかいず》】
☗2三飛《ひ》
まで1手詰《いってづめ》

持駒《もちごま》 なし

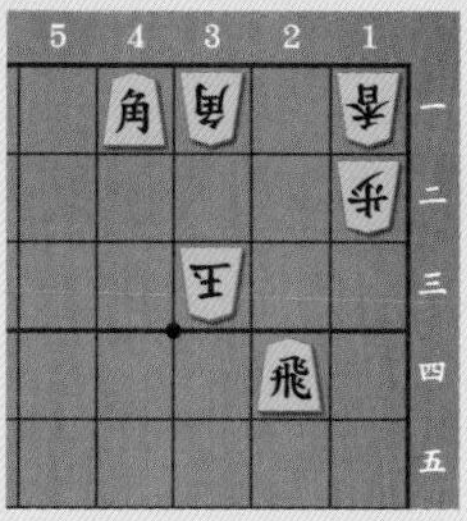

失敗図《しっぱいず》
☗2四飛《ひ》
☖3三玉《ぎょく》
まで（失敗《しっぱい》）

「飛《ひ》」を「玉《ぎょく》」の頭《あたま》につけて打《う》てばピッタリの詰《つ》みになります。「飛《ひ》」を「玉《ぎょく》」からはなして王手《おうて》をかけると、失敗図《しっぱいず》でしめしたように、☖3三玉《ぎょく》に逃《に》げられてしまいます。

問題02 正解《せいかい》手順《てじゅん》と失敗例《しっぱいれい》

持駒《もちごま》 なし

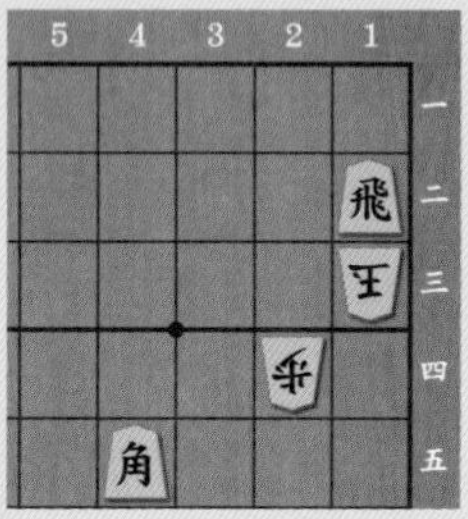

【正解図《せいかいず》】
☗1二飛《ひ》
まで1手詰《いってづめ》

持駒《もちごま》 なし

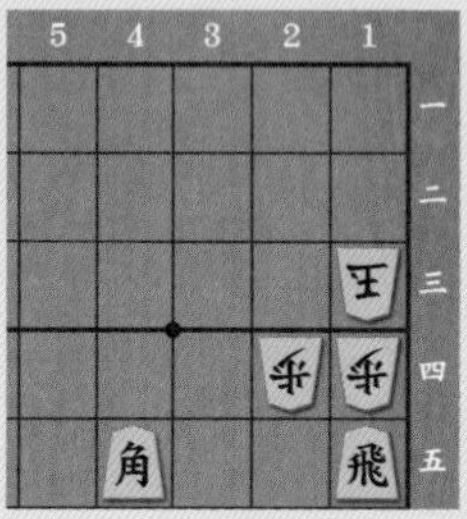

失敗図《しっぱいず》
☗1五飛《ひ》
☖1四歩合《ふあい》
まで（失敗《しっぱい》）

「飛《ひ》」を「角《かく》」のきいた「玉《ぎょく》」の尻《しり》に打《う》てば詰《つ》みです。☗1五飛では☖1四歩《ふ》（失敗図《しっぱいず》）のように合駒《あいごま》を打《う》たれて失敗《しっぱい》します。

「合駒《あいごま》」とは離《はな》れたところからの王手《おうて》をふせぐために打《う》つ駒《こま》のことです。「1四歩合《ふあい》」の「合《あい》」は合駒《あいごま》の意味《いみ》です。

問題03 正解《せいかい》手順《てじゅん》と失敗例《しっぱいれい》

持駒《もちごま》 なし

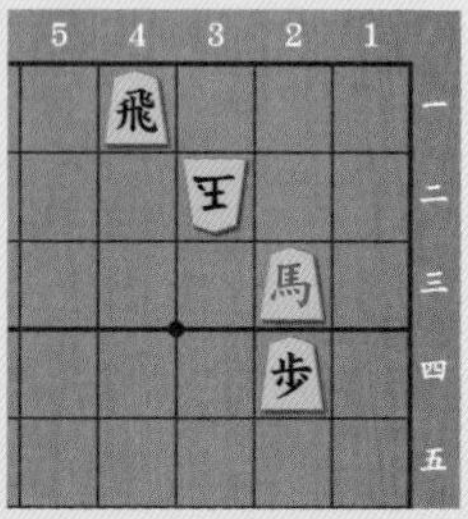

【正解図《せいかいず》】
☗2三角成《かくなり》
まで1手詰《いってづめ》

持駒《もちごま》 なし

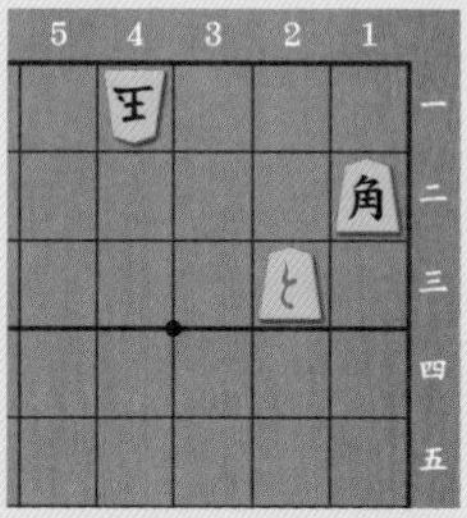

失敗図《しっぱいず》
☗2三歩成《ふなり》
☖4一玉《ぎょく》
まで（失敗《しっぱい》）

盤面《ばんめん》の「飛《ひ》」をうまくいかしたいところ。☗2三歩成《ふなり》でも王手《おうて》はできますが、「飛《ひ》」がとられてしまいます。

問題04

1手詰《いってづめ》

持駒《もちごま》

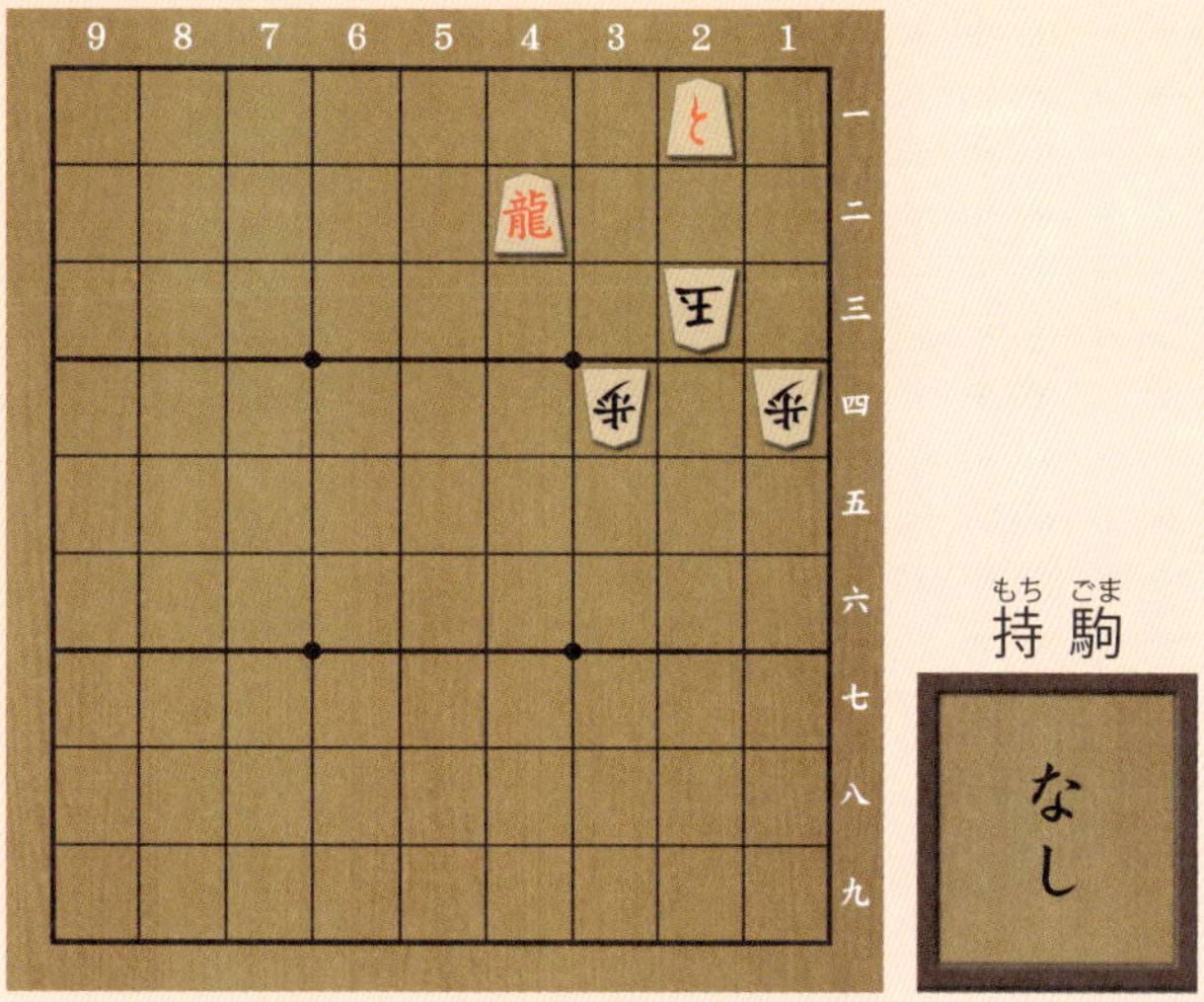

「と」と「龍《りゅう》」をうまく使《つか》いこなしましょう！

問題05

1手詰《いってづめ》

持駒《もちごま》

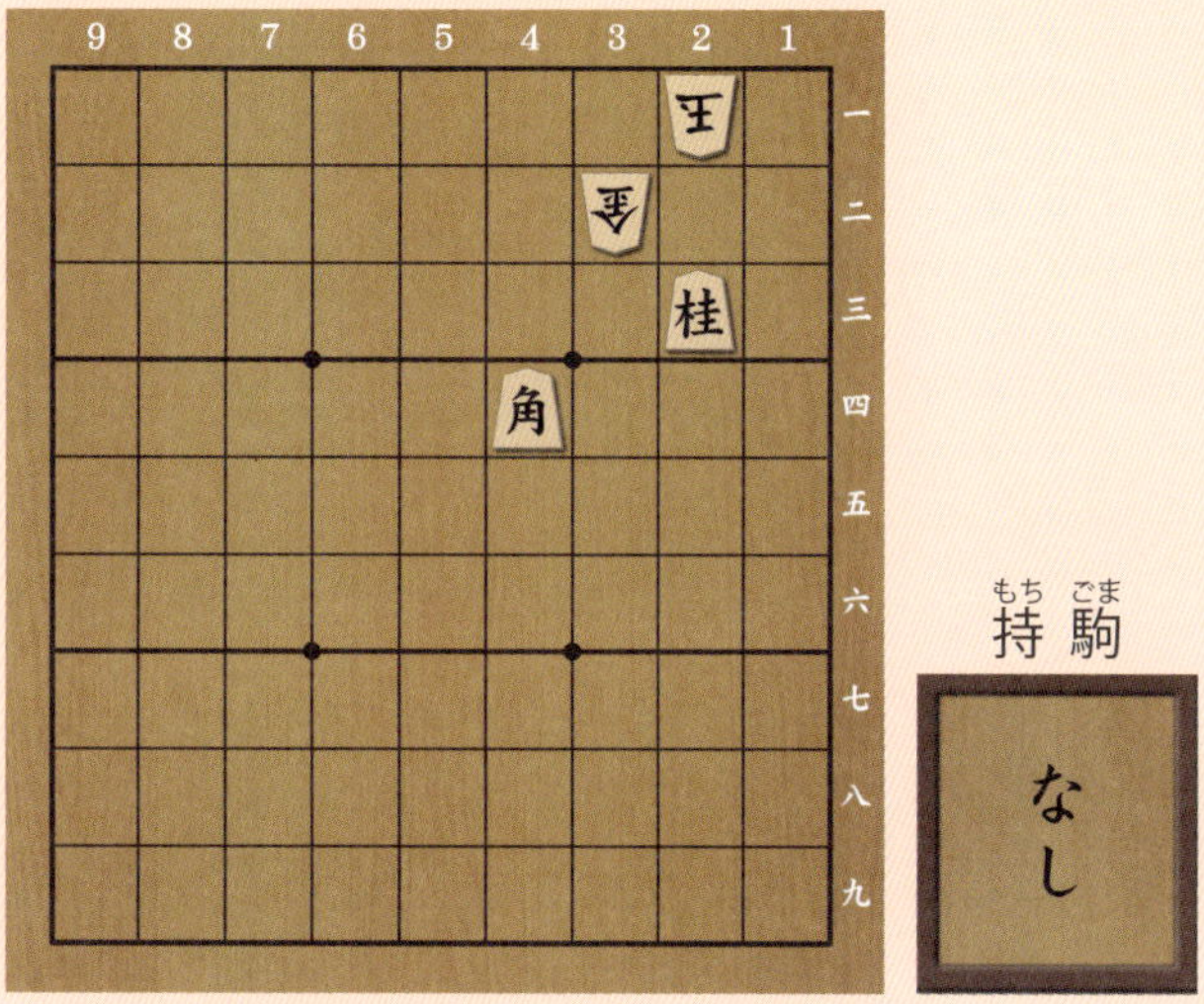

【ヒント】「角《かく》」と「桂《けい》」の使《つか》いかたがポイントです。王手《おうて》をかける駒《こま》を、もう一方《いっぽう》の駒《こま》が守《まも》るにはどうすればよいか考《かんが》えましょう。

問題06

1手詰《いってづめ》

持駒《もちごま》

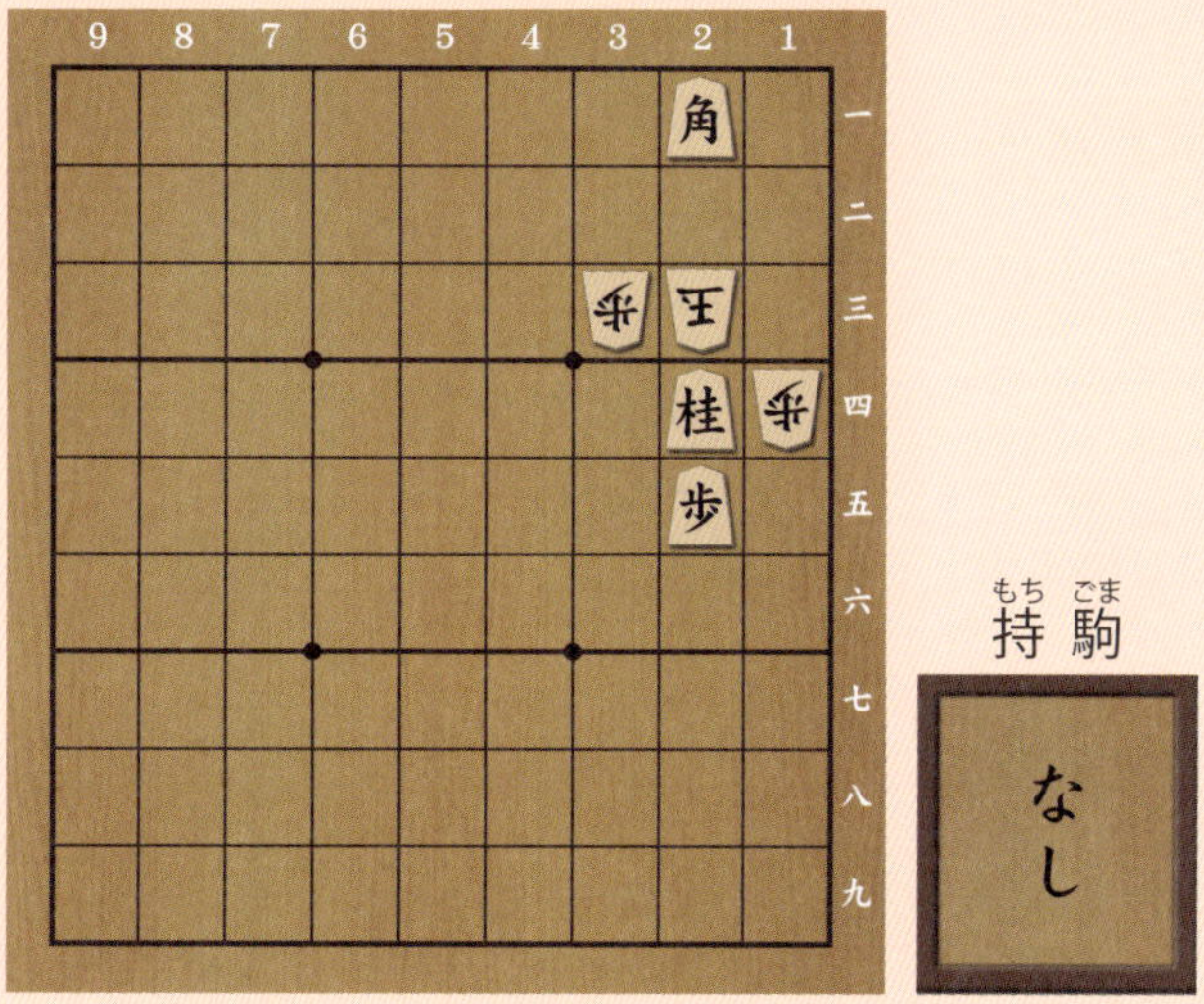

手順《てじゅん》と解説《かいせつ》

問題04 正解《せいかい》手順《てじゅん》と失敗例《しっぱいれい》

持駒《もちごま》 なし

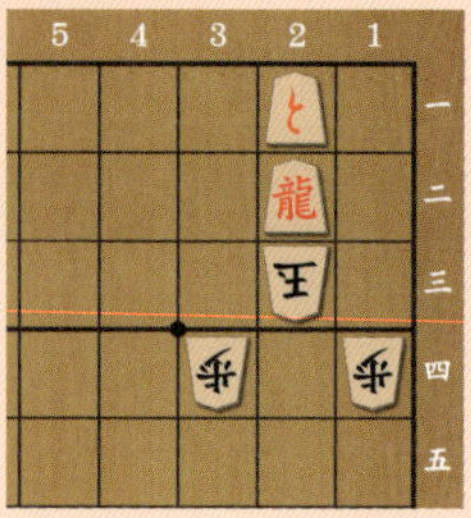

【正解図《せいかいず》】

☗2二龍《りゅう》
まで1手詰《いってづめ》

持駒《もちごま》 なし

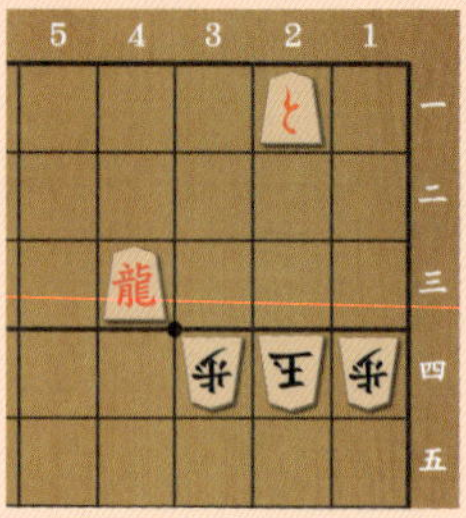

失敗図《しっぱいず》

☗4三龍《りゅう》
☖2四玉《ぎょく》
まで（失敗《しっぱい》）

☗4三龍《りゅう》でも王手《おうて》をかけられますが、☖2四玉《ぎょく》（失敗図《しっぱいず》）と逃《に》げられてしまいます。

問題05 正解《せいかい》手順《てじゅん》と失敗例《しっぱいれい》

持駒《もちごま》 なし

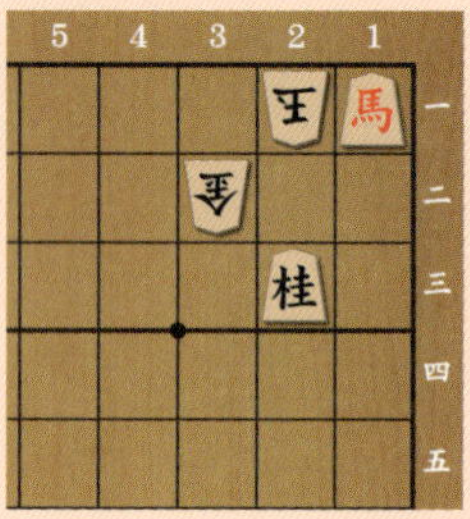

【正解図《せいかいず》】

☗1一角成《かくなり》
まで1手詰《いってづめ》

持駒《もちごま》 なし

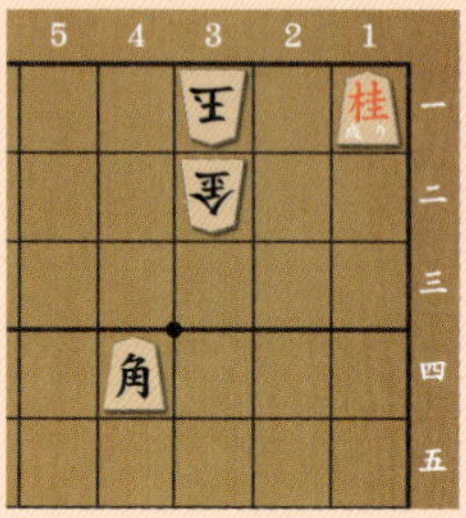

失敗図《しっぱいず》

☗1一桂成《けいなり》
☖3一玉《ぎょく》
まで（失敗《しっぱい》）

☗1一桂成《けいなり》ですと、☖3一玉《ぎょく》（失敗図《しっぱいず》）と逃《に》げられてつかまりません。「角《かく》」が成《な》ると、「馬《うま》」になって大《だい》活躍《かつやく》します。

問題06 正解《せいかい》手順《てじゅん》と失敗例《しっぱいれい》

持駒《もちごま》 なし

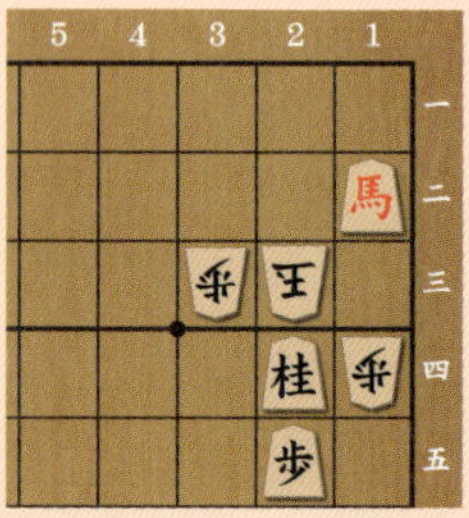

【正解図《せいかいず》】

☗1二角成《かくなり》
まで1手詰《いってづめ》

持駒《もちごま》 なし

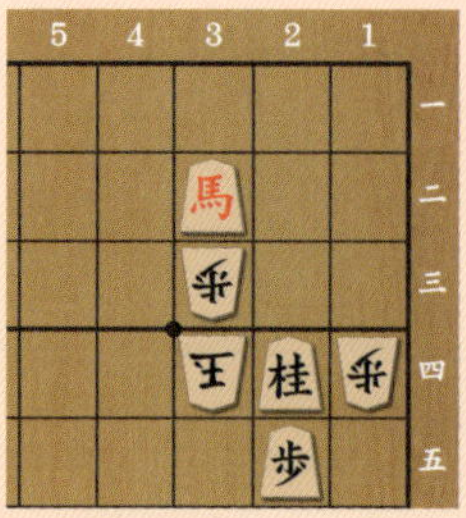

失敗図《しっぱいず》

☗3二角成《かくなり》
☖3四玉《ぎょく》
まで（失敗《しっぱい》）

☗1二角成《かくなり》と☗3二角成《かくなり》とでは、一見《いっけん》同《おな》じように見《み》えますが、☗3二角成《かくなり》で王手《おうて》をかけても、☖3四玉《ぎょく》（失敗図《しっぱいず》）と逃《に》げられてしまいます。☗1二角成《かくなり》ならば、☖3四玉《ぎょく》をゆるしません。

問題07

1手詰《いってづめ》

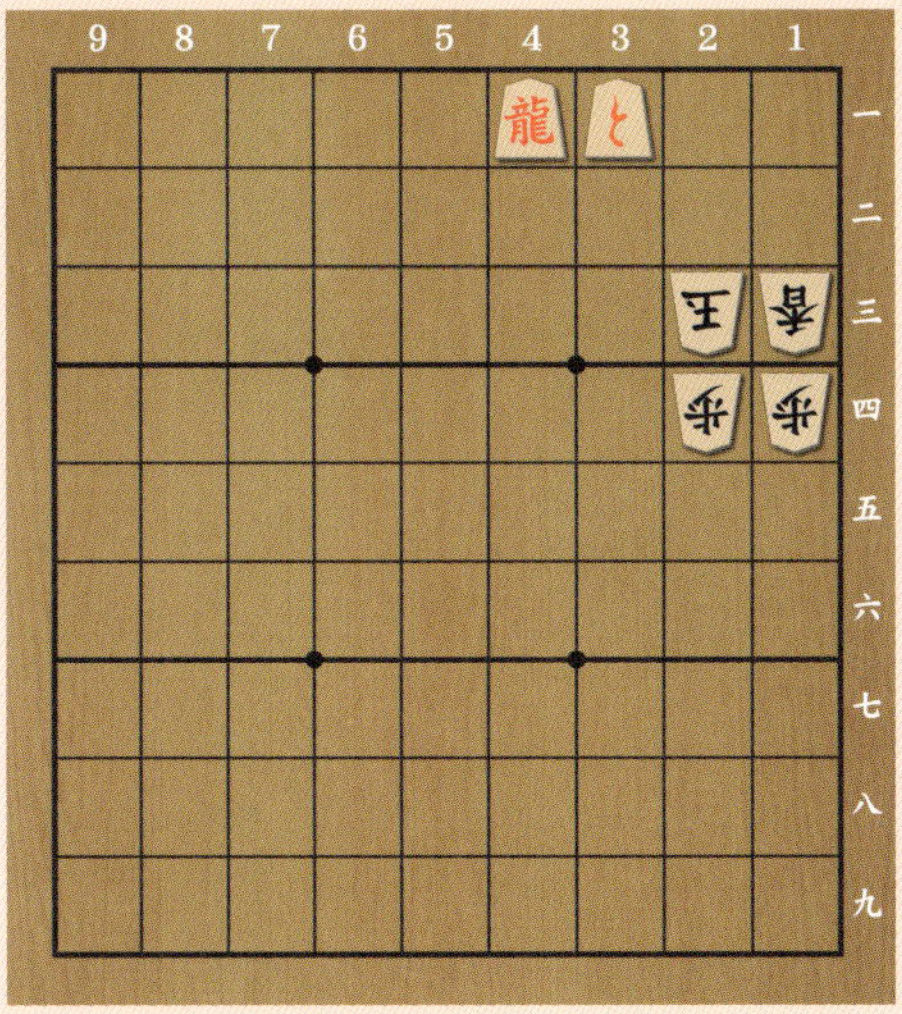

持駒《もちごま》

なし

【ヒント】「と」と「龍《りゅう》」、ふたつの駒《こま》をうまく使《つか》いましょう。一方《いっぽう》が王手《おうて》をかける駒《こま》、もう一方《いっぽう》がそれを助《たす》ける役目《やくめ》です。

問題08

1手詰《いってづめ》

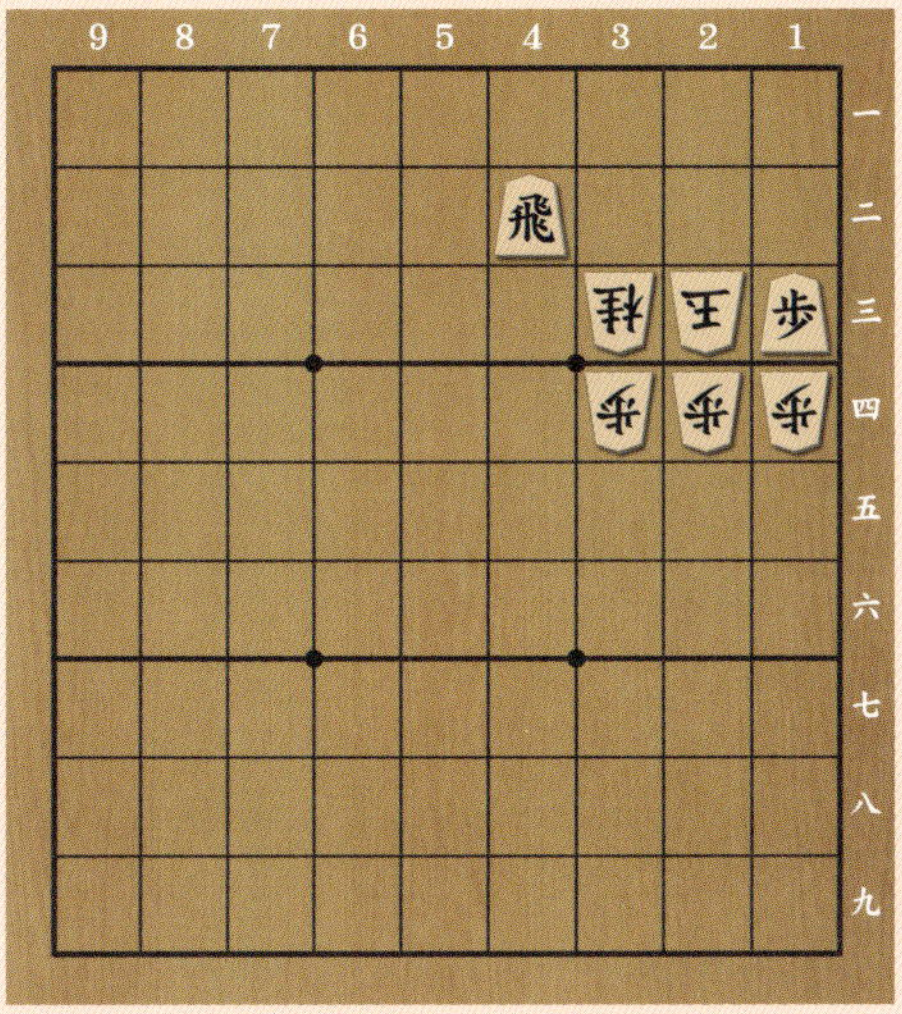

持駒《もちごま》

なし

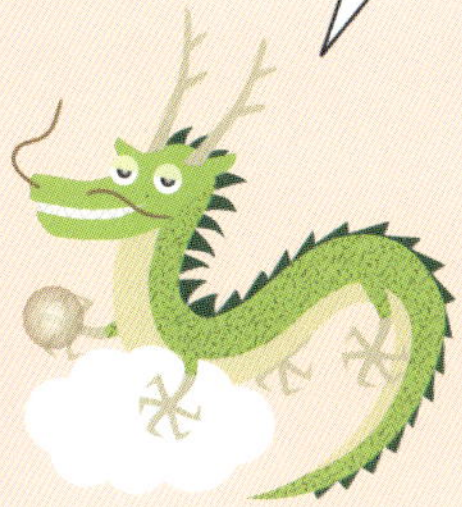
「飛《ひ》」が成《な》ると「龍《りゅう》」となって大活躍《だいかつやく》だよ！

問題09

1手詰《いってづめ》

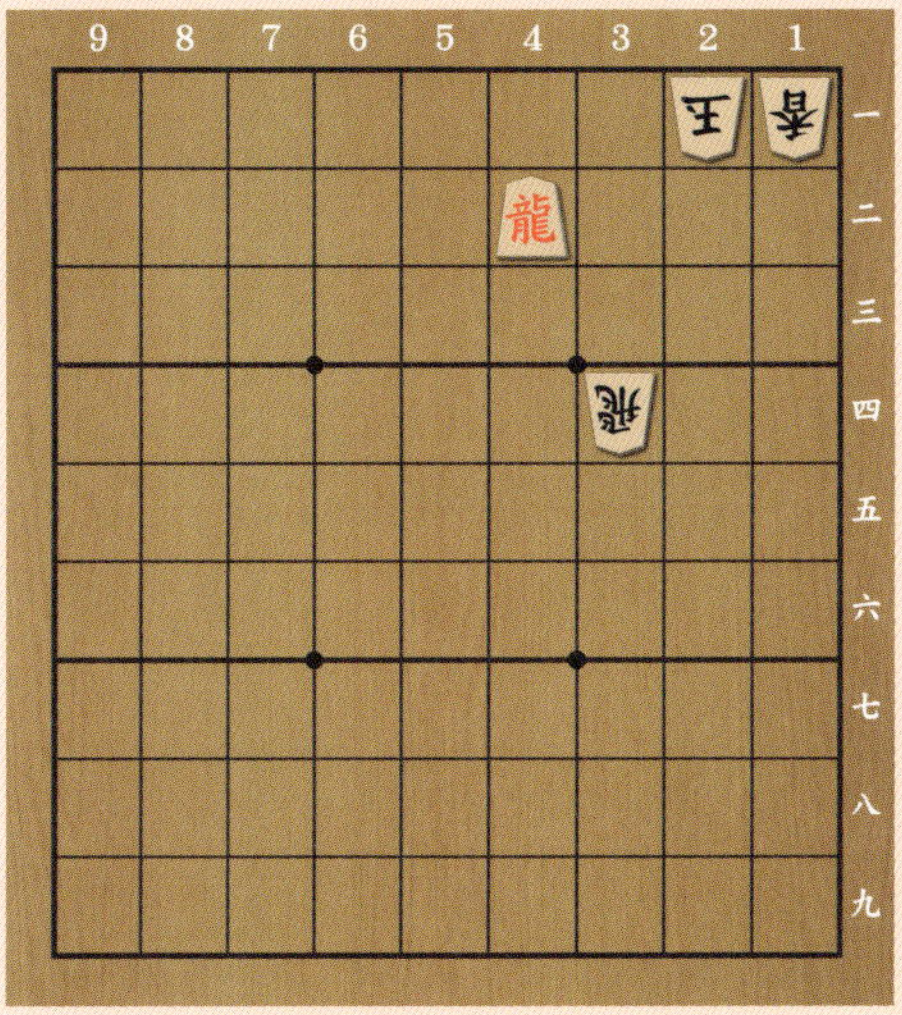

持駒《もちごま》

香

持駒《もちごま》の「香《きょう》」をどこに打《う》つかがポイントです

問題07 正解手順《せいかいてじゅん》と失敗例《しっぱいれい》

持駒《もちごま》 なし

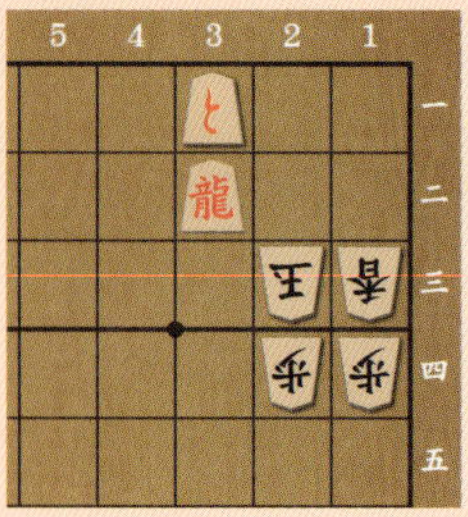

【正解図《せいかいず》】

▲3二龍《りゅう》
まで1手詰《いってづめ》

持駒《もちごま》 なし

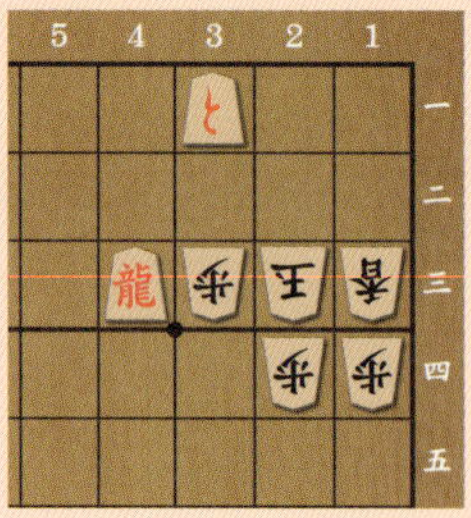

失敗図《しっぱいず》

▲4三龍《りゅう》
△3三歩合《ふあい》
まで（失敗《しっぱい》）

初手《しょて》が▲4三龍《りゅう》ですと、△3三歩《ふ》（失敗図《しっぱいず》）のように、合駒《あいごま》を打《う》たれて詰《つ》みません。「玉《ぎょく》」がわは残《のこ》りすべての駒《こま》を合駒《あいごま》として使《つか》うことができます。

問題08 正解手順《せいかいてじゅん》と失敗例《しっぱいれい》

持駒《もちごま》 なし

【正解図《せいかいず》】

▲1二飛成《ひなり》
まで1手詰《いってづめ》

持駒《もちごま》 なし

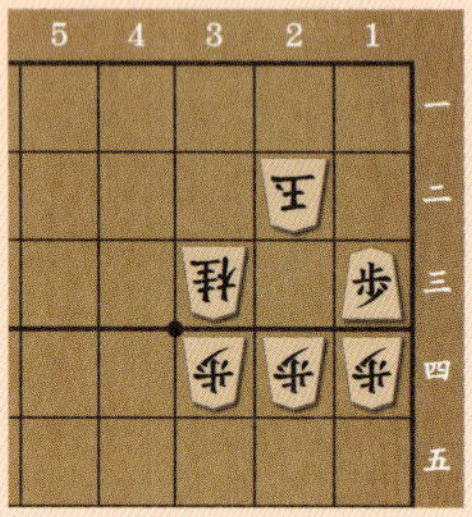

失敗図《しっぱいず》

▲2二飛成《ひなり》
△2二同玉《どうぎょく》
まで（失敗《しっぱい》）

▲2二飛成《ひなり》で王手《おうて》することもできますが、△2二同玉《どうぎょく》ととられてしまいます（失敗図《しっぱいず》）。

「同《どう》」とは、そのマスにある相手《あいて》の駒をとって、そこに入ることです。

問題09 正解手順《せいかいてじゅん》と失敗例《しっぱいれい》

持駒《もちごま》 なし

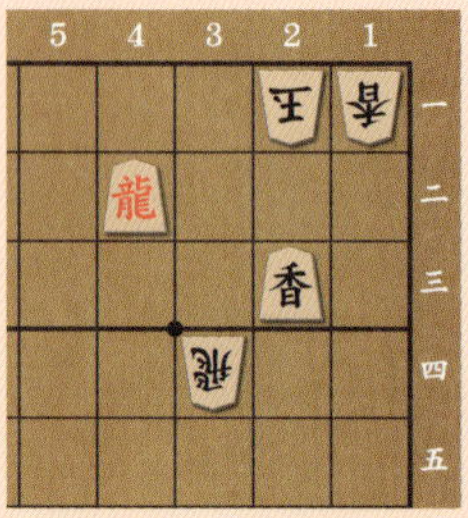

【正解図《せいかいず》】

▲2三香《きょう》
まで1手詰《いってづめ》

持駒《もちごま》 なし

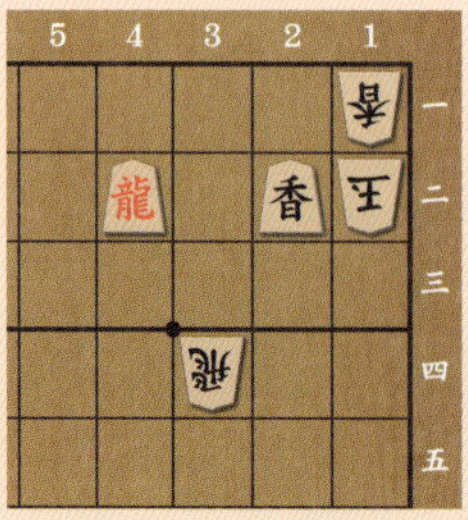

失敗図《しっぱいず》

▲2二香《きょう》
△1二玉《ぎょく》
まで（失敗《しっぱい》）

「香《きょう》」を1マスあけて打《う》つのが正解《せいかい》。2二に合駒《あいごま》されても同香成《どうきょうなり》で詰《つ》みます。▲2二香《きょう》では△1二玉《ぎょく》（失敗《しっぱい》図《ず》）にて逃《に》げられます。

詰将棋《つめしょうぎ》では、相手《あいて》が合駒《あいごま》をしても、その駒《こま》がただとられるだけで詰みをふせげないときは合駒《あいごま》をしません。これを「無駄合《むだあい》」といいます。

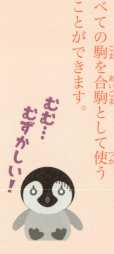

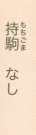

問題10

1手詰《いってづめ》

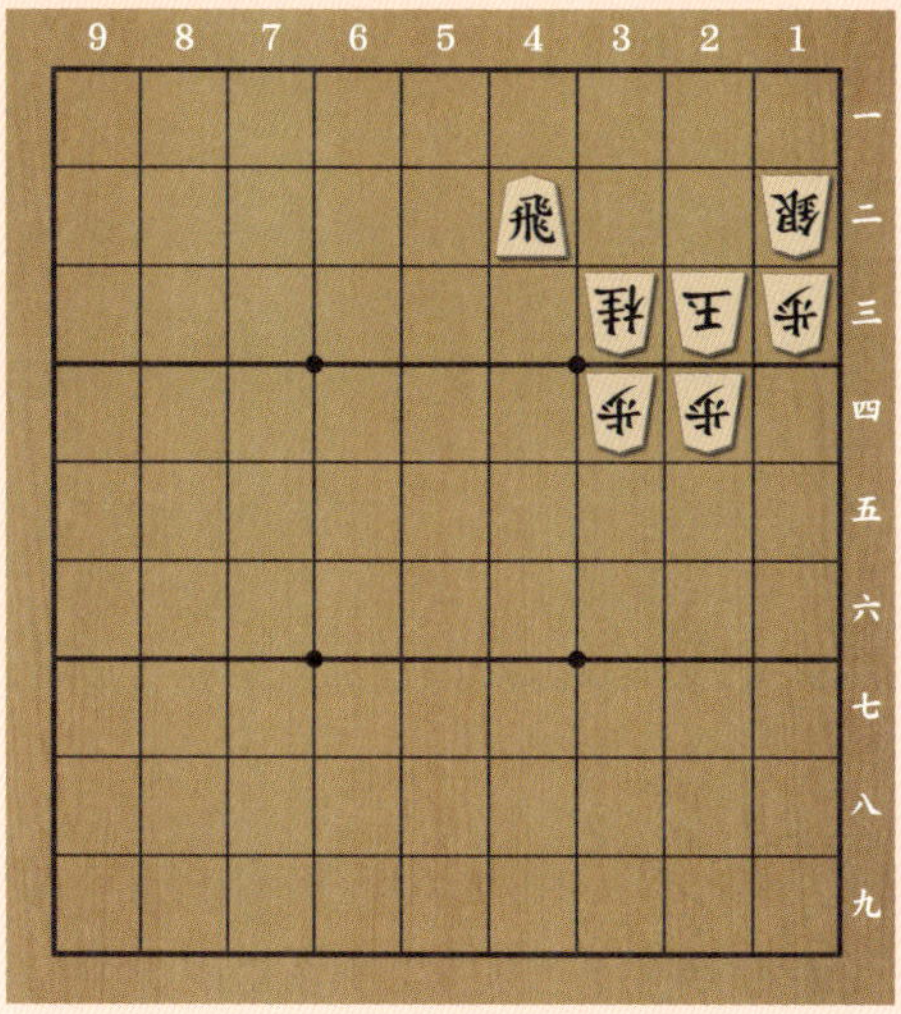

持駒《もちごま》

角

問題11

1手詰《いってづめ》

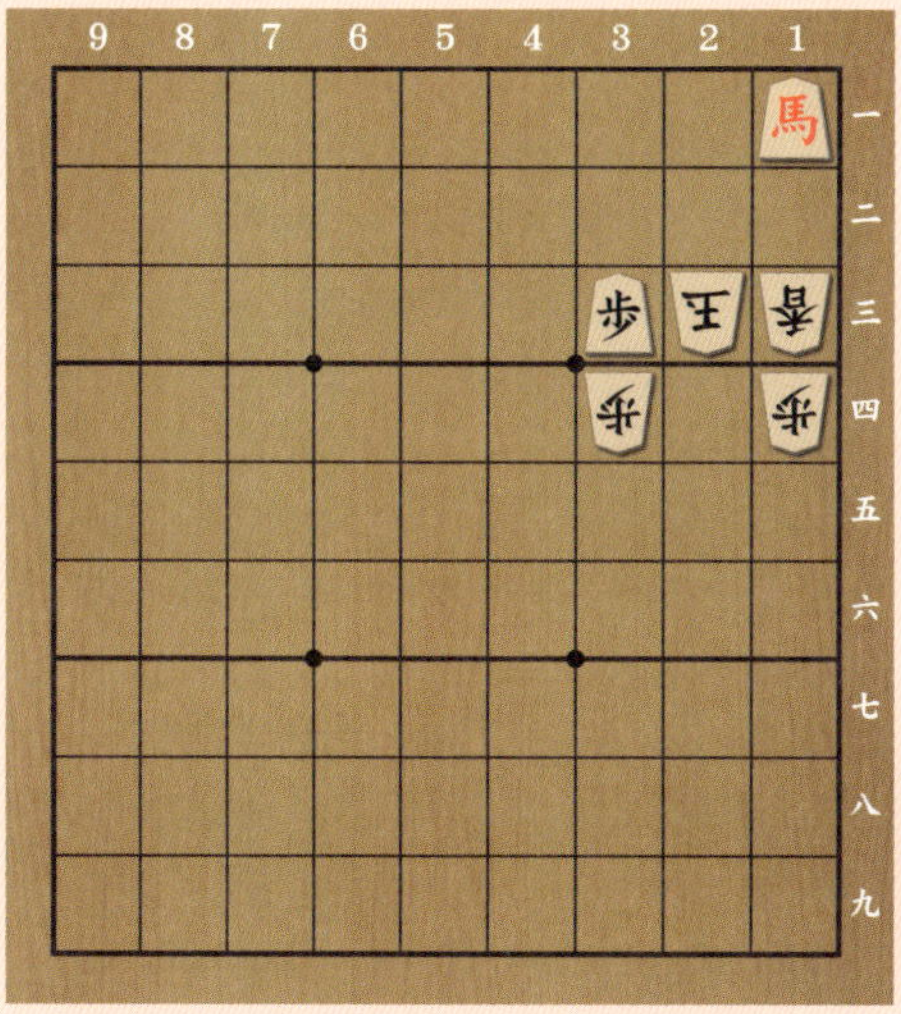

持駒《もちごま》

飛

問題12

1手詰《いってづめ》

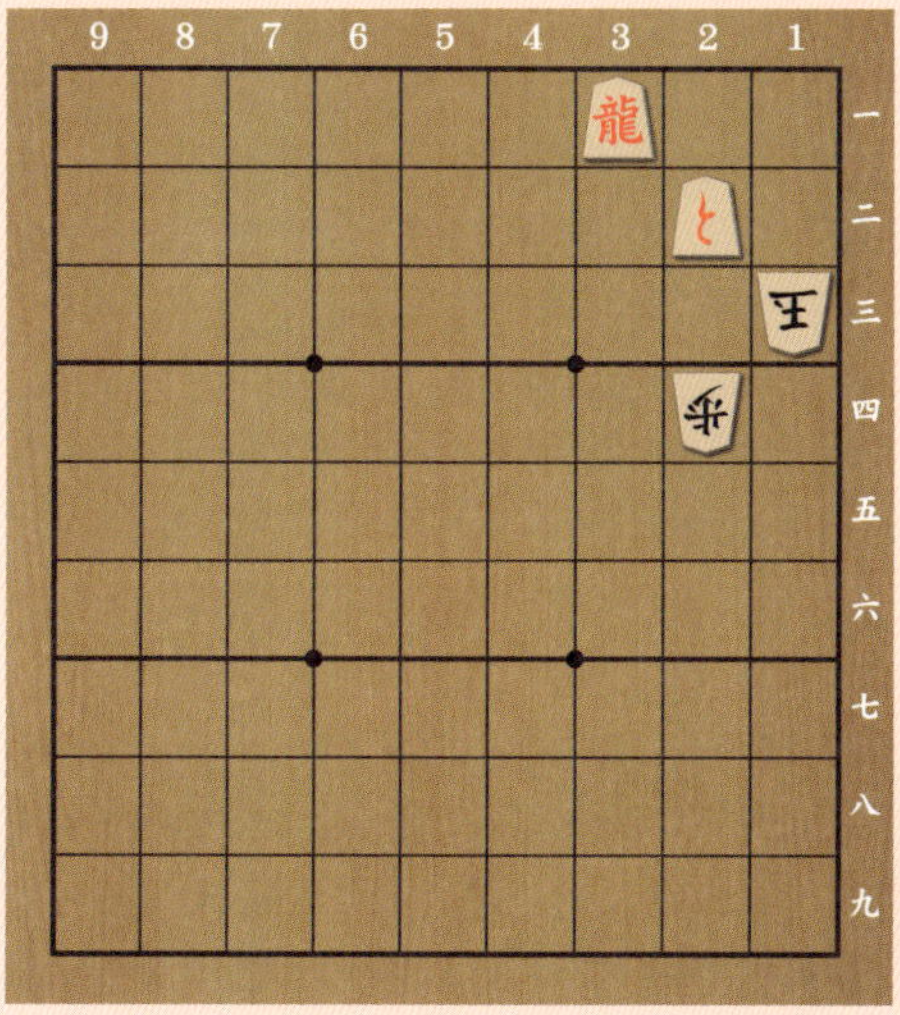

持駒《もちごま》

なし

【ヒント】はなれていても届《とど》く「龍《りゅう》」の力《ちから》をうまく使《つか》いましょう。

手順《てじゅん》と解説《かいせつ》

問題10 正解手順《せいかいてじゅん》と失敗例《しっぱいれい》

持駒《もちごま》 なし

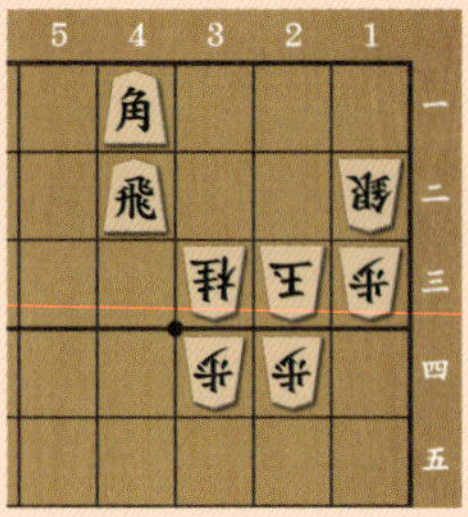

【正解図《せいかいず》】

☗4一角《かく》
まで1手詰《いってづめ》

持駒《もちごま》 なし

失敗図《しっぱいず》

☗3二角《かく》
☖2二玉《ぎょく》
まで（失敗《しっぱい》）

「角《かく》」をはなして打《う》つのが正解《せいかい》。相《あい》手《て》が3二に合駒《あいごま》をしても、☗同角《どうかく》成《なり》で詰《つ》みになります（この合駒《あいごま》も「無駄合《むだあい》」です）。

☗3二角《かく》とつけて打《う》つと、☖2二玉《ぎょく》（失敗図《しっぱいず》）にて逃《に》げられます。

問題11 正解手順《せいかいてじゅん》と失敗例《しっぱいれい》

持駒《もちごま》 なし

【正解図《せいかいず》】

☗2一飛
まで1手詰《いってづめ》

持駒《もちごま》 なし

失敗図《しっぱいず》

☗2二飛《ひ》
☖3三玉《ぎょく》
まで（失敗《しっぱい》）

「飛《ひ》」をはなして打《う》つのが正解《せいかい》。2二に合駒《あいごま》されても☗同飛成《どうひなり》で詰《つ》みになります（これも「無駄合《むだあい》」です）。

☗2二飛《ひ》とつけて打《う》つと、☖3三玉《ぎょく》（失敗図《しっぱいず》）にて逃《に》げられます。

問題12 正解手順《せいかいてじゅん》と失敗例《しっぱいれい》

持駒《もちごま》 なし

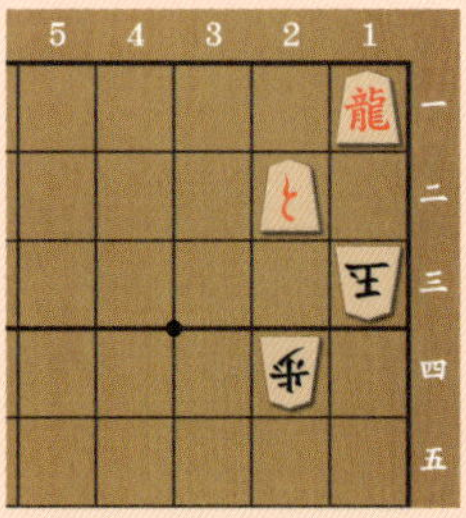

【正解図《せいかいず》】

☗1一龍《りゅう》
まで1手詰《いってづめ》

持駒《もちごま》 なし

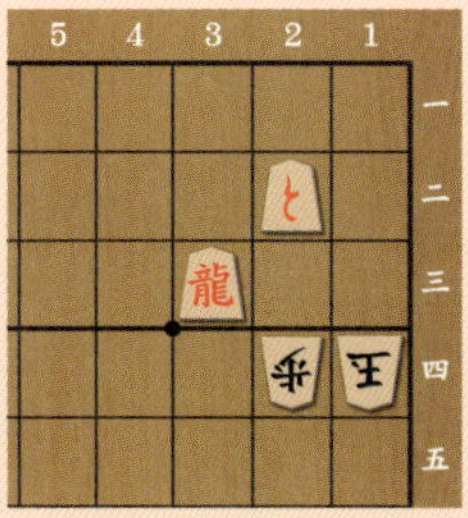

失敗図《しっぱいず》

☗3三龍《りゅう》
☖1四玉《ぎょく》
まで（失敗《しっぱい》）

☗3三龍《りゅう》で王手《おうて》をすると、☖1四玉《ぎょく》と逃《に》げられて（失敗図《しっぱいず》）しまいます。☗1一龍《りゅう》ならば、1四からの脱出をゆるしません。

問題13

1手詰《いってづめ》

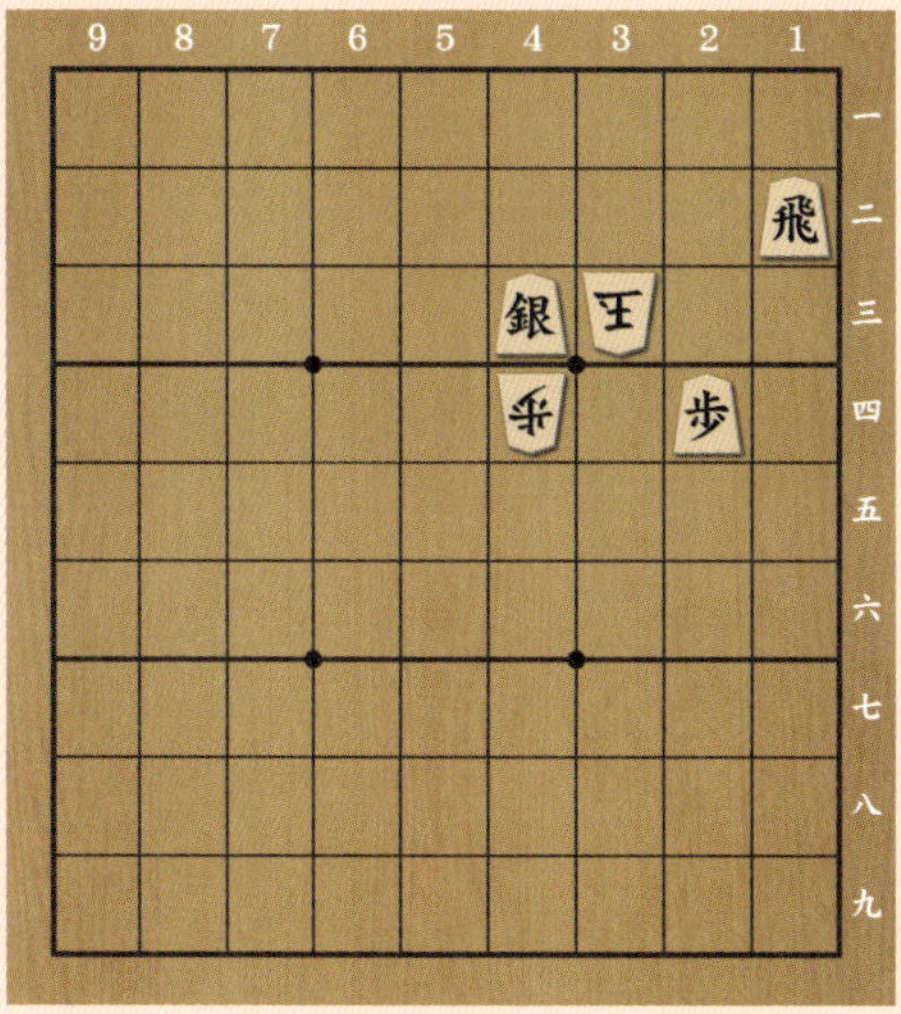

持《もち》駒《ごま》

なし

【ヒント】「飛《ひ》」では届《とど》かなくても、「龍《りゅう》」になればカバーできるかもしれませんよ。

問題14

1手詰《いってづめ》

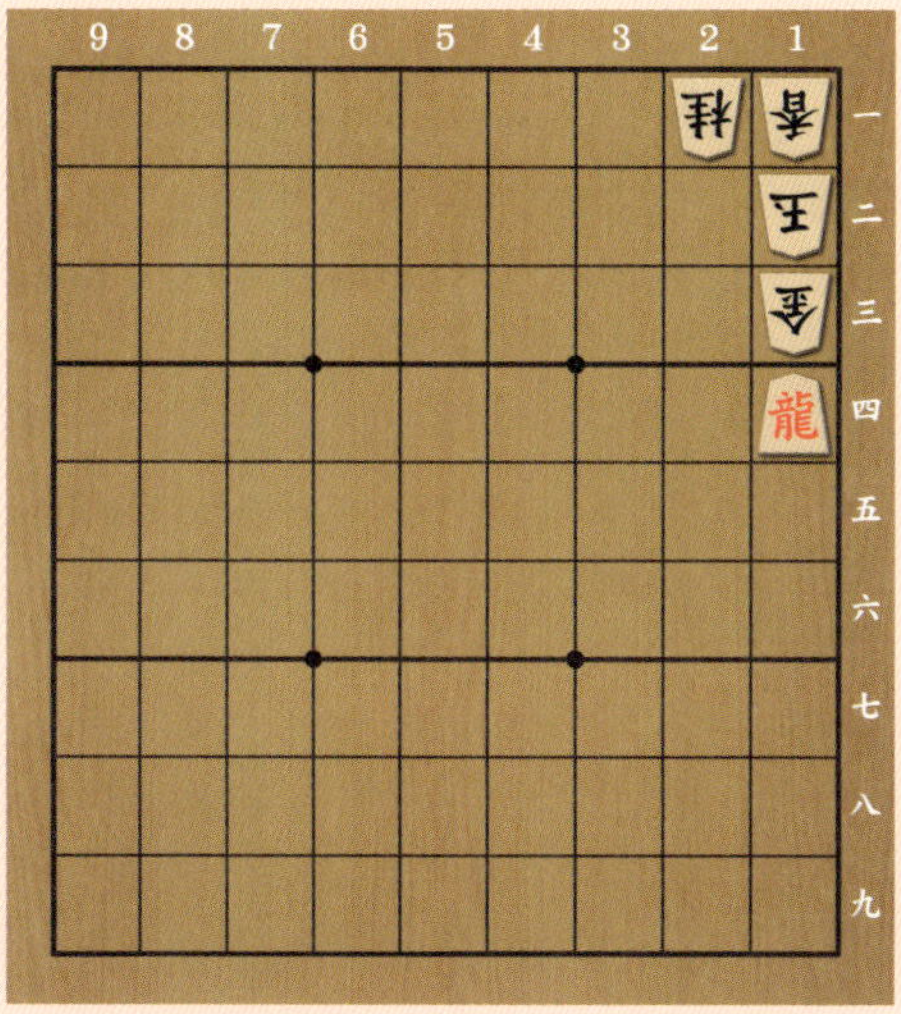

持《もち》駒《ごま》

銀

【ヒント】盤面《ばんめん》の「龍《りゅう》」のききを考《かんが》えながら、持駒《もちごま》の「銀《ぎん》」を一番《いちばん》よいところに打《う》ちましょう。

問題15

1手詰《いってづめ》

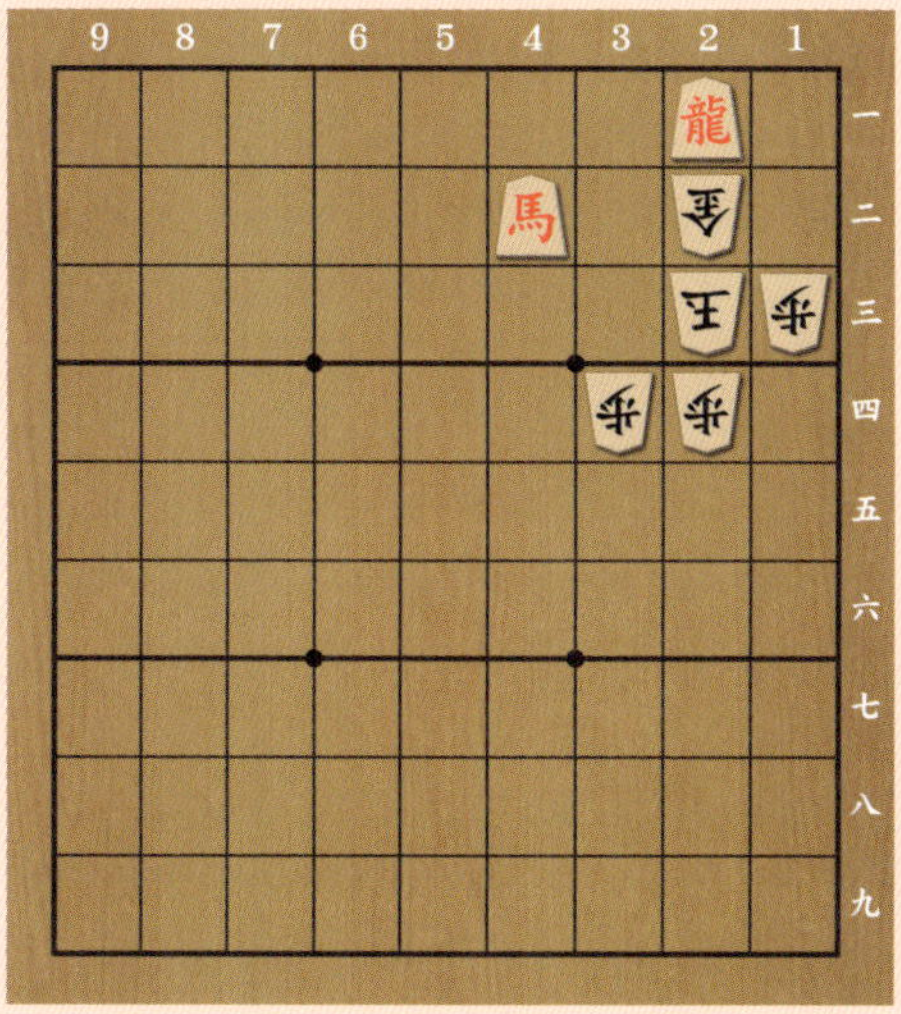

持《もち》駒《ごま》

なし

この問題《もんだい》も「龍《りゅう》」がどこにきいているかがポイントです！

手順《てじゅん》と解説《かいせつ》

問題13 正解手順《せいかいてじゅん》と失敗例《しっぱいれい》

持駒《もちごま》 なし

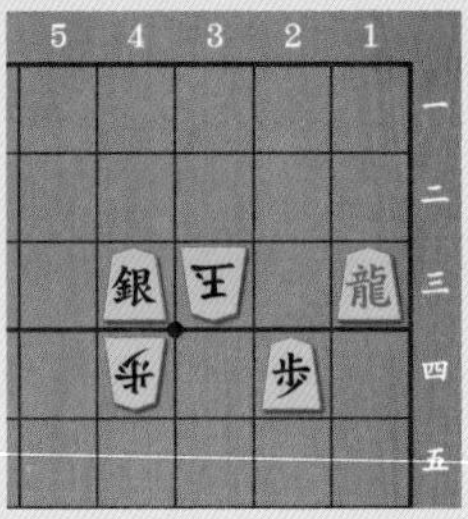

【正解図《せいかいず》】

☗1三飛成《ひなり》
まで1手詰《いってづめ》

持駒《もちごま》 なし

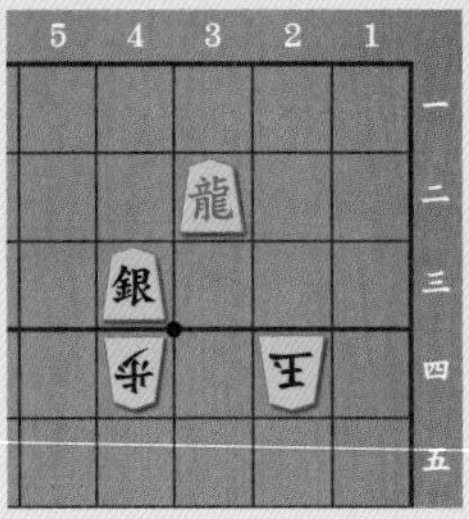

失敗図《しっぱいず》

☗3二飛成《ひなり》
☖2四玉《ぎょく》
まで（失敗《しっぱい》）

☗3二飛成《ひなり》ですと、☖2四玉《ぎょく》（失《しっ》敗図《ぱいず》）と逃《に》げられてしまいます。

☗1三飛成《ひなり》ならば、後手《ごて》が2三に合駒《あいごま》を打《う》っても、☗同龍《どうりゅう》にて詰《つ》み。これも☖2四歩《ふ》がいるので「無駄《むだ》合《あい》」です。ただし、合駒《あいごま》を☗同龍《どうりゅう》でなく、☗同歩成《どうふなり》でとると、☖4三玉《ぎょく》と逃《に》げられてしまいます。

問題14 正解手順《せいかいてじゅん》と失敗例《しっぱいれい》

持駒《もちごま》 なし

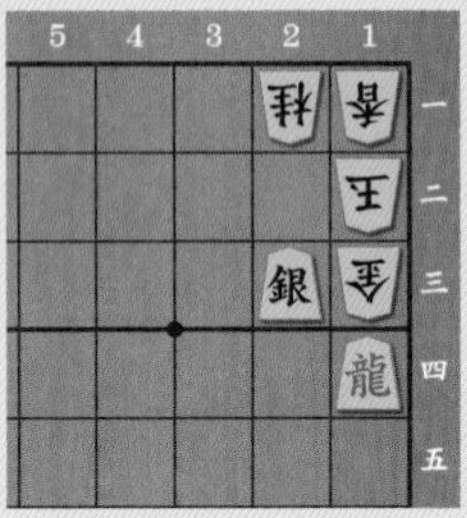

【正解図《せいかいず》】

☗2三銀《ぎん》
まで1手詰《いってづめ》

持駒《もちごま》 金《きん》 銀《ぎん》

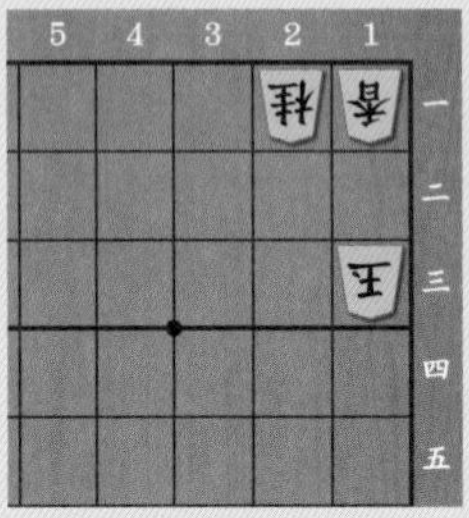

失敗図《しっぱいず》

☗1三龍《いちりゅう》
☖同玉《どうぎょく》
まで（失敗《しっぱい》）

☗2三銀《ぎん》は「金《きん》」でとられそうですが、「金《きん》」がいなくなると「龍《りゅう》」からの王手《おうて》になるので、動《うご》くことができないのです。

この盤面《ばんめん》のように、「玉《ぎょく》」から1マスはなれた場所《ばしょ》（タテ・ヨコとも）に「龍《りゅう》」がいる形《かたち》を「一間龍《いっけんりゅう》」といいます。

問題15 正解手順《せいかいてじゅん》と失敗例《しっぱいれい》

持駒《もちごま》 なし

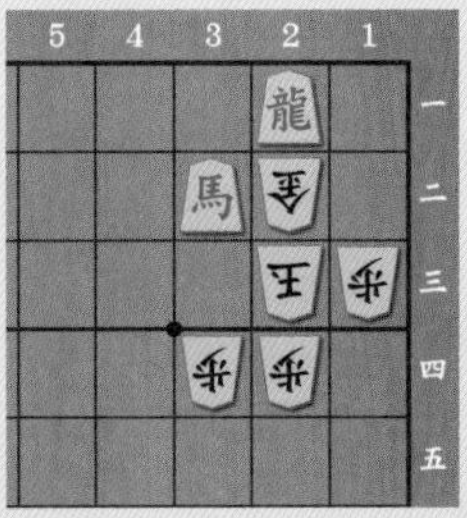

【正解図《せいかいず》】

☗3二馬《うま》
まで1手詰《いってづめ》

持駒《もちごま》 金《きん》

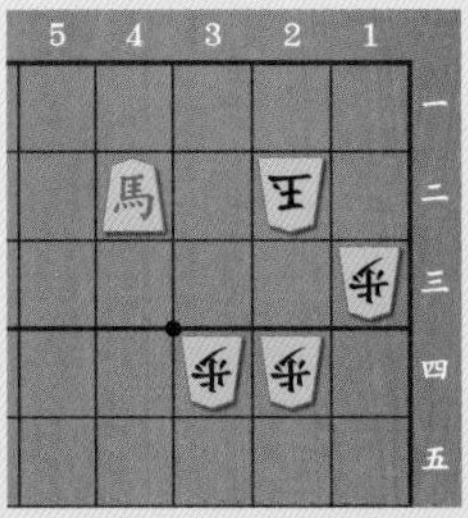

失敗図《しっぱいず》

☗2二龍《りゅう》
☖同玉《どうぎょく》
まで（失敗《しっぱい》）

これも「一間龍《いっけんりゅう》」です。実際《じっさい》の対局《たいきょく》では、初心者《しょしんしゃ》は「龍《りゅう》」を守《まも》ろうとして、チャンスを逃《に》がしがちです。

☗3二馬《うま》は「龍《りゅう》」のききがあるので「金《きん》」でとられることはなく、さらに1四からの脱出《だっしゅつ》をふせぎます。☗2二龍《りゅう》で「金《きん》」をとって王手《おうて》すると、☖同玉《どうぎょく》ととられてしまいます。

問題16

3手詰《さんてづめ》

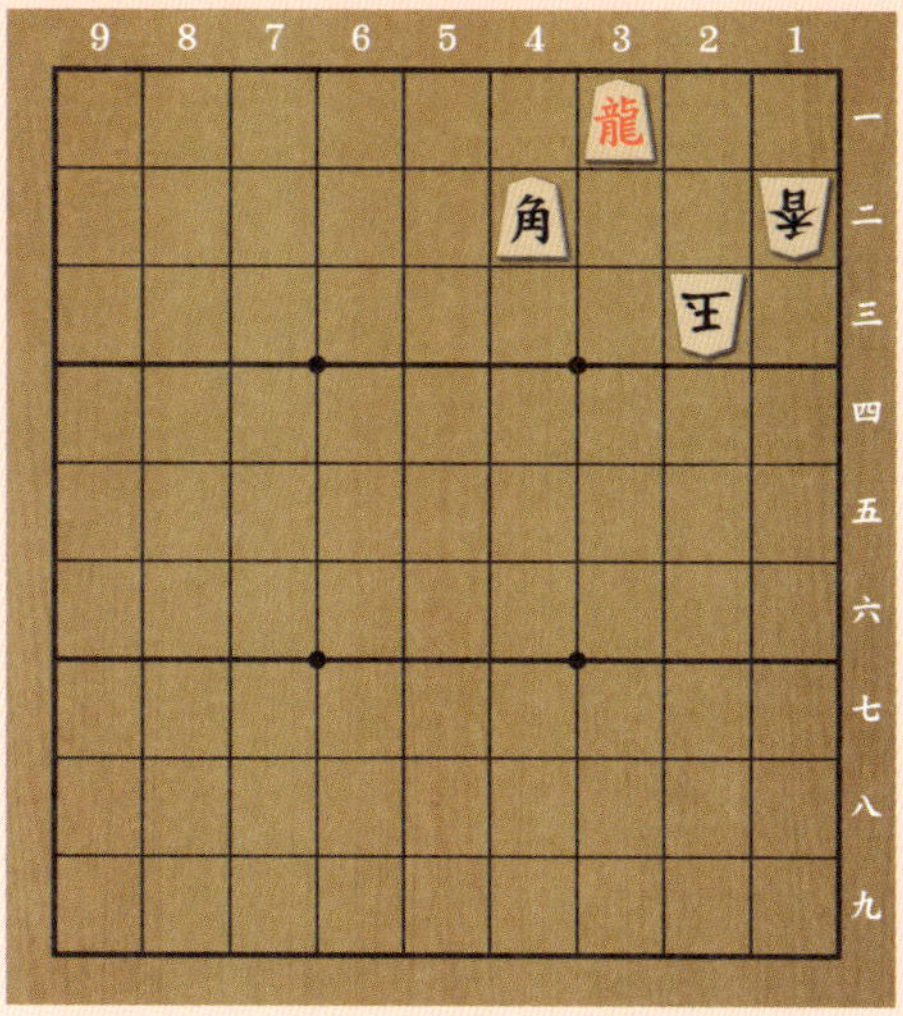

持駒《もちごま》

なし

ここから3手詰《さんてづめ》です
王手《おうて》に対《たい》して、どこに
逃《に》げるのがよいのか
相手《あいて》の立場《たちば》に立《た》って
考《かんが》えてみましょう！

問題17

3手詰《さんてづめ》

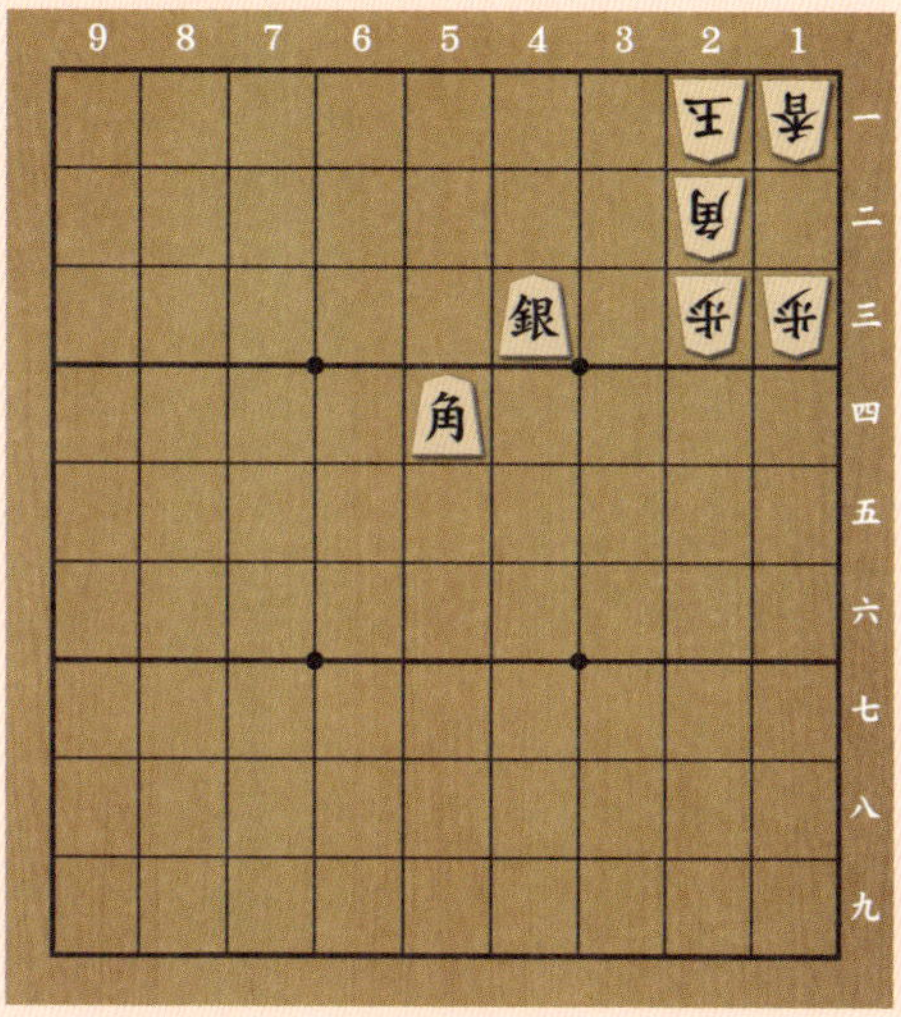

持駒《もちごま》

なし

【ヒント】相手陣《あいてじん》に入《はい》ったら、より強《つよ》い駒《こま》にするために裏返《うらがえ》す（成《な》る）のが普通《ふつう》です。

けれども、まわりの様子《ようす》を見《み》て、より有利《ゆうり》だと思《おも》ったら、あえて成《な》らない（不成《ならず》）という作戦《さくせん》もあります。

問題18

3手詰《さんてづめ》

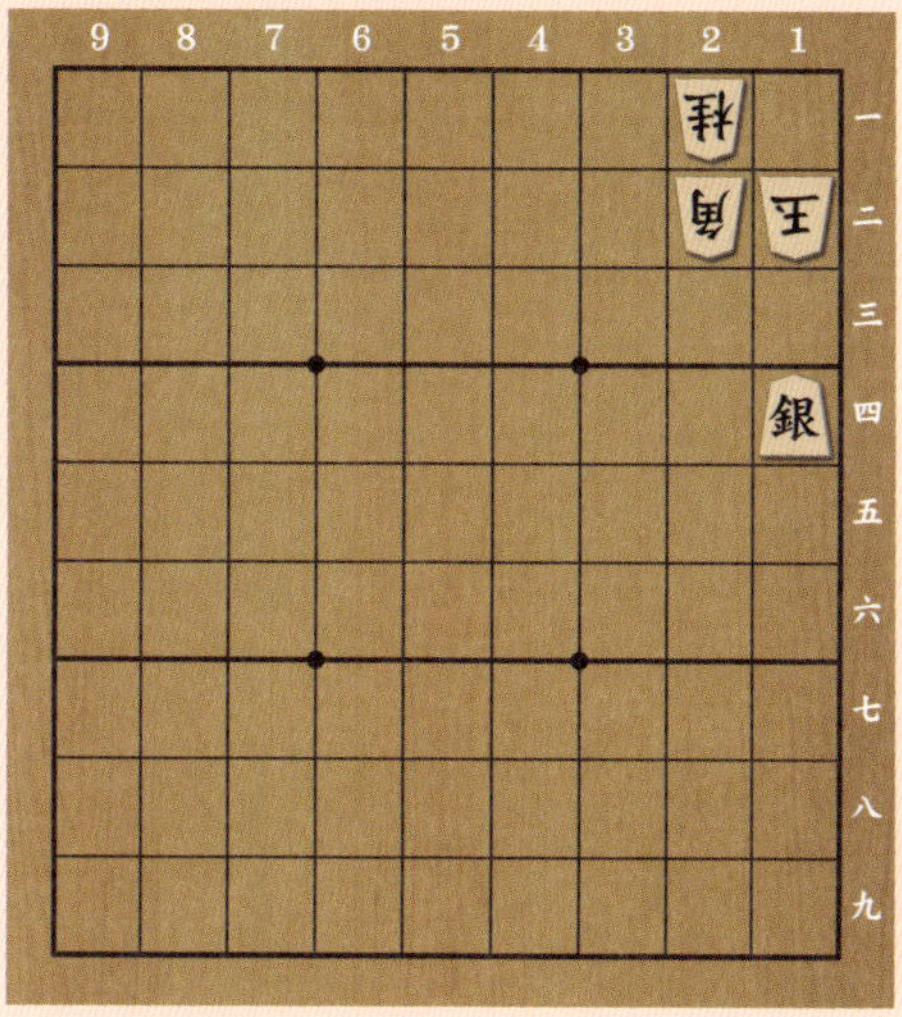

持駒《もちごま》

桂　桂

ユニークな動《うご》きの
「桂《けい》」を、うまく使《つか》い
こなしてください

手順《てじゅん》と解説《かいせつ》

問題16

3《さん》手詰《てづめ》だけどかんたんだよ！

途中経過《とちゅうけいか》と正解手順《せいかいてじゅん》

持駒《もちごま》　なし

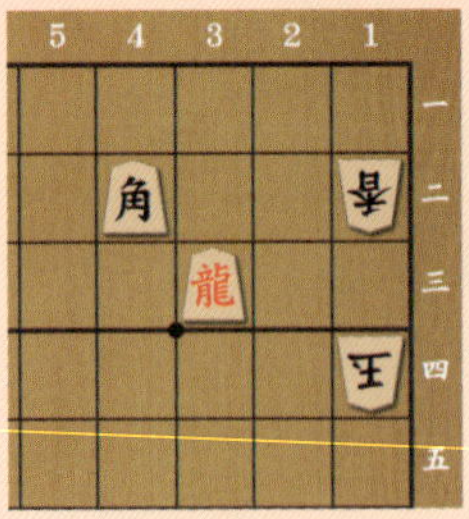

途中図《とちゅうず》
▲3三龍《りゅう》
△1四玉《ぎょく》

持駒《もちごま》　なし

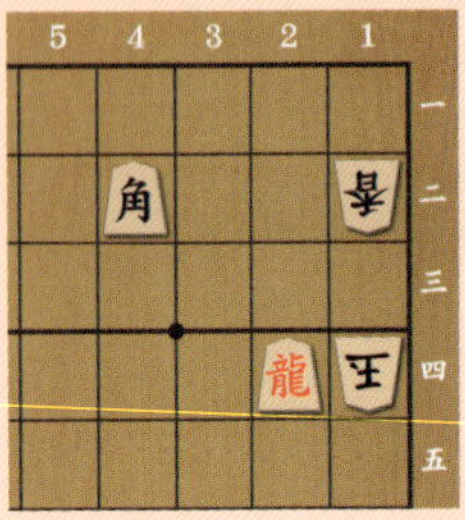

【正解図《せいかいず》】
▲2四龍《りゅう》
まで3手詰《さんてづめ》

初手《しょて》は▲3三龍《りゅう》（途中図《とちゅうず》）。あとは「角《かく》」のききを利用《りよう》しながら追《お》いかければ詰みます。

問題17

途中経過《とちゅうけいか》と正解手順《せいかいてじゅん》

持駒《もちごま》　なし

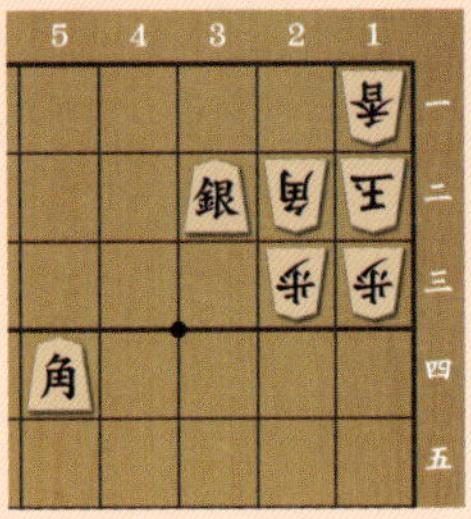

途中図《とちゅうず》
▲3二銀不成《ぎんならず》
△1二玉《ぎょく》

持駒《もちごま》　なし

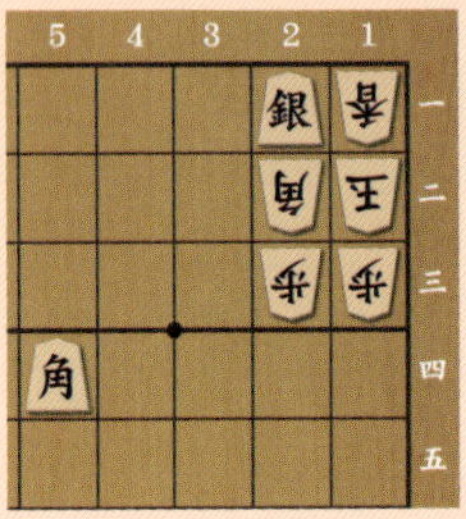

【正解図《せいかいず》】
▲2一銀不成《ぎんならず》
まで3手詰《さんてづめ》

この問題《もんだい》では「銀《ぎん》」が成《な》らないままでいる（不成《ならず》）のがうまい攻《せ》めかた。成《な》ってしまうと、「玉《ぎょく》」が1二に逃《に》げたとき、王手《おうて》をすることができません。

王手《おうて》ができない…

問題18

途中経過《とちゅうけいか》と正解手順《せいかいてじゅん》

持駒《もちごま》　桂《けい》

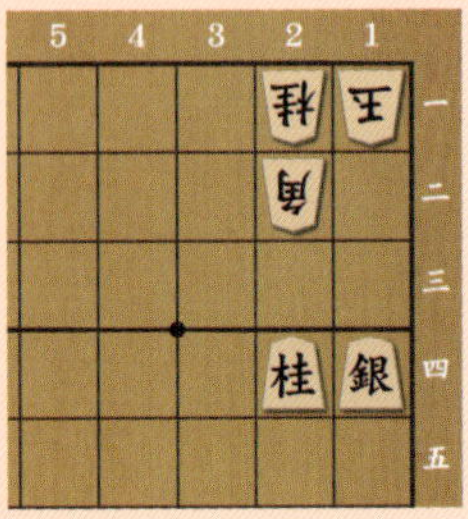

途中図《とちゅうず》
▲2四桂《けい》
△1一玉《ぎょく》

持駒《もちごま》　なし

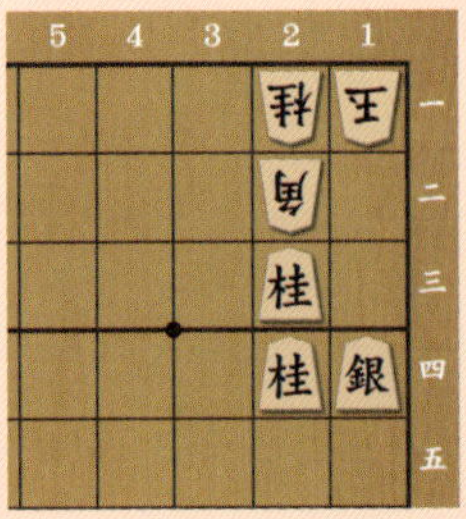

【正解図《せいかいず》】
▲2三桂《けい》
まで3手詰《さんてづめ》

初手《しょて》2四に「桂《けい》」を打《う》ちましょう。「玉《ぎょく》」が△1一玉《ぎょく》と逃《に》げたら、（途中図《とちゅうず》）続けて2枚目《まいめ》の「桂《けい》」を打《う》ち、▲2三桂《けい》で詰《つ》み上《あ》がり。詰将棋《つめしょうぎ》では「桂《けい》」の動《うご》きを利用《りよう》する出題《しゅつだい》が多《おお》く見《み》られます。使《つか》いかたになれることが大切《たいせつ》です。

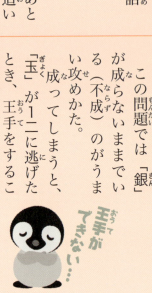

問題19

3手詰《さんてづめ》

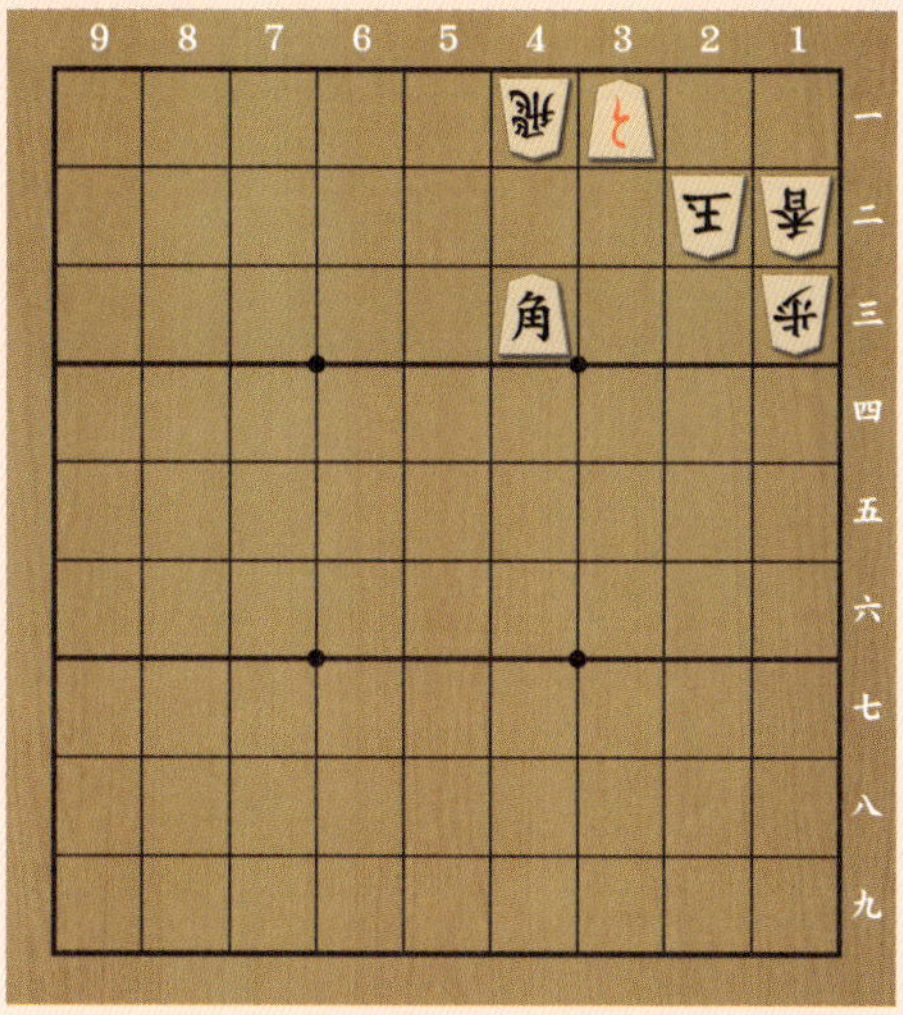

持駒《もちごま》

なし

問題20

3手詰《さんてづめ》

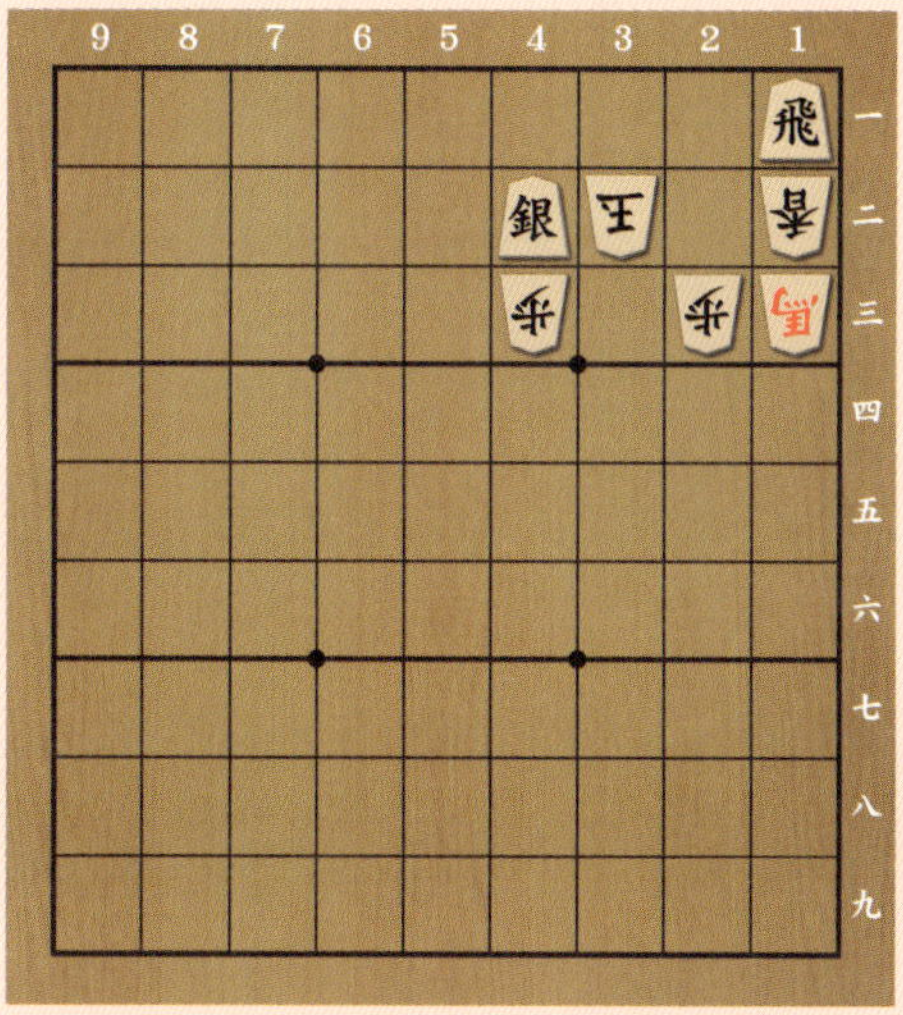

持駒《もちごま》

なし

【ヒント】「玉《ぎょく》」を守《まも》る「馬《うま》」の力《ちから》を使《つか》わせないように工夫《くふう》しましょう。

問題21

3手詰《さんてづめ》

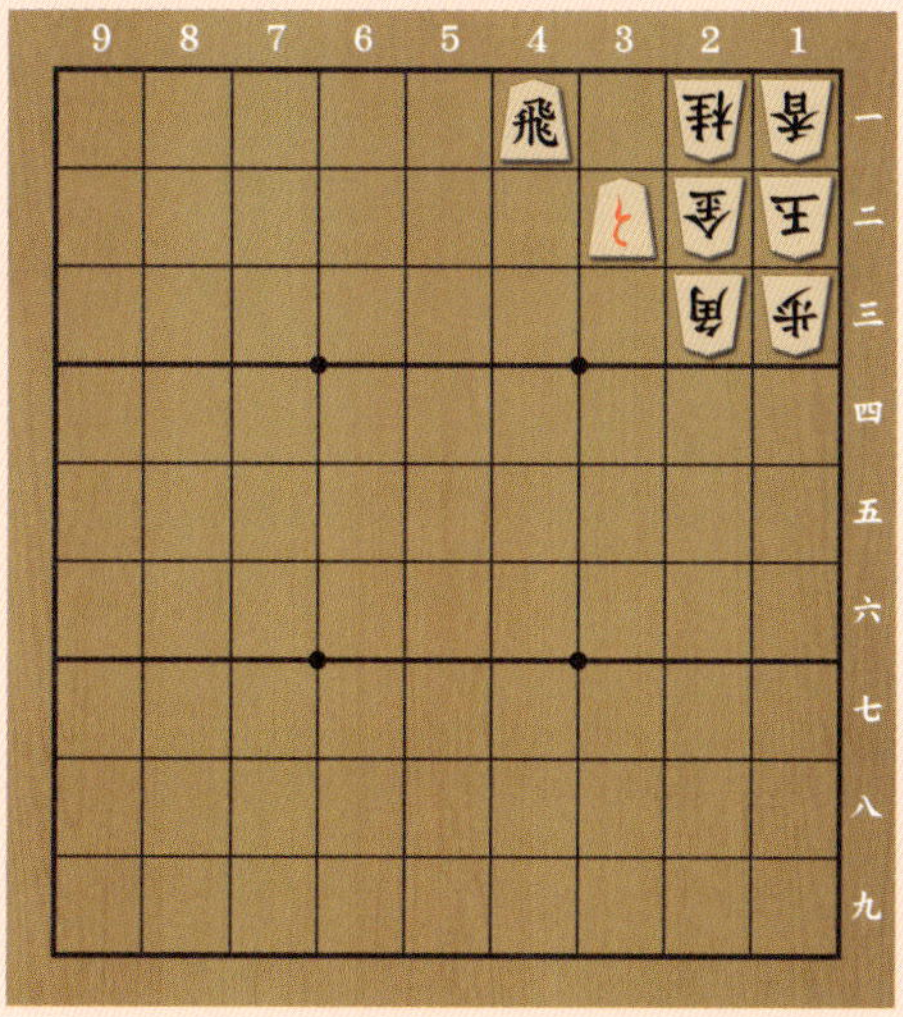

持駒《もちごま》

なし

【ヒント】「玉《ぎょく》」を詰《つ》めるには戦力《せんりょく》が足《た》りない。そんなときは相手《あいて》の駒《こま》をとって、持駒《もちごま》として使《つか》うことを考《かんが》えましょう。

手順《てじゅん》と解説《かいせつ》

問題19 正解手順《せいかいてじゅん》と失敗例《しっぱいれい》

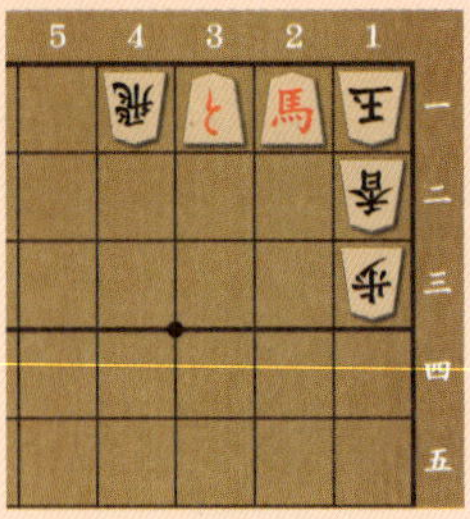

持駒《もちごま》 なし

【正解図《せいかいず》】

☗3二角成《かくなり》
☖1一玉《ぎょく》
☗2一馬《うま》
まで3手詰《さんてづめ》

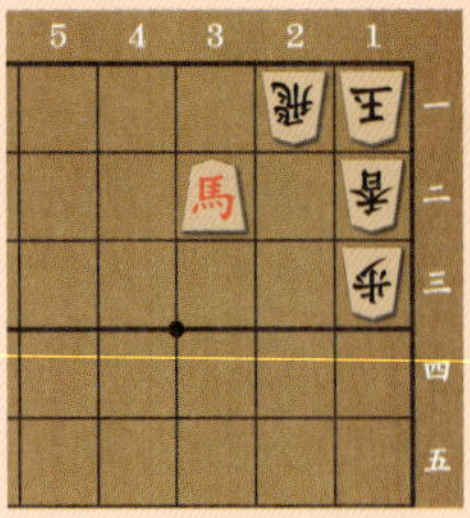

持駒《もちごま》 なし

失敗図《しっぱいず》

☗3二角成《かくなり》
☖1一玉《ぎょく》
☗2一と
☖同飛《どうひ》
まで（失敗《しっぱい》）

まずは☗3二角成《かくなり》として、☖1一玉《ぎょく》と追《お》いこみます。つづけて☗2一馬《うま》で詰《つ》み上《あ》がり。

初手《しょて》から☗2一角成《かくなり》や、☗3二とでは「玉《ぎょく》」に逃《に》げられます。

また、初手《しょて》☗3二角成《かくなり》でも、3手目《てめ》が☗2一とですと、☖同飛《どうひ》（失敗図《しっぱいず》）にて詰《つ》まなくなります。

問題20 途中経過《とちゅうけいか》と正解手順《せいかいてじゅん》

持駒《もちごま》 なし

途中図《とちゅうず》

☗4一飛成《ひなり》
☖2二玉《ぎょく》

持駒《もちごま》 なし

【正解図《せいかいず》】

☗3一龍《りゅう》
まで3手詰《さんてづめ》

いきなり、☗3一飛成《ひなり》としますと☖同馬《どうま》で失敗《しっぱい》してしまいます。

「馬《うま》」のききを消《け》すには、いったん☗4一飛成《ひなり》と指《さ》して、「玉《ぎょく》」を2二に追《お》ってから（途中図《とちゅうず》）☗3一龍《りゅう》とすればよいのです。

問題21 途中経過《とちゅうけいか》と正解手順《せいかいてじゅん》

持駒《もちごま》 桂《けい》

途中図《とちゅうず》

☗2一飛成《ひなり》

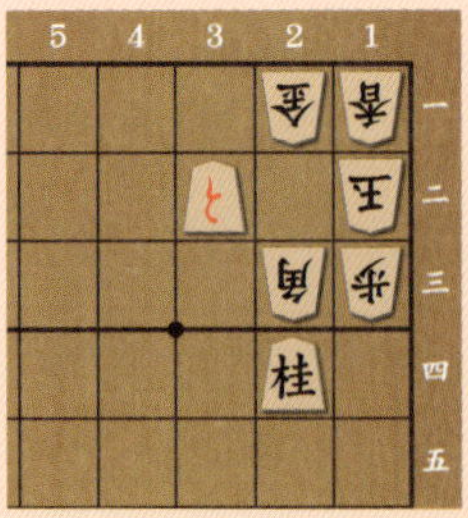

持駒《もちごま》 なし

【正解図《せいかいず》】

☖同金《どうきん》
☗2四桂《けい》
まで3手詰《さんてづめ》

初手《しょて》で☗2一飛成《ひなり》と「桂《けい》」をとります（途中図《とちゅうず》）。

なれてくると☗2三角《かく》の配置《はいち》を見《み》て、自分《じぶん》の持駒《もちごま》に「桂《けい》」が欲《ほ》しいと思《おも》うようになります。

☗2二とで「金《きん》」をとると、☖同玉《どうぎょく》で詰《つ》みません。

2問2題

3《さん》手《て》詰《づめ》

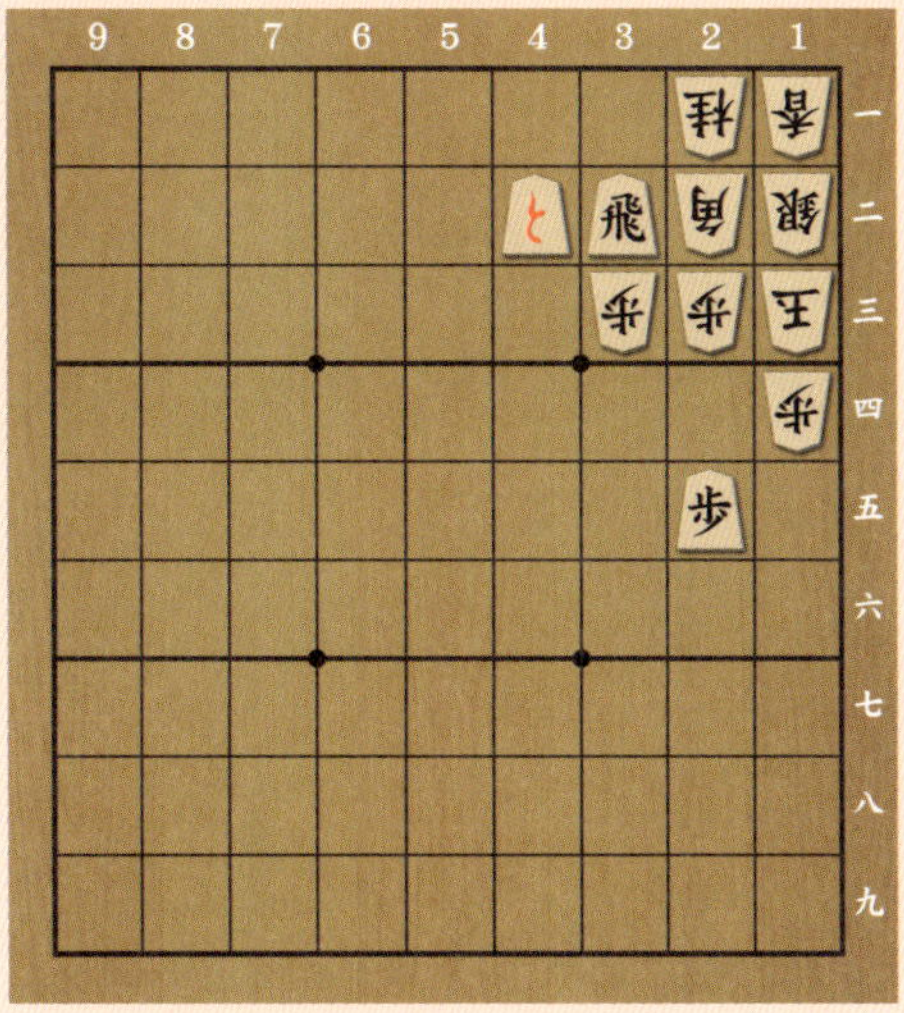

持《もち》駒《ごま》

なし

戦力《せんりょく》が足《た》りないときは、相手《あいて》の駒《こま》を取《と》って使《つか》うこともあります

2問3題

3《さん》手《て》詰《づめ》

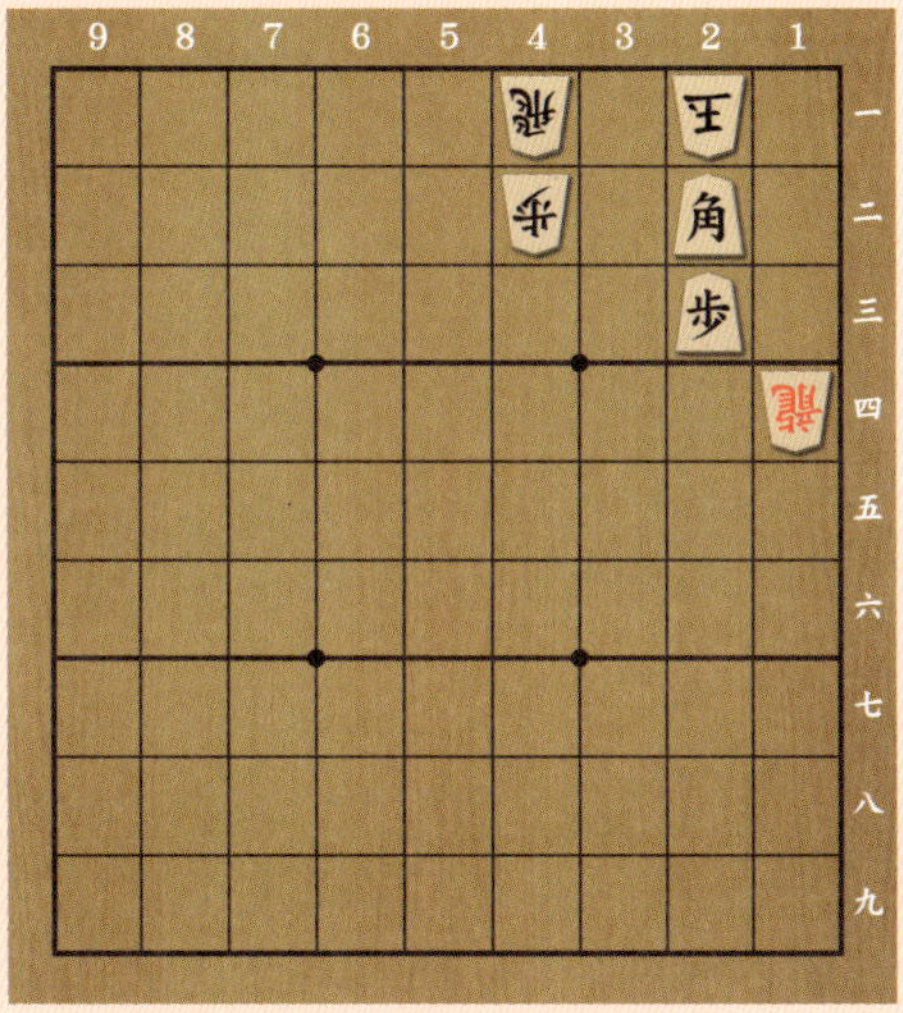

持《もち》駒《ごま》

金

【ヒント】右《みぎ》か左《ひだり》か、どちらに動《うご》くかがポイントです。盤面《ばんめん》のようすがよく似《に》ていても同《おな》じ結果《けっか》になるとはかぎりません。

2問4題

3《さん》手《て》詰《づめ》

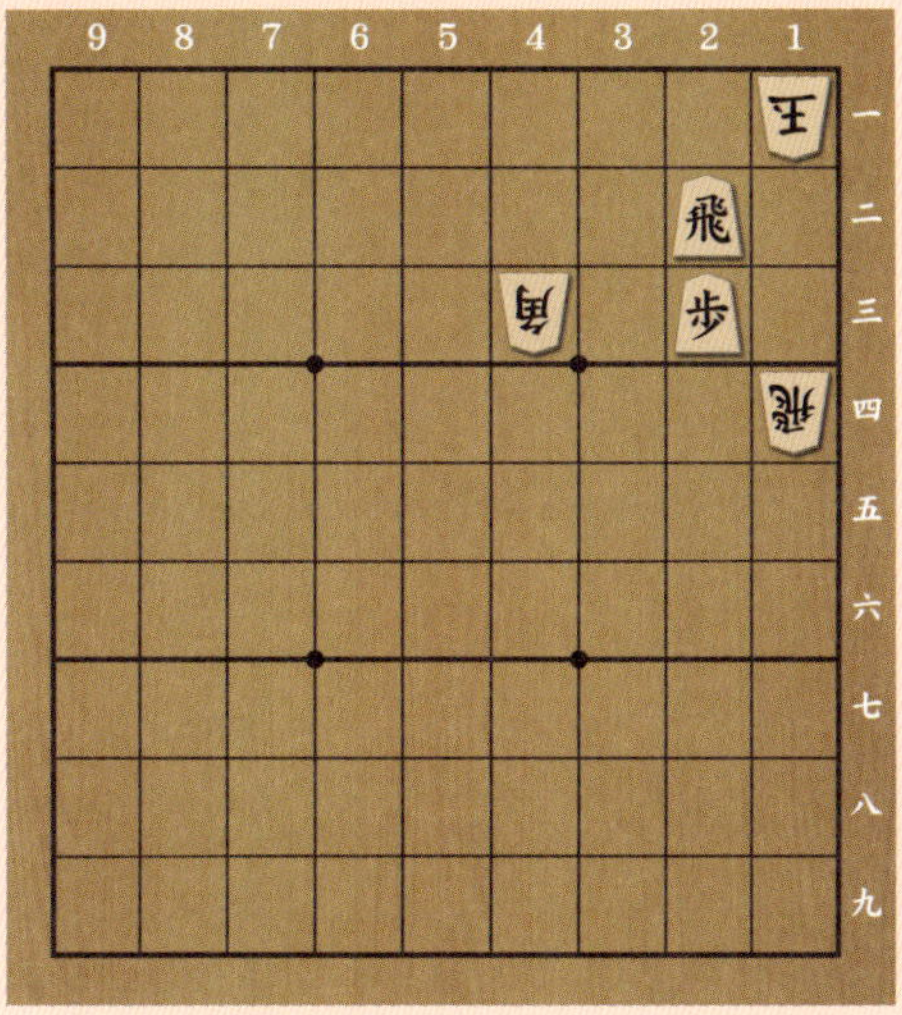

持《もち》駒《ごま》

金

【ヒント】「玉《ぎょく》」の頭《あたま》から攻《せ》めるか、横《よこ》から攻《せ》めるかがポイントです。ほかの駒《こま》のききもよく見《み》ましょう。

手順《てじゅん》と解説《かいせつ》

問題22 途中経過《とちゅうけいか》と正解手順《せいかいてじゅん》

持駒《もちごま》 角《かく》

途中図《とちゅうず》

▲2二飛成《ひなり》

持駒《もちごま》 なし

【正解図《せいかいず》】

△同玉《どうぎょく》

▲3一角《かく》

まで3手詰《さんてづめ》

まずは、▲2二飛成《ひなり》（途中図《とちゅうず》）と「角《かく》」をとってスタート。△同玉《どうぎょく》で「龍《りゅう》」はとられますが、そのあとで持駒《もちごま》となった「角《かく》」が役《やく》立《だ》ちます。

問題23 正解手順《せいかいてじゅん》と失敗例《しっぱいれい》

持駒《もちごま》 なし

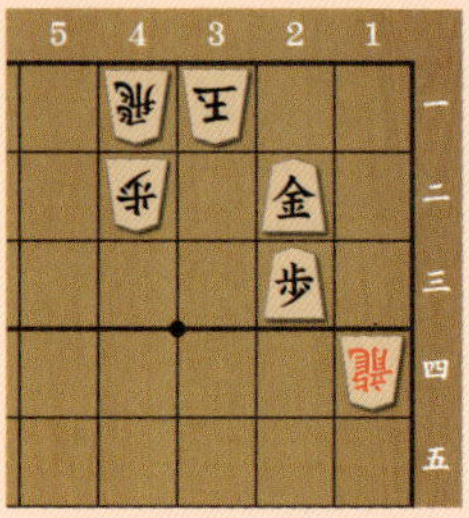

【正解図《せいかいず》】

▲3一角成《かくなり》

△同玉《どうぎょく》

▲2二金《きん》

まで3手詰《さんてづめ》

持駒《もちごま》 金《きん》

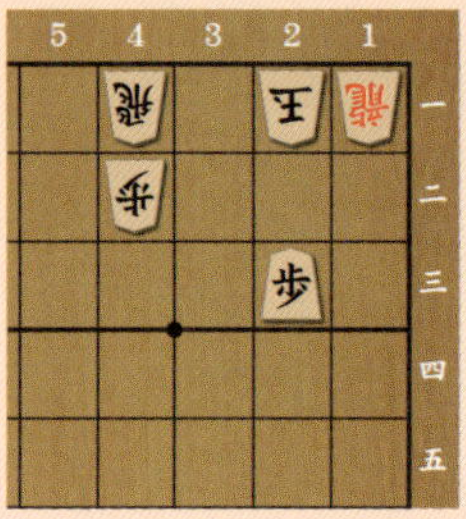

失敗図《しっぱいず》

▲1一角成《かくなり》

△同龍《どうりゅう》

まで（失敗《しっぱい》）

▲3一角成《かくなり》と▲1一角成《かくなり》とは同《おな》じように見《み》えますが、▲1一角成《かくなり》では△同龍《どうりゅう》（失敗図《しっぱいず》）とされて詰《つ》みません。

問題24 正解手順《せいかいてじゅん》と失敗例《しっぱいれい》

持駒《もちごま》 なし

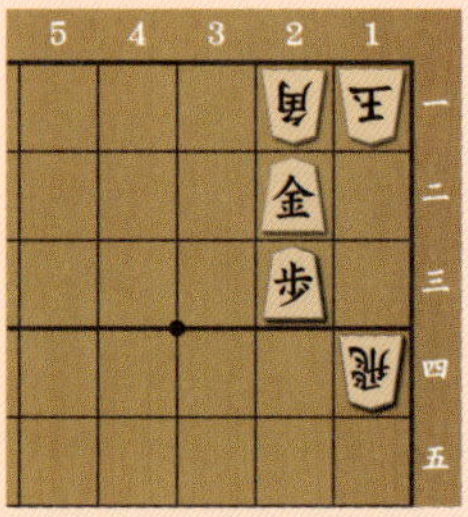

【正解図《せいかいず》】

▲2一飛成《ひなり》

△同角《どうかく》

▲2二金《きん》

まで3手詰《さんてづめ》

持駒《もちごま》 金《きん》

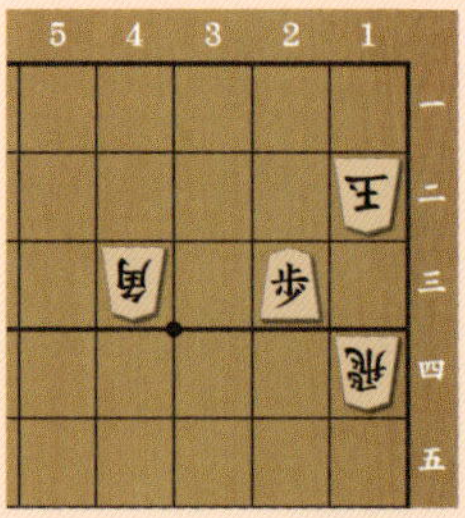

失敗図《しっぱいず》

▲1二飛成《ひなり》

△同玉《どうぎょく》

まで（失敗《しっぱい》）

▲2一飛成《ひなり》のあと、相手《あいて》が△同角《どうかく》でなく△同玉《どうぎょく》としても、同《おな》じように▲2二金《きん》で詰《つ》みます。初手《しょて》が▲1二飛成《ひなり》だと△同玉《どうぎょく》（失《しっ》敗図《ぱいず》）で逃《に》げられてしまいます。

25問題

3手詰《さんてづめ》

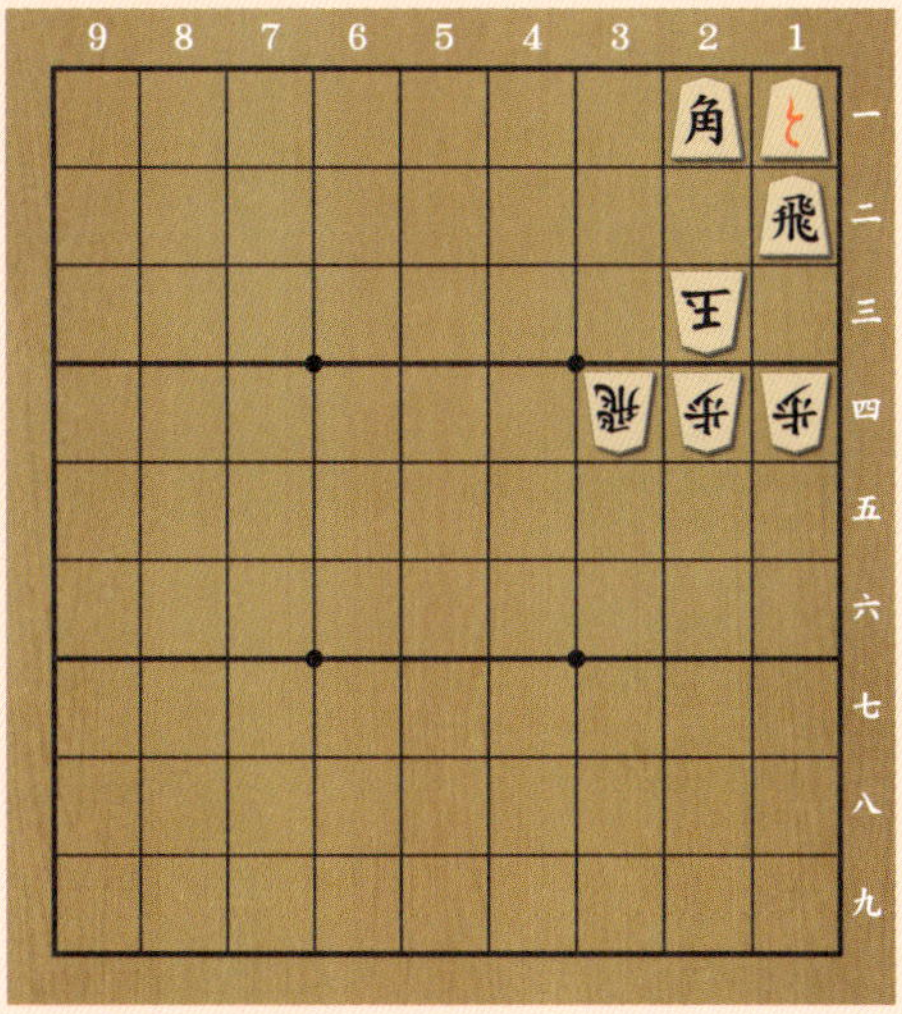

持駒《もちごま》

なし

「玉《ぎょく》」をうまくさそいだすのがポイントです！

26問題

5手詰《ごてづめ》

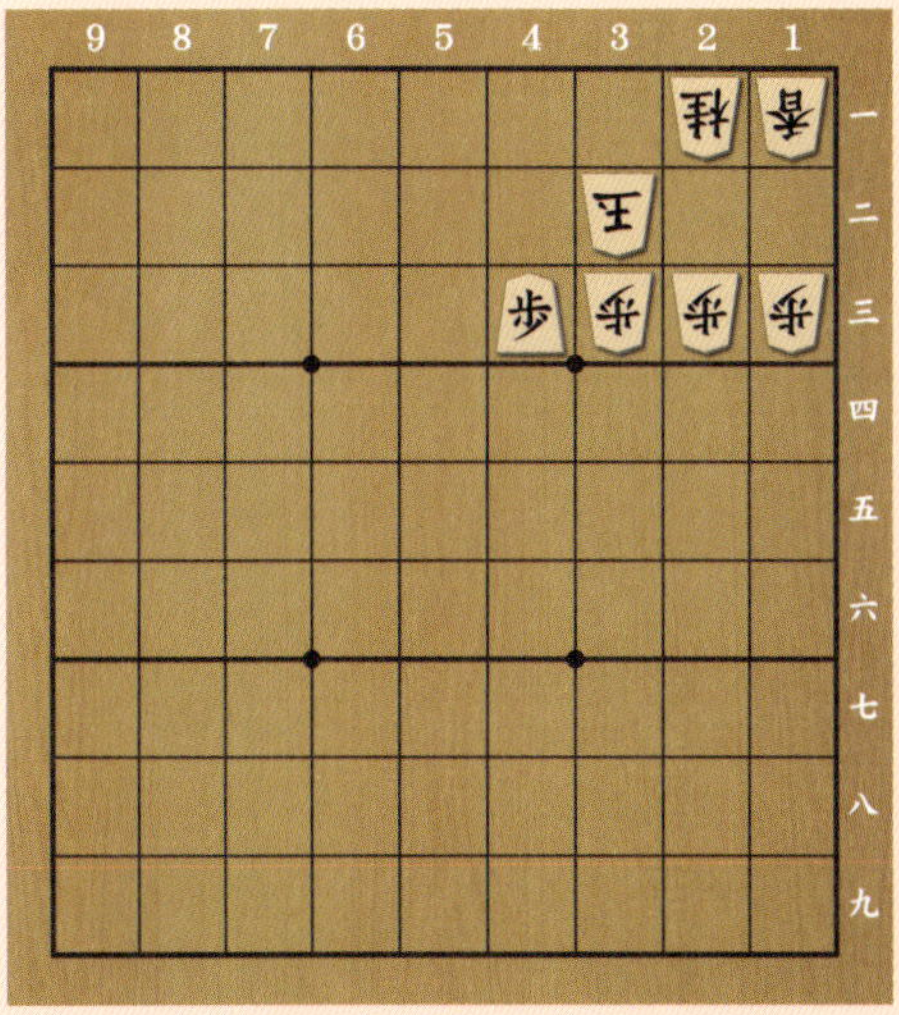

持駒《もちごま》

金 金 金

ここから5手詰《ごてづめ》です
むずかしそうだ…
などと考《かんが》えないで
気軽《きがる》にチャレンジ
してみましょう！

27問題

5手詰《ごてづめ》

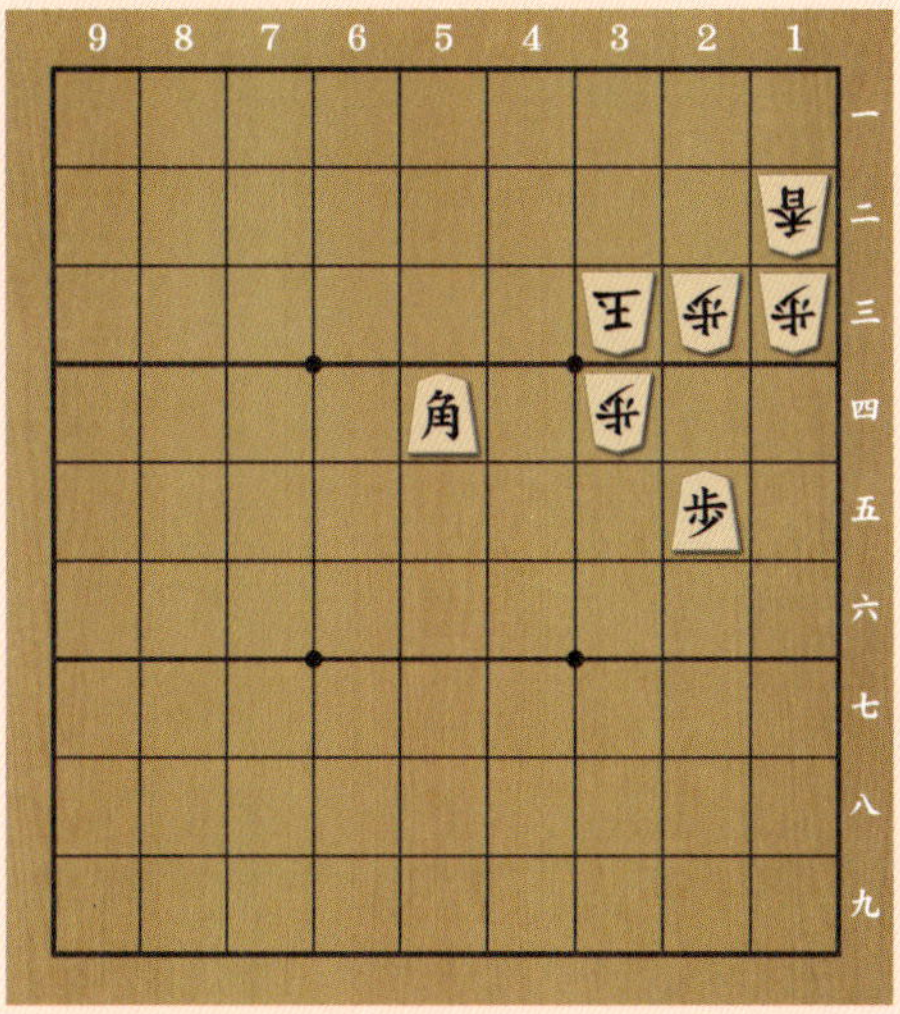

持駒《もちごま》

金

【ヒント】 手数《てすう》は多《おお》くても、むずかしくはありません。順々《じゅんじゅん》に追《お》いつめていきましょう。

手順《てじゅん》と解説《かいせつ》

問題25　途中経過《とちゅうけいか》と正解手順《せいかいてじゅん》

持駒《もちごま》　なし

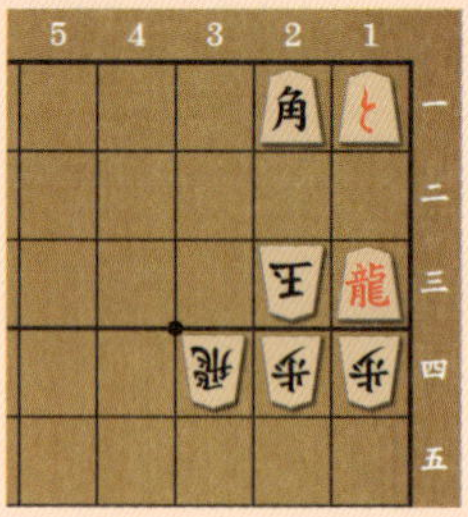

途中図《とちゅうず》

▲1三飛成《ひなり》

持駒《もちごま》　なし

【正解図《せいかいず》】

△同玉《どうぎょく》

▲1二角成《かくなり》

まで3《さん》手詰《てづめ》

この玉《ぎょく》は、3三に逃《に》げようとしています。

まずは、▲1三飛成《ひなり》（途中図《とちゅうず》）として、「玉《ぎょく》」を逃《に》げにくく、詰《つ》めやすいところに動《うご》かしましょう。

問題26　途中経過《とちゅうけいか》と正解手順《せいかいてじゅん》

持駒《もちごま》　金《きん》　金《きん》

途中図《とちゅうず》

▲4二金《きん》

△2二玉《ぎょく》

持駒《もちごま》　なし

【正解図《せいかいず》】

▲3二金打《きんうち》

△1二玉《ぎょく》

▲2二金打《きんうち》

まで5《ご》手詰《てづめ》

5手詰《ごてづめ》ですが、1手詰《いってづめ》よりやさしいかもしれません。「金《きん》」をならべていけばかんたんに詰《つ》みます。

問題27　途中経過《とちゅうけいか》と正解手順《せいかいてじゅん》

持駒《もちごま》　なし

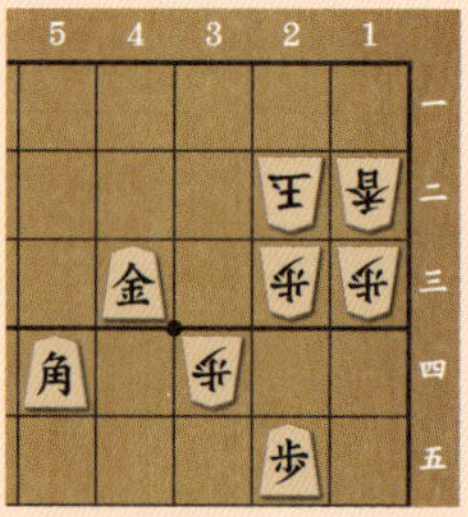

途中図《とちゅうず》

▲4三金《きん》

△2二玉《ぎょく》

持駒《もちごま》　なし

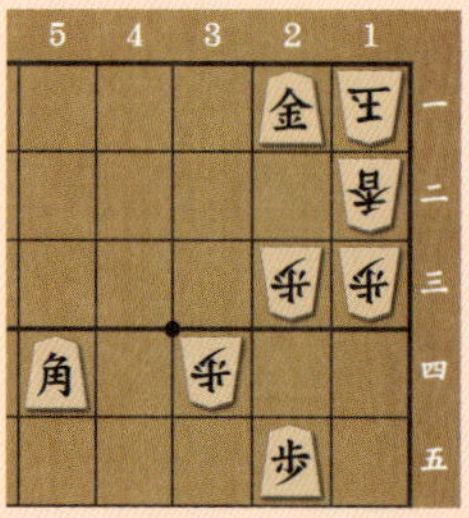

【正解図《せいかいず》】

▲3二金《きん》

△1一玉《ぎょく》

▲2一金《きん》

まで5《ご》手詰《てづめ》

これもやさしい5手詰《ごてづめ》です。あまり考《かんが》えなくても、▲4三金《きん》△2二玉《ぎょく》（途中図《とちゅうず》）として「金《きん》」で追《お》いかけていけば詰《つ》みます。

初手《しょて》▲3二金《きん》としますと、△4四玉《ぎょく》と逃《に》げられて失敗《しっぱい》します。

問題28

5《ご》手《て》詰《づめ》

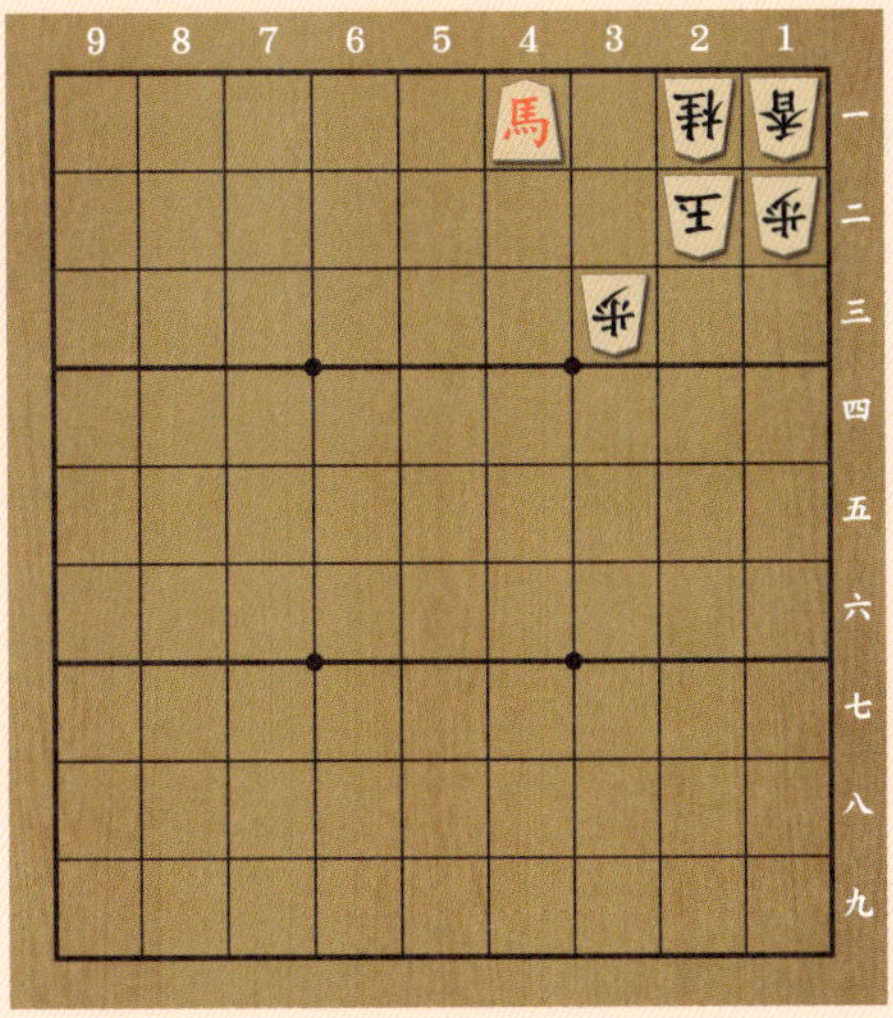

持《もち》駒《ごま》
銀

【ヒント】持駒《もちごま》の「銀《ぎん》」をうまく使《つか》ってください。

問題29

5《ご》手《て》詰《づめ》

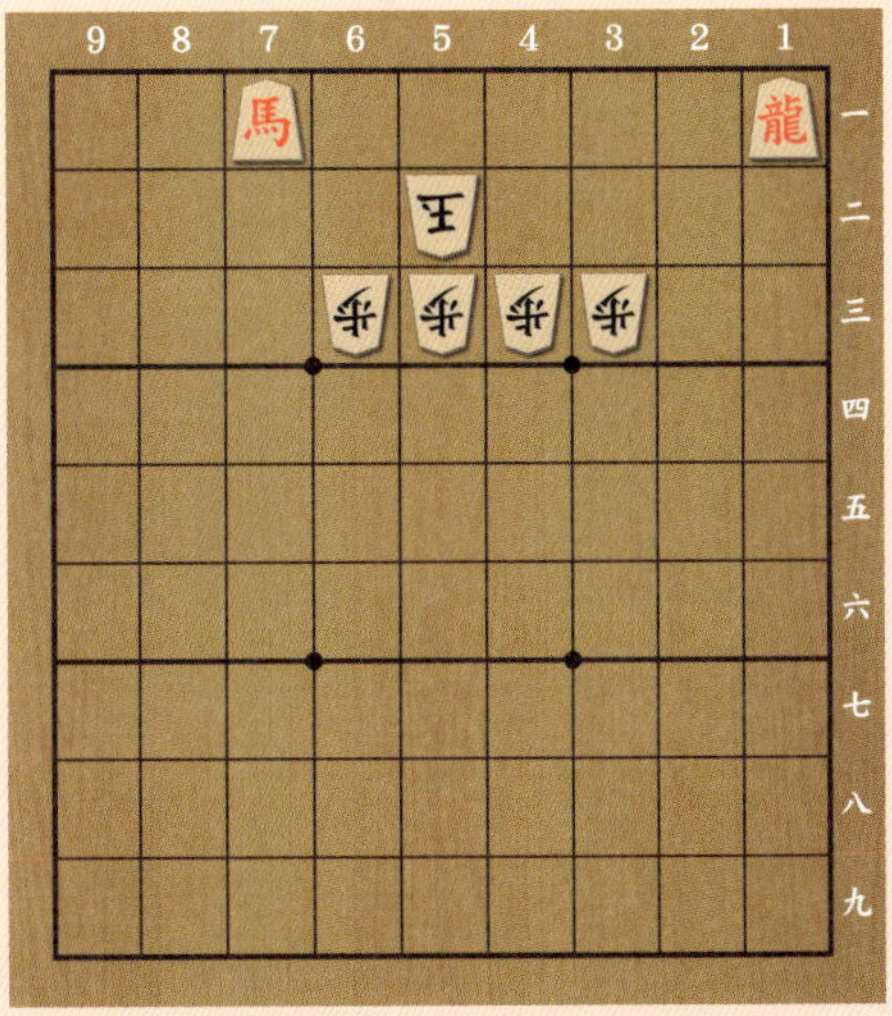

持《もち》駒《ごま》
なし

実際《じっさい》の対局《たいきょく》でもありそうな展開《てんかい》の詰将棋《つめしょうぎ》です

問題30

5《ご》手《て》詰《づめ》

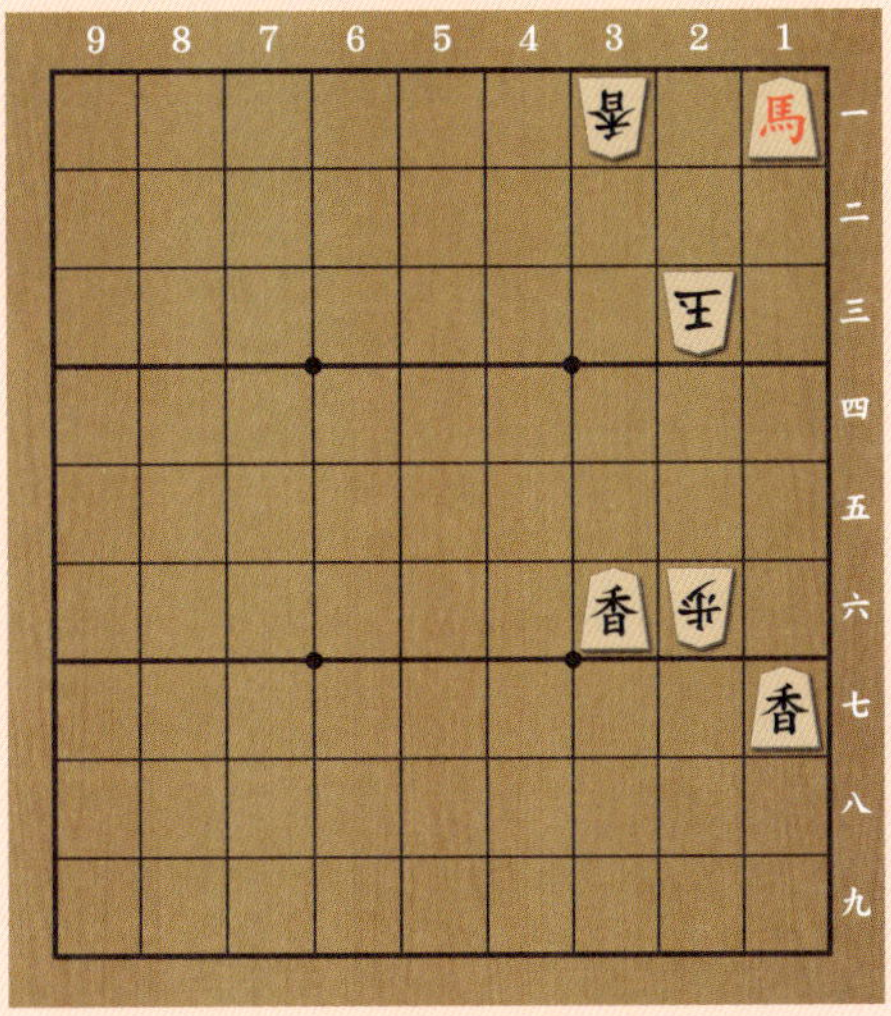

持《もち》駒《ごま》
なし

1一《いちいち》にある大駒《おおごま》のききを考《かんが》えながら詰《つ》めていきます

手順《てじゅん》と解説《かいせつ》

問題28 途中経過《とちゅうけいか》と正解手順《せいかいてじゅん》

持駒《もちごま》 なし

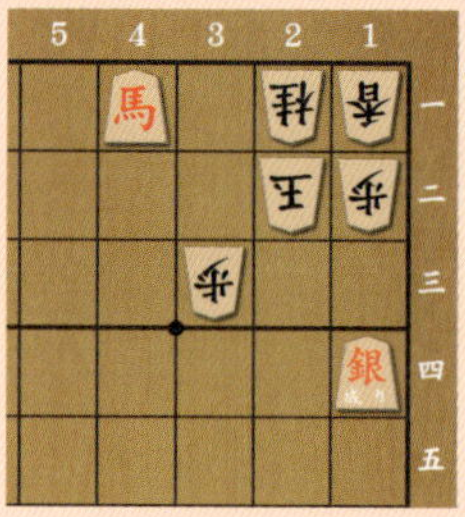

途中図《とちゅうず》

▲2三銀《ぎん》 △1三玉《ぎょく》 ▲1四銀成《ぎんなり》 △2二玉《ぎょく》

持駒《もちごま》 なし

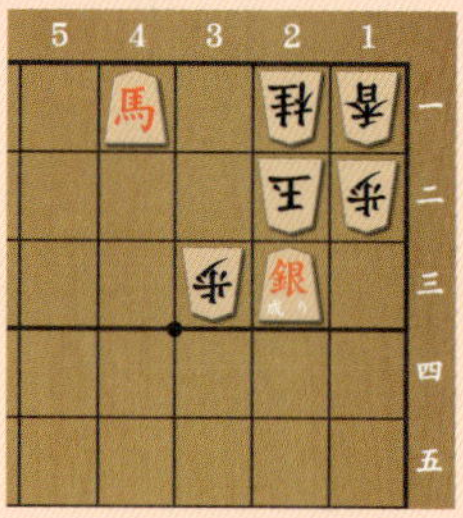

【正解図《せいかいず》】

▲2三銀成《ぎんなり》 まで5手詰《ごてづめ》

持駒《もちごま》が「金《きん》」ならば▲2三金《きん》までの1手詰《いってづめ》です。持駒《もちごま》の「銀《ぎん》」はヨコが弱《よわ》いので、△1三玉《ぎょく》と逃《に》げられますが、▲1四銀成《ぎんなり》で「銀《ぎん》」を「金《きん》（成銀《なりぎん》）」にして（途中図《とちゅうず》）詰《つ》めることができます。

問題29 途中経過《とちゅうけいか》と正解手順《せいかいてじゅん》

持駒《もちごま》 なし

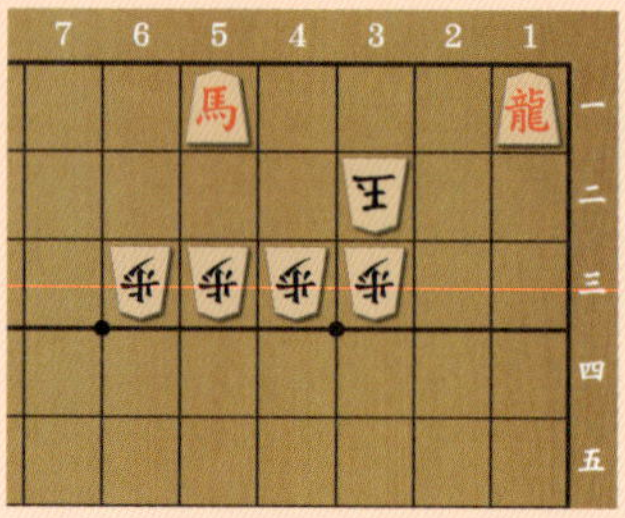

途中図《とちゅうず》

▲6一馬《うま》 △4二玉《ぎょく》 ▲5一馬《うま》 △3二玉《ぎょく》

持駒《もちごま》 なし

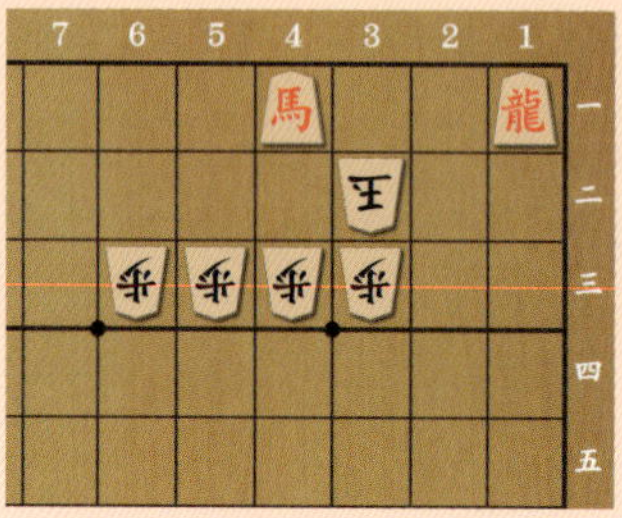

【正解図《せいかいず》】

▲4一馬《うま》 まで5手詰《ごてづめ》

将棋盤《しょうぎばん》をよく見《み》て、頭《あたま》のなかで駒《こま》を動《うご》かし、攻《せ》め手《て》や逃《に》げ道《みち》を見《み》のがさないようにしてください。

問題30 途中経過《とちゅうけいか》と正解手順《せいかいてじゅん》

持駒《もちごま》 なし

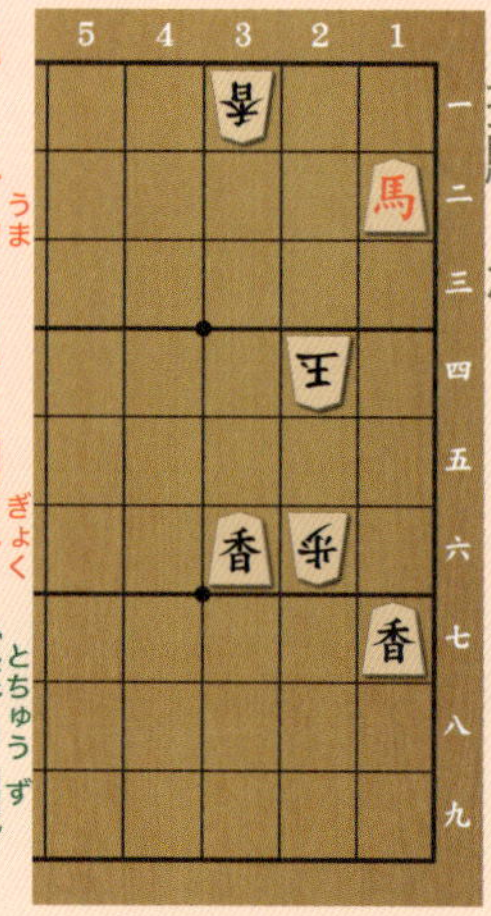

▲1二馬《うま》 △2四玉《ぎょく》 （途中図《とちゅうず》）

持駒《もちごま》 なし

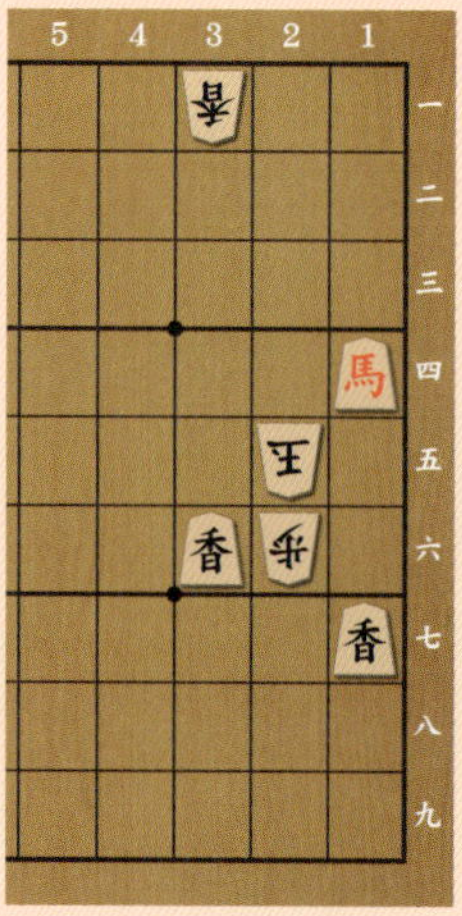

【正解図《せいかいず》】

▲1三馬《うま》 △2五玉《ぎょく》 ▲1四馬《うま》 まで5手詰《ごてづめ》

問題29はヨコの動《うご》きでした。これはタテに動《うご》いて詰《つ》めていきます。頭《あたま》のなかで読《よ》みきってから、実際《じっさい》に駒《こま》を動《うご》かすようにしましょう。

詰将棋《つめしょうぎ》コラム① ［将棋《しょうぎ》とチェス］

将棋《しょうぎ》は平和《へいわ》のゲーム

ラグビーには「ノーサイド」というすばらしい考《かんが》えかたがあります。試合《しあい》が終《お》われば敵《てき》も味方《みかた》もないという意味《いみ》で、これは将棋《しょうぎ》にも通《つう》じます。

将棋《しょうぎ》の駒《こま》はチェスの駒《こま》とちがって白《しろ》も黒《くろ》もありません。対局《たいきょく》が終《お》わればチェスや囲碁《いご》のように別々《べつべつ》に収納《しゅうのう》されたりせず、同《おな》じ駒箱《こまばこ》に仲良《なかよ》くおさまるのです。

将棋《しょうぎ》が戦争《せんそう》ゲームではなく、平和《へいわ》のゲームといわれるところです。

「武士道《ぶしどう》」と「騎士道《きしどう》」の違《ちが》い？

将棋《しょうぎ》は「王手《おうて》」、チェスは「チェック」。将棋《しょうぎ》は「詰《つ》み」、チェスは「チェックメイト」。しっかりとその意味《いみ》を理解《りかい》することが上達《じょうたつ》の第一歩《だいいっぽ》です。

一説《いっせつ》によると、チェスは慣習上《かんしゅうじょう》「チェック」と声《こえ》に出《だ》すことが礼儀《れいぎ》のようです。将棋《しょうぎ》で王手《おうて》をして黙《だま》っていると、「ズルい！」といわれるのと同《おな》じですね。

しかし、将棋《しょうぎ》では一定《いってい》レベル以上《いじょう》になると（プロ棋士《きし》でもアマチュアでも）、王手《おうて》を見逃《みのが》したほうが「反則負《はんそくま》け」になります。チェスでは、王手《おうて》の見逃《みのが》しなどの反則《はんそく》はやりなおして指《さ》し続《つづ》けるそうです。

これは「武士道《ぶしどう》」と「騎士道《きしどう》」の違《ちが》いでしょうか？

反則《はんそく》の考《かんが》えかたの違《ちが》い

将棋《しょうぎ》の対局《たいきょく》では、指《ゆび》を駒《こま》から離《はな》さなければ「待《ま》った」とみなされず、やり直《なお》して別《べつ》の駒《こま》を動《うご》かすことができます。一方《いっぽう》チェスでは、駒《こま》に一度《いちど》ふれたら、別《べつ》の駒《こま》を動《うご》かすのは反則《はんそく》です。また、乱《みだ》れた駒《こま》の位置《いち》を直《なお》すのも、相手《あいて》にＯＫをもらってからになります。

将棋《しょうぎ》では、対局中《たいきょくちゅう》に駒《こま》をあちこち触《さわ》るのはルール違反《いはん》にはなりませんが相手《あいて》の考《かんが》えをじゃますることになります。これはチェスでは反則《はんそく》となってしまいます。

チェスは格闘技《かくとうぎ》、将棋《しょうぎ》は文化《ぶんか》

将棋《しょうぎ》では、とりたい駒《こま》を、まずは自分《じぶん》の駒台《こまだい》に移《うつ》します。その後《あと》に盤上《ばんじょう》の駒《こま》を相手《あいて》の駒《こま》のあった位置《いち》に進《すす》めます。ぜひやってみてください。とても優雅《ゆうが》に見《み》えるはずです。

一方《いっぽう》、チェスの場合《ばあい》は、とりたい駒《こま》を自分《じぶん》の駒《こま》で押《お》しのけて（激《はげ》しくぶつけて）とります。

この違《ちが》いから、「チェスは格闘技《かくとうぎ》、将棋《しょうぎ》は文化《ぶんか》」といわれることもあるようです。

パラシュート部隊《ぶたい》？

「将棋《しょうぎ》」と「チェス」の一番《いちばん》の違《ちが》いは「持駒《もちごま》」です。将棋《しょうぎ》に似《に》たゲームは世界中《せかいじゅう》にありますが、どこの国《くに》の将棋《しょうぎ》にも「持駒《もちごま》」というルールはありません。

西洋《せいよう》の人《ひと》たちが日本《にほん》の将棋《しょうぎ》を覚《おぼ》えようとするとき、とった駒《こま》を「いつでもどこにでも自由《じゆう》に打《う》てる（反則《はんそく》はのぞく）」と説明《せつめい》されてもチンプンカンプンだそうです。

「持駒《もちごま》」をどのように説明《せつめい》するか？「パラシュート部隊《ぶたい》」と教《おし》えるそうです。

中《ちゅう》級《きゅう》問《もん》題《だい》

ここから中級問題《ちゅうきゅうもんだい》に入《はい》ります。ここで、詰将棋《つめしょうぎ》の基本《きほん》を身《み》につけましょう。

少《すこ》しむずかしくなるので、ゆだんすると1手詰《いってづめ》でもまちがえてしまうかもしれません。

また、3手詰《さんてづめ》、5手詰《ごてづめ》は工夫《くふう》が必要《ひつよう》になるので、がんばってチャレンジしてみてください。

問題01

1手詰《いってづめ》

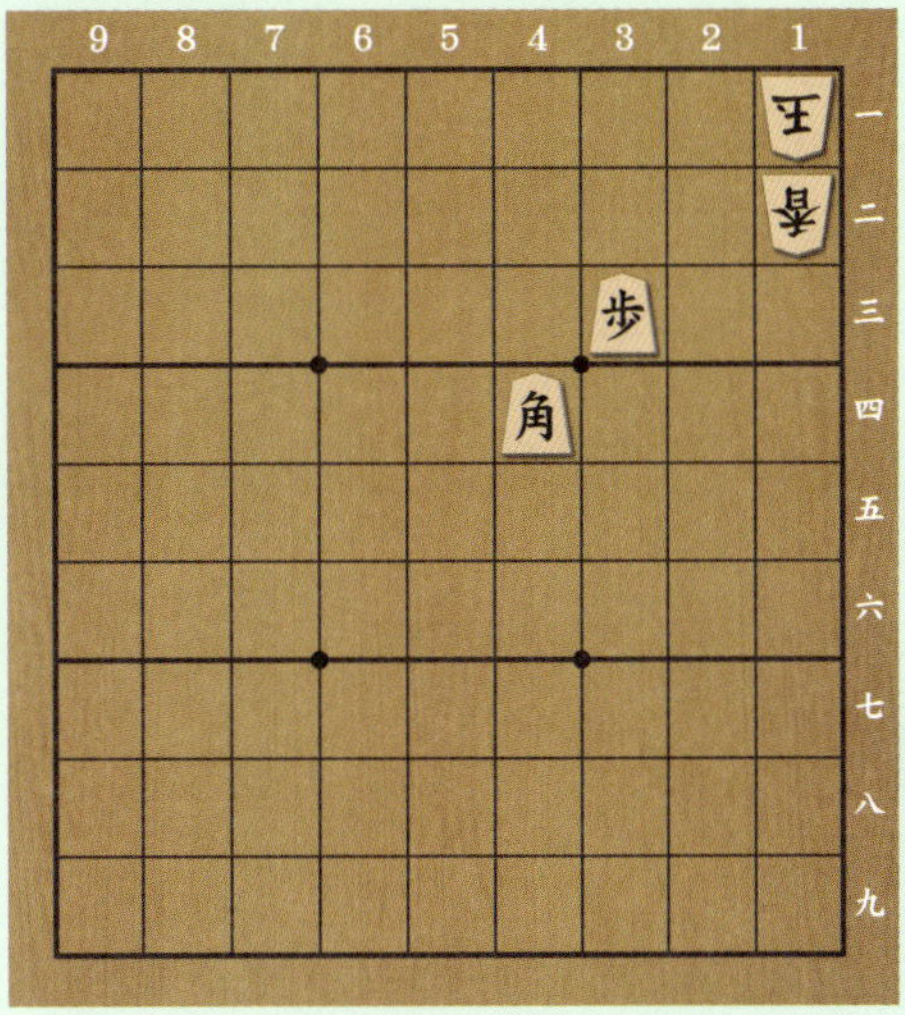

持駒《もちごま》

なし

はなれた「角《かく》」をうまくつかおう！

問題02

1手詰《いってづめ》

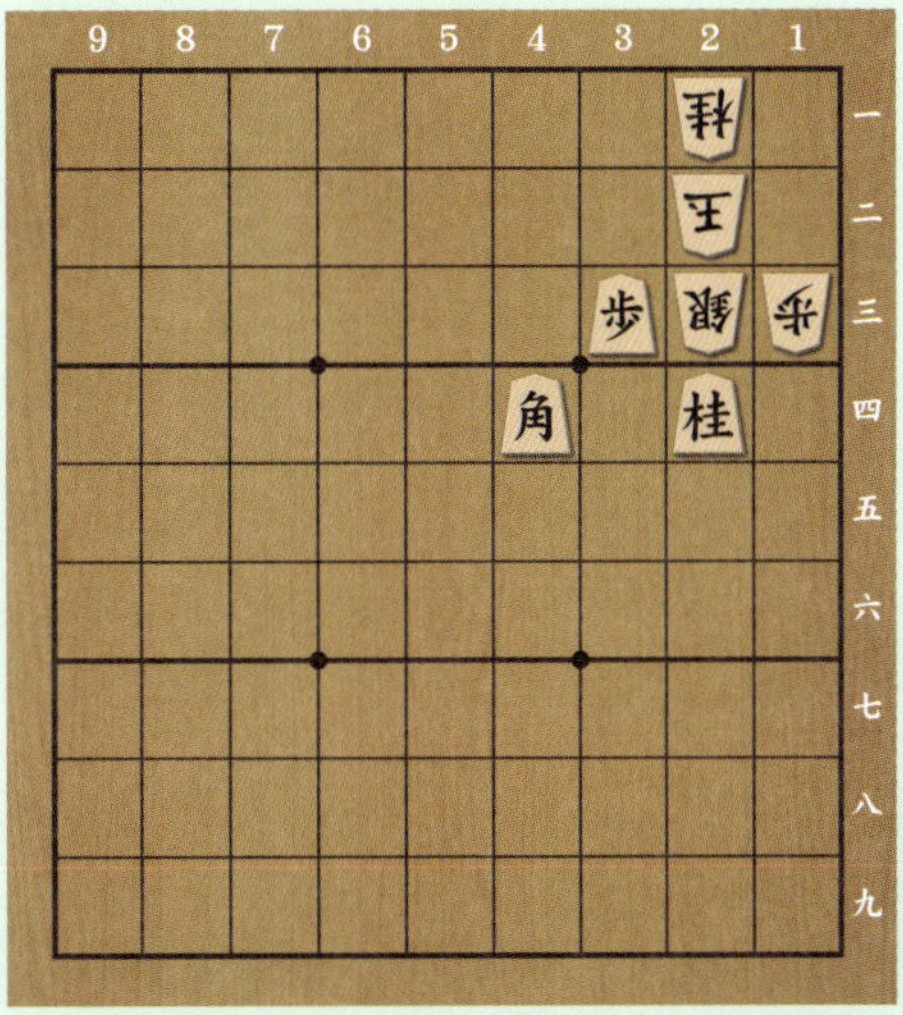

持駒《もちごま》

なし

【ヒント】この問題《もんだい》も、少しはなれたところにある「角《かく》」のききをいかすのがポイントです。

問題03

1手詰《いってづめ》

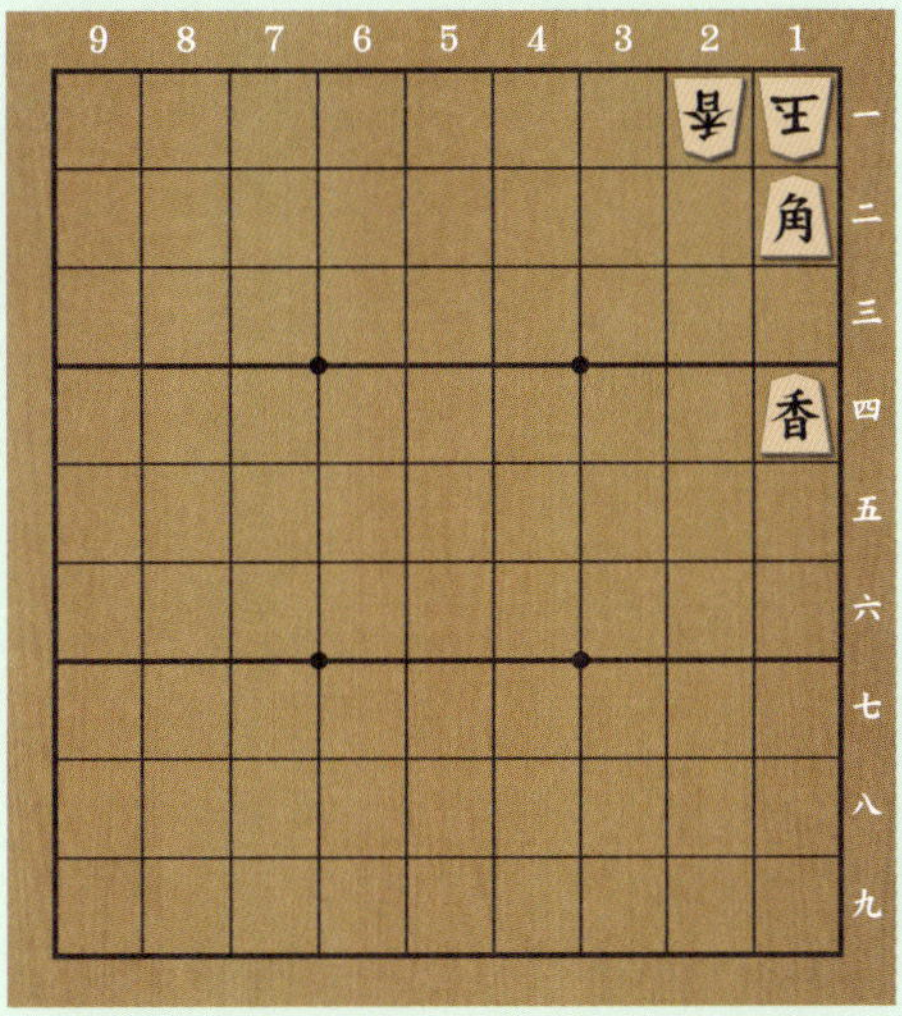

持駒《もちごま》

なし

「角《かく》」のベストポジションを見《み》つけてね！

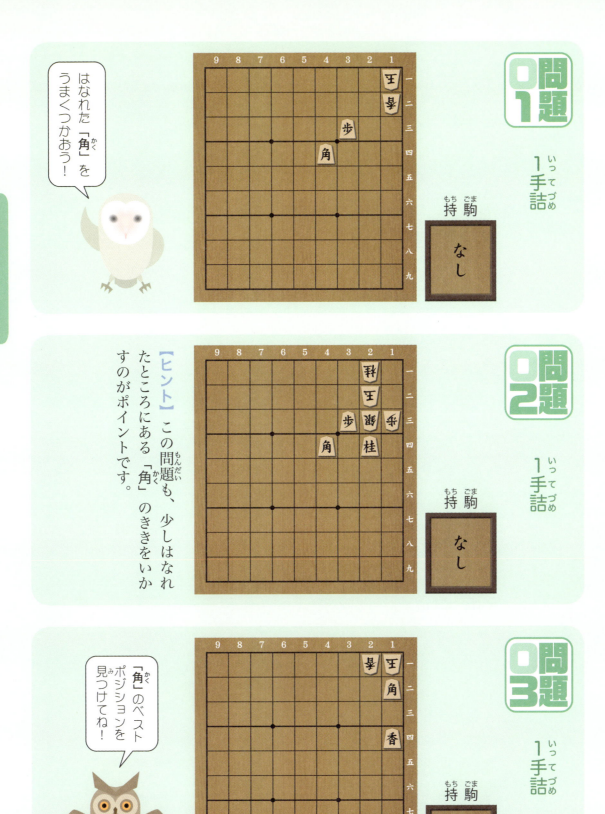

問題1　正解手順《せいかいてじゅん》と失敗例《しっぱいれい》

持駒《もちごま》　なし

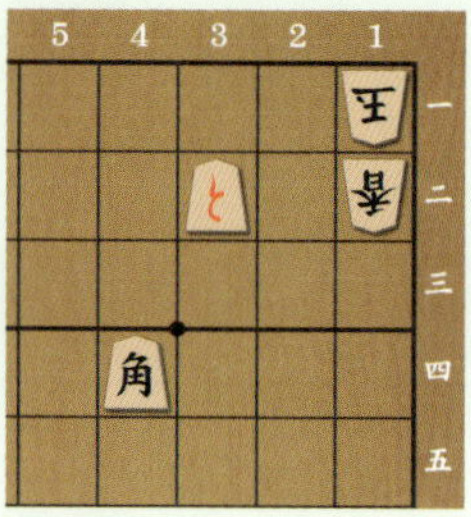

【正解図《せいかいず》】
☗3二歩成《ふなり》
まで1手詰《いってづめ》

持駒《もちごま》　なし

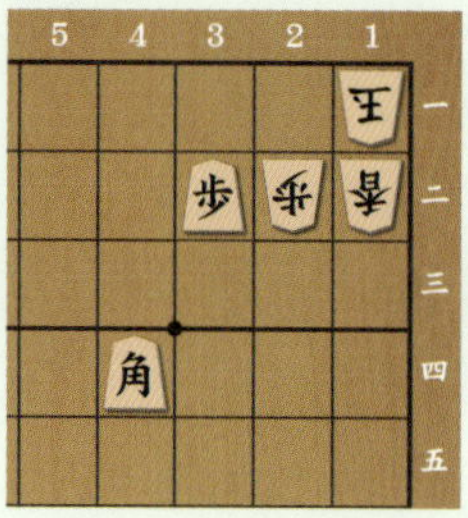

失敗図《しっぱいず》
☗3二歩不成《ふならず》
☖2二歩合《ふあい》
まで（失敗《しっぱい》）

「あき王手《おうて》」の基本《きほん》です。あき王手《おうて》とは、自分《じぶん》の「飛《ひ》」（または「角《かく》」「香《きょう》」）と相手《あいて》の「玉《ぎょく》」との間《あいだ》にある自分《じぶん》の駒《こま》を動《うご》かすことで、はなれたところから王手《おうて》をかけることです。

この問題《もんだい》の王手《おうて》は、☗3二歩成《ふなり》と☗3二歩不成《ふならず》だけで、歩不成《ふならず》だと☖2二歩合《ふあい》で詰みません（失敗図《しっぱいず》）。

問題2　正解手順《せいかいてじゅん》と失敗例《しっぱいれい》

持駒《もちごま》　なし

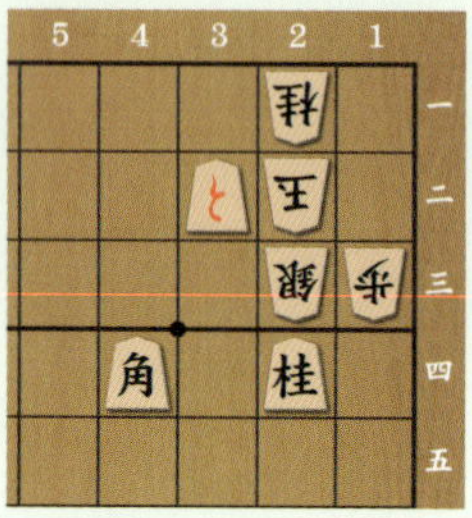

【正解図《せいかいず》】
☗3二歩成《ふなり》
まで1手詰《いってづめ》

持駒《もちごま》　なし

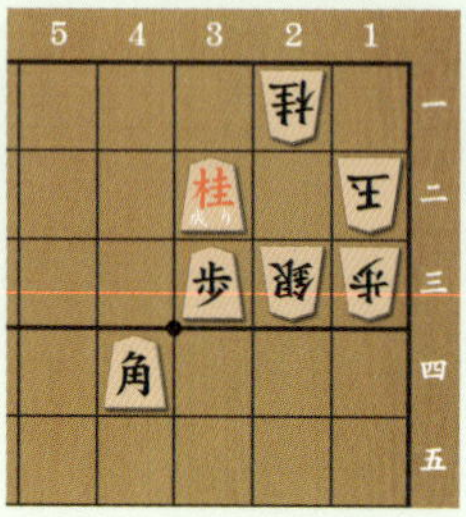

失敗図《しっぱいず》
☗3二桂成《けいなり》
☖1二玉《ぎょく》
まで（失敗《しっぱい》）

「両王手《りょうおうて》」の基本《きほん》です。「両王手《りょうおうて》」とはふたつの駒《こま》で同時《どうじ》に王手《おうて》をかけること。正解図《せいかいず》のように☗3二歩成《ふなり》で攻《せ》めると、4四の「角《かく》」と3二の「と金《きん》」から同時《どうじ》に王手《おうて》になり、両方《りょうほう》を防《ふせ》ぐことはできません。

☗3二桂成《けいなり》の「王手《おうて》」は☖1二玉《ぎょく》で詰《つ》みません（失敗図《しっぱいず》）。

問題3　正解手順《せいかいてじゅん》と失敗例《しっぱいれい》

持駒《もちごま》　なし

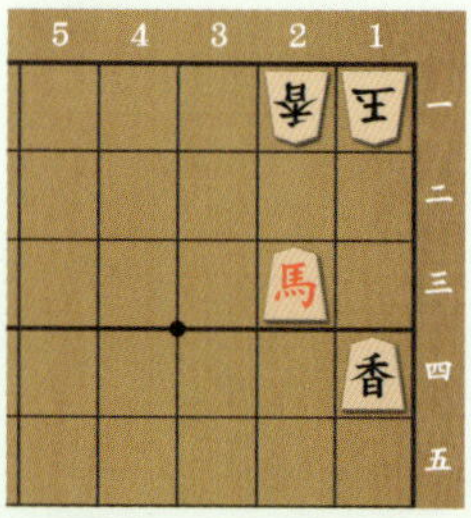

【正解図《せいかいず》】
☗2三角成《かくなり》
まで1手詰《いってづめ》

持駒《もちごま》　なし

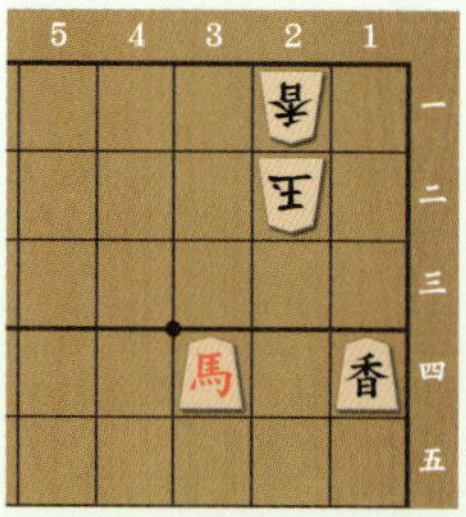

失敗図《しっぱいず》
☗3四角成《かくなり》
☖2二玉《ぎょく》
まで（失敗《しっぱい》）

「香《きょう》」で王手《おうて》をするのに、たとえば☗3四角成《かくなり》では、☖2二玉《ぎょく》と逃《に》げられてしまいます（失敗図《しっぱいず》）。

うまく「あき王手《おうて》」をして、逃《に》げ場所《ばしょ》をなくしましょう。

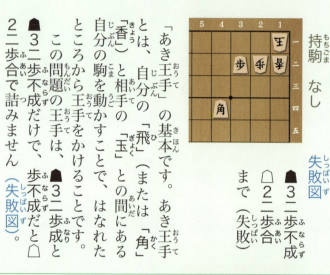

中級

問題04

1手詰《いってづめ》

持駒《もちごま》

なし

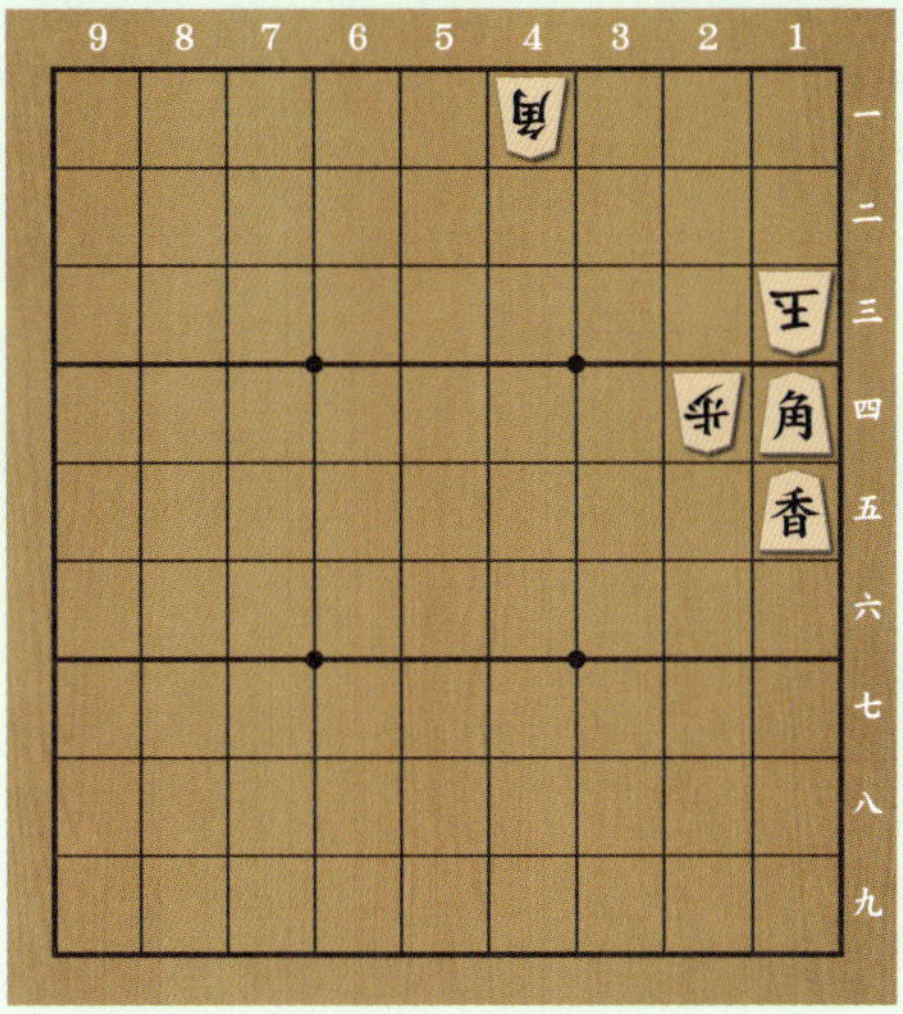

問題05

1手詰《いってづめ》

持駒《もちごま》

なし

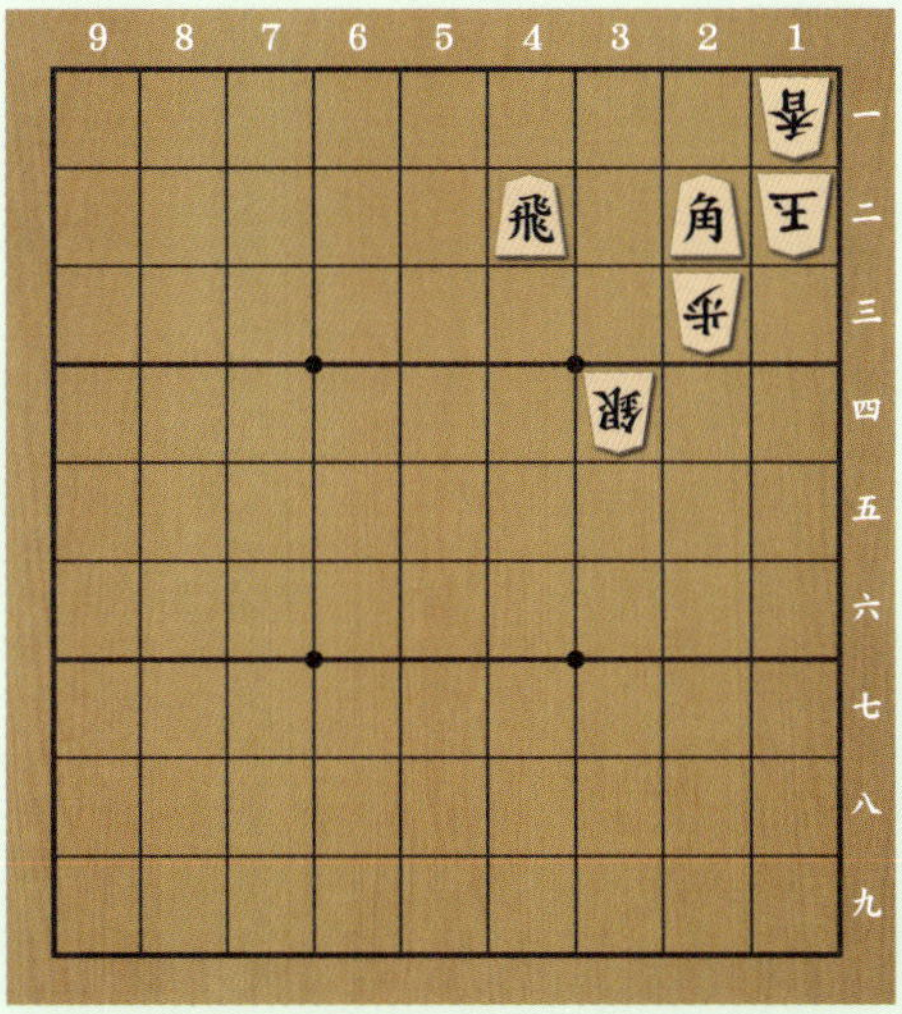

【ヒント】「玉《ぎょく》」は、1三～1四と上《うえ》に逃《に》げたがっています。それを防《ふせ》ぐにはどうすればよいでしょう。

問題06

1手詰《いってづめ》

持駒《もちごま》

なし

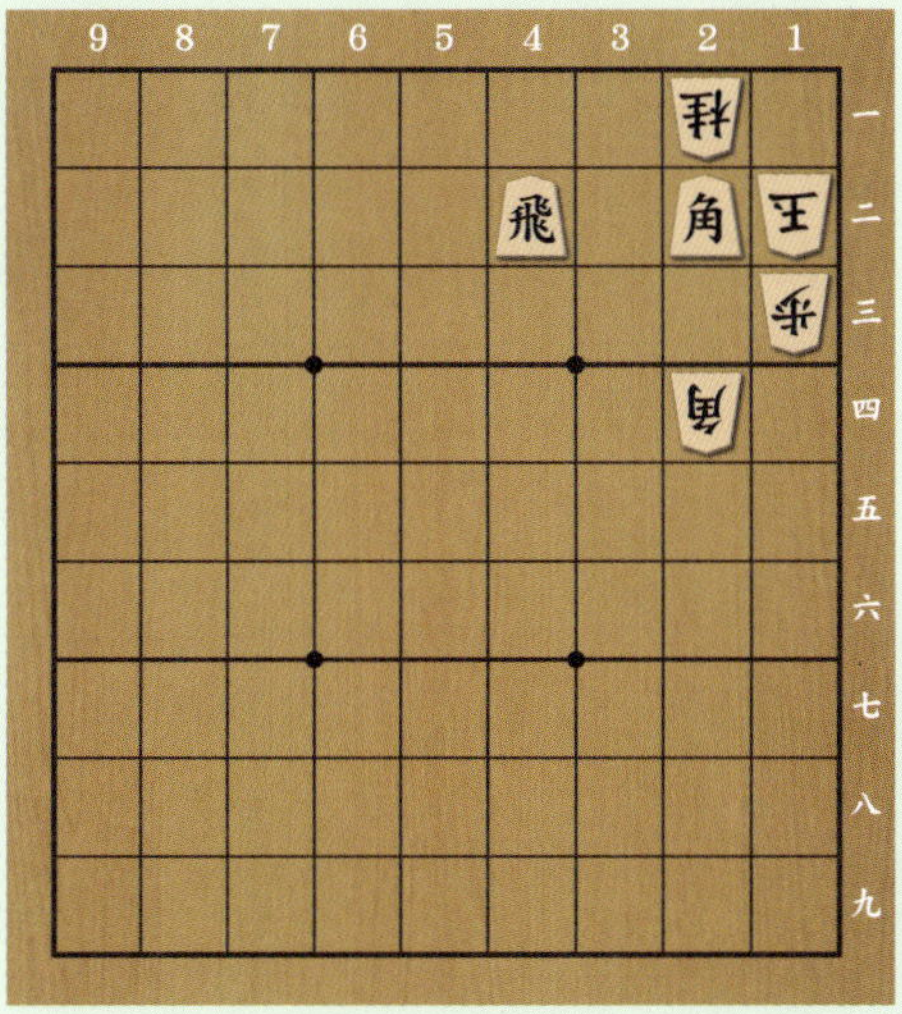

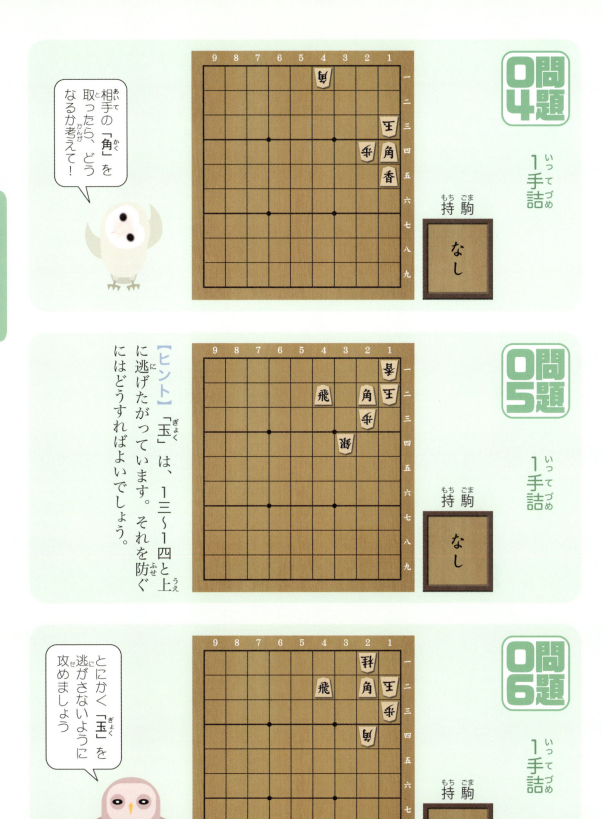

手順《てじゅん》と解説《かいせつ》

問題04

正解手順《せいかいてじゅん》と失敗例《しっぱいれい》

持駒《もちごま》 なし

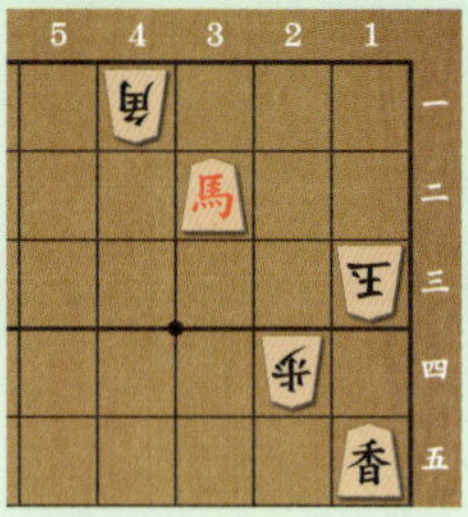

【正解図《せいかいず》】

▲3二角成《かくなり》
まで1手詰《いってづめ》

持駒《もちごま》 角《かく》

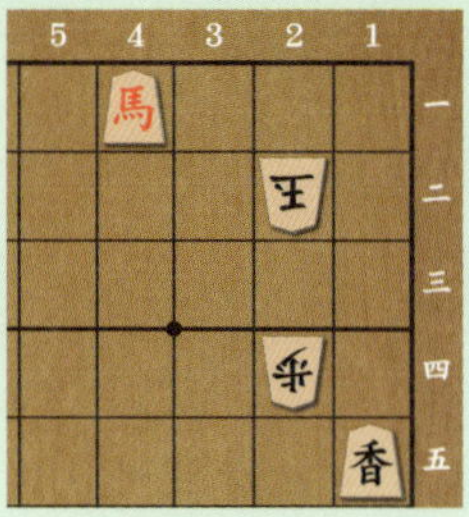

失敗図《しっぱいず》

▲4一角成《かくなり》
△2二玉《ぎょく》
まで（失敗《しっぱい》）

▲4一角成《かくなり》でも「あき王手《おうて》」になりますが、△2二玉《ぎょく》（失敗図《しっぱいず》）と逃《に》げられてつかまりません。
とれる「角《かく》」をとらないで、3二で「角《かく》」が成《な》るのが詰将棋《つめしょうぎ》らしいやりかたです。

問題05

正解手順《せいかいてじゅん》と失敗例《しっぱいれい》

持駒《もちごま》 なし

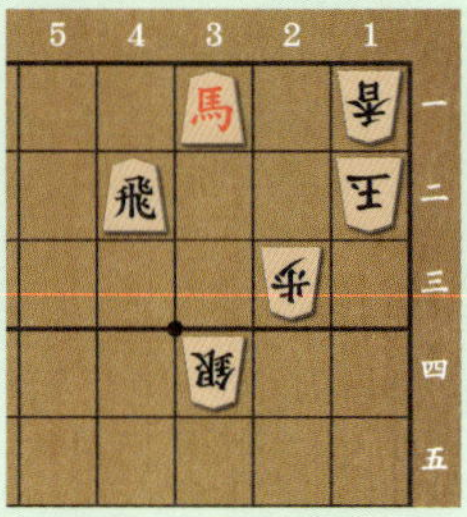

【正解図《せいかいず》】

▲3一角成《かくなり》
まで1手詰《いってづめ》

持駒《もちごま》 なし

失敗図《しっぱいず》

▲3三角成《かくなり》
△1三玉《ぎょく》
まで（失敗《しっぱい》）

▲3三角成《かくなり》ですと、△1三玉《ぎょく》（失《しっ》敗図《ぱいず》）と逃《に》げられてつかまりません。
1三ににらみをきかすことのできる▲3一角成《かくなり》まで、が正解《せいかい》です。

問題06

正解手順《せいかいてじゅん》と失敗例《しっぱいれい》

持駒《もちごま》 なし

【正解図《せいかいず》】

▲3三角成《かくなり》
まで1手詰《いってづめ》

持駒《もちごま》 なし

失敗図《しっぱいず》

▲3一角成《かくなり》
△2三玉《ぎょく》
まで（失敗《しっぱい》）

▲3一角成《かくなり》でも「あき王手《おうて》」にはなりますが、逃《に》げ道《みち》が残《のこ》ってしまいます。△2三玉《ぎょく》（失敗図《しっぱいず》）でも△4二角《かく》でも逃《に》げられます。

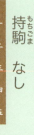

問題07

1手詰《いってづめ》

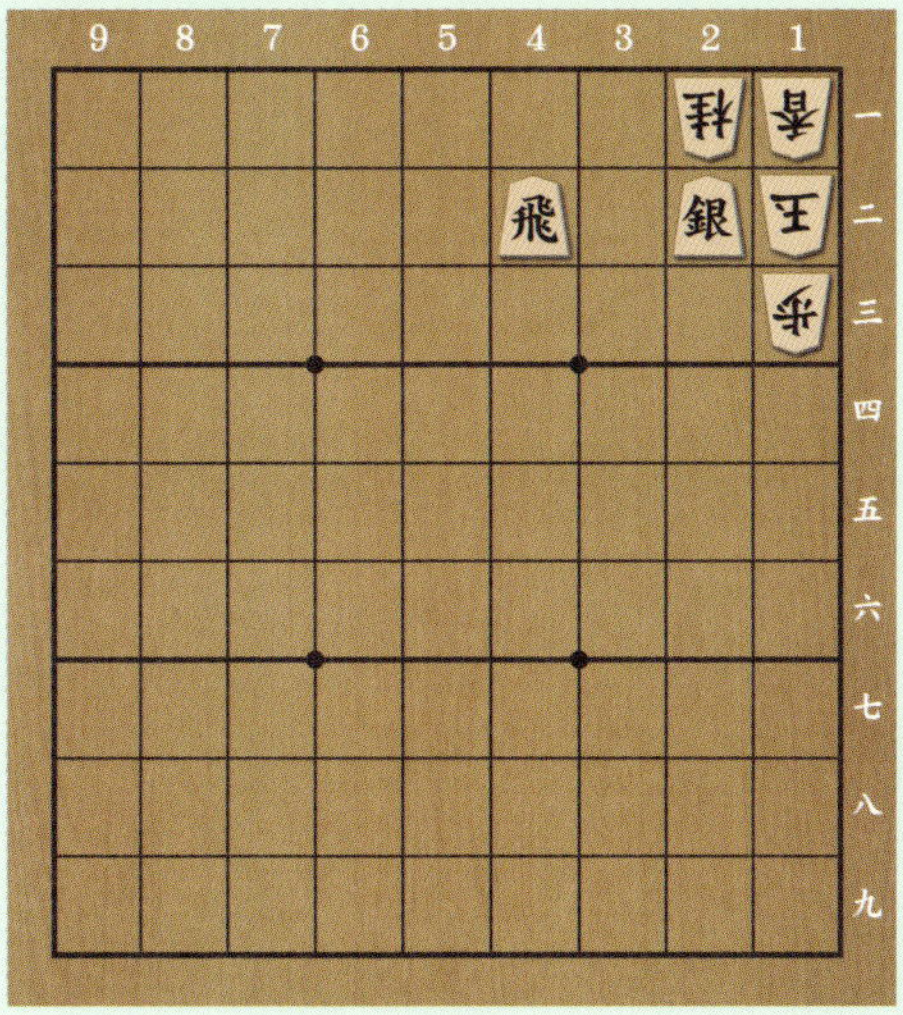

持駒《もちごま》

なし

問題08

1手詰《いってづめ》

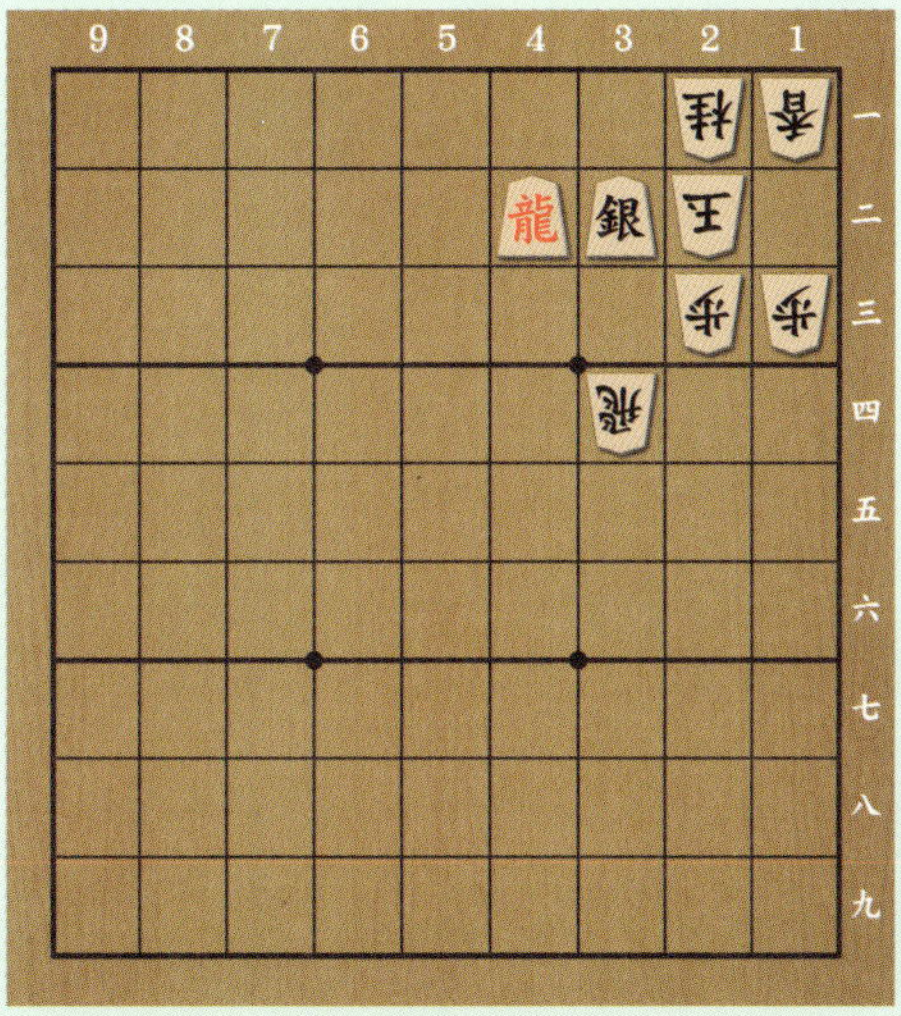

持駒《もちごま》

なし

問題09

1手詰《いってづめ》

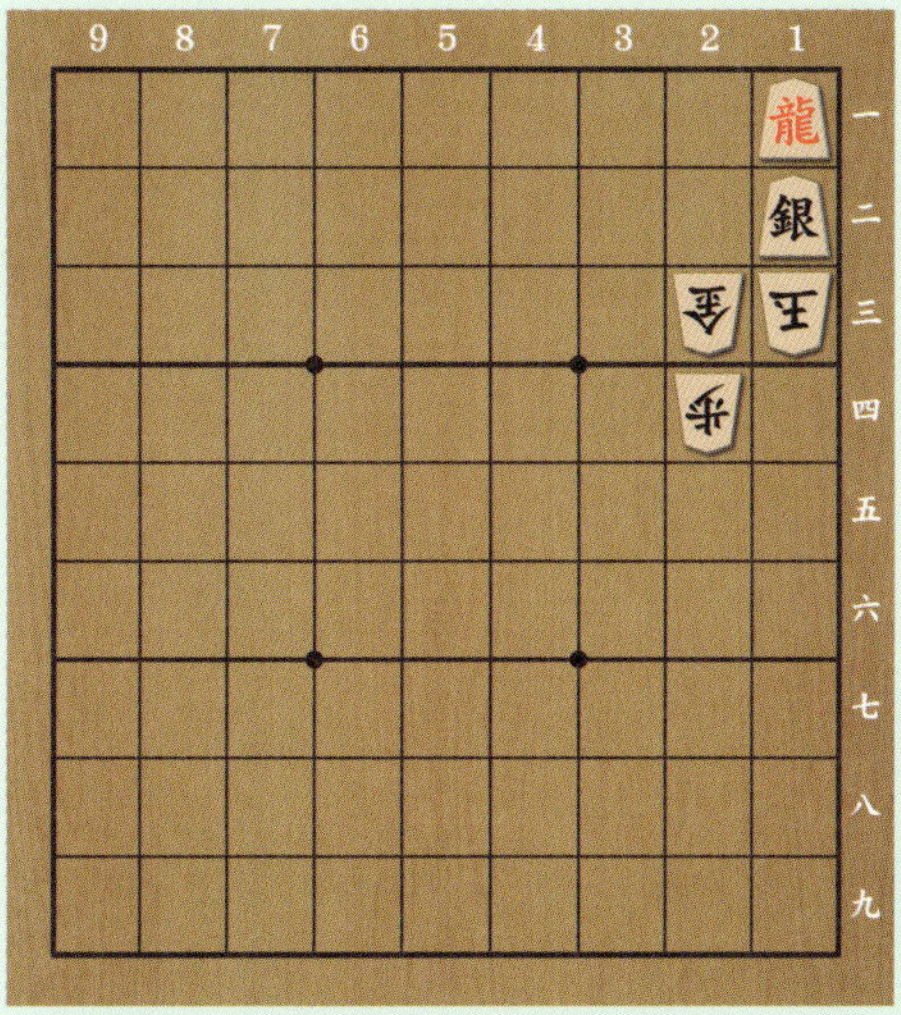

持駒《もちごま》

なし

【ヒント】どのように「あき王手《おうて》」するのがいいでしょう。

手順《てじゅん》と解説《かいせつ》

問題07 正解手順《せいかいてじゅん》と失敗例《しっぱいれい》

持駒《もちごま》 なし

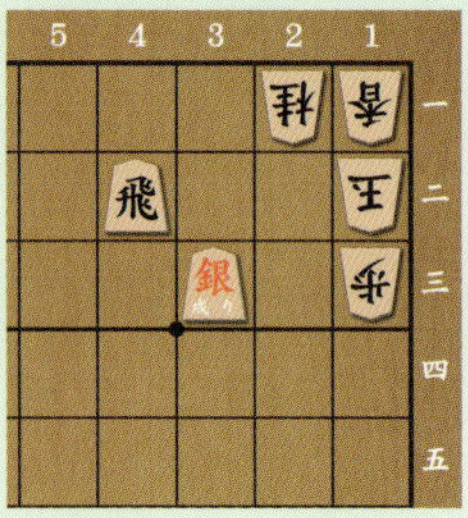

【正解図《せいかいず》】
▲3三銀成《ぎんなり》
まで1手詰《いってづめ》

持駒《もちごま》 なし

失敗図《しっぱいず》
▲3三銀不成《ぎんならず》
△2三玉《ぎょく》
まで（失敗《しっぱい》）

▲3三銀不成《ぎんならず》でも王手《おうて》はできますが、△2三玉《ぎょく》（失敗図《しっぱいず》）と逃《に》げられてつかまりません。

ルールを覚《おぼ》えたてのころは、成《な》りを忘《わす》れることも多《おお》いようです。成《な》るか成《な》らないか、よく考《かんが》えながら指《さ》しましょう。

問題08 正解手順《せいかいてじゅん》と失敗例《しっぱいれい》

持駒《もちごま》 なし

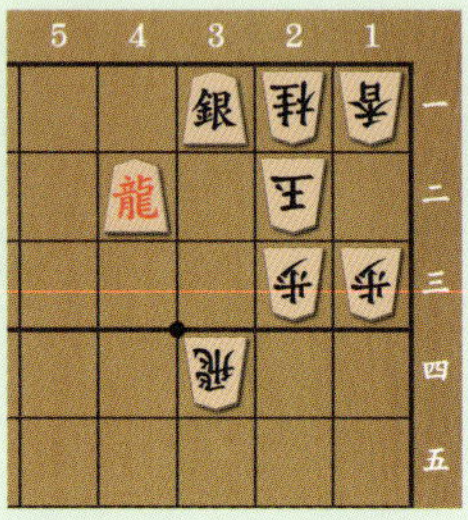

【正解図《せいかいず》】
▲3一銀不成《ぎんならず》
まで1手詰《いってづめ》

持駒《もちごま》 なし

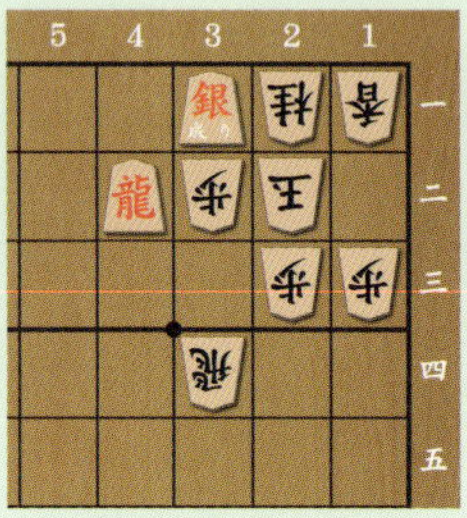

失敗図《しっぱいず》
▲3一銀成《ぎんなり》
△3二歩合《ふあい》
まで（失敗《しっぱい》）

「銀《ぎん》」と「龍《りゅう》」の両王手《りょうおうて》で合駒《あいごま》がきかないようにするのが正解《せいかい》です。

▲3一銀成《ぎんなり》ですと、3四に守《まも》りの「飛《ひ》」がおり、△3二歩合《ふあい》（失敗図《しっぱいず》）で詰《つ》みません。

問題09 正解手順《せいかいてじゅん》と失敗例《しっぱいれい》

持駒《もちごま》 なし

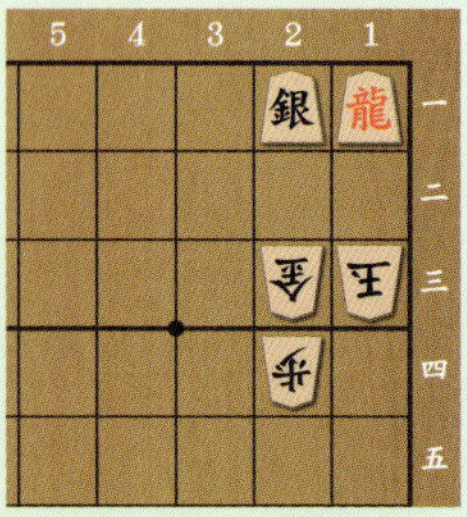

【正解図《せいかいず》】
▲2一銀不成《ぎんならず》
まで1手詰《いってづめ》

持駒《もちごま》 なし

失敗図《しっぱいず》
▲2一銀成《ぎんなり》
△1二歩合《ふあい》
まで（失敗《しっぱい》）

「あき王手《おうて》」で、合駒《あいごま》がきかないようにするのが正解《せいかい》です。

▲2一銀成《ぎんなり》では1二へのききがなくなってしまい、△1二歩合《ふあい》（失敗《しっぱい》図《ず》）で詰《つ》みません。

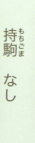

中級

問題10

1手詰《いってづめ》

持駒《もちごま》

なし

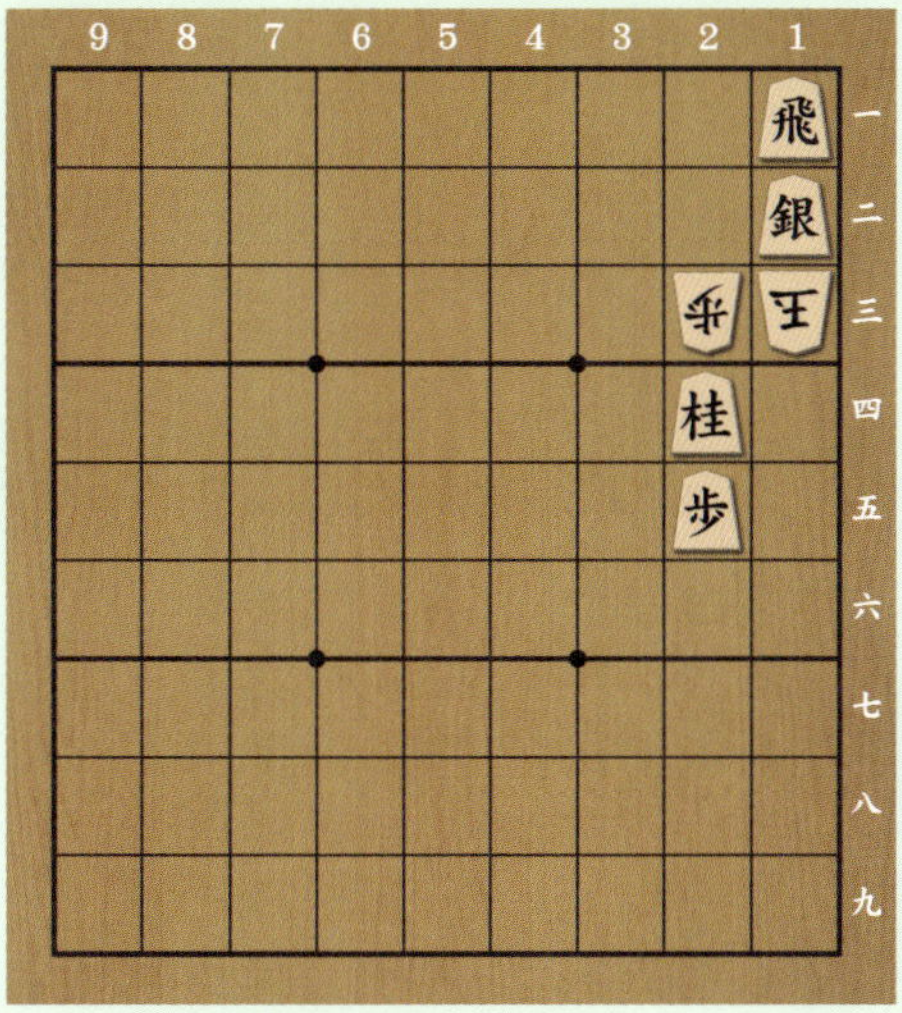

問題11

1手詰《いってづめ》

持駒《もちごま》

なし

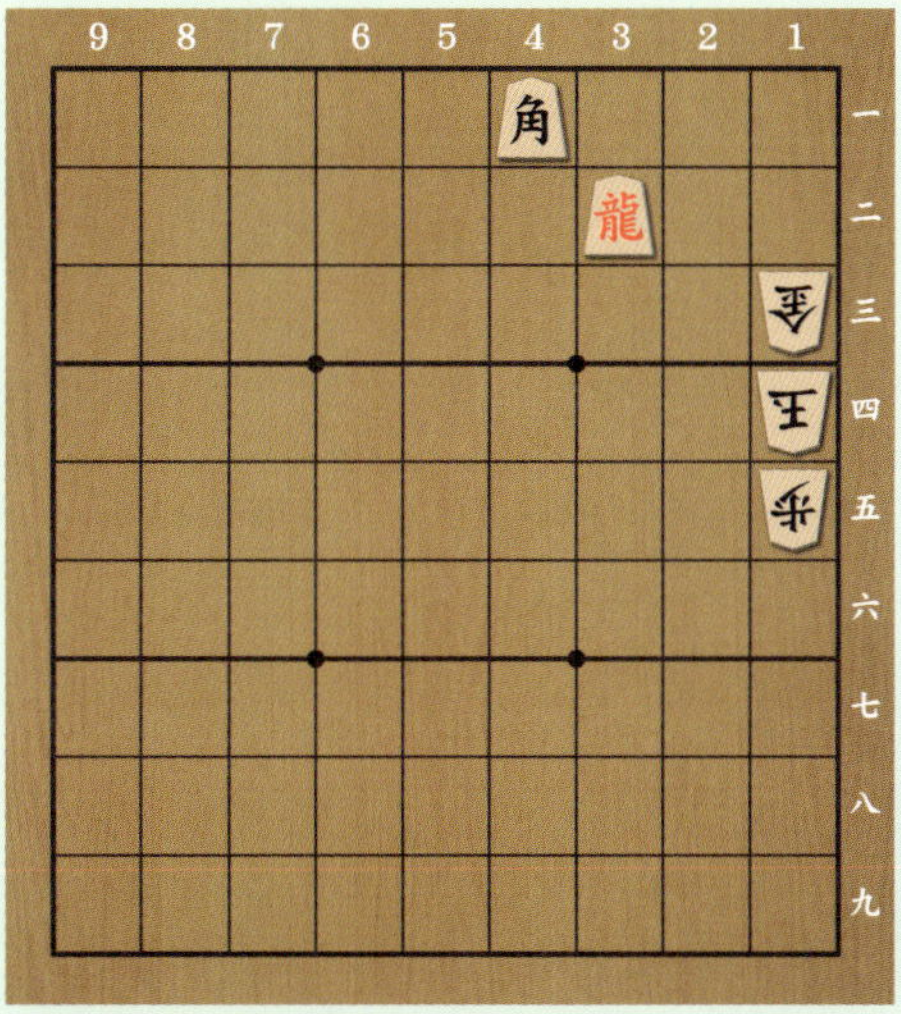

【ヒント】「龍《りゅう》」をどこに動《うご》かせばよいかを考《かんが》えましょう。ほかの駒《こま》のはたらきも見落《みお》とさないようにしてください。

問題12

1手詰《いってづめ》

持駒《もちごま》

なし

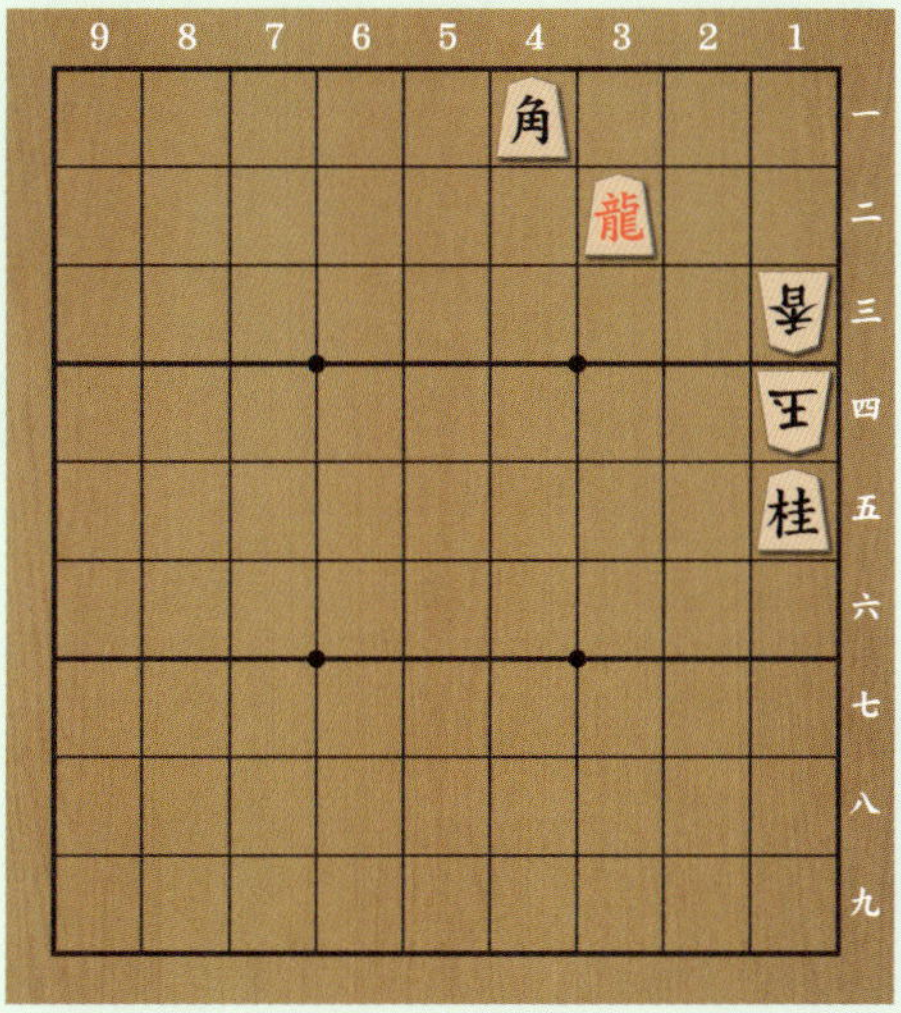

【ヒント】問題《もんだい》11と同じく、「龍《りゅう》」をどこに動《うご》かすかがポイントです。ほかの駒《こま》で王手《おうて》ができるなら、逃《に》げ道《みち》をふさぐほうがよいかもしれません。

手順《てじゅん》と解説《かいせつ》

問題10 正解手順《せいかいてじゅん》と失敗例《しっぱいれい》

持駒 なし

【正解図《せいかいず》】

▲2一銀《ぎん》成
まで1手詰《いってづめ》

持駒 なし

失敗図《しっぱいず》

▲2一銀不成《ぎんならず》
△2二玉《ぎょく》
まで（失敗《しっぱい》）

「あき王手《おうて》」を使《つか》って、合駒《あいごま》がきかないようにするのが正解《せいかい》です。成《な》り忘《わす》れて「銀《ぎん》」のままで王手《おうて》をすると、背後《はいご》の弱点《じゃくてん》を突《つ》かれてしまいます。

問題11 正解手順《せいかいてじゅん》と失敗例《しっぱいれい》

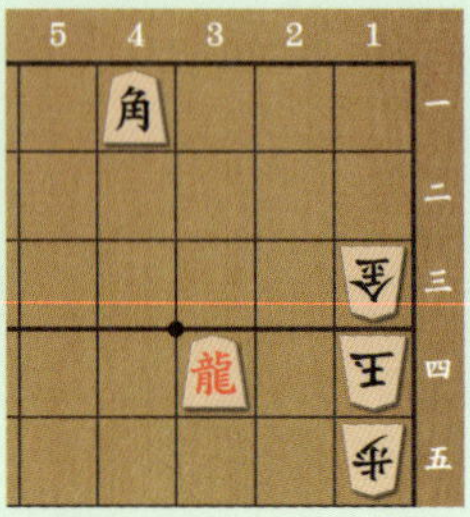

持駒《もちごま》 なし

【正解図《せいかいず》】

▲3四龍《りゅう》
まで1手詰《いってづめ》

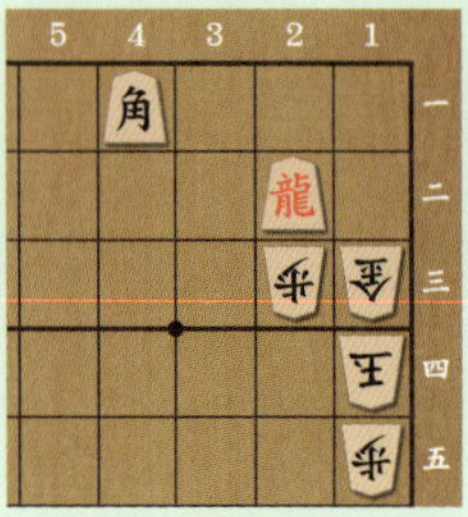

持駒《もちごま》 なし

失敗図《しっぱいず》

▲2二龍《りゅう》
△2三歩合《ふあい》
まで（失敗《しっぱい》）

この問題《もんだい》は「龍《りゅう》」と「角《かく》」の「両王手《りょうおうて》」が正解《せいかい》です。両方《りょうほう》の王手《おうて》に対《たい》して、同時《どうじ》に合駒《あいごま》をすることはできません。

▲2二龍《りゅう》でも、「角《かく》」の「あき王《おう》手《て》」にはなりますが、△1三金《きん》が守《まも》っていますので、2三に合駒《あいごま》を打《う》たれると詰《つ》みません。

問題12 正解手順《せいかいてじゅん》と失敗例《しっぱいれい》

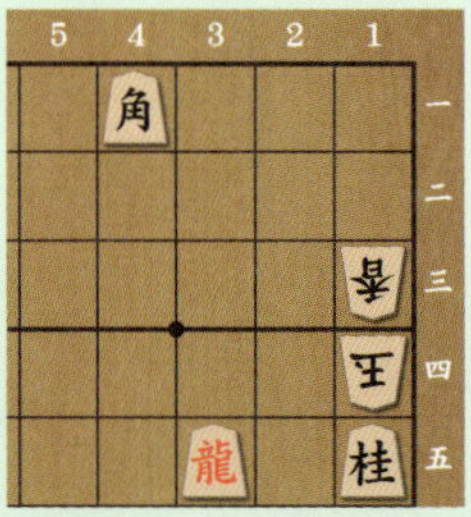

持駒《もちごま》 なし

【正解図《せいかいず》】

▲3五龍《りゅう》
まで1手詰《いってづめ》

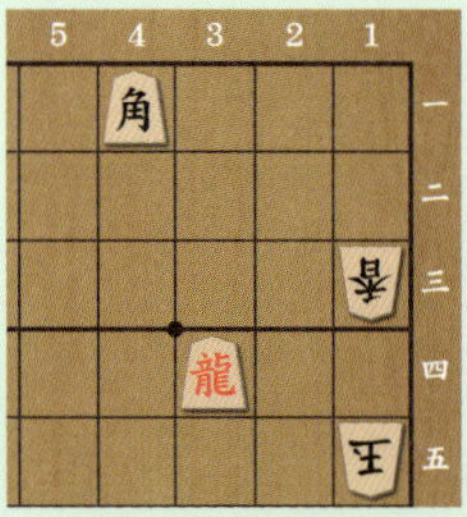

持駒《もちごま》 なし

失敗図《しっぱいず》

▲3四龍《りゅう》
△1五玉《ぎょく》
まで（失敗《しっぱい》）

いつでも「両王手《りょうおうて》」のほうがよいとはかぎりません。ここでは「あき王手《おうて》」が正解《せいかい》です。

問題13

1手詰《いってづめ》

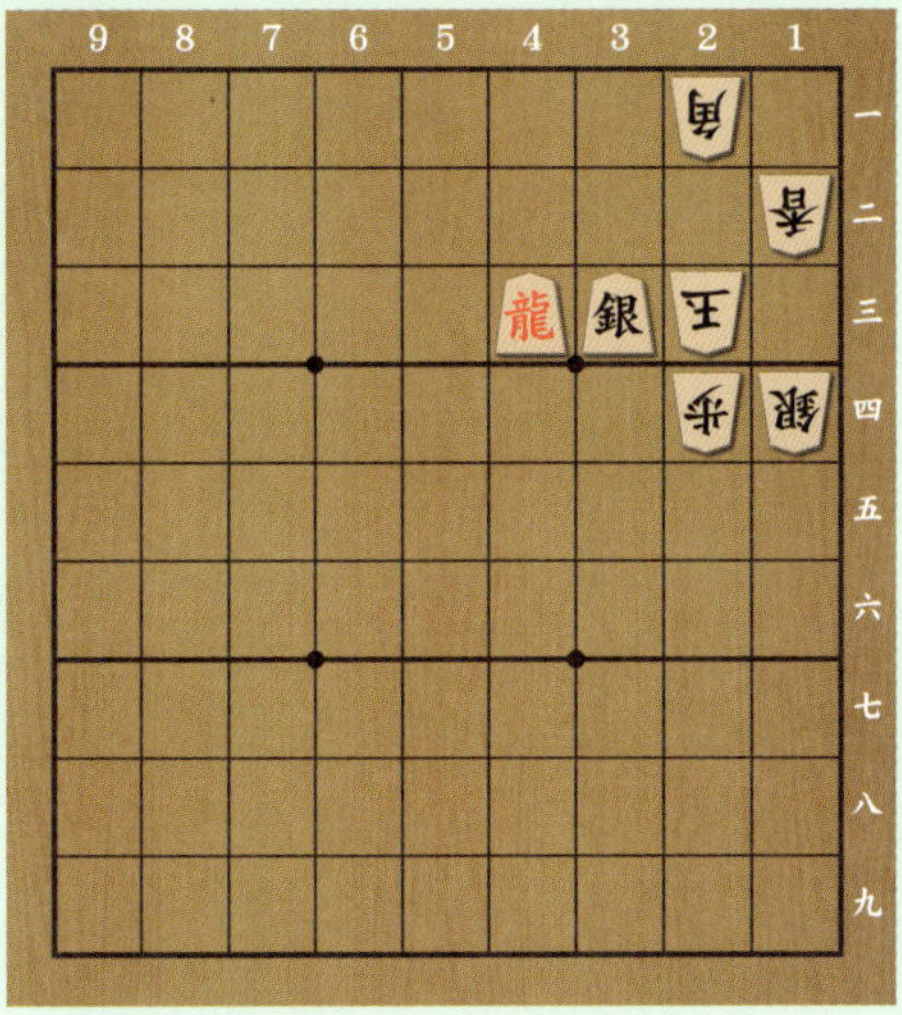

持《もち》駒《ごま》

なし

【ヒント】「銀《ぎん》」がどう動《うご》くのかよく考《かんが》えましょう。ききのないマスをほかの駒《こま》でカバーできるようにしてください。

問題14

1手詰《いってづめ》

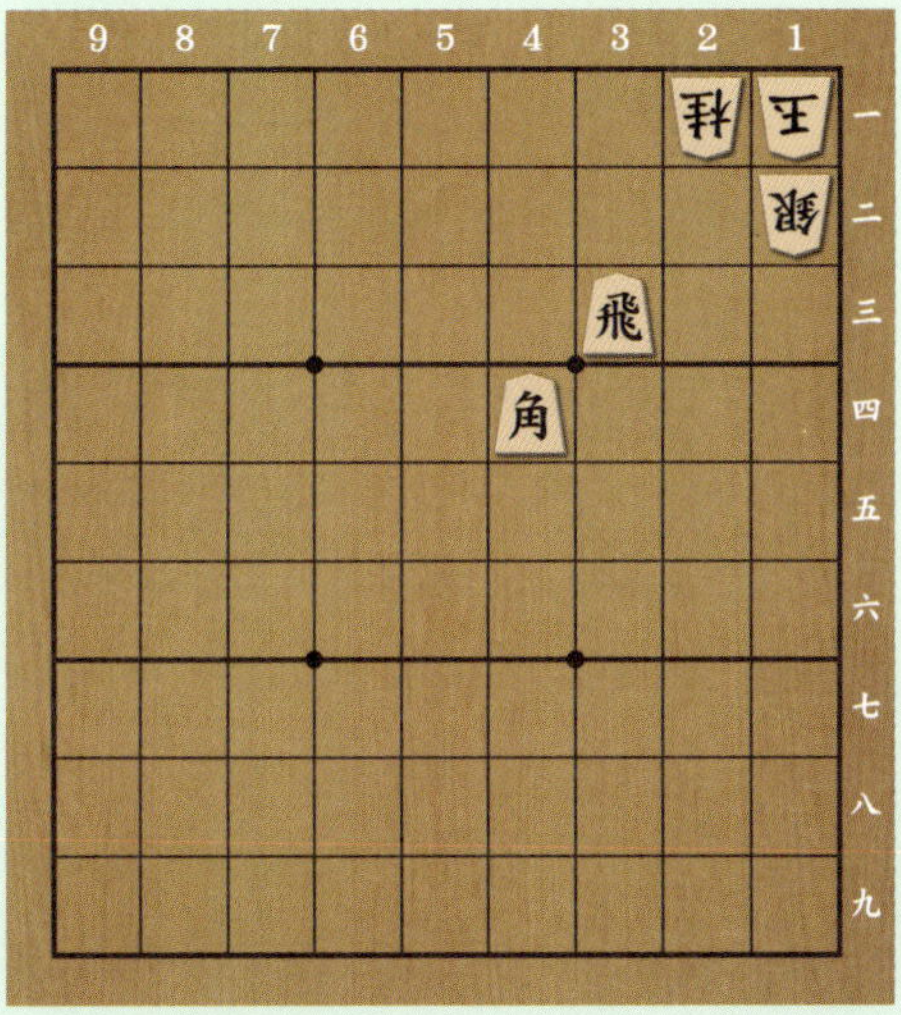

持《もち》駒《ごま》

なし

「飛《ひ》」をつかってあき王手をしてみましょう

問題15

1手詰《いってづめ》

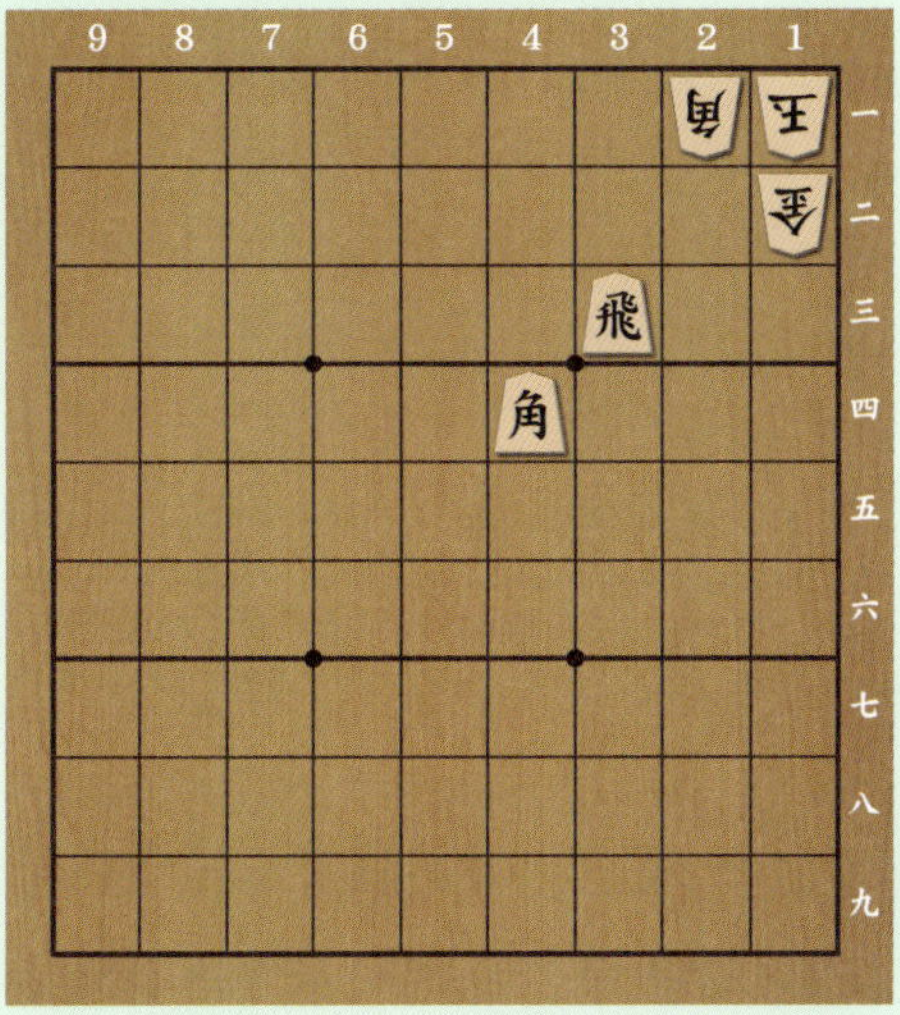

持《もち》駒《ごま》

なし

「飛《ひ》」が安全《あんぜん》な場所《ばしょ》に動《うご》いたらチャンスがなくなっちゃうかも

手順《てじゅん》と解説《かいせつ》

問題13

正解手順《せいかいてじゅん》と失敗例《しっぱいれい》

持駒 なし

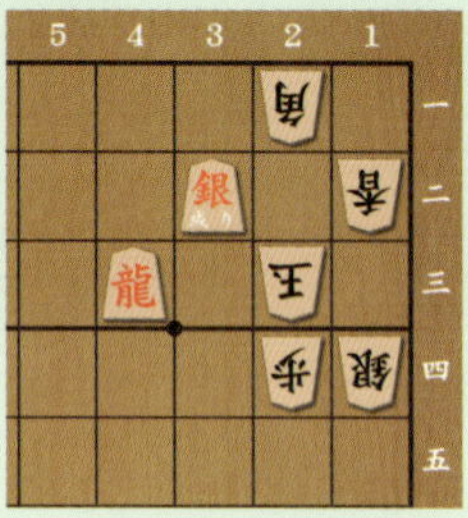

【正解図《せいかいず》】
▲3二銀《ぎん》成
まで1手詰《いってづめ》

持駒 なし

失敗図《しっぱいず》
▲3二銀不成《ぎんならず》
△2二玉《ぎょく》
まで（失敗《しっぱい》）

守《まも》りの「角《かく》」で「龍《りゅう》」をとられないようにしていることもポイント。▲3二銀不成《ぎんならず》だとヨコにすきができてしまい、△2二玉《ぎょく》（失敗図《しっぱいず》）にて詰《つ》みません。

問題14

正解手順《せいかいてじゅん》と失敗例《しっぱいれい》

持駒《もちごま》 なし

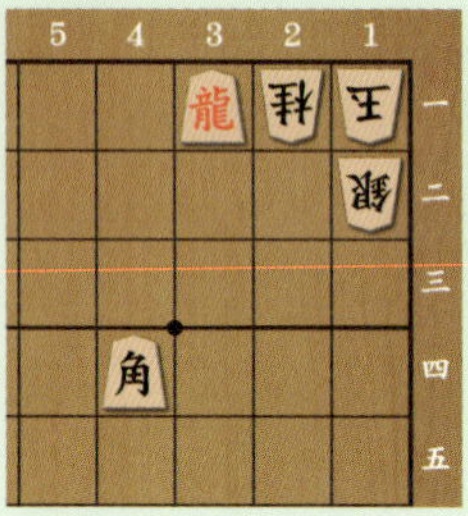

【正解図《せいかいず》】
▲3一飛成《ひなり》
まで1手詰《いってづめ》

持駒《もちごま》 なし

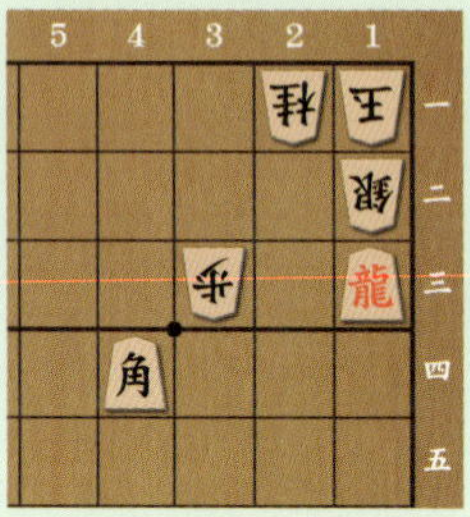

失敗図《しっぱいず》
▲1三飛成《ひなり》
△3三歩合《ふあい》
まで（失敗《しっぱい》）

「あき王手《おうて》」に対《たい》して、合駒《あいごま》ができないようにするのが正解《せいかい》です。

問題15

正解手順《せいかいてじゅん》と失敗例《しっぱいれい》

持駒《もちごま》 なし

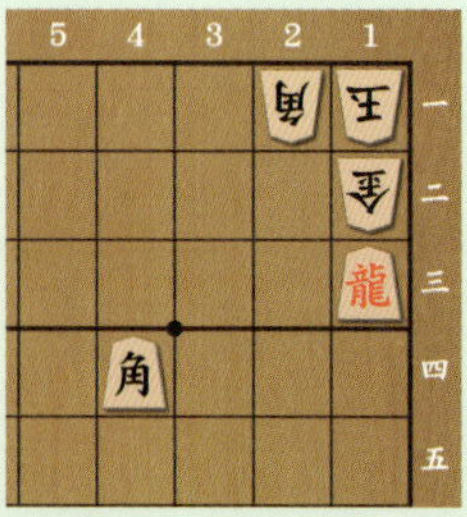

【正解図《せいかいず》】
▲1三飛成《ひなり》
まで1手詰《いってづめ》

持駒《もちごま》 なし

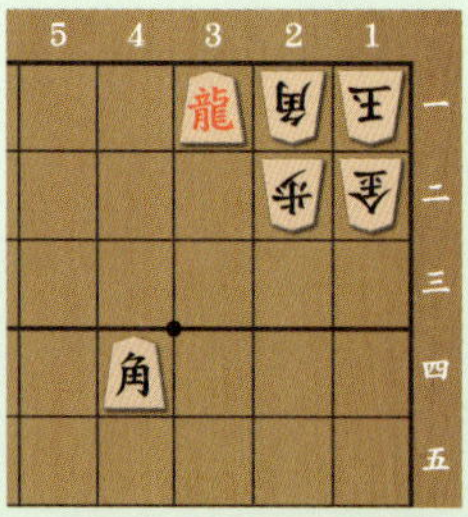

失敗図《しっぱいず》
▲3一飛成《ひなり》
△2二歩合《ふあい》
まで（失敗《しっぱい》）

この問題《もんだい》も、あき王手《おうて》に対《たい》する合《あい》駒《ごま》を防《ふせ》ぐことがポイントになります。▲1三飛成《ひなり》なら「角《かく》」によるあき王手《おうて》になります。△2二歩《ふ》に合駒《あいごま》をしてきても、▲同角成《どうかくなり》で詰《つ》みます。

問題16

3手詰《さんてづめ》

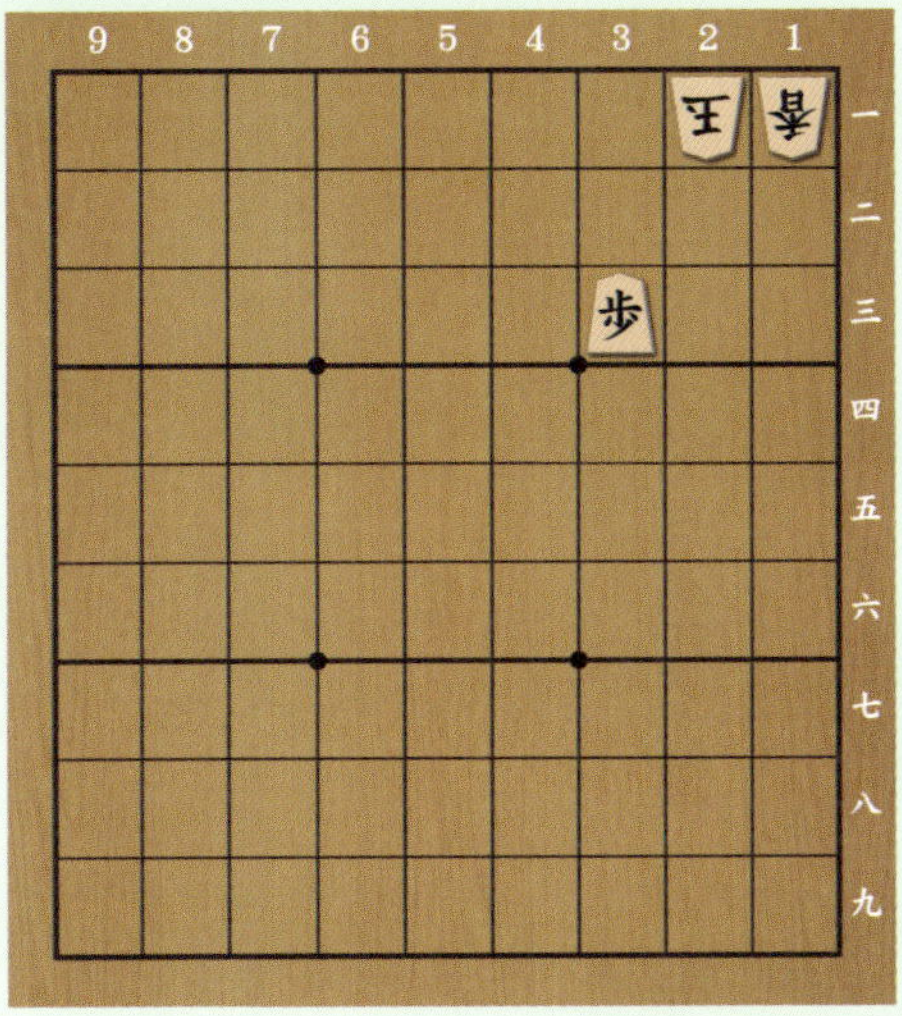
9 8 7 6 5 4 3 2 1
一 二 三 四 五 六 七 八 九
王 香 歩

持駒《もちごま》

金 銀

ここから3手詰《さんてづめ》です
「金《きん》」や「銀《ぎん》」の使《つか》い
かたなどにもなれて
いきましょう！

問題17

3手詰《さんてづめ》

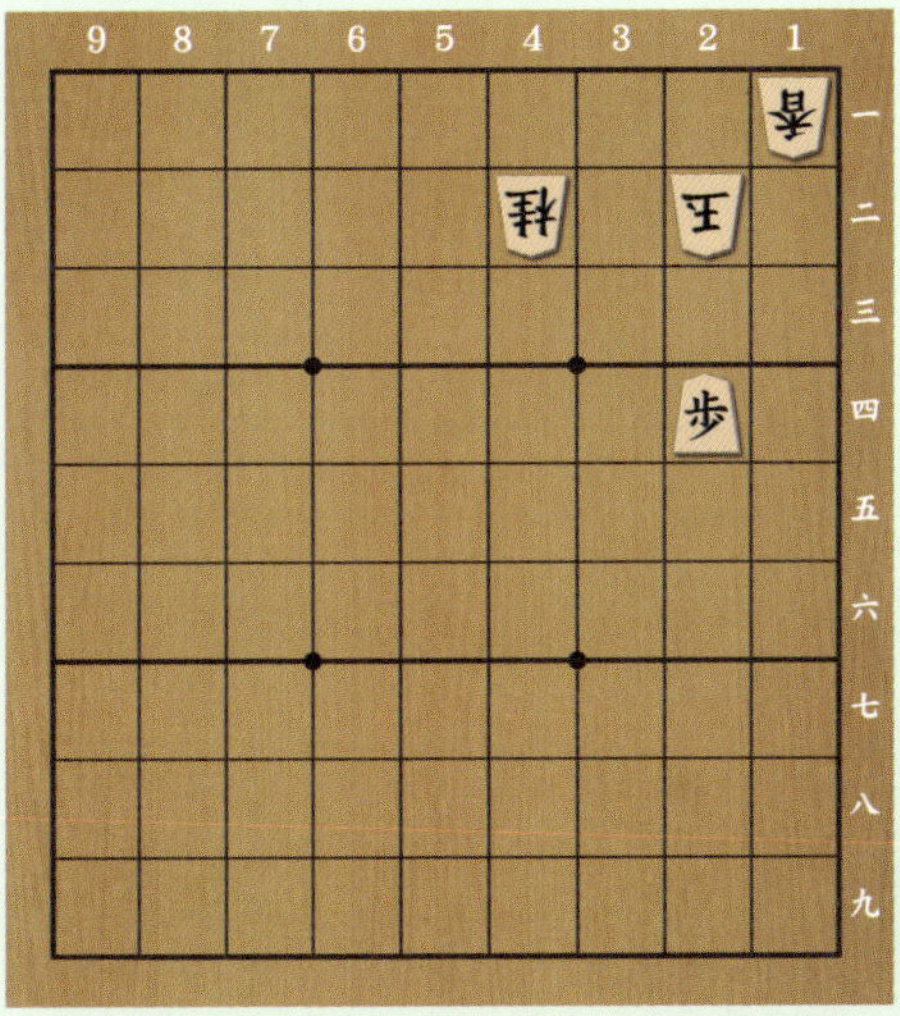
9 8 7 6 5 4 3 2 1
一 二 三 四 五 六 七 八 九
香 王 桂 歩

持駒《もちごま》

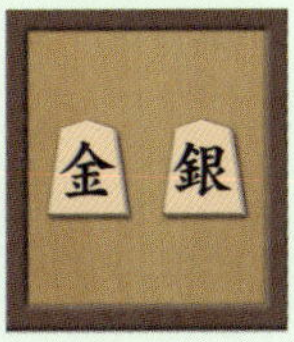
金 銀

【ヒント】持駒《もちごま》は「金《きん》」と「銀《ぎん》」のふたつ。さて、どっちを先《さき》に使《つか》うのがよいでしょう。

問題18

3手詰《さんてづめ》

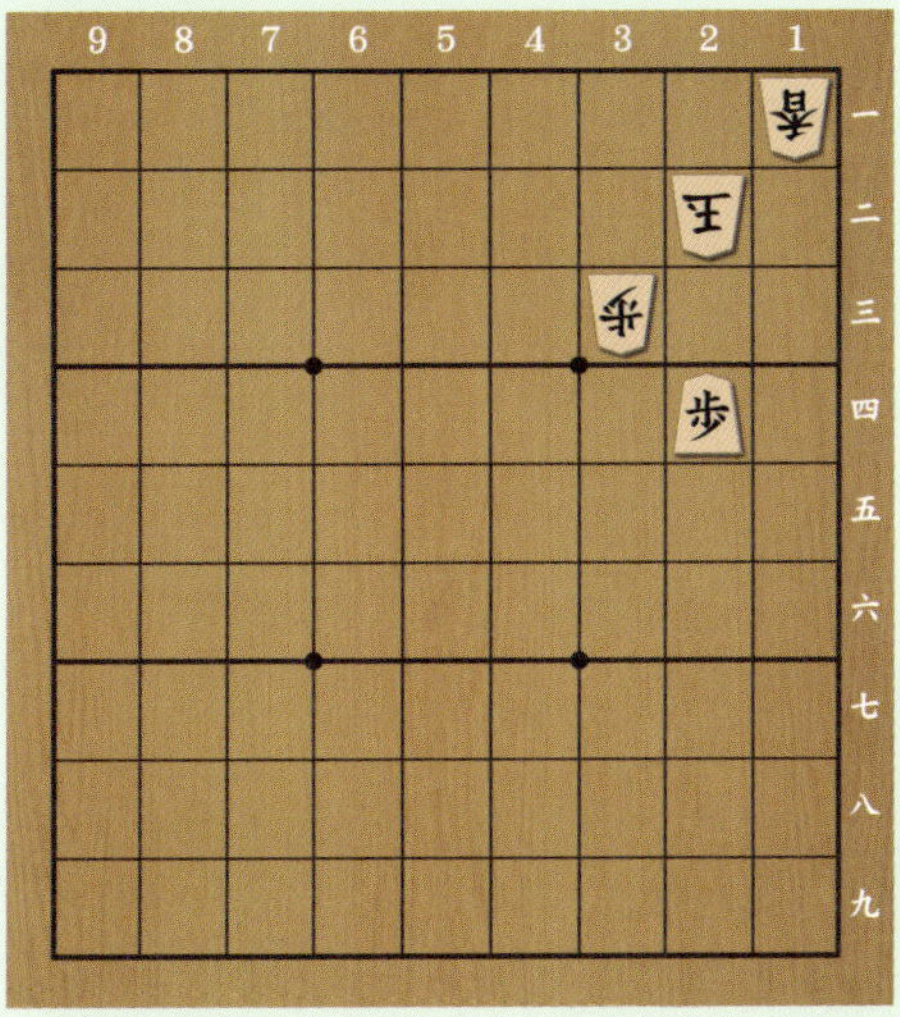
9 8 7 6 5 4 3 2 1
一 二 三 四 五 六 七 八 九
香 王 歩 歩

持駒《もちごま》

金 銀

「金《きん》」をどう
使《つか》うとよいか
考《かんが》えましょう

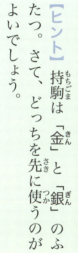

手順《てじゅん》と解説《かいせつ》

問題16

正解手順《せいかいてじゅん》と失敗例《しっぱいれい》

持駒《もちごま》　なし

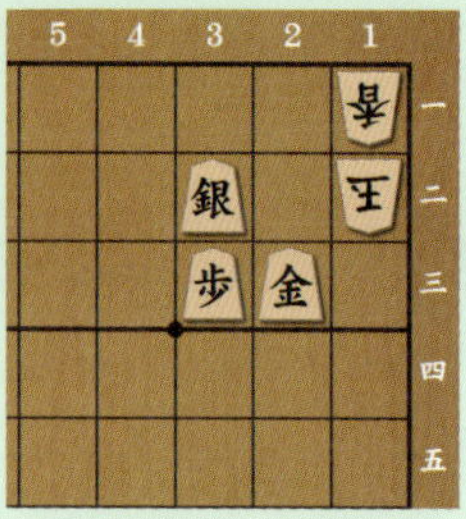

【正解図《せいかいず》】
☗3二銀《ぎん》
☖1二玉《ぎょく》
☗2三金《きん》
まで3《さん》手《て》詰《づめ》

持駒《もちごま》　銀《ぎん》

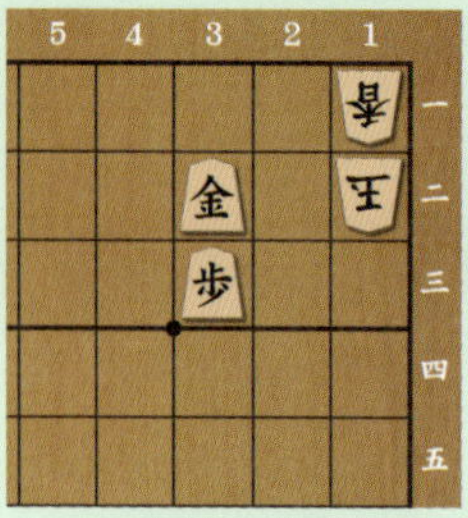

失敗図《しっぱいず》
☗3二金《きん》
☖1二玉《ぎょく》
まで（失敗《しっぱい》）

初手《しょて》を☗3二金《きん》としてしまうと、最後《さいご》が「銀《ぎん》」では詰《つ》めることができません（失敗図《しっぱいず》）。実際《じっさい》の局面《きょくめん》でも「金《きん》」と「銀《ぎん》」の順番《じゅんばん》をまちがえて、「玉《ぎょく》」を逃《に》がしてしまうことがあります。

問題17

正解手順《せいかいてじゅん》と失敗例《しっぱいれい》

持駒《もちごま》　なし

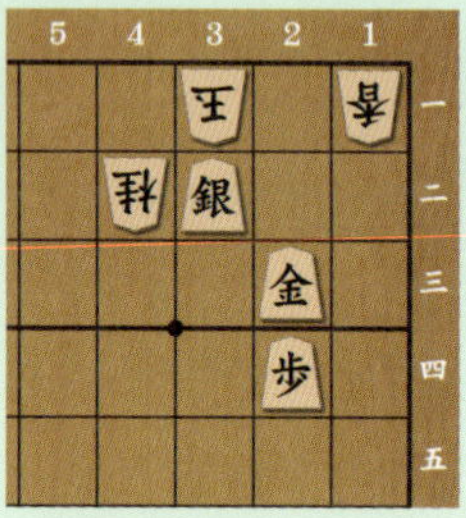

【正解図《せいかいず》】
☗2三金《きん》
☖3一玉《ぎょく》
☗3二銀《ぎん》
まで3《さん》手《て》詰《づめ》

持駒《もちごま》　金《きん》

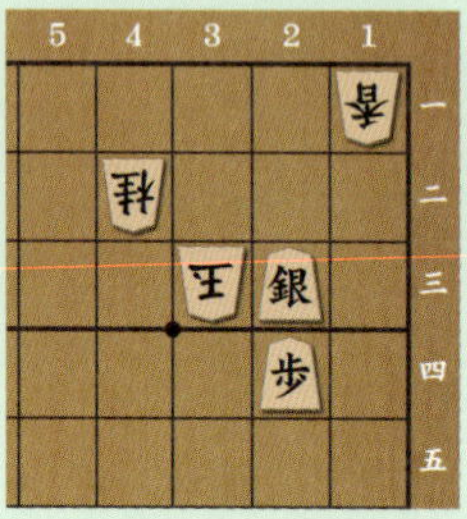

失敗図《しっぱいず》
☗2三銀《ぎん》
☖3三玉《ぎょく》
まで（失敗《しっぱい》）

相手方《あいてがた》の☖4二桂《けい》が逃《に》げ道《みち》をふさいでくれるので、最後《さいご》に「銀《ぎん》」を残《のこ》しても大丈夫《だいじょうぶ》です。

問題18

正解手順《せいかいてじゅん》と失敗例《しっぱいれい》

持駒《もちごま》　なし

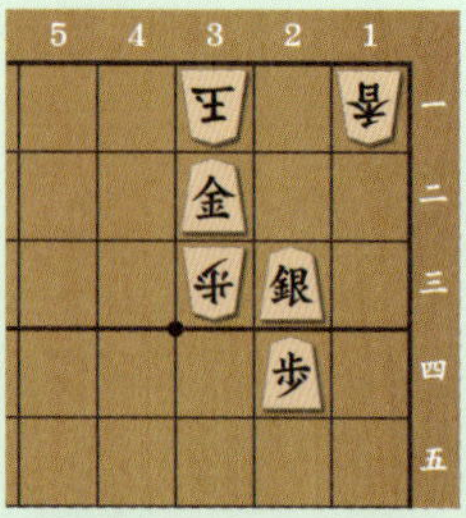

【正解図《せいかいず》】
☗2三銀《ぎん》
☖3一玉《ぎょく》
☗3二金《きん》
まで3《さん》手《て》詰《づめ》

持駒《もちごま》　銀《ぎん》

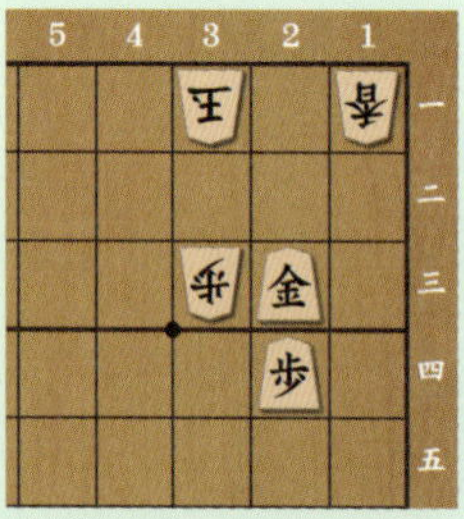

失敗図《しっぱいず》
☗2三金《きん》
☖3一玉《ぎょく》
まで（失敗《しっぱい》）

初手《しょて》を☗2三金《きん》としてしまうと、☖3一玉《ぎょく》（失敗図《しっぱいず》）と逃《に》げられて、最後《さいご》「銀《ぎん》」打《う》ちでは詰《つ》みません。ですから、ここは「金《きん》」を残《のこ》し、☗2三銀《ぎん》から打《う》つのが正解《せいかい》です。

＊「捨駒《すてごま》」とは、自分《じぶん》を有利《ゆうり》にするために、相手《あいて》にとらせるように打《う》つ駒《こま》のことです。

問題19

3手詰《さんてづめ》

持駒《もちごま》

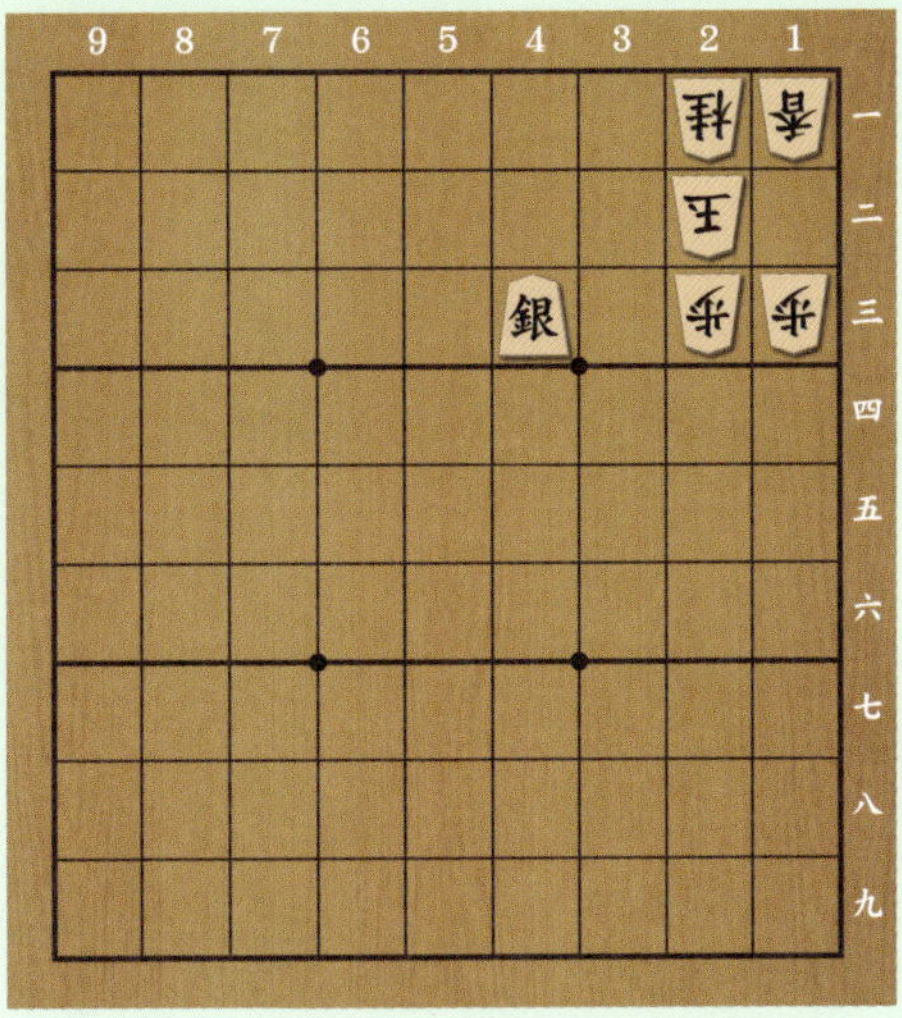

「捨駒《すてごま》」のことを勉強《べんきょう》しましょう

問題20

3手詰《さんてづめ》

持駒《もちごま》

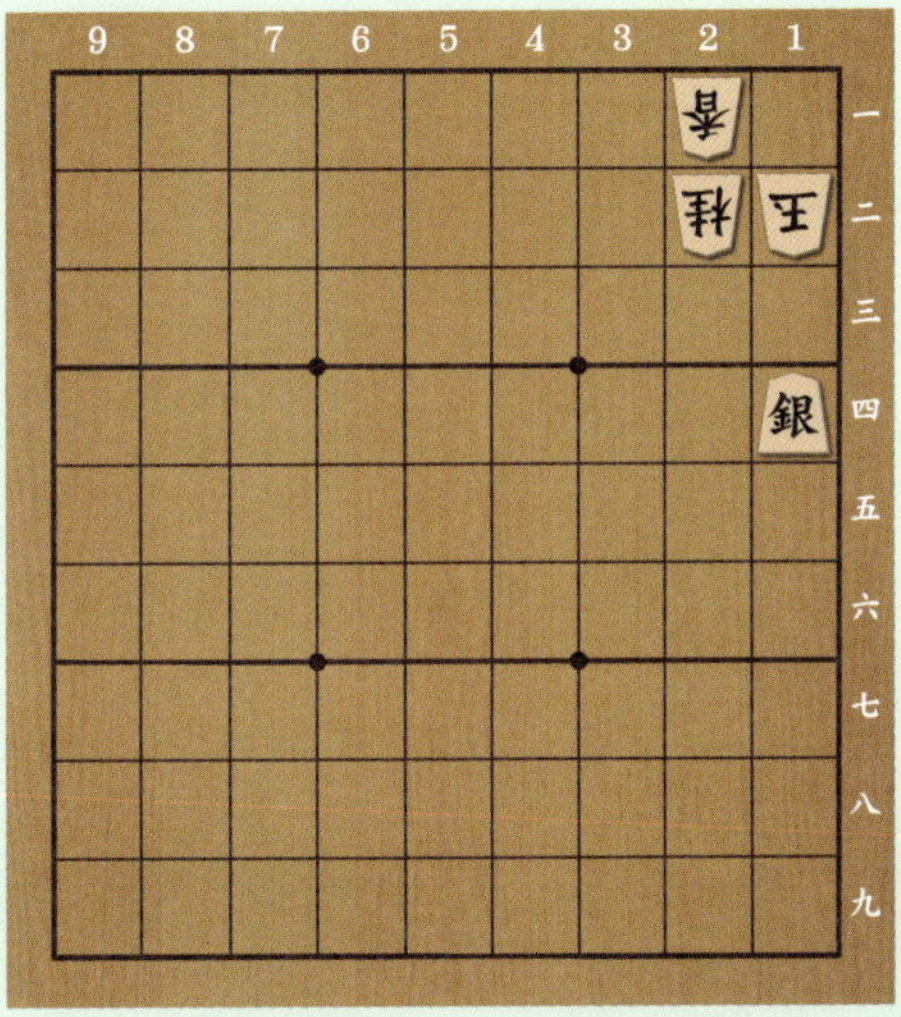

【ヒント】持駒《もちごま》に「歩《ふ》」があるときは「打歩詰《うちふづめ》」にならないように注意《ちゅうい》しましょう。

問題21

3手詰《さんてづめ》

持駒《もちごま》

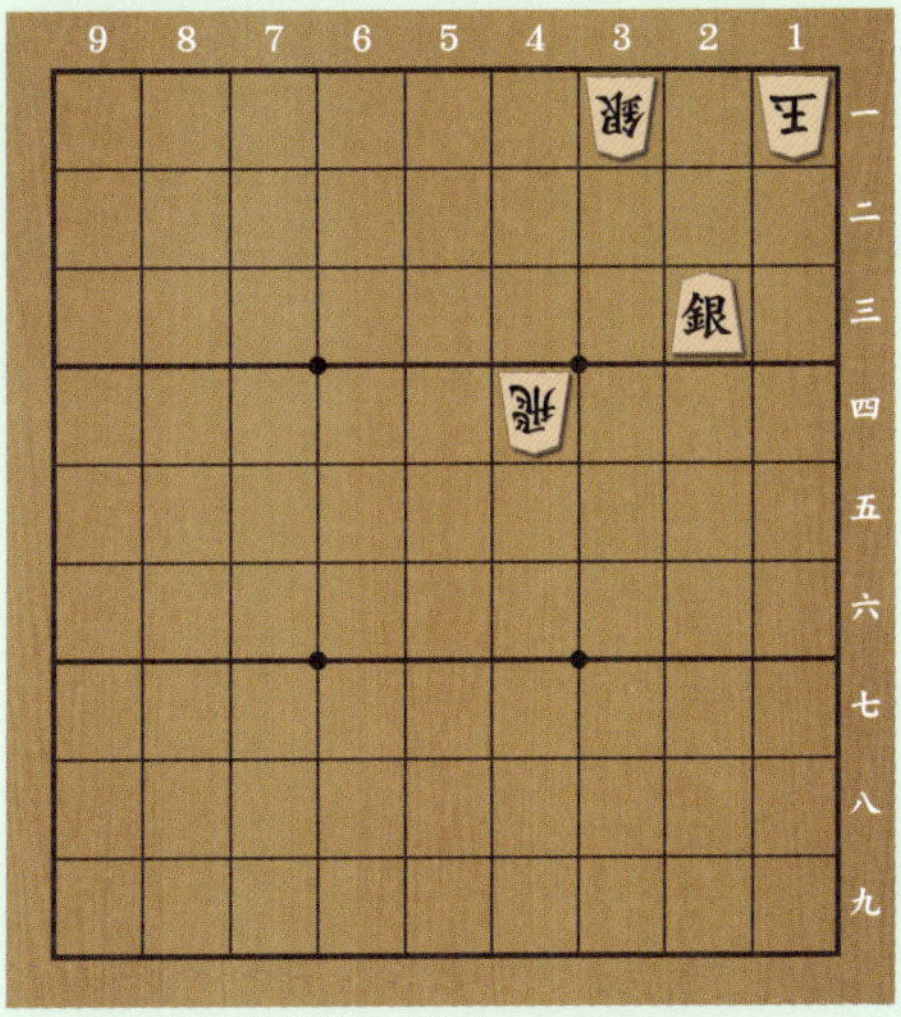

【ヒント】持駒《もちごま》の「香《きょう》」をどこから、どのタイミングで打《う》つのかが、一番《いちばん》のポイントです。

中級

手順《てじゅん》と解説《かいせつ》

問題19

正解手順《せいかいてじゅん》と変化手順《へんかてじゅん》

持駒 なし

【正解図《せいかいず》】
▲3一銀《ぎん》
△同玉《どうぎょく》
▲3二金《きん》
まで3手詰《さんてづめ》

持駒 なし

変化図《へんかず》
▲3一銀《ぎん》
△3三玉《ぎょく》
▲3四金《きん》
まで3手詰《さんてづめ》

「玉《ぎょく》」が3一にくれば、頭金《あたまきん》で詰《つ》みそうだ、とイメージできればかんたんでしょう。

▲3一銀《ぎん》は詰将棋《つめしょうぎ》らしい捨駒《すてごま》です。

なお、2手目《てめ》に△3三玉《ぎょく》と逃《に》げたら（変化図《へんかず》）、▲3四金《きん》の頭金《あたまきん》まで。

逃《に》げ方《かた》の多《おお》い問題《もんだい》ですが、持駒《もちごま》があまらずに詰《つ》めばすべて正解《せいかい》です。

＊頭金《あたまきん》とは、相手《あいて》の「玉《ぎょく》」の上《うえ》（頭《あたま》）に金《きん》を打《う》つことです。

問題20

正解手順《せいかいてじゅん》と失敗例《しっぱいれい》

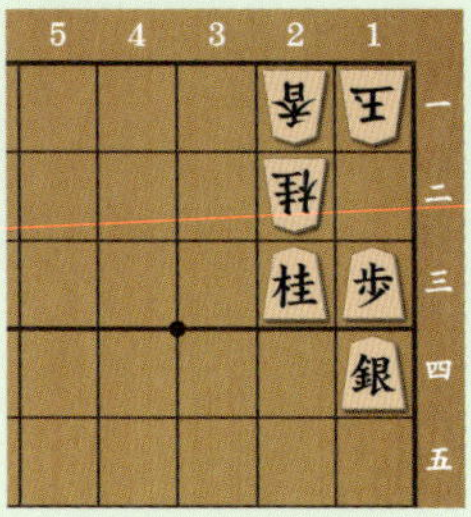

持駒《もちごま》 なし

【正解図《せいかいず》】
▲1三歩《ふ》
△1一玉《ぎょく》
▲2三桂《けい》
まで3手詰《さんてづめ》

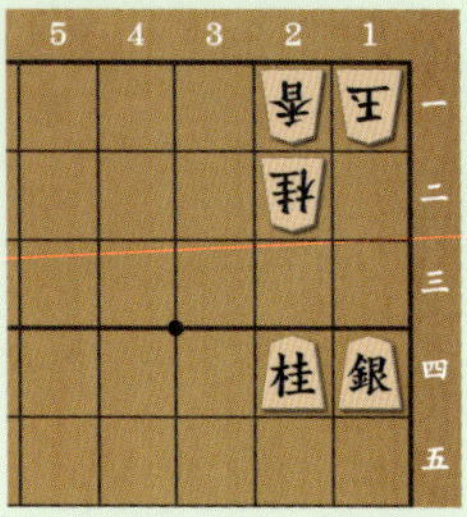

持駒《もちごま》 歩《ふ》

失敗図《しっぱいず》
▲2四桂《けい》
△1一玉《ぎょく》
まで（失敗《しっぱい》）

持駒《もちごま》に「歩《ふ》」のある3手詰《さんてづめ》では、初手《しょて》が必《かなら》ず歩打《ふう》ちになります。

「歩」を残《のこ》してしまうと、3手目《てめ》が打歩詰《うちふづめ》（反則《はんそく》）になってしまうからです。

問題21

正解手順《せいかいてじゅん》と失敗例《しっぱいれい》

持駒《もちごま》 なし

【正解図《せいかいず》】
▲1三香《きょう》
△2一玉《ぎょく》
▲1二香成《きょうなり》
まで3手詰《さんてづめ》

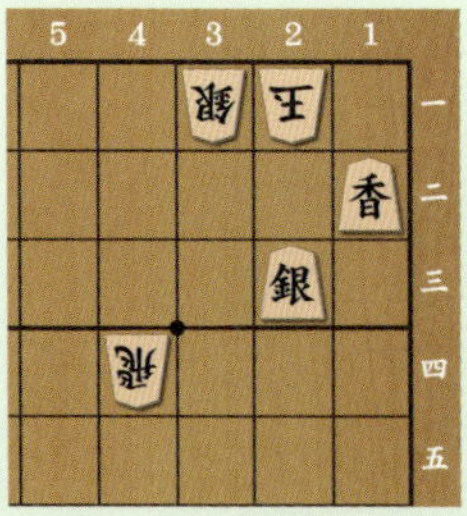

持駒《もちごま》 なし

失敗図《しっぱいず》
▲1二香《きょう》
△2一玉《ぎょく》
まで（失敗《しっぱい》）

初手《しょて》を▲1二香《きょう》と「玉《ぎょく》」の近《ちか》くに打《う》ちますと、△2一玉《ぎょく》（失敗図《しっぱいず》）で「やり」ようがなくなります（「やり」とは「香《きょう》」の別名《べつめい》です）。

ひとつはなして「香《きょう》」を打《う》ち、次《つぎ》に成《な》ることで詰《つ》めましょう。もっと遠《とお》くに打《う》つと、△1四歩《ふ》と合駒《あいごま》をされて詰《つ》まなくなります。

問題22

3《さん》手《て》詰《づめ》

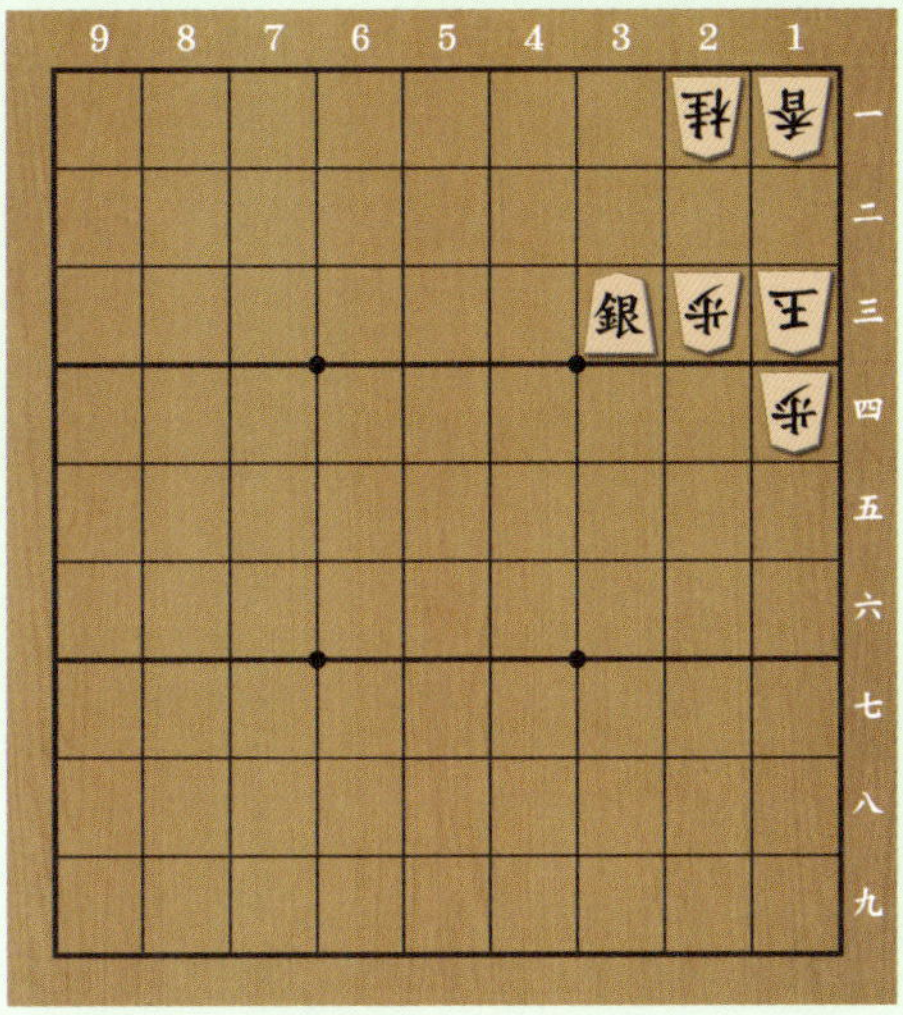

持《もち》駒《ごま》

問題23

3《さん》手《て》詰《づめ》

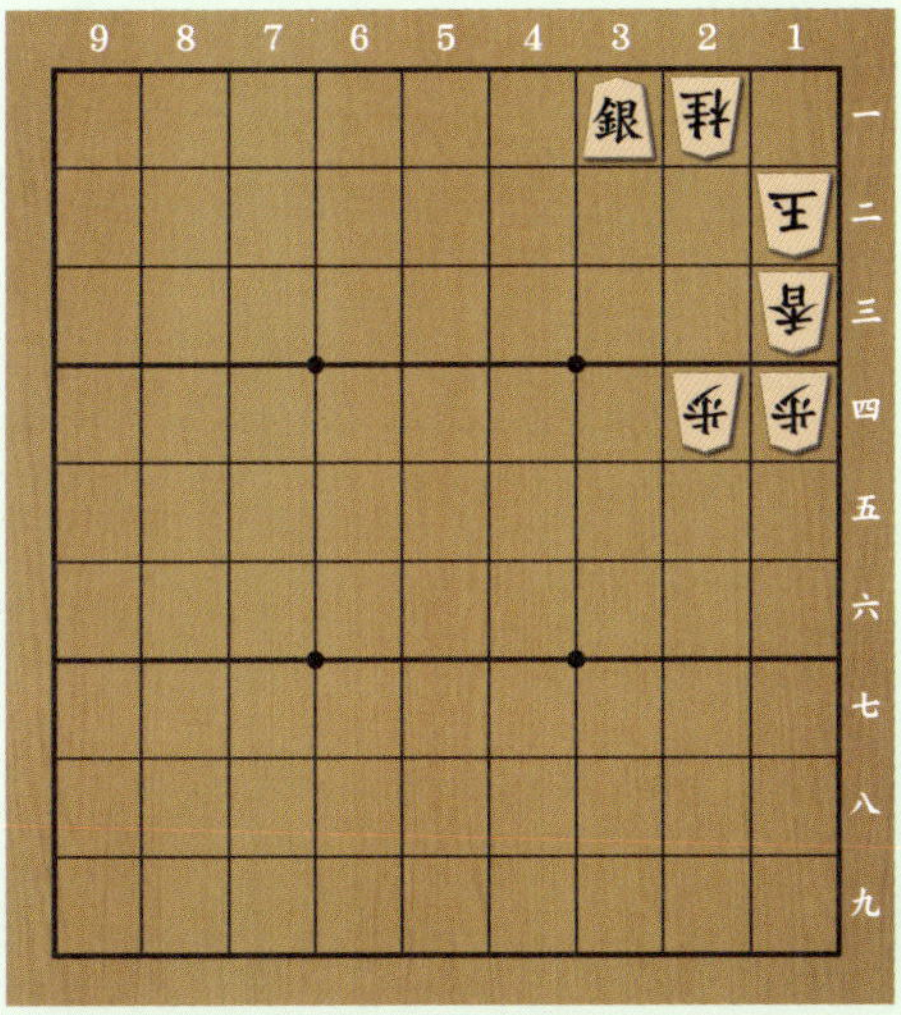

持《もち》駒《ごま》

【ヒント】「飛《ひ》」をどこに打《う》つか、よく考《かんが》えましょう。この問題《もんだい》では、「飛《ひ》」を正解《せいかい》でない場所《ばしょ》に打《う》ったら詰《つ》まなくなります。

問題24

3《さん》手《て》詰《づめ》

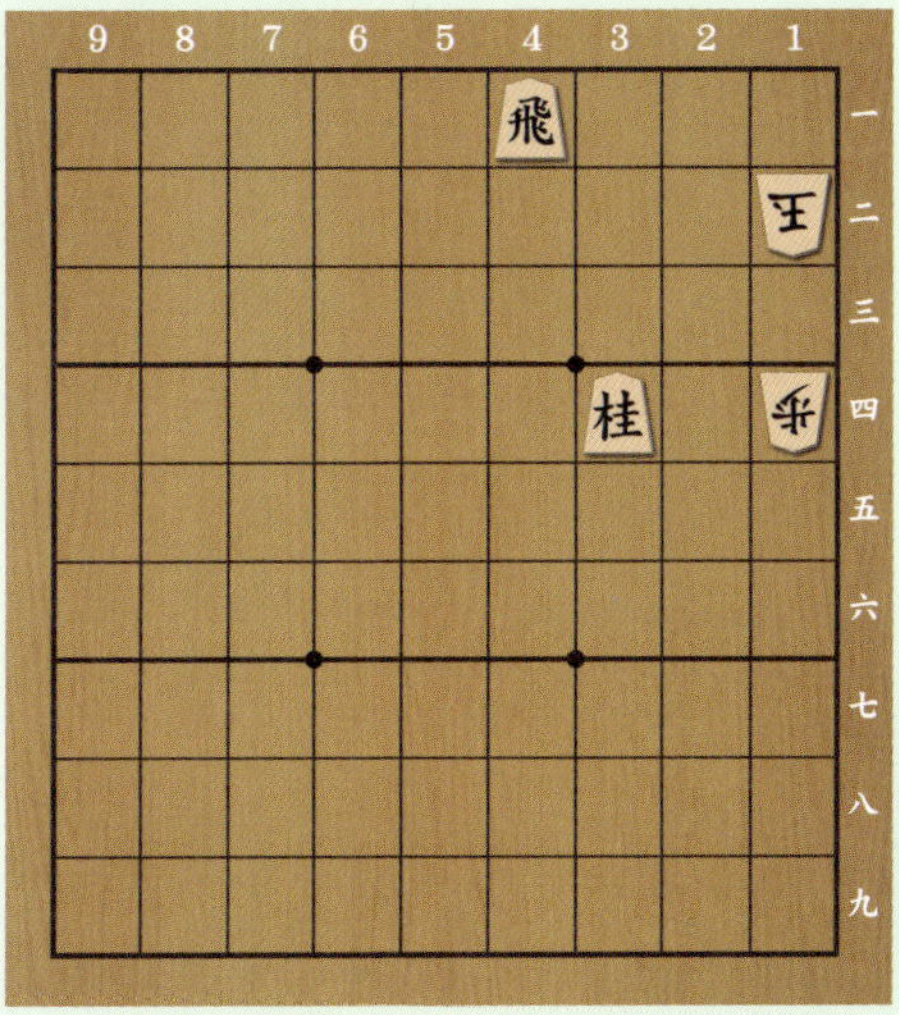

持《もち》駒《ごま》

「玉《ぎょく》」は下段《げだん》に落《お》としてから詰《つ》めましょう！

手順《てじゅん》と解説《かいせつ》

中級

問題22 正解《せいかい》手順《てじゅん》と失敗例《しっぱいれい》

持駒 なし

【正解図《せいかいず》】
▲3一角《かく》
△1二玉《ぎょく》
▲2二角成《かくなり》
まで3手詰《さんてづめ》

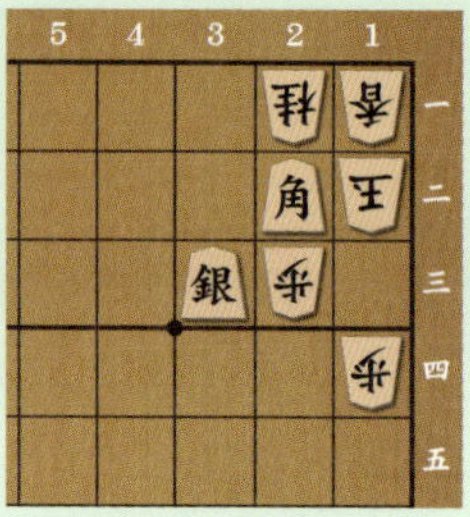

持駒 なし

失敗図《しっぱいず》
▲2二角《かく》
△1二玉《ぎょく》
まで（失敗《しっぱい》）

初手《しょて》を▲2二角《かく》と近《ちか》くに打《う》ったら△1二玉《ぎょく》（失敗図《しっぱいず》）で逃《に》げられてしまいます。
ひとつはなして「角《かく》」を打《う》ち、次《つぎ》に「馬《うま》」と成《な》ることで詰《つ》めます。

問題23 正解《せいかい》手順《てじゅん》と失敗例《しっぱいれい》

持駒《もちごま》 なし

【正解図《せいかいず》】
▲3二飛《ひ》
△2三玉《ぎょく》
▲2二銀成《ぎんなり》
まで3手詰《さんてづめ》

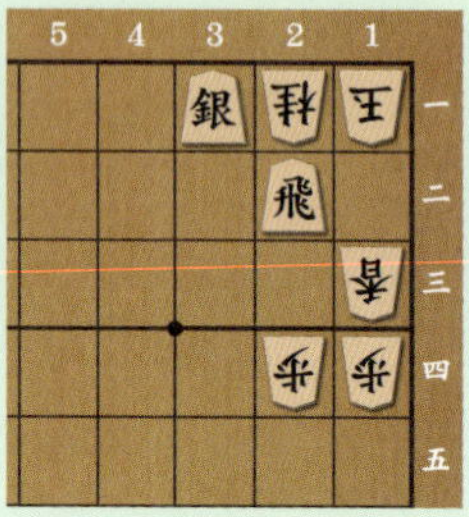

持駒《もちごま》 なし

失敗図《しっぱいず》
▲2二飛《ひ》
△1一玉《ぎょく》
まで（失敗《しっぱい》）

▲3二飛《ひ》よりひとつ遠《とお》くの▲4二飛《ひ》とした場合《ばあい》も、△2三玉《ぎょく》▲2二銀《ぎん》成《なり》△3四玉《ぎょく》と逃《に》げられます。
この▲3二飛《ひ》のように、打《う》つ場所《ばしょ》の正解《せいかい》がひとつしかない手《て》を「限定《げんてい》打《だ》」といいます。

問題24 正解《せいかい》手順《てじゅん》と失敗例《しっぱいれい》

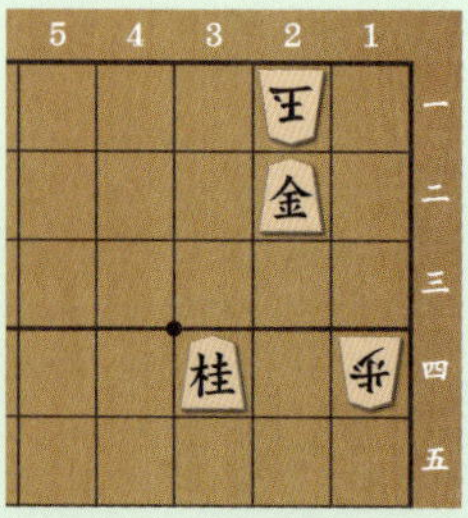

持駒《もちごま》 なし

【正解図《せいかいず》】
▲2一飛成《ひなり》
△同玉《どうぎょく》
▲2二金《きん》
まで3手詰《さんてづめ》

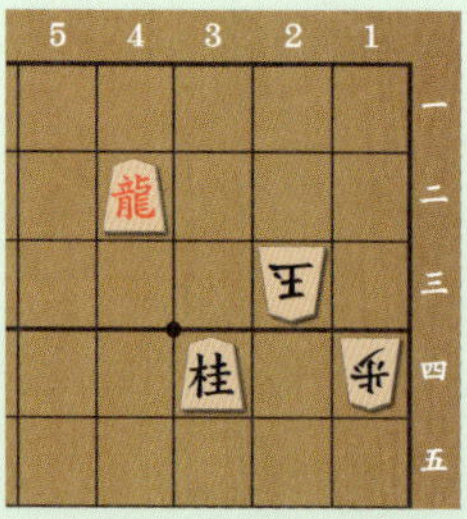

持駒《もちごま》 金《きん》

失敗図《しっぱいず》
▲4二飛成《ひなり》
△2三玉《ぎょく》
まで（失敗《しっぱい》）

初手《しょて》▲1一飛成《ひなり》と攻《せ》めた場合《ばあい》も、同《おな》じように△2三玉《ぎょく》（失敗図《しっぱいず》）に逃《に》げられます。

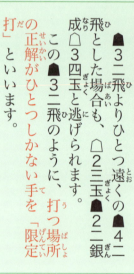

問題 25

3手詰《さんてづめ》

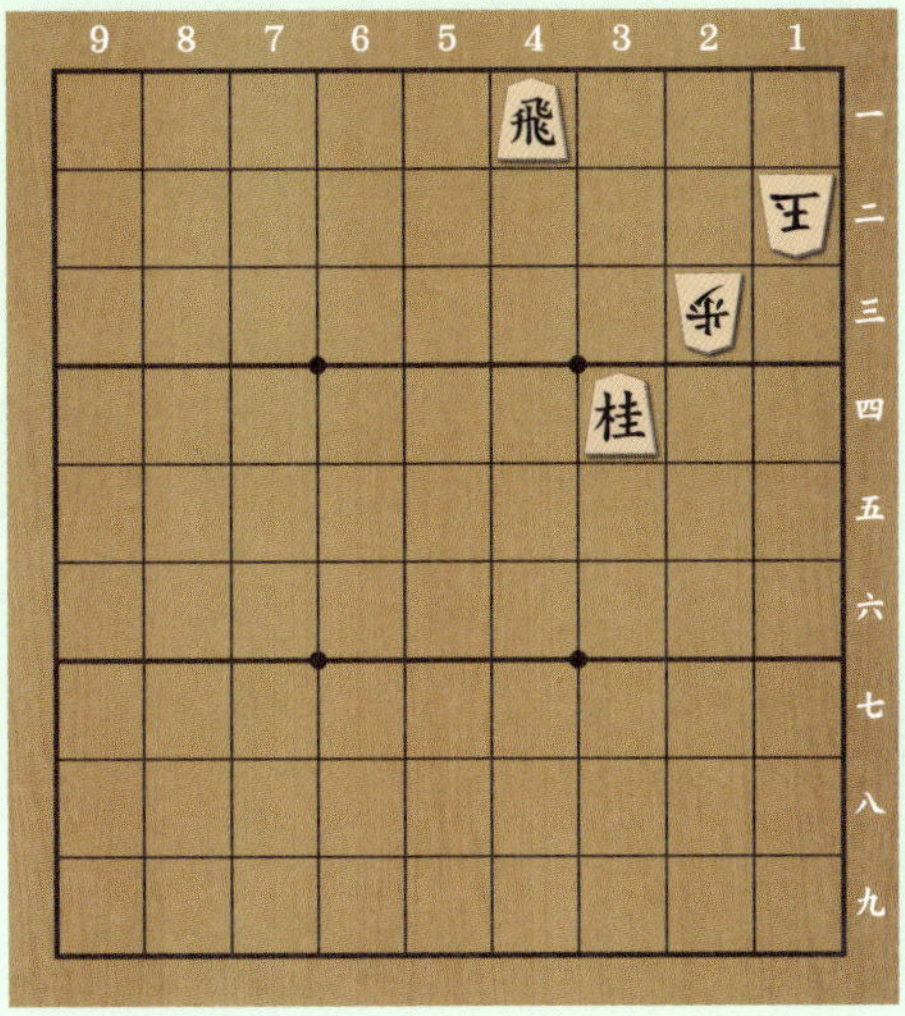
飛
玉
歩
桂

持駒《もちごま》

金

【ヒント】「玉《ぎょく》」を下段《げだん》（相手陣《あいてじん》の一《いち》番奥《ばんおく》）に追《お》いつめるのが基本《きほん》です。

問題 26

5手詰《ごてづめ》

ここから5手詰《ごてづめ》です
勉強《べんきょう》してきたことを
思《おも》い出《だ》し、打歩詰《うちふづめ》に
ならないように注意《ちゅうい》
しましょう！

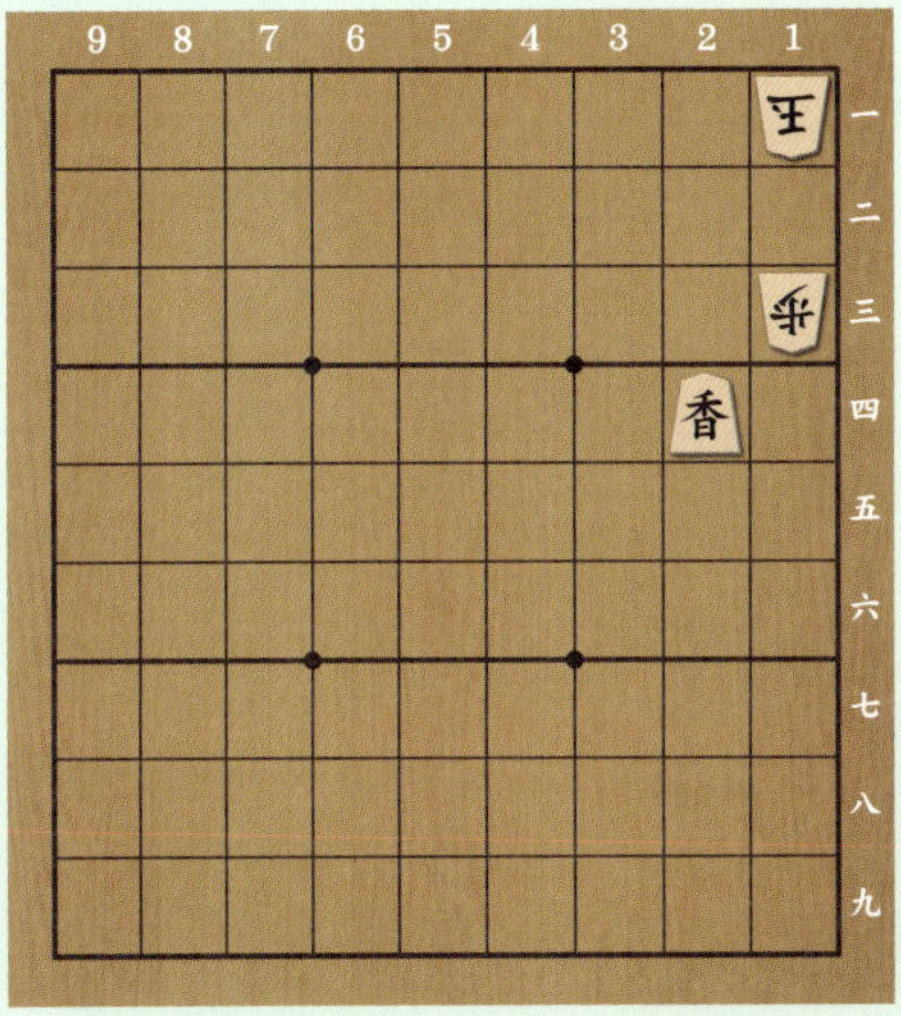
玉
歩
香

持駒《もちごま》

銀
歩

問題 27

5手詰《ごてづめ》

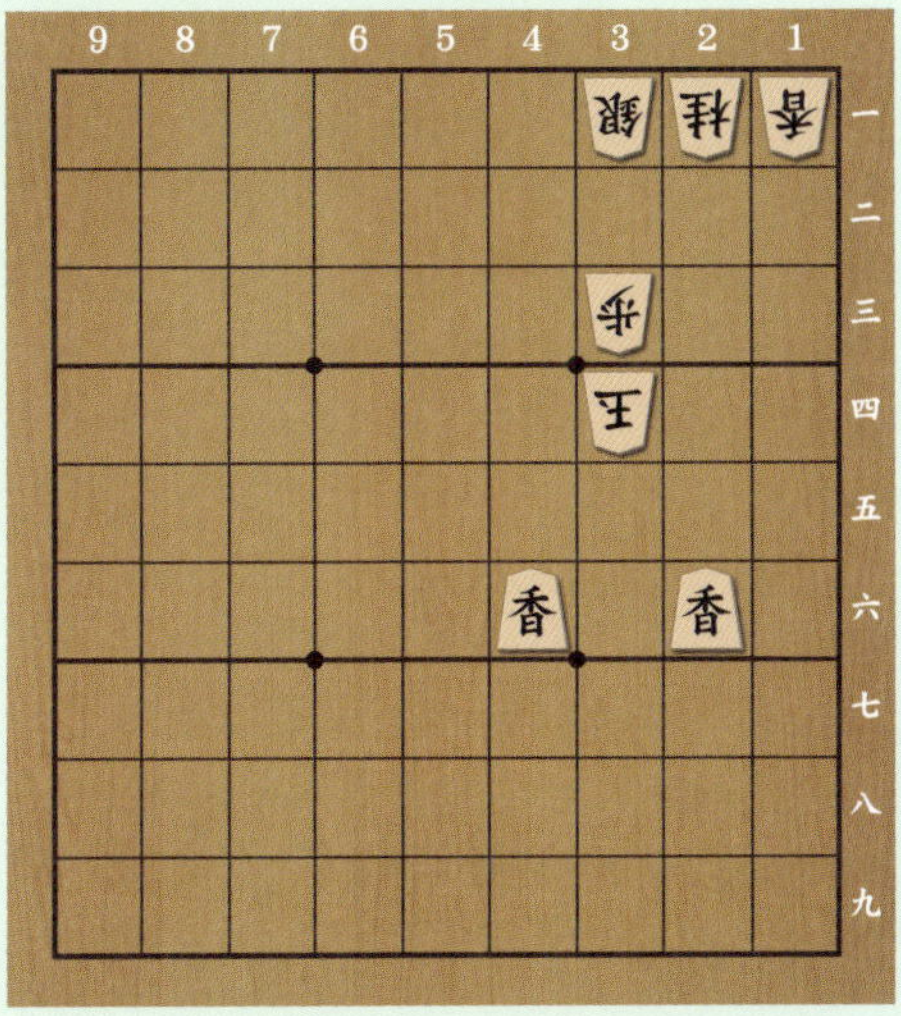
銀
桂
香
歩
玉
香
香

持駒《もちごま》

金

【ヒント】2つの「香《きょう》」がきいているので、「玉《ぎょく》」の動《うご》けるところはかなりせまくなっています。

問題25 正解手順《せいかいてじゅん》と失敗例《しっぱいれい》

持駒 なし

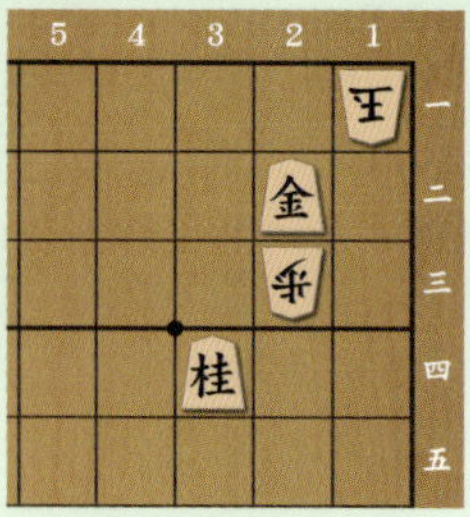

【正解図《せいかいず》】

☗1一飛成《ひなり》
☖同玉《どうぎょく》
☗2二金《きん》
まで3手詰《さんてづめ》

持駒 金《きん》

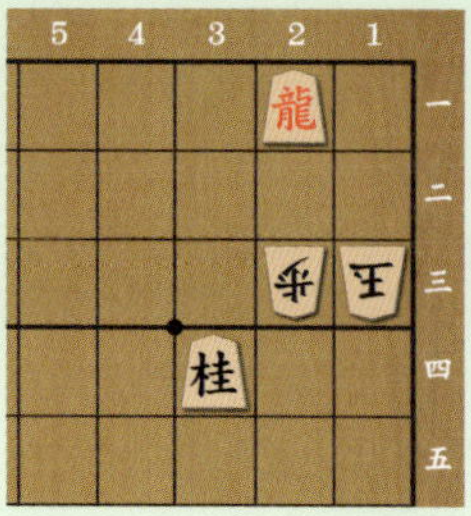

失敗図《しっぱいず》

☗2一飛成《ひなり》
☖1三玉《ぎょく》
まで（失敗《しっぱい》）

「玉《ぎょく》」を詰《つ》めるには、将棋盤《しょうぎばん》の端《はし》の方《ほう》がかんたんです。できるだけ、逃《に》げ道《みち》の少《すく》ないところに追《お》いこんでいきましょう。

問題26 正解手順《せいかいてじゅん》と失敗例《しっぱいれい》

持駒《もちごま》 なし

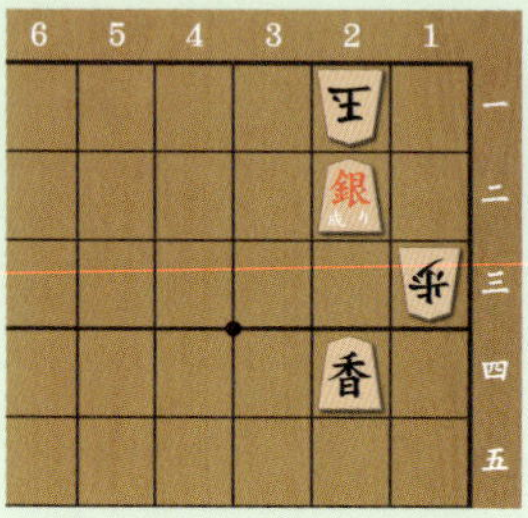

【正解図《せいかいず》】

☗1二歩《ふ》
☖同玉《どうぎょく》
☗2三銀《ぎん》
☖2一玉《ぎょく》
☗2二銀成《ぎんなり》
まで5手詰《ごてづめ》

持駒《もちごま》 歩《ふ》

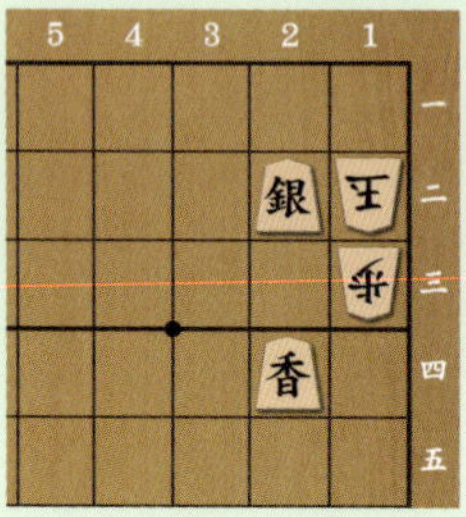

失敗図《しっぱいず》

☗2二銀《ぎん》
☖1二玉《ぎょく》
以下☗2一銀《ぎん》
不成《ならず》☖1一玉《ぎょく》
まで（失敗《しっぱい》）

初手《しょて》☗2二銀《ぎん》では☖1二玉《ぎょく》（失敗図《しっぱいず》）と逃《に》げられます。☗2一銀不成《ぎんならず》☖1一玉《ぎょく》と追《お》いかけることはできますが、最後《さいご》が打歩詰《うちふづめ》になります。
先に「歩《ふ》」を使《つか》って「玉《ぎょく》」をつり上《あ》げたあとに、「銀《ぎん》」で詰《つ》め上《あ》げましょう。

問題27 正解手順《せいかいてじゅん》と失敗例《しっぱいれい》

持駒《もちごま》 なし

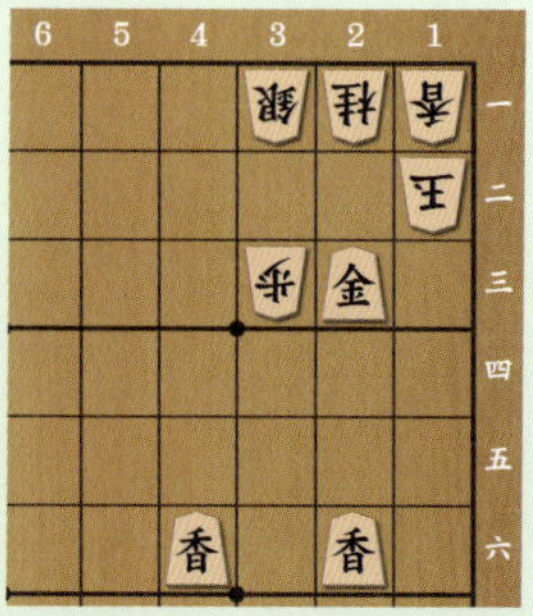

【正解図《せいかいず》】

☗2五金《きん》
☖2三玉《ぎょく》
☗2四金《きん》
☖1二玉《ぎょく》
☗2三金《きん》
まで5手詰《ごてづめ》

持駒《もちごま》 なし

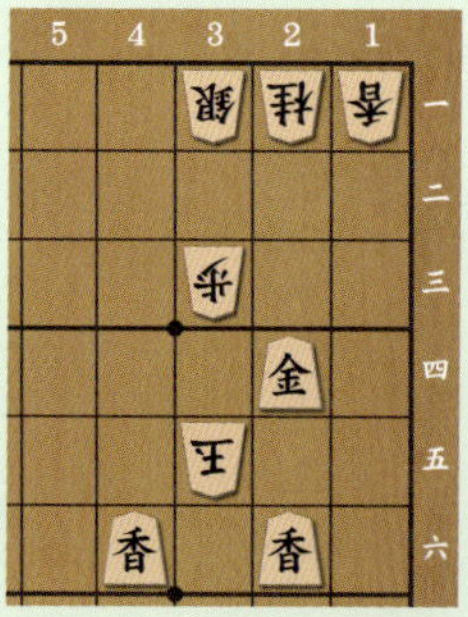

失敗図《しっぱいず》

☗2四金《きん》
☖3五玉《ぎょく》
まで（失敗《しっぱい》）

左《ひだり》から攻《せ》めて、初手《しょて》を☗4五金《きん》としても、☖4三玉《ぎょく》☗4四金《きん》☖4二玉《ぎょく》☗4三金《きん》☖5一玉《ぎょく》と逃《に》げられてしまいます。

第28問

5手詰《ごてづめ》

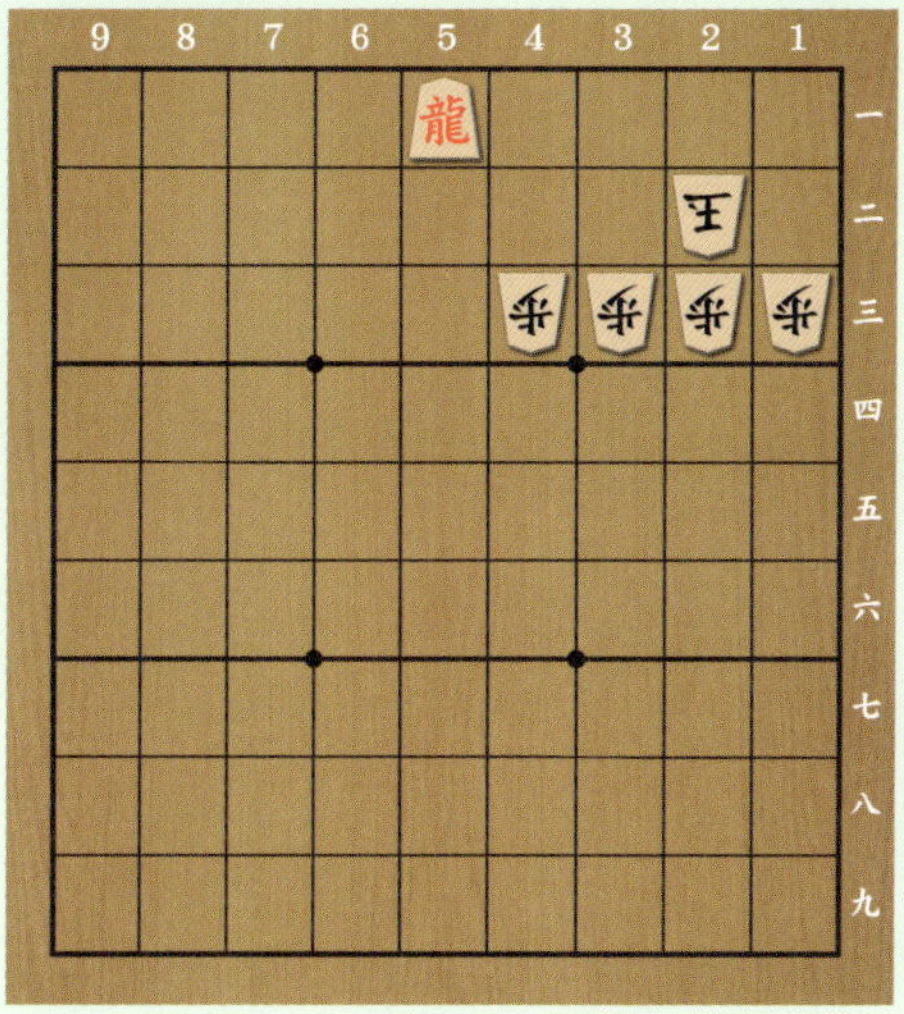

持駒《もちごま》

金

第29問

5手詰《ごてづめ》

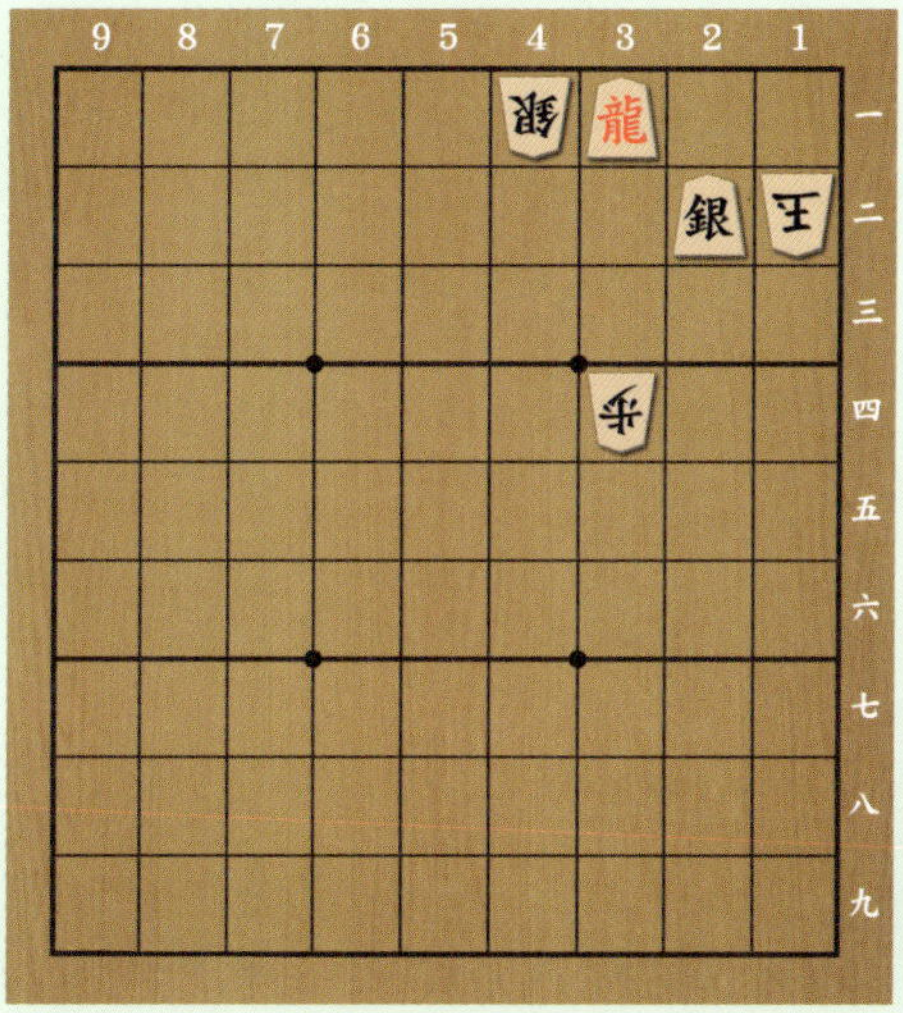

持駒《もちごま》

第30問

5手詰《ごてづめ》

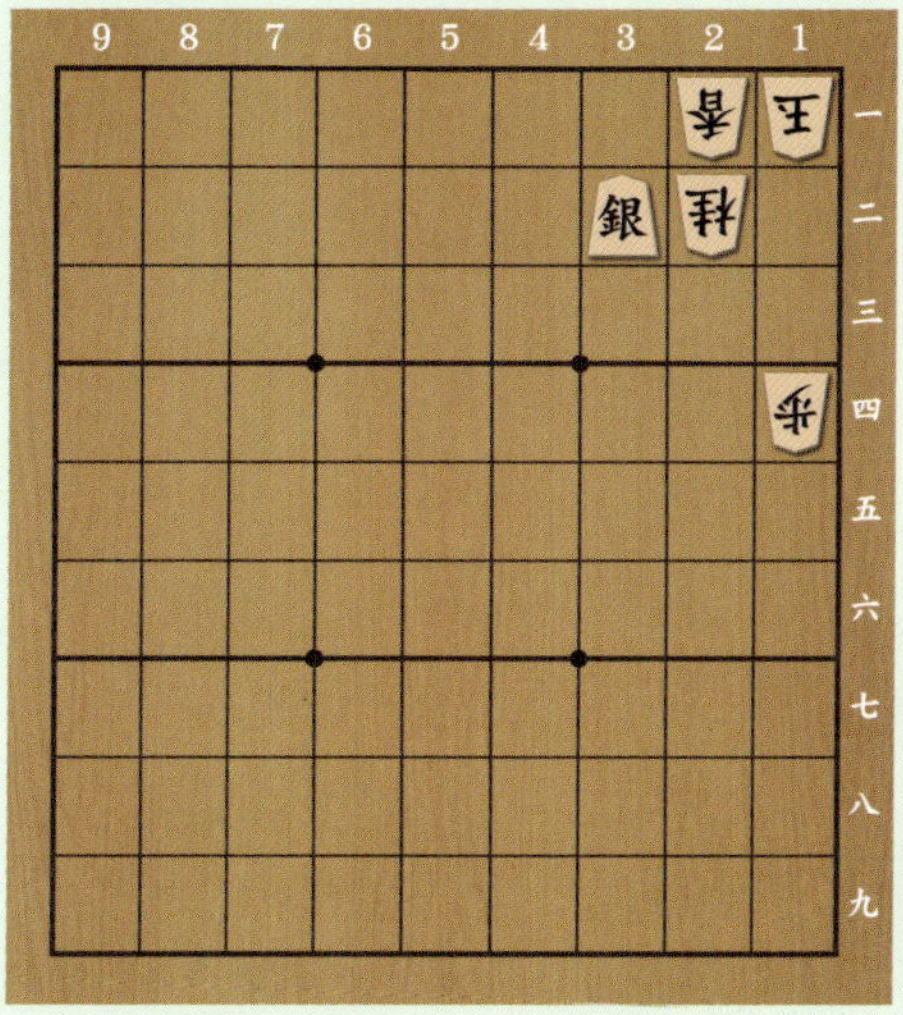

持駒《もちごま》

【ヒント】5手詰《ごてづめ》で持駒《もちごま》が3枚《まい》あるということは、攻《せ》め手《て》は持駒《もちごま》の打《う》ちかただけ考《かんが》えればよいということです。「打歩詰《うちふづめ》」はルール違反《いはん》になりますから、注意《ちゅうい》してください。

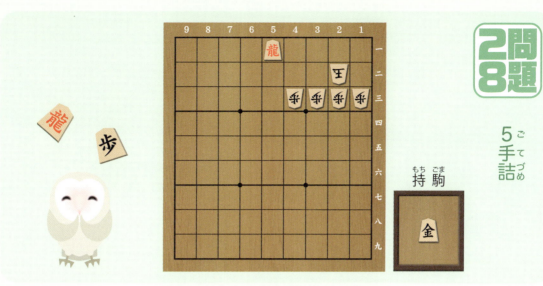

手順《てじゅん》と解説《かいせつ》

中級

28問題 正解手順《せいかいてじゅん》と失敗例《しっぱいれい》

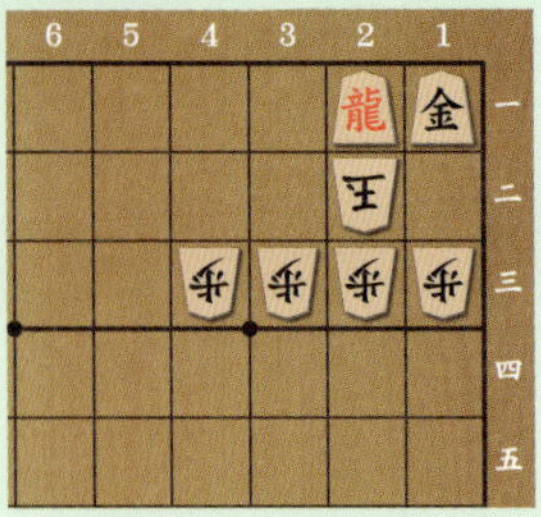

持駒 なし

【正解図《せいかいず》】
▲2一金《きん》
△1二玉《ぎょく》
▲1一金《きん》
△2二玉《ぎょく》
▲2一龍《りゅう》
まで5手詰《ごてづめ》

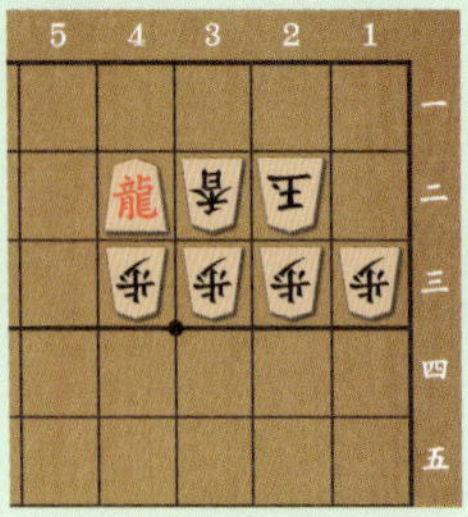

持駒 金《きん》

失敗図《しっぱいず》
▲4二龍《りゅう》
△3二香合《きょうあい》
まで（失敗《しっぱい》）

2手目《てめ》に△3二玉《ぎょく》と逃《に》げたときは変化手順《へんかてじゅん》となりますが、▲3一龍《りゅう》で詰《つ》みます。

29問題 途中経過《とちゅうけいか》と正解手順《せいかいてじゅん》

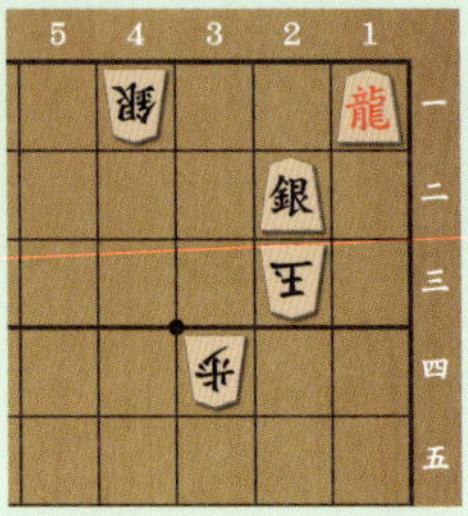

持駒《もちごま》 なし

途中図《とちゅうず》
▲1一龍《りゅう》
△2三玉《ぎょく》

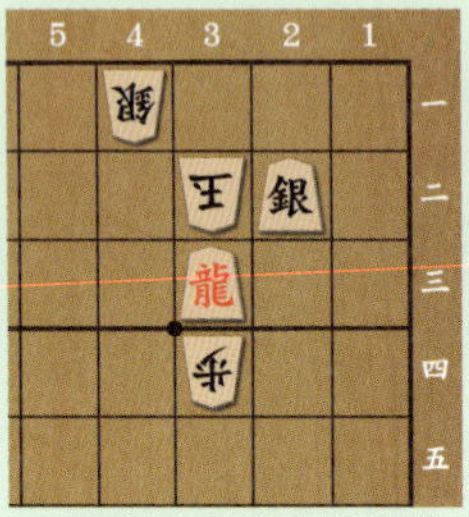

持駒《もちごま》 なし

【正解図《せいかいず》】
▲1三龍《りゅう》
△3二玉《ぎょく》
▲3三龍《りゅう》
まで5手詰《ごてづめ》

初手《しょて》▲1一龍《りゅう》△2三玉《ぎょく》（途中図《とちゅうず》）から、そのまま「龍《りゅう》」で追《お》いかけていけば詰《つ》みます。
この問題《もんだい》ではほかに逃《に》げかたがないので、考《かんが》えやすいでしょう。

30問題 正解手順《せいかいてじゅん》と失敗例《しっぱいれい》

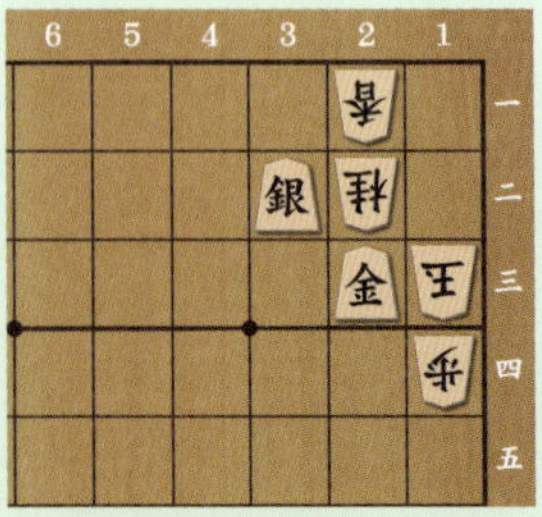

持駒《もちごま》 なし

【正解図《せいかいず》】
▲1二歩《ふ》
△同玉《どうぎょく》
▲1三歩《ふ》
△同玉《どうぎょく》
▲2三金《きん》
まで5手詰《ごてづめ》

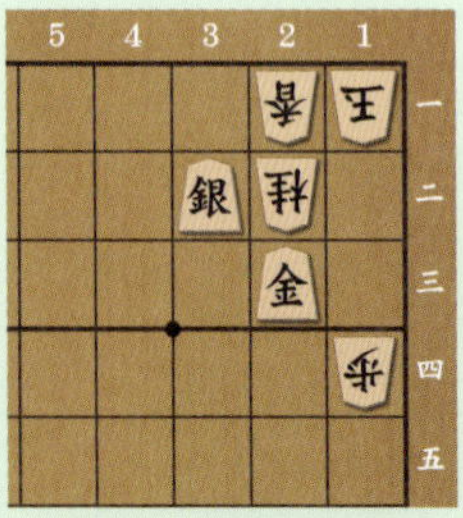

持駒《もちごま》 歩《ふ》

失敗図《しっぱいず》
3手目《てめ》▲2三金《きん》は△1一玉《ぎょく》とされて打歩詰《うちふづめ》となって失敗《しっぱい》です。

持駒《もちごま》に2枚《まい》の「歩《ふ》」がある5手詰《ごてづめ》では、初手《しょて》と3手目《てめ》が必《かなら》ず歩打《ふう》ちになります。
持駒《もちごま》に「歩《ふ》」を残《のこ》すと、5手目《てめ》で打歩詰《うちふづめ》（反則《はんそく》）になってしまうからです。

詰将棋《つめしょうぎ》コラム② ［名作詰将棋《めいさくつめしょうぎ》 昭和《しょうわ》の名作三題《めいさくさんだい》］

塚田正夫《つかだまさお》 名誉十段《めいよじゅうだん》作《さく》

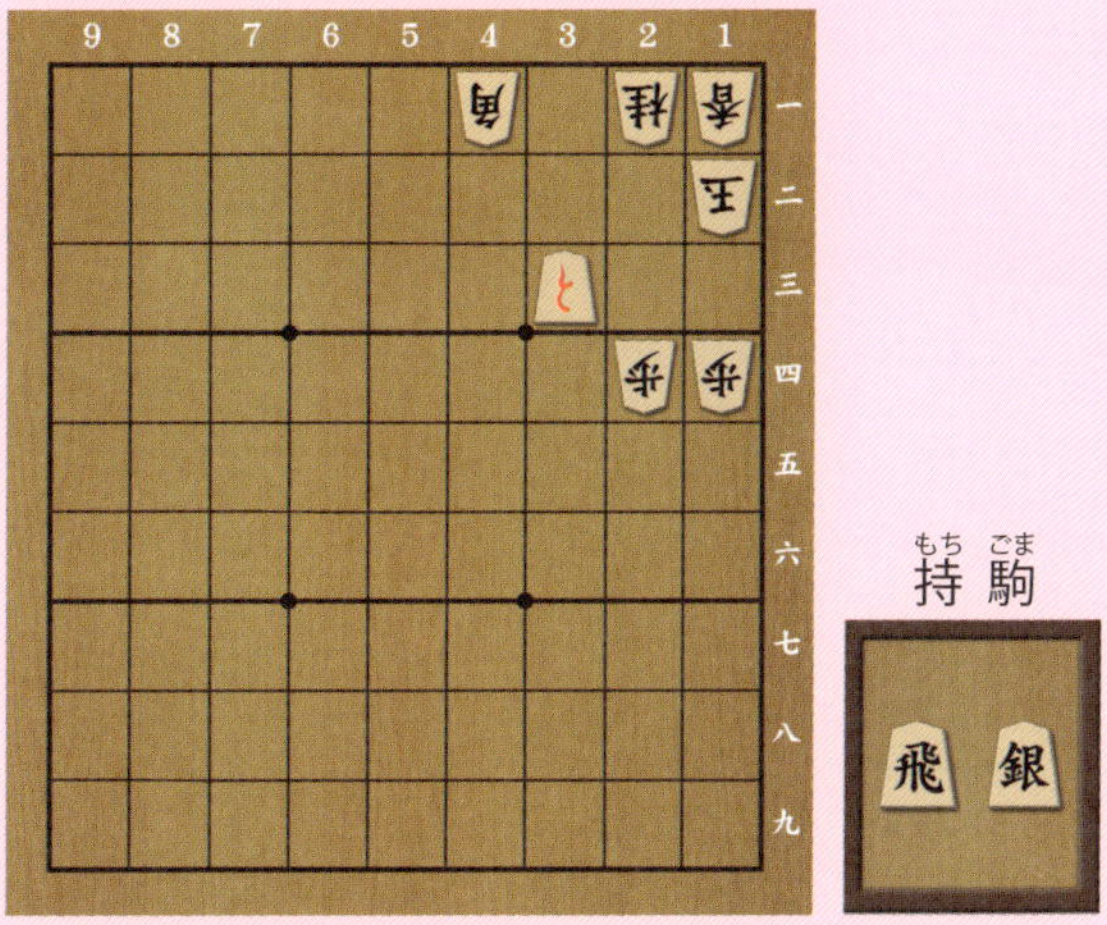

（解答《かいとう》は87ページ）

昭和《しょうわ》を代表《だいひょう》する大棋士《だいきし》のひとりで名人《めいじん》2期。木村《きむら》、大山《おおやま》、升田《ますだ》といった大名人《だいめいじん》と名勝負《めいしょうぶ》を繰《く》り広《ひろ》げました。詰将棋作家《つめしょうぎさっか》としてもよく知《し》られ、詰将棋界《つめしょうぎかい》に大《おお》きな影響《えいきょう》を与《あた》えました。実戦型《じっせんがた》のシャレた作品群《さくひんぐん》は「塚田流《つかだりゅう》」と呼《よ》ばれ、長《なが》く愛《あい》されています。

清野静男《せいのしずお》 八段《はちだん》作《さく》

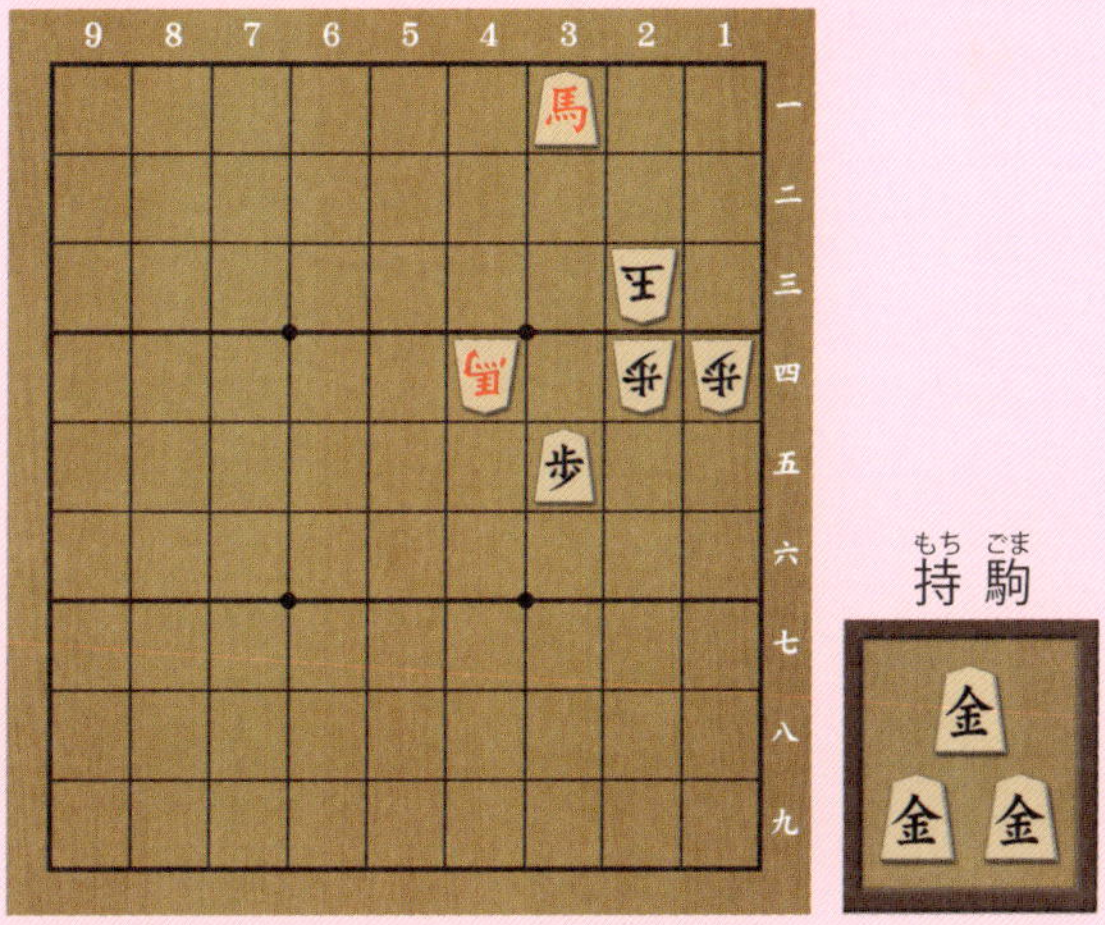

（解答《かいとう》は87ページ）

木村義雄《きむらよしお》十四世名人《せいめいじん》の弟子《でし》。はなやかな棋風《きふう》（将棋《しょうぎ》の指《さ》しかた）で、とくに終盤《しゅうばん》の強《つよ》さに高《たか》い評価《ひょうか》をえていました。

プロ棋士《きし》として詰将棋関連《つめしょうぎかんれん》の本《ほん》をたくさん残《のこ》しており、詰将棋《つめしょうぎ》ファンにも高《たか》く評価《ひょうか》されています。

二上達也《ふたかみたつや》 九段《くだん》作《さく》

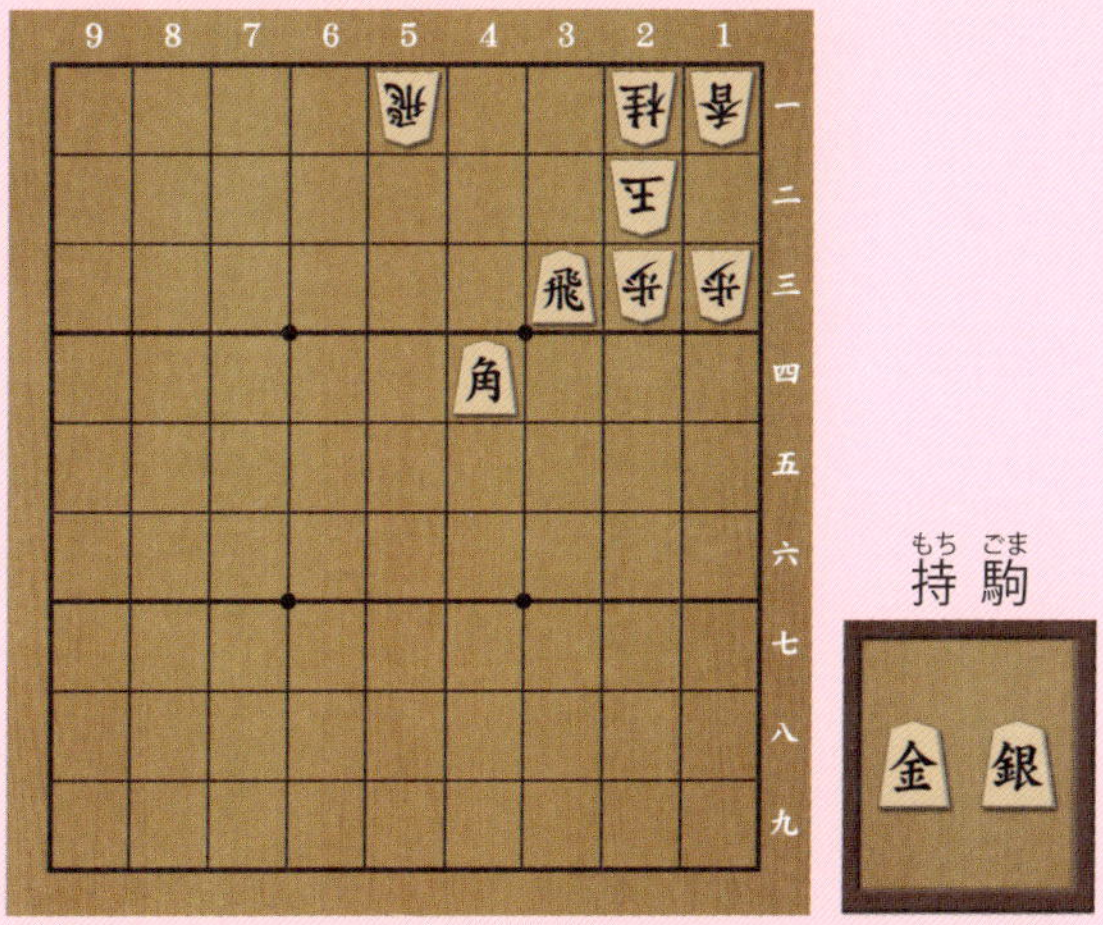

（解答《かいとう》は87ページ）

大山康晴《おおやまやすはる》十五世名人《せいめいじん》と何度《なんど》もタイトル戦《せん》を争《あらそ》った昭和《しょうわ》の名棋士《めいきし》です。将棋連盟会長《しょうぎれんめいかいちょう》を14年もつとめました。本書《ほんしょ》の監修者《かんしゅうしゃ》、勝浦九段《かつうらくだん》の兄弟子《あにでし》になります。また羽生善治棋聖《はぶよしはるきせい》の師匠《ししょう》で、詰将棋作家《つめしょうぎさっか》としても長年活躍《ながねんかつやく》しました。

上《じょう》級《きゅう》問《もん》題《だい》

上級《じょうきゅう》は少《すこ》しむずかしくなります。わかりやすい王手《おうて》の多《おお》かった初《しょ》級《きゅう》・中級《ちゅうきゅう》と違《ちが》って、上級問題《じょうきゅうもんだい》では意外《いがい》な手《て》が正解《せいかい》になっています。大事《だいじ》な駒《こま》を捨《す》てるとか、「飛《ひ》」や「角《かく》」を打《う》つ場所《ばしょ》の工夫《くふう》などもカギとなるでしょう。

これまでの問題《もんだい》でかなり上達《じょうたつ》しているはずなので、上級問題《じょうきゅうもんだい》でさらに腕《うで》をあげてください。

問題01

3手詰《さんてづめ》

持駒《もちごま》

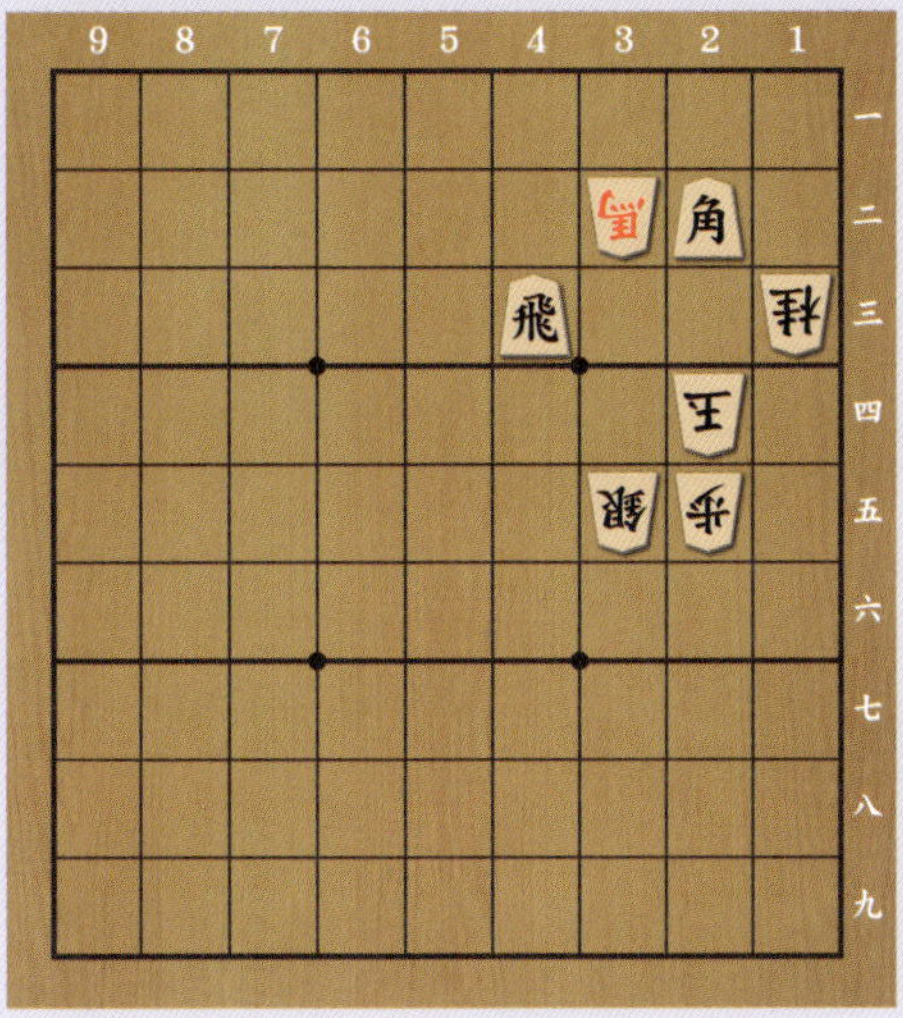

問題02

3手詰《さんてづめ》

持駒《もちごま》

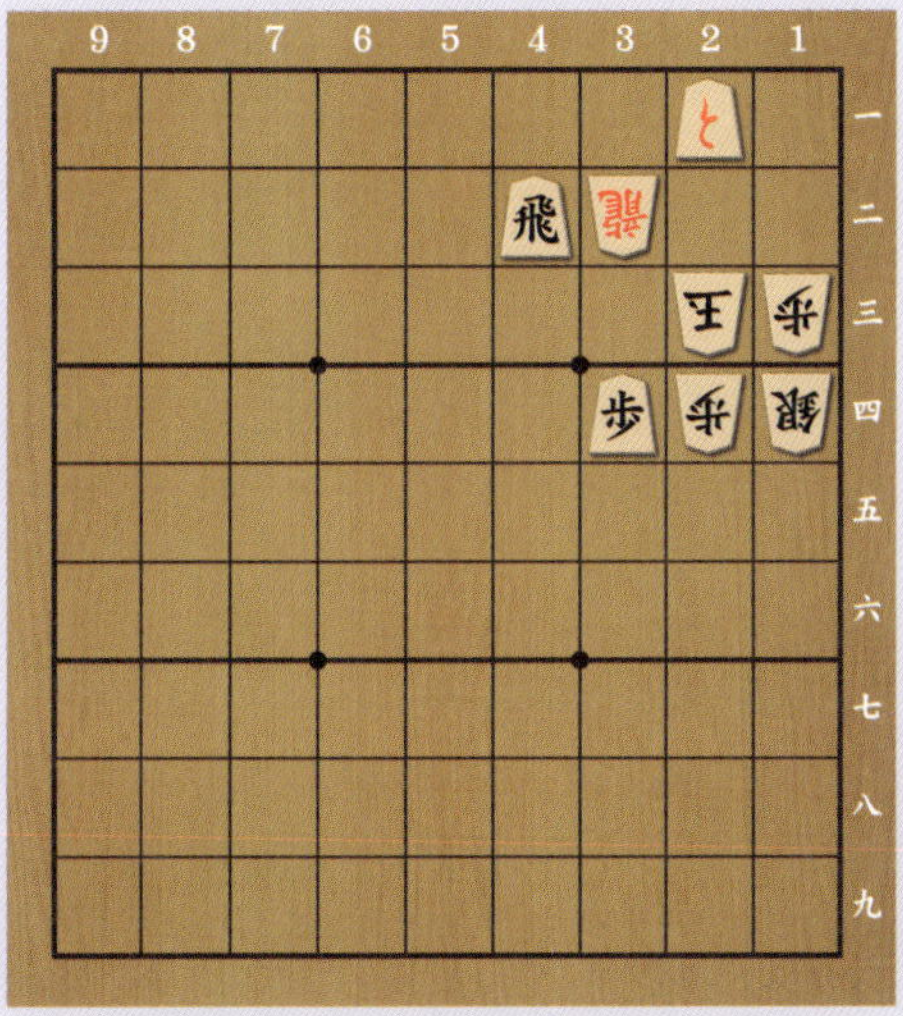

【ヒント】3四に逃《に》げられないように注意《ちゅうい》してください。

問題03

3手詰《さんてづめ》

持駒《もちごま》

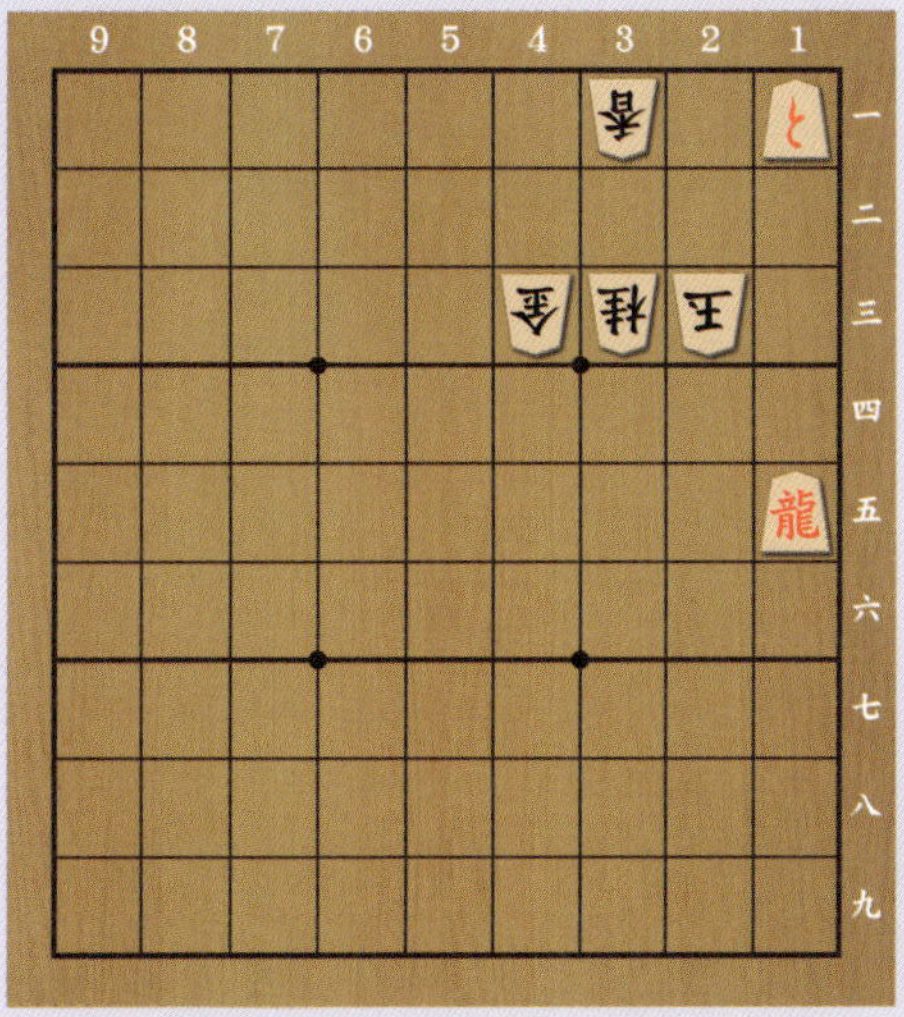

【ヒント】「飛《ひ》」の打《う》ち場所《ばしょ》がテーマの問題《もんだい》。

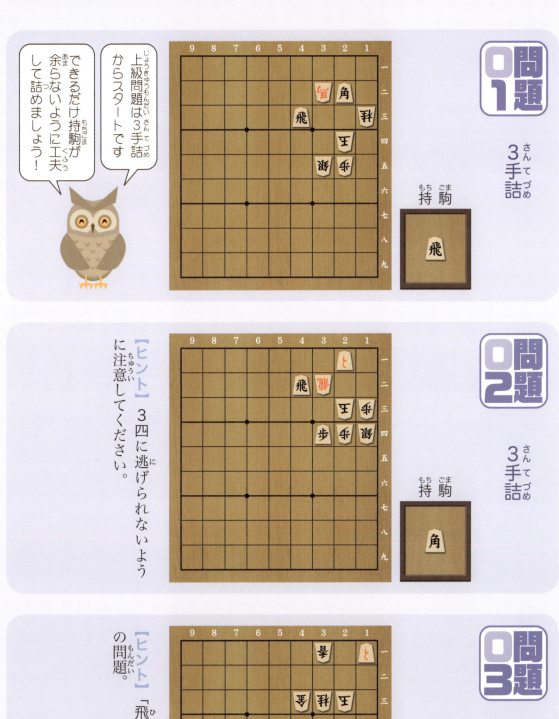

手順《てじゅん》と解説《かいせつ》

問題01 正解手順《せいかいてじゅん》と変化手順《へんかてじゅん》

持駒《もちごま》 なし

【正解図《せいかいず》】
☗1四飛《ひ》
☖同馬《どううま》
☗3三角成《かくなり》
まで3手詰《さんてづめ》

持駒《もちごま》 桂《けい》

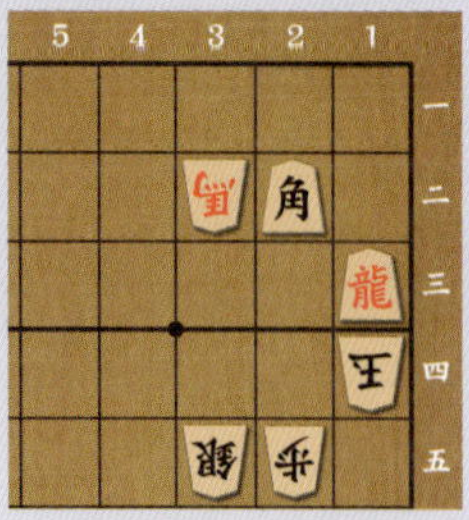

変化図《へんかず》
☗1四飛《ひ》
☖同玉《どうぎょく》
☗1三飛成《ひなり》
まで3手詰《さんてづめ》

正解手順《せいかいてじゅん》は、「玉《ぎょく》」を1五に逃《に》がしてはならない形《かたち》です。☗1四飛《ひ》を同馬《どううま》ととらせて☗3三角成《かくなり》とすれば、☖1五玉《ぎょく》ができなくなります。

変化図《へんかず》では詰《つ》め上《あ》がりのときに、持駒《もちごま》の「桂《けい》」が残《のこ》る変化手順《へんかてじゅん》となります。

問題02 正解手順《せいかいてじゅん》と変化手順《へんかてじゅん》

持駒《もちごま》 なし

【正解図《せいかいず》】
☗1二角《かく》
☖同龍《どうりゅう》
☗4三飛成《ひなり》
まで3手詰《さんてづめ》

持駒《もちごま》 飛《ひ》

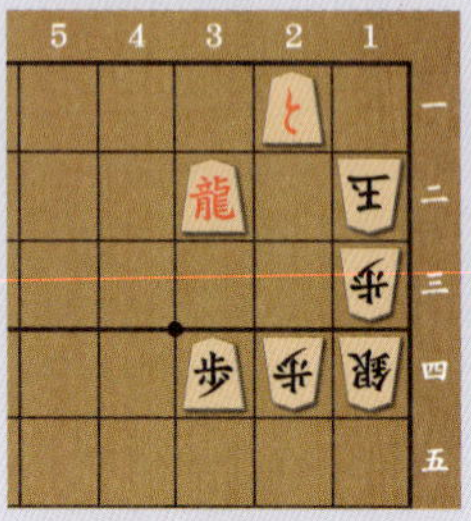

変化図《へんかず》
☗1二角《かく》
☖同玉《どうぎょく》
☗3二飛成《ひなり》
まで3手詰《さんてづめ》

初手《しょて》の☗1二角《かく》は「玉《ぎょく》」を3四に逃《に》がさないためです。同龍《どうりゅう》ととらせて守《まも》りの「龍《りゅう》」が動《うご》けば☗4三飛成《ひなり》で詰《つ》め上《あ》がり。

変化図《へんかず》は、問題《もんだい》01と同《おな》じように、詰《つ》め上《あ》がりで持駒《もちごま》の「飛《ひ》」が手元《てもと》に残《のこ》る変化手順《へんかてじゅん》となります。

問題03 正解手順《せいかいてじゅん》と失敗例《しっぱいれい》

持駒《もちごま》 なし

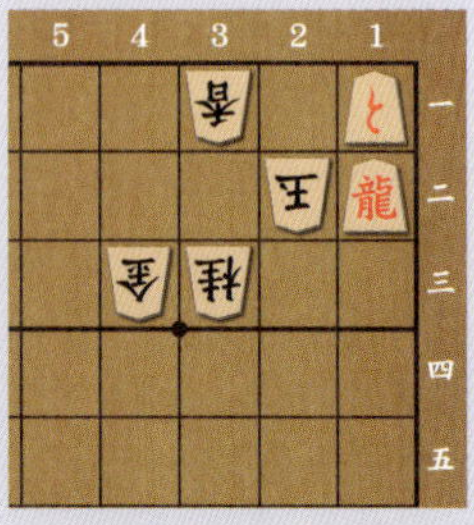

【正解図《せいかいず》】
☗2二飛《ひ》
☖同玉《どうぎょく》
☗1二龍《りゅう》
まで3手詰《さんてづめ》

持駒《もちごま》 なし

失敗図《しっぱいず》
初手《しょて》を☗2一飛《ひ》とはなして打《う》つと、☖3二玉《ぎょく》とされて失敗《しっぱい》です。

☗2二飛《ひ》に対《たい》して、☖3四玉《ぎょく》と逃《に》げた場合《ばあい》は☗2四飛成《ひなり》まで。

この手順《てじゅん》も持駒《もちごま》が残《のこ》らない変化手《へんかて》順《じゅん》なので正解《せいかい》ですが、駒《こま》をとる手順《てじゅん》（この問題《もんだい》は同玉《どうぎょく》）を「作意手順《さくいてじゅん》」とします。「作意手順《さくいてじゅん》」とは詰将棋《つめしょうぎ》を作《つく》った人《ひと》が意図《いと》した正解《せいかい》のことです。

問題04

3手詰《さんてづめ》

持駒《もちごま》：飛 金

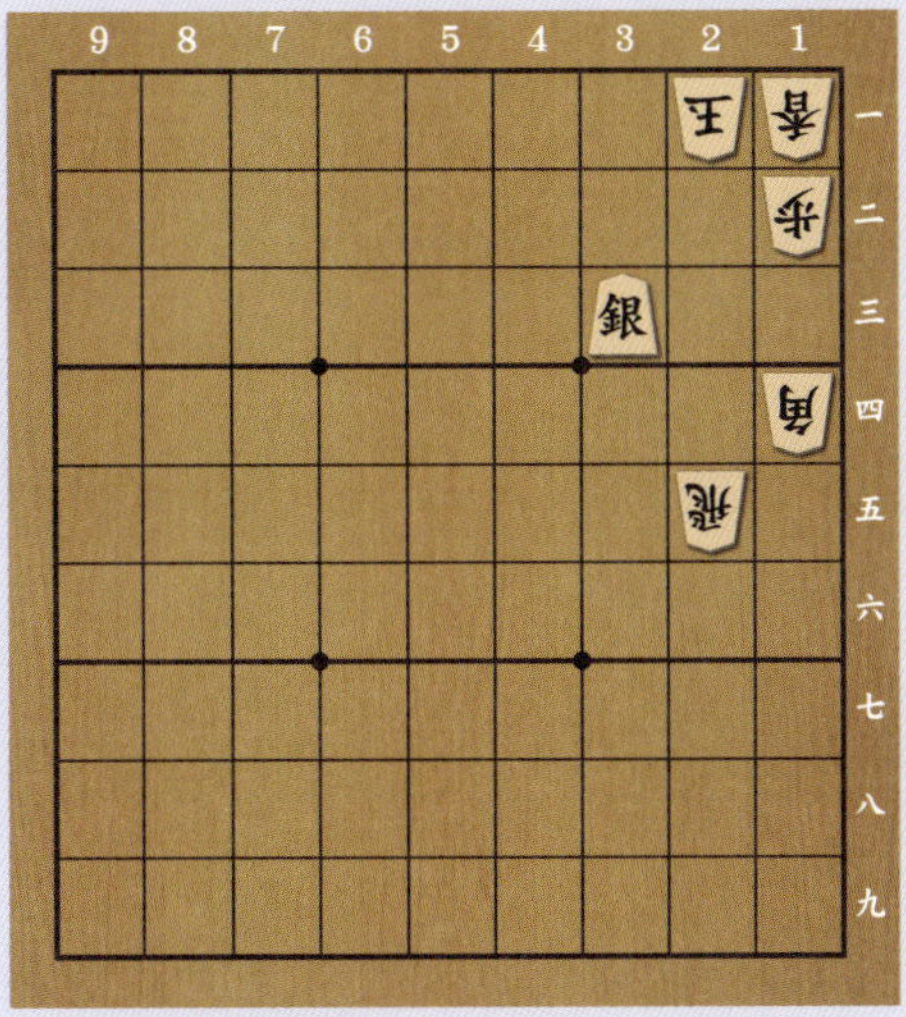

【ヒント】守《まも》りの駒《こま》がたくさんきいているマスがあるとき、そこに捨駒《すてごま》をするとよい手《て》になります。

問題05

3手詰《さんてづめ》

持駒《もちごま》：飛

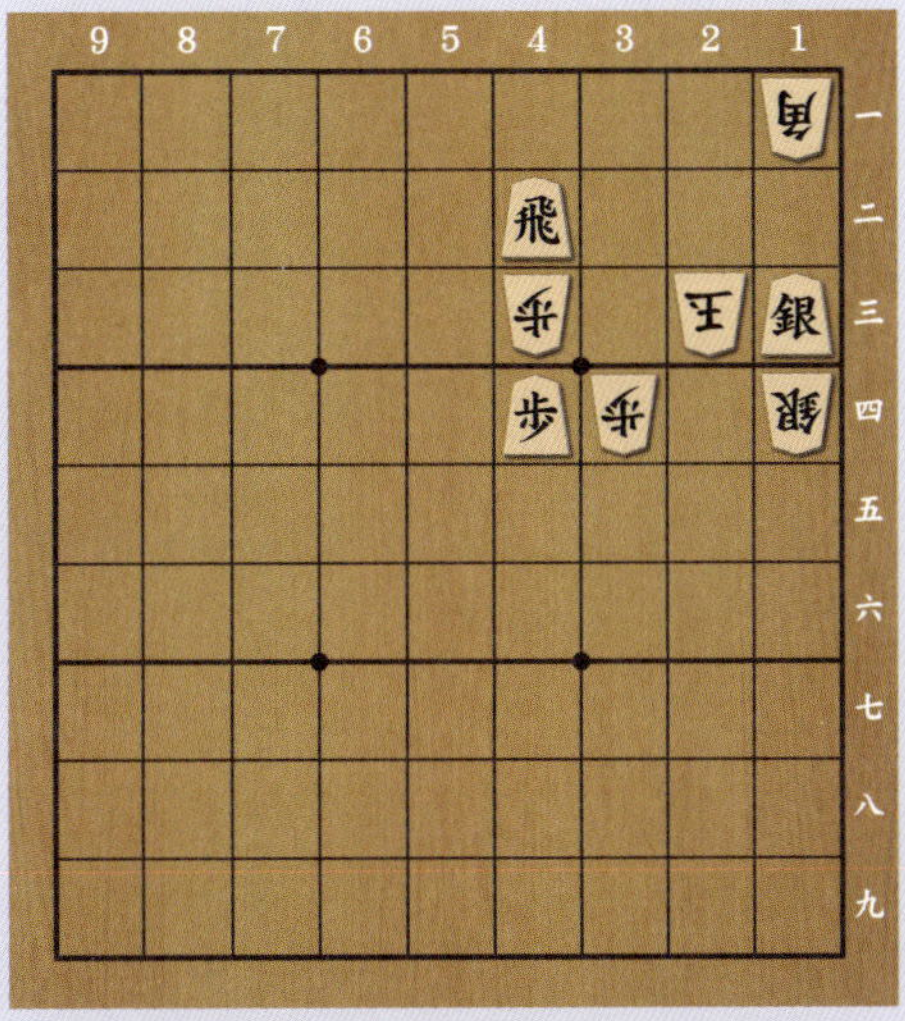

【ヒント】守《まも》りの「角《かく》」に注意《ちゅうい》しましょう。ひとつはなれているだけでも、うっかり見落《みお》としがちです。

問題06

3手詰《さんてづめ》

持駒《もちごま》：なし

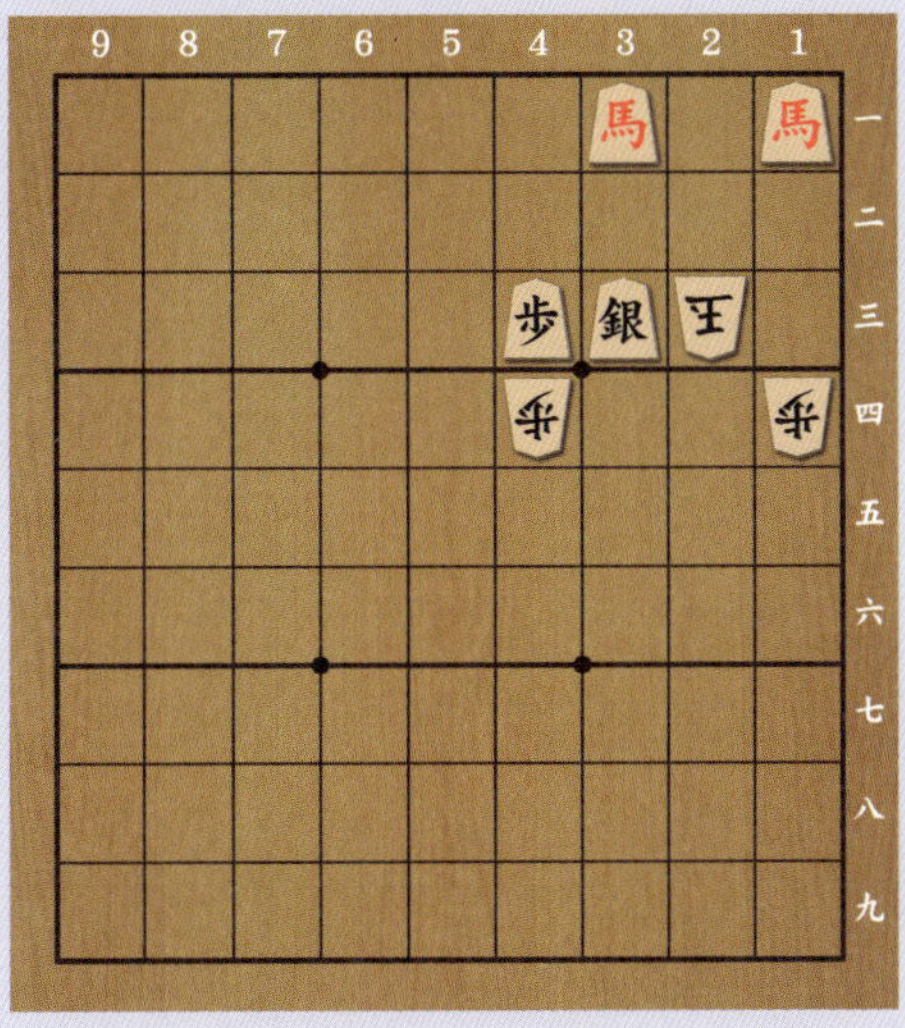

「馬《うま》」をうまく使《つか》ってください

手順《てじゅん》と解説《かいせつ》

問題04 正解手順《せいかいてじゅん》と変化手順《へんかてじゅん》

持駒《もちごま》 なし

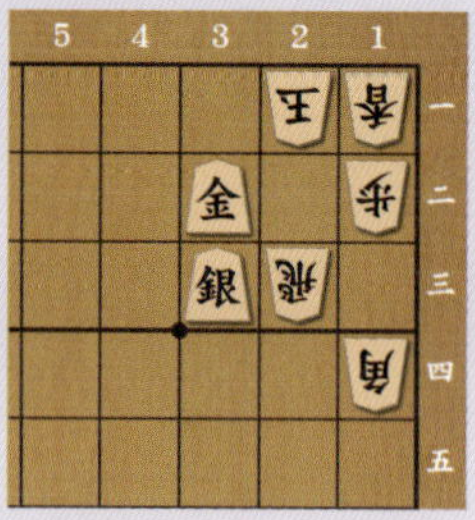

【正解図《せいかいず》】
▲2三飛《ひ》
△同飛《どうひ》
▲3二金《きん》
まで3手詰《さんてづめ》

持駒《もちごま》 なし

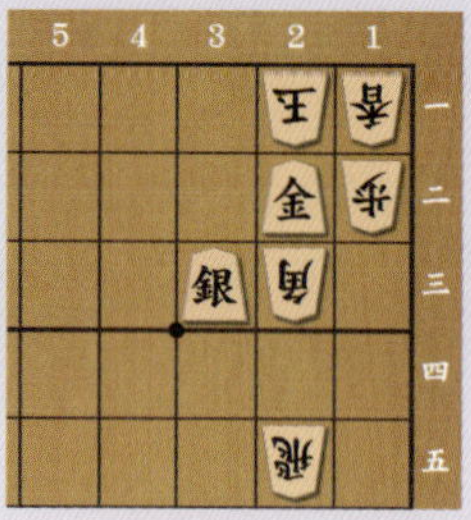

変化図《へんかず》
▲2三飛《ひ》
△同角《どうかく》
▲2二金《きん》
まで3手詰《さんてづめ》

守《まも》りの「飛《ひ》」「角《かく》」が強力《きょうりょく》ですので、まずは初手《しょて》▲2三飛《ひ》と捨駒《すてごま》をして、「飛《ひ》」「角《かく》」のどちらかのききを消《け》しましょう。

問題05 正解手順《せいかいてじゅん》と失敗例《しっぱいれい》

持駒《もちごま》 なし

【正解図《せいかいず》】
▲3三飛《ひ》
△同角《どうかく》
▲1二飛成《ひなり》
まで3手詰《さんてづめ》

持駒《もちごま》 なし

失敗図《しっぱいず》
▲2二飛打《ひうち》
△1三玉《ぎょく》
まで（失敗《しっぱい》）

初手《しょて》▲2二飛打《ひうち》では、△1三玉《ぎょく》（失敗図《しっぱいず》）で逃《に》げられてしまいます。「飛《ひ》」が4二にいるときの▲3三飛《ひ》がよい手《て》です。△同玉《どうぎょく》なら▲4三飛《ひ》成《なり》まで。2手目《てめ》△同角《どうかく》でも逃《に》げ道《みち》がないので▲1二飛成《ひなり》で詰《つ》みます。

また、初手《しょて》▲1二飛成《ひなり》としても、△3三玉《ぎょく》で失敗《しっぱい》です。

問題06 正解手順《せいかいてじゅん》と失敗例《しっぱいれい》

持駒《もちごま》 なし

【正解図《せいかいず》】
▲1二馬《うま》
△3三玉《ぎょく》
▲4二馬《うま》
まで3手詰《さんてづめ》

持駒《もちごま》 なし

失敗図《しっぱいず》
▲1三馬《うま》
△3四玉《ぎょく》
まで（失敗《しっぱい》）

3手目《てめ》の▲4二馬《うま》が気《き》づきにくいかもしれません。

初手《しょて》▲1三馬《うま》は、一見《いっけん》うまい手《て》に見《み》えますが、△3四玉《ぎょく》（失敗図《しっぱいず》）で逃《に》げられます。

問題03と違《ちが》って、詰《つ》め上《あ》がりの意外性《いがいせい》で▲4二馬《うま》までを作意手順《さくいてじゅん》とします。

問題07

3《さん》手《て》詰《づめ》

持《もち》駒《ごま》

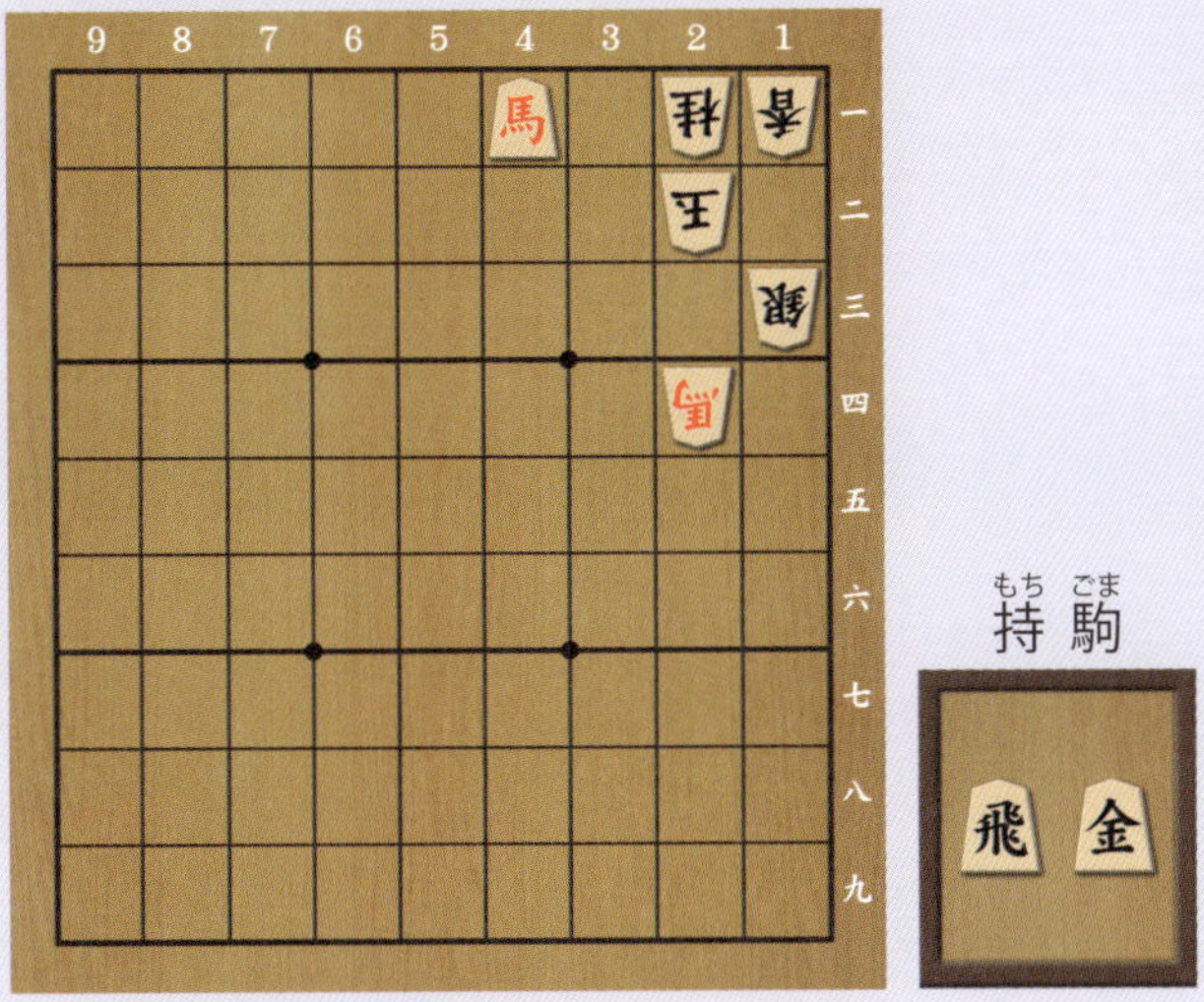
飛
金

「飛《ひ》」を打《う》つべき場所《ばしょ》は1ケ所《かしょ》だけ

問題08

3《さん》手《て》詰《づめ》

持《もち》駒《ごま》

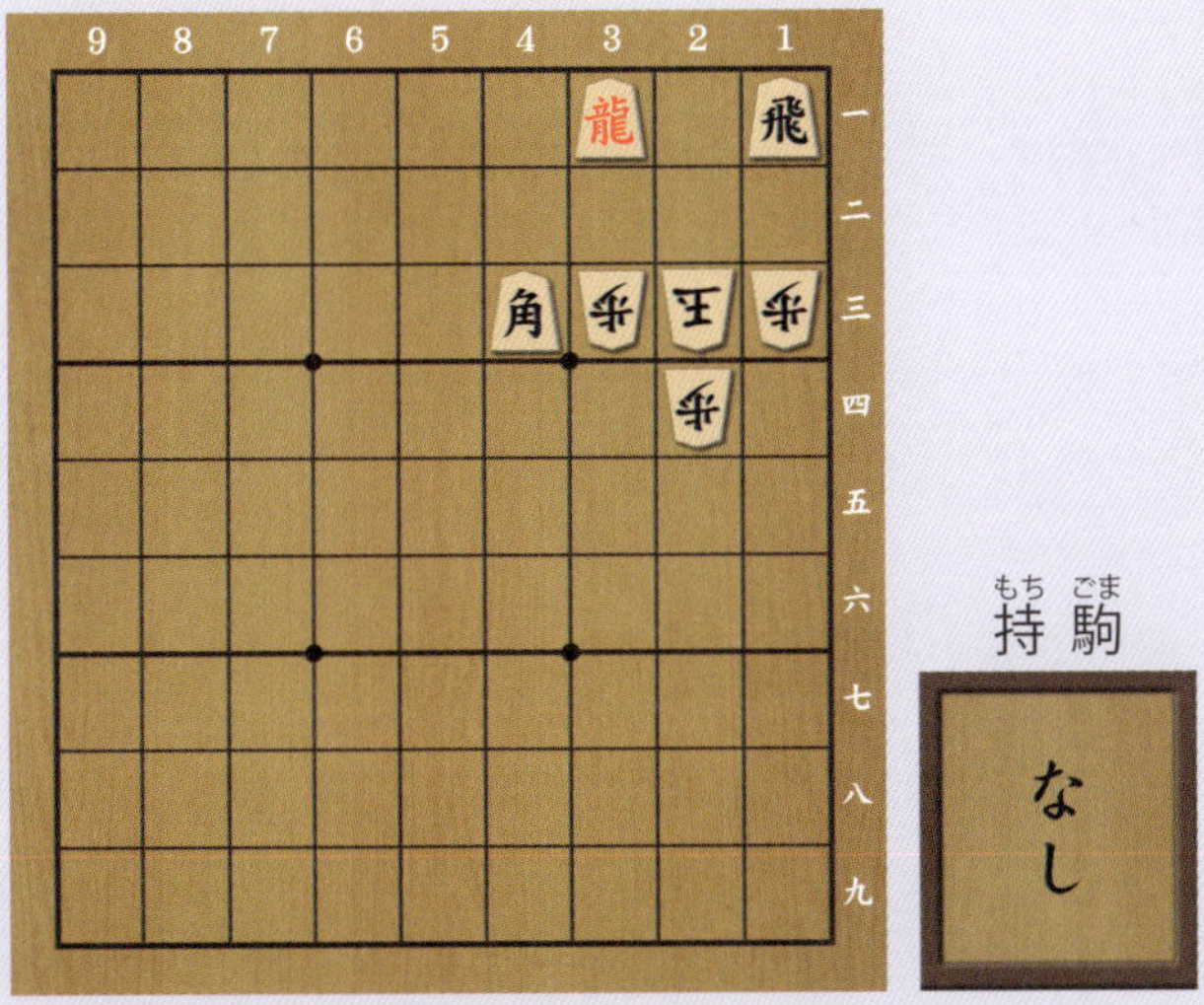
なし

詰《つ》めやすい場所《ばしょ》に「玉《ぎょく》」を追《お》いつめていきましょう！

問題09

3《さん》手《て》詰《づめ》

持《もち》駒《ごま》

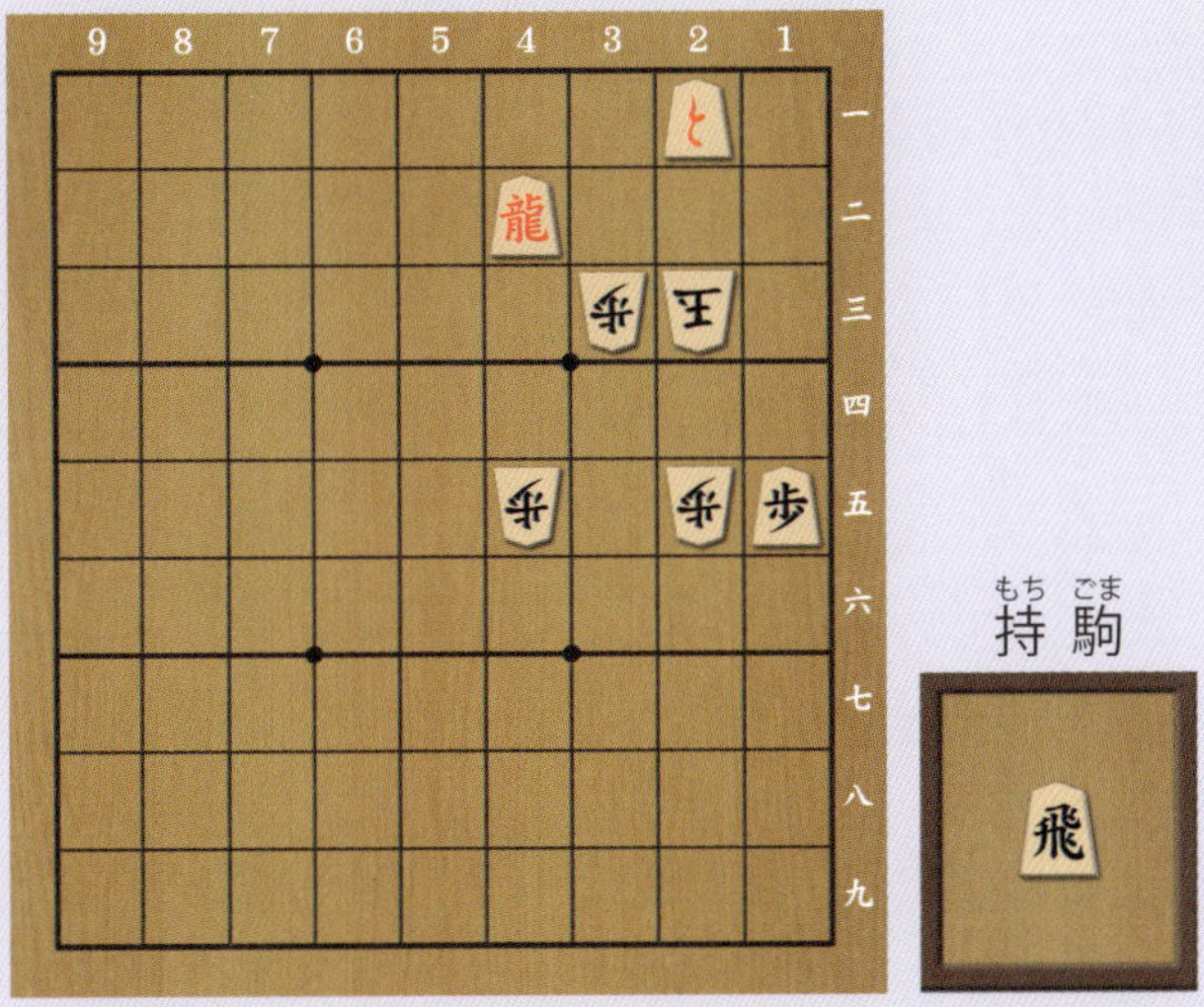
飛

【ヒント】「玉《ぎょく》」がどこにいたら詰《つ》めやすいかを考《かんが》えて、そこにおびきよせましょう。

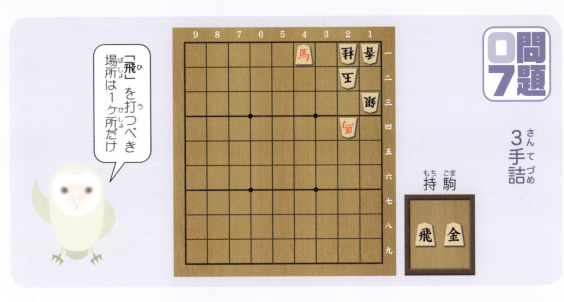

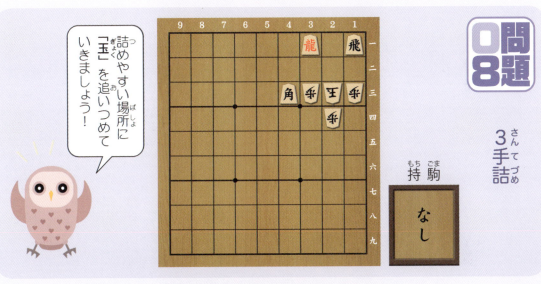

手順《てじゅん》と解説《かいせつ》

問題7 正解手順《せいかいてじゅん》と失敗例《しっぱいれい》

持駒《もちごま》 なし

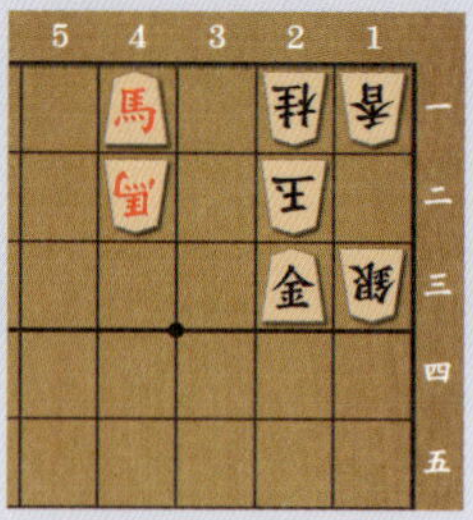

【正解図《せいかいず》】
☗4二飛《ひ》
☖同馬《どうま》
☗2三金《きん》
まで3手詰《さんてづめ》

持駒《もちごま》 金《きん》

失敗図《しっぱいず》
☗5二飛《ひ》
☖3三玉《ぎょく》
まで（失敗《しっぱい》）

初手《しょて》☗5二飛《ひ》だと、☖3三玉《ぎょく》（失《しっ》敗図《ぱいず》）で逃《に》げられます。もっと近《ちか》づけて初手《しょて》☗3二飛《ひ》としても、☖2三玉《ぎょく》で失敗《しっぱい》です。

☗4二飛《ひ》は「限定打《げんていだ》」でとてもよい手《て》です。☖同馬《どうま》ときたら2三に頭金《あたまきん》を打《う》って詰《つ》みです。

問題8 正解手順《せいかいてじゅん》と変化手順《へんかてじゅん》

持駒《もちごま》 なし

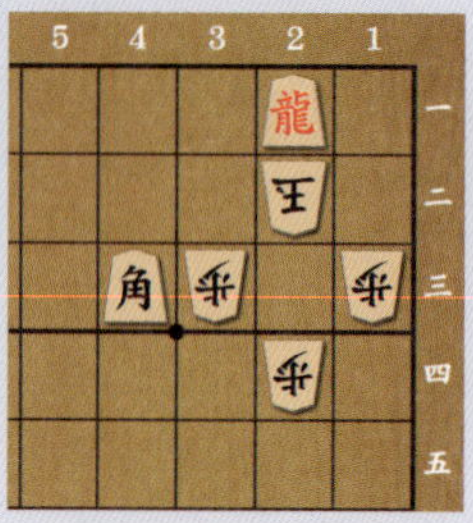

【正解図《せいかいず》】
☗2二龍《りゅう》
☖同玉《どうぎょく》
☗2一飛成《ひなり》
まで3手詰《さんてづめ》

持駒《もちごま》 歩《ふ》

変化図《へんかず》
☗2二龍《りゅう》
☖1四玉《ぎょく》
☗1三飛成《ひなり》
まで3手詰《さんてづめ》

解《と》きかたとしては「玉《ぎょく》が2二にいたらいいな」というふうに考《かんが》えることです。そうすると☗2二龍《りゅう》が思《おも》いうかびます。

同《おな》じように見《み》えても、初手《しょて》☗2一龍《りゅう》だと、合駒《あいごま》をせずに☖1四玉《ぎょく》と逃《に》げられます。

問題9 正解手順《せいかいてじゅん》と変化手順《へんかてじゅん》

持駒《もちごま》 なし

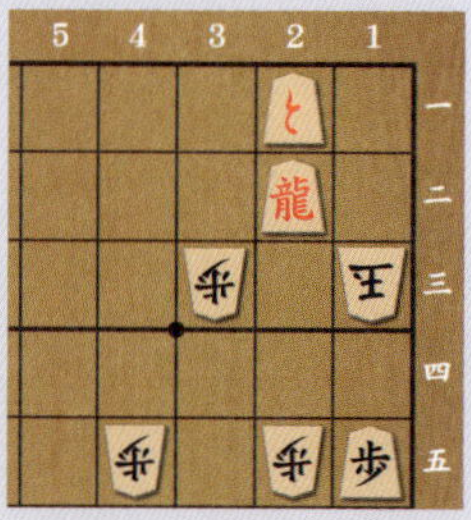

【正解図《せいかいず》】
☗1三飛《ひ》
☖同玉《どうぎょく》
☗2二龍《りゅう》
まで3手詰《さんてづめ》

持駒《もちごま》 歩《ふ》

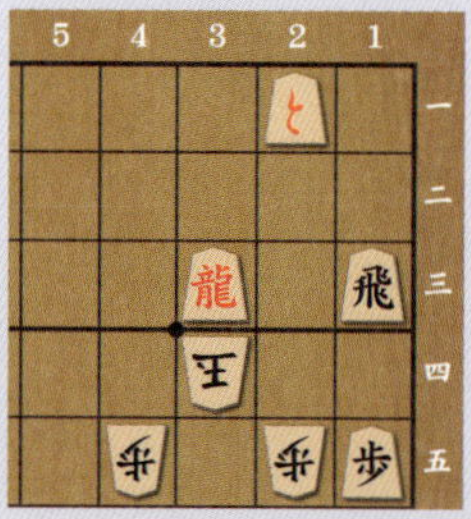

変化図《へんかず》
☗1三飛《ひ》
☖3四玉《ぎょく》
☗3三龍《りゅう》
まで3手詰《さんてづめ》

この問題《もんだい》も「玉《ぎょく》」が1三にいたらいいな、と思《おも》うことが糸口《いとぐち》です。正解《せいかい》と似《に》ていても、先《さき》に☗2二龍《りゅう》だと、☖3四玉《ぎょく》と逃《に》げられてしまいます。

上級

問題10

3手詰《さんてづめ》

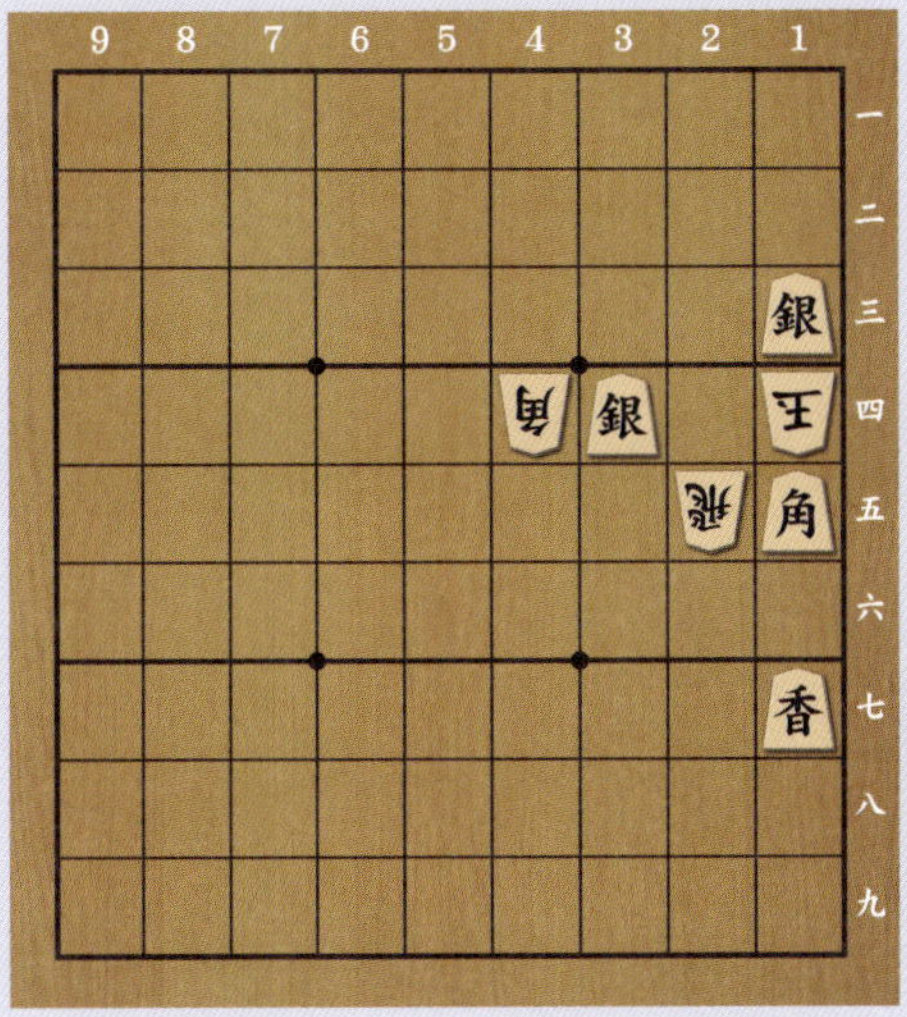

持駒《もちごま》

なし

問題11

5手詰《ごてづめ》

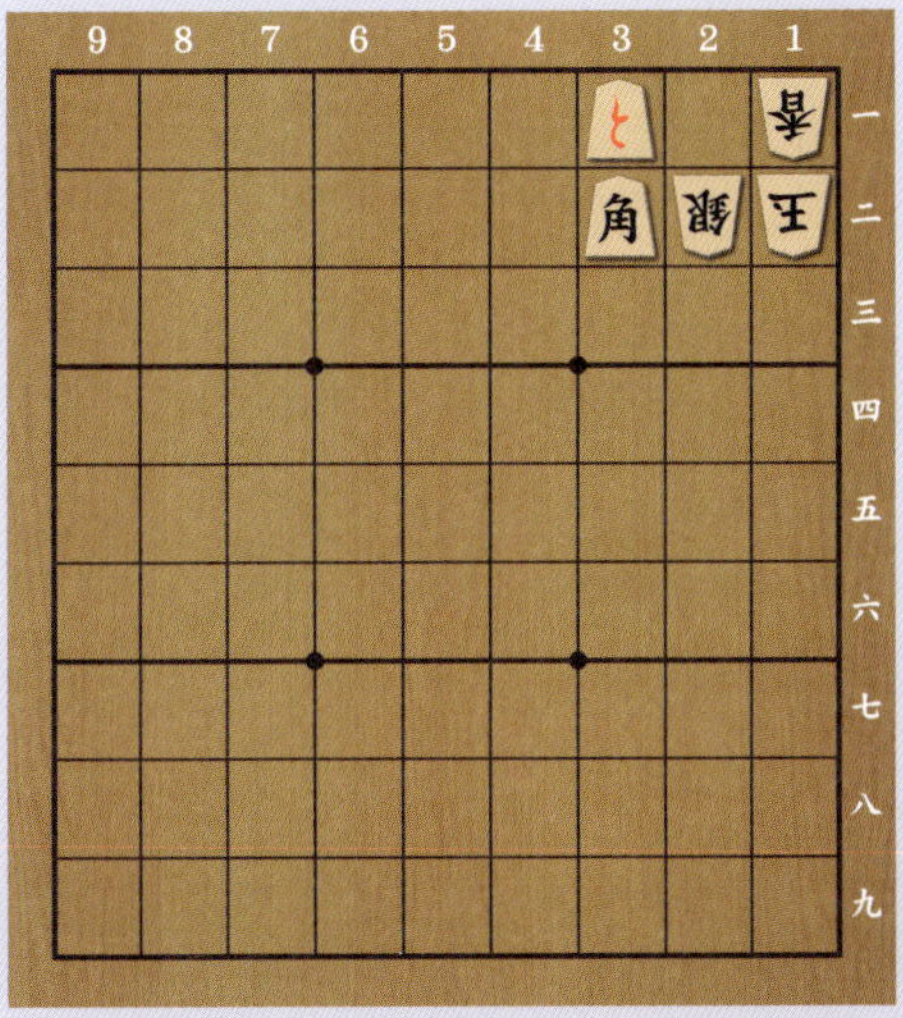

持駒《もちごま》

問題12

5手詰《ごてづめ》

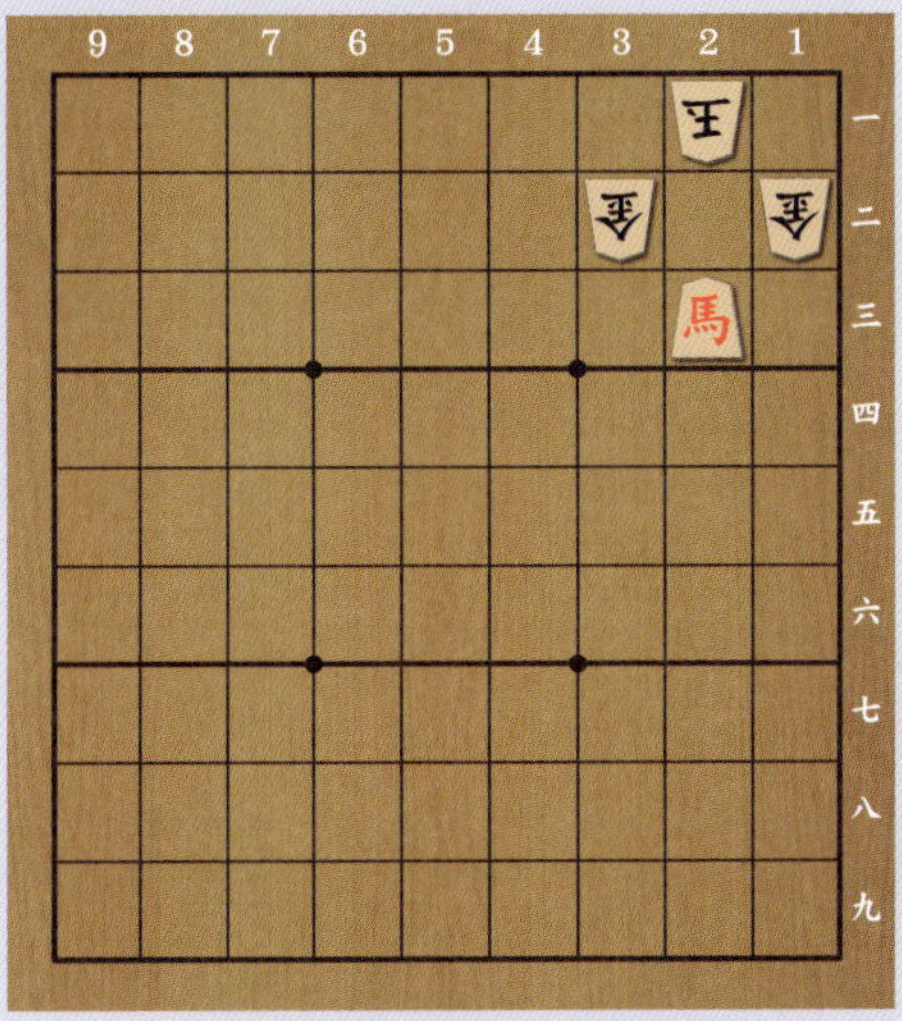

持駒《もちごま》

【ヒント】「桂《けい》」はどちらから打《う》つとよいでしょう。

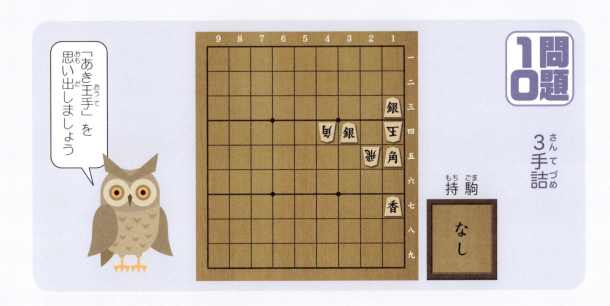

手順《てじゅん》と解説《かいせつ》

問題10　正解手順《せいかいてじゅん》と失敗例《しっぱいれい》

持駒《もちごま》　なし　【正解図《せいかいず》】

☗2四銀成《ぎんなり》　☖同飛《どうひ》　☗2六角《かく》
まで3手詰《さんてづめ》

持駒《もちごま》　なし　失敗図《しっぱいず》

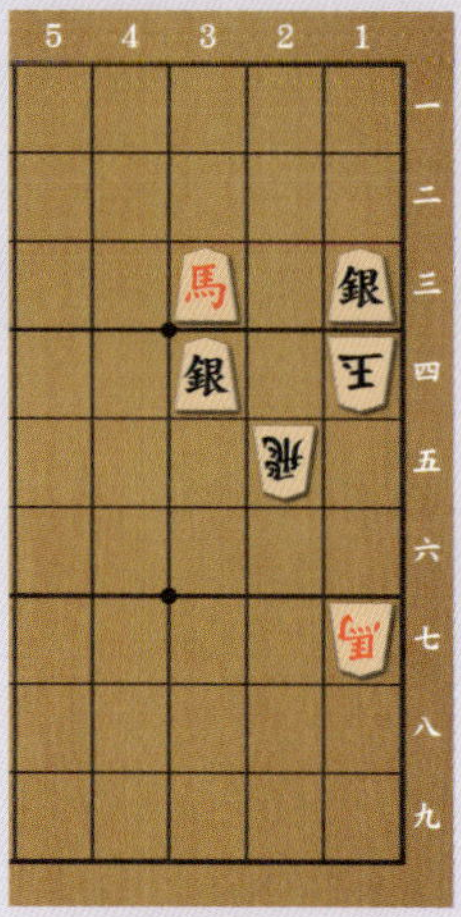

☗3三角成《かくなり》　☖1七角成《かくなり》
まで（失敗《しっぱい》）

3手詰最後《さんてづめさいご》の問題《もんだい》のテーマは「あき王手《おうて》」です。「成銀《なりぎん》」を捨駒《すてごま》にして「飛《ひ》」を誘《さそ》い出《だ》し、守《まも》りの「角《かく》」「飛《ひ》」を☗2六角《かく》で受《う》け止《と》めます。

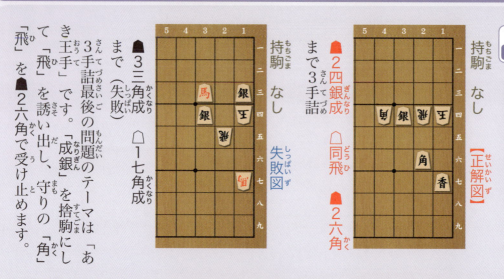

問題11　正解手順《せいかいてじゅん》と変化図《へんかず》

持駒《もちごま》　なし　【正解図《せいかいず》】

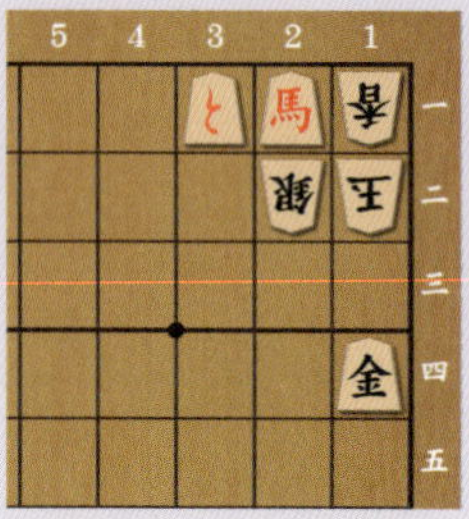

☗1三歩《ふ》　☖同玉《どうぎょく》　☗1四金《きん》　☖1二玉《ぎょく》　☗2一角成《かくなり》
まで5手詰《ごてづめ》

持駒《もちごま》　なし　変化図《へんかず》

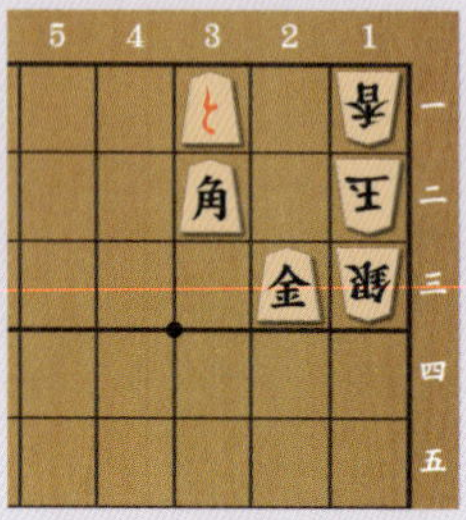

☗1三歩《ふ》　☖同銀《どうぎん》　☗2三金《きん》
（変化図《へんかず》）
まで3手詰《さんてづめ》

3二角《かく》のききを利用《りよう》して、☗1三歩《ふ》から☗1四金《きん》と上部《じょうぶ》をおさえておきましょう。
最後《さいご》は☗2一角《かく》成《なり》とはさみうちで詰《つ》め上《あ》がりです。

問題12　正解手順《せいかいてじゅん》と失敗例《しっぱいれい》

持駒《もちごま》　なし　【正解図《せいかいず》】

☗3三桂《けい》　☖同金《どうきん》　☗1三桂《けい》　☖同金《どうきん》　☗2二金《きん》
まで5手詰《ごてづめ》

持駒《もちごま》　金《きん》　桂《けい》　失敗図《しっぱいず》

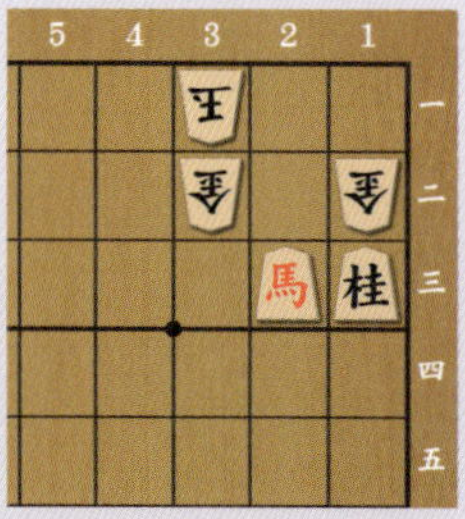

☗1三桂《けい》　☖3一玉《ぎょく》
まで（失敗《しっぱい》）

☗3三桂《けい》に対《たい》して、☖同金《どうきん》でなく☖3一玉《ぎょく》なら☗4一金《きん》で詰《つ》み。
また、4手目《てめ》が☖同金《どうきん》ではなくて☖3一玉《ぎょく》の場合《ばあい》も☗4一金《きん》で詰《つ》みとなります

問題13

5《ご》手《て》詰《づめ》

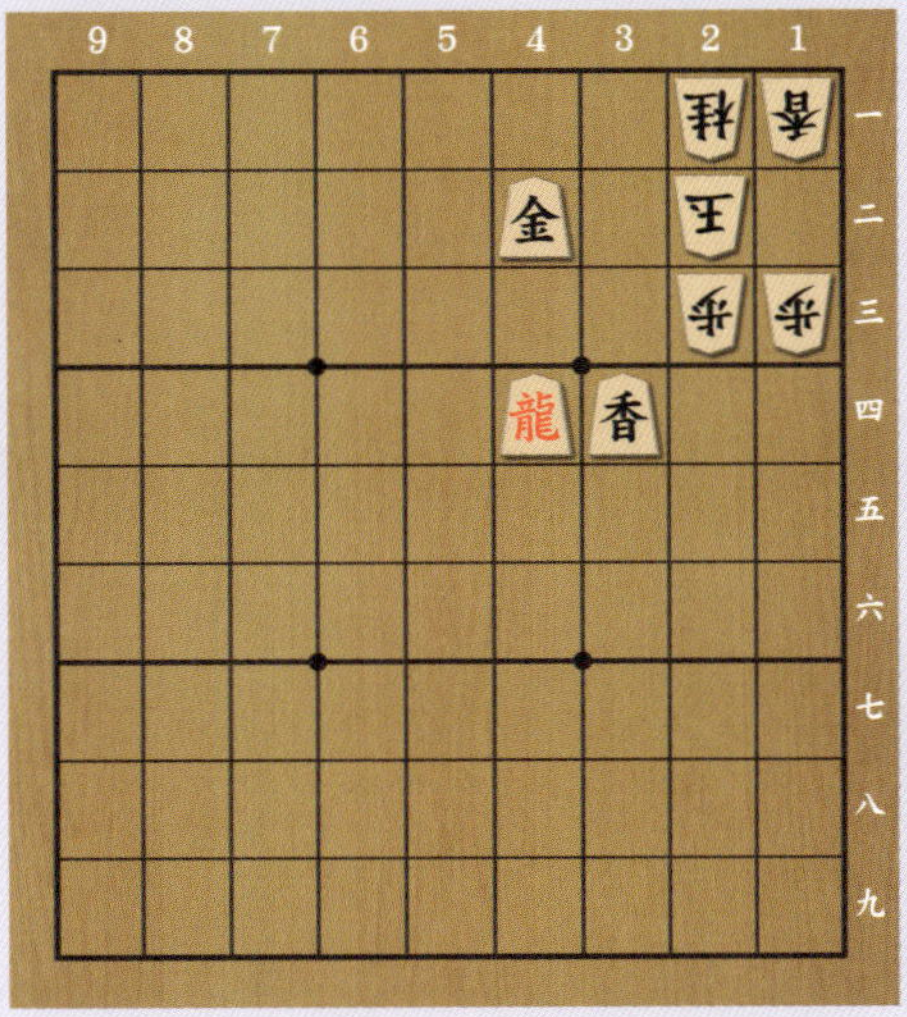

持《もち》駒《ごま》

なし

【ヒント】よけいな駒《こま》がなければ、かんたんに詰《つ》むはずなのに、と思《おも》ったら、そのじゃまな駒《こま》をなくす方法《ほうほう》を考《かんが》えましょう。

問題14

5《ご》手《て》詰《づめ》

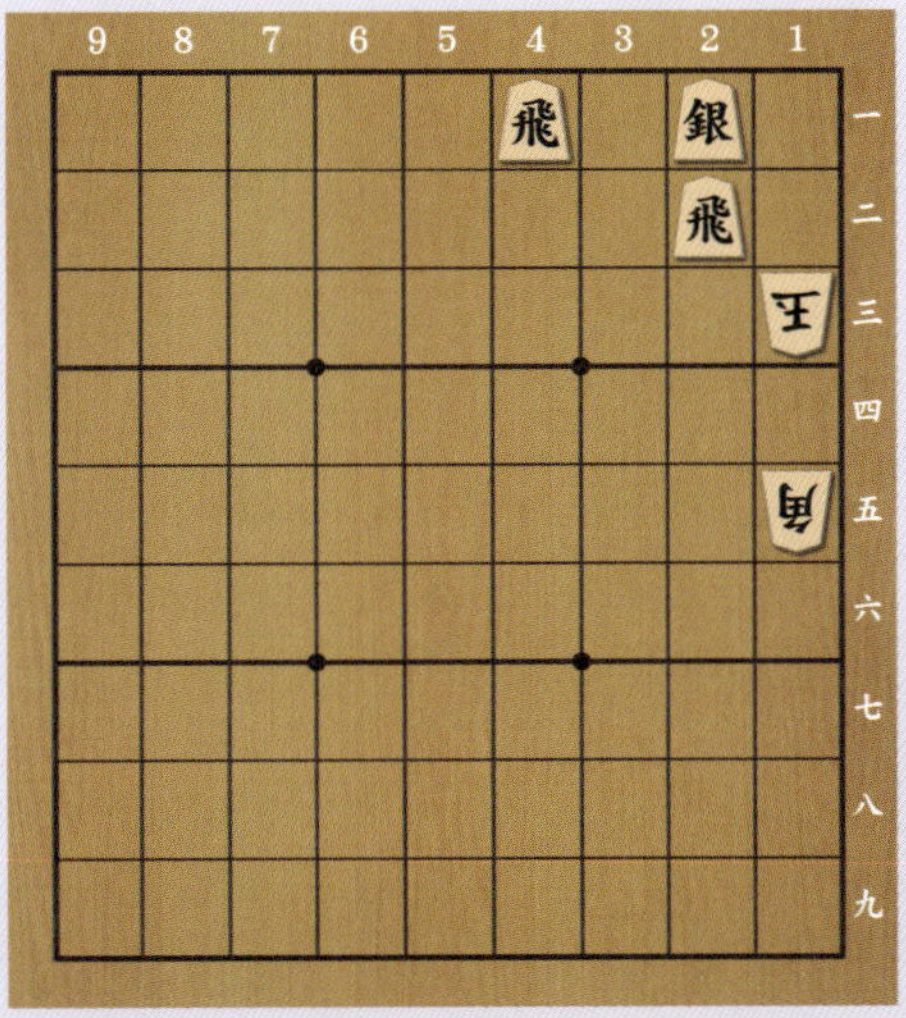

持《もち》駒《ごま》

なし

問題15

5《ご》手《て》詰《づめ》

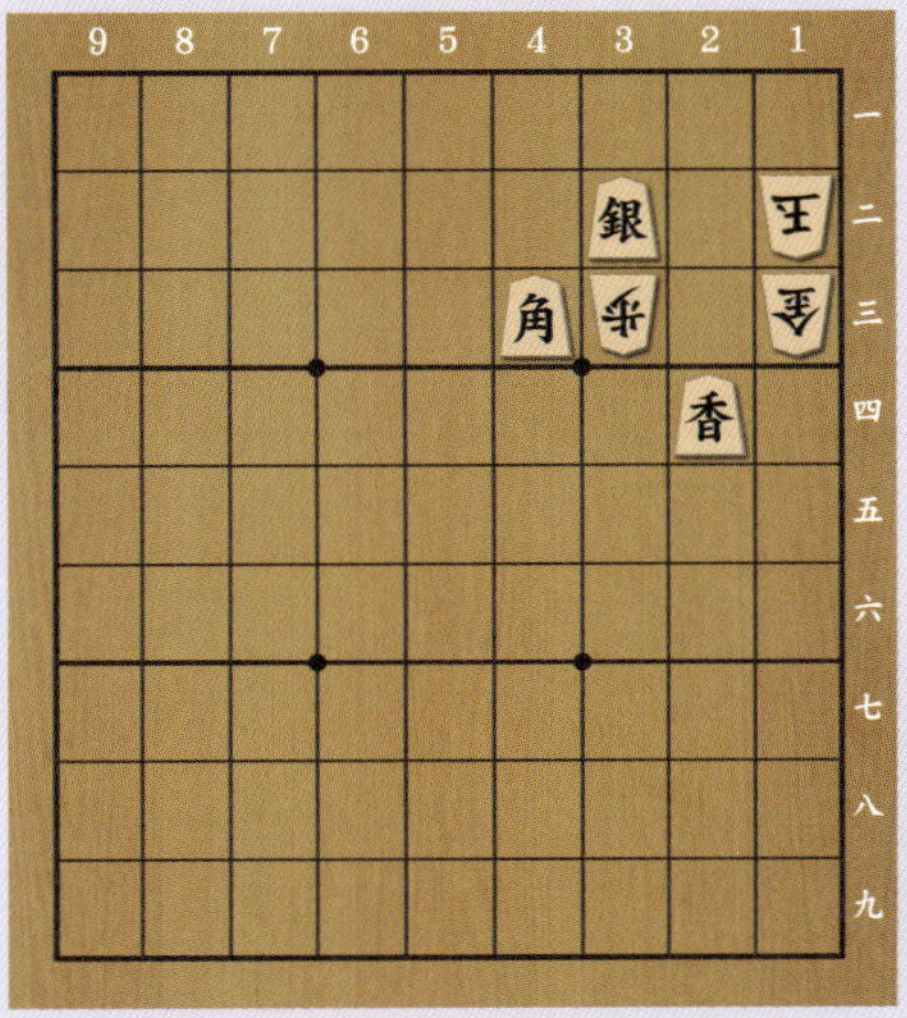

持《もち》駒《ごま》

なし

【ヒント】詰《つ》みをむずかしくしているのは味方《みかた》の「銀《ぎん》」です。これを王手《おうて》をしながら、消《け》してしまいましょう。そうすればかんたんに詰《つ》みます。

手順《てじゅん》と解説《かいせつ》

問題13　途中経過《とちゅうけいか》と正解手順《せいかいてじゅん》

持駒《もちごま》 なし

途中図《とちゅうず》

▲3二金《きん》
△1二玉《ぎょく》

持駒《もちごま》 なし

【正解図《せいかいず》】

▲2二金《きん》
△同玉《どうぎょく》
▲4二龍《りゅう》
まで5手詰《ごてづめ》

「金《きん》」がいなければ▲4二龍《りゅう》までの詰《つ》みと気《き》づくことが大切《たいせつ》です。じゃまになっている「金《きん》」を使《つか》って続《つづ》けて王手《おうて》をかけ、「玉《ぎょく》」にとらせて消《け》してしまいましょう。

問題14　正解手順《せいかいてじゅん》と失敗例《しっぱいれい》

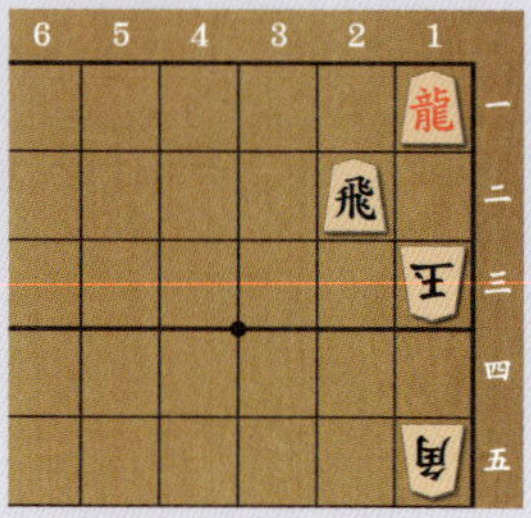

持駒《もちごま》 なし

【正解図《せいかいず》】

▲1二銀成《ぎんなり》
△1四玉《ぎょく》
▲1三成銀《ぎん》
△同玉《どうぎょく》
▲1一飛成《ひなり》
まで5手詰《ごてづめ》

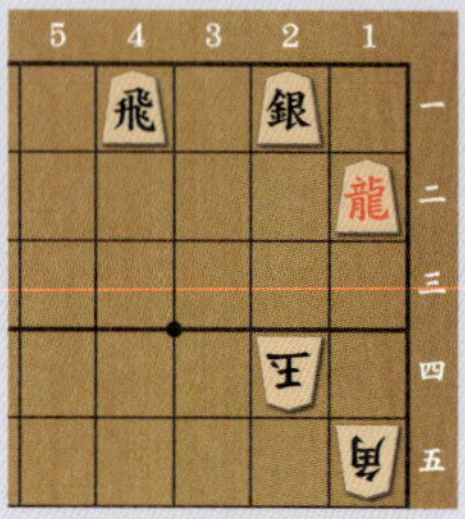

持駒《もちごま》 なし

失敗図《しっぱいず》

▲1二飛成《ひなり》
△2四玉《ぎょく》
まで（失敗《しっぱい》）

2一の「銀《ぎん》」さえいなかったら、▲1一飛成《ひなり》までの詰《つ》みということはわかります。

解決《かいけつ》するには、じゃまな「銀《ぎん》」で続《つづ》けて王手《おうて》をかけ、「玉《ぎょく》」にとらせればOKです。

問題15　途中経過《とちゅうけいか》と正解手順《せいかいてじゅん》

持駒《もちごま》 なし

途中図《とちゅうず》

▲2一銀不成《ぎんならず》
△1一玉《ぎょく》

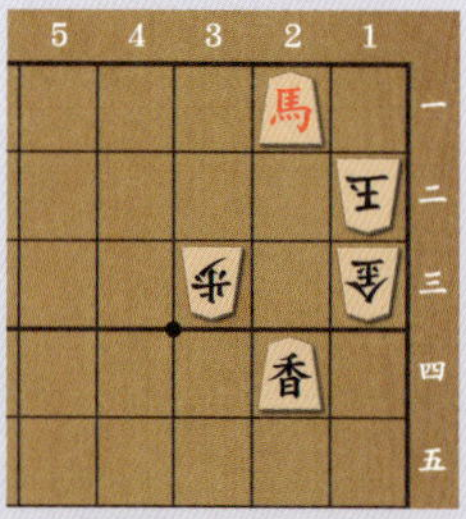

持駒《もちごま》 なし

【正解図《せいかいず》】

▲1二銀成《ぎんなり》
△同玉《どうぎょく》
▲2一角成《かくなり》
まで5手詰《ごてづめ》

2四の「香《きょう》」がきいているので、角成《かくなり》ですぐに詰《つ》みそうなのに、「銀《ぎん》」がじゃまです。

その「銀《ぎん》」をうまく捨《す》てます。

問題16

5《ご》手《て》詰《づめ》

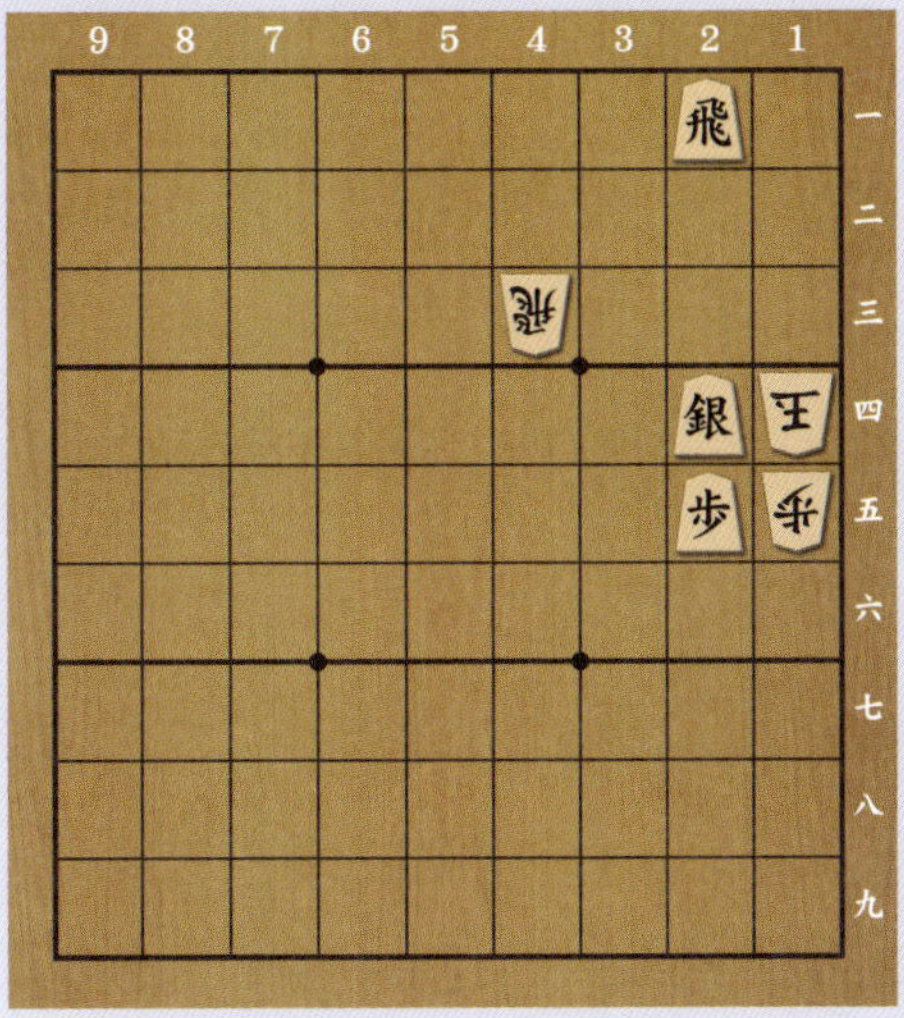

持駒《もちごま》

じゃま者《もの》には消《き》えてもらいましょう

問題17

5《ご》手《て》詰《づめ》

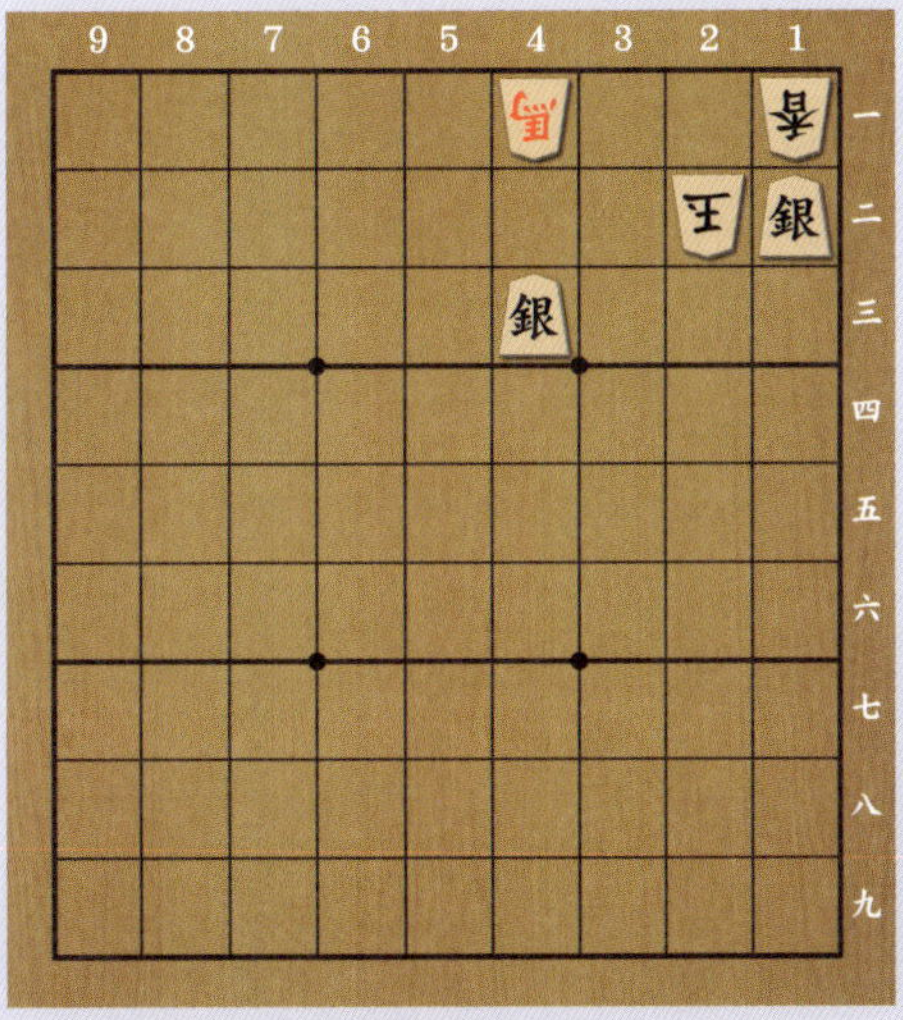

持駒《もちごま》

【ヒント】2三に頭金《あたまきん》を打《う》ちたいところですが、4一の「馬《うま》」がにらみをきかせています。この「馬《うま》」をとるのは無理《むり》なので……

問題18

5《ご》手《て》詰《づめ》

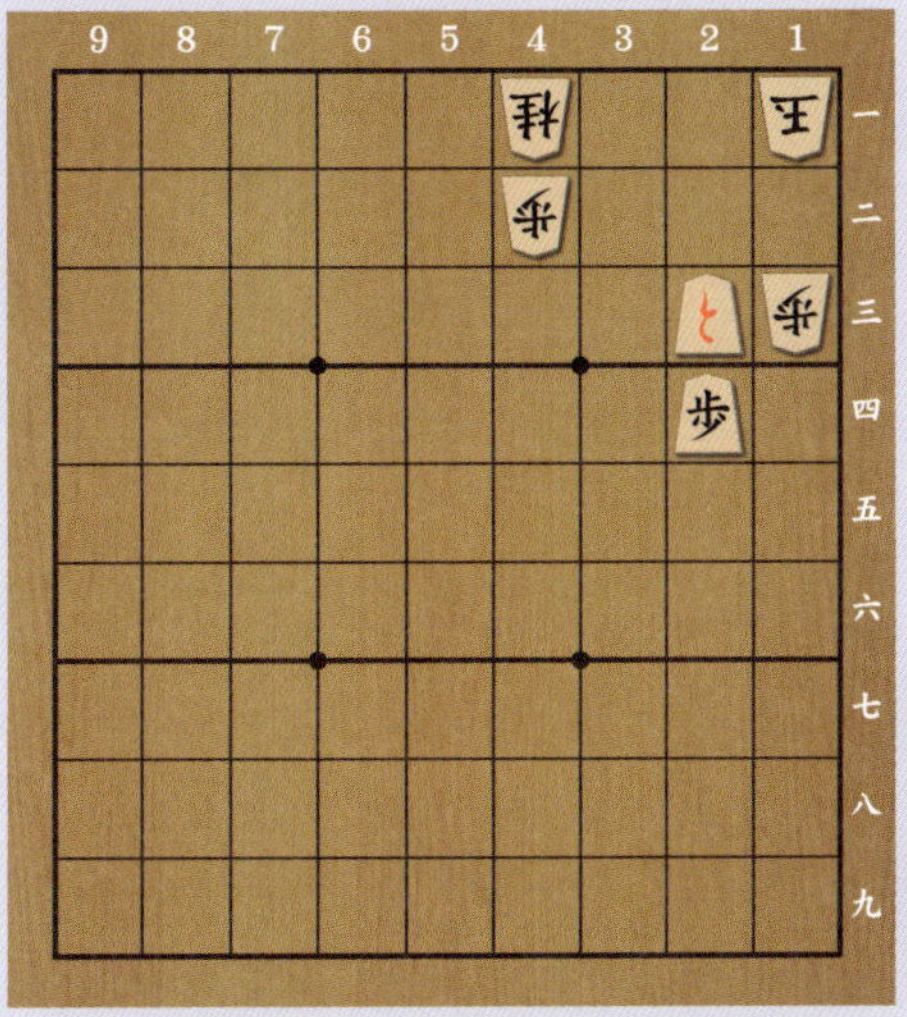

持駒《もちごま》

【ヒント】いろいろな手《て》を考《かんが》えているうちに、うっかりルール違反《いはん》をしてしまうことがあります。持駒《もちごま》に「歩《ふ》」があるときには、とくに注意《ちゅうい》しましょう。

手順《てじゅん》と解説《かいせつ》

16問題　正解《せいかい》手順《てじゅん》と変化《へんか》手順《てじゅん》

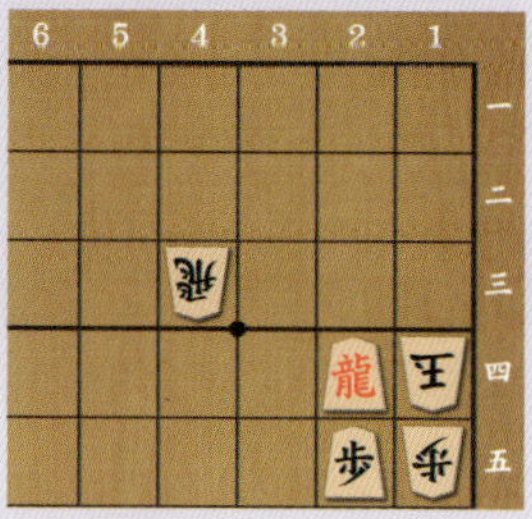

持駒《もちごま》　なし

【正解図《せいかいず》】
▲1三銀成《ぎんなり》
△同玉《どうぎょく》
▲1四香《きょう》
△同玉《どうぎょく》
▲2四飛成《ひなり》
まで5手詰《ごてづめ》

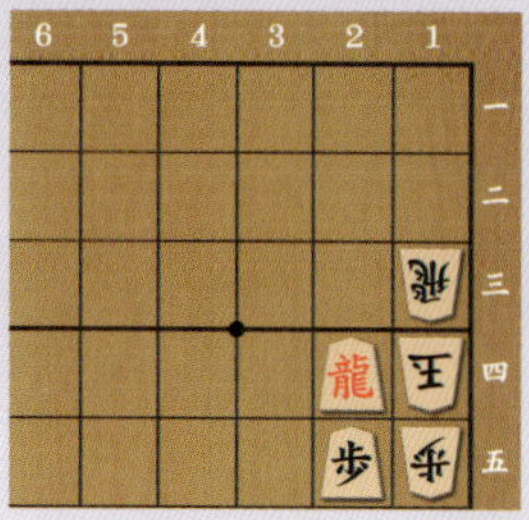

持駒《もちごま》　なし

変化図《へんかず》
▲1三銀成《ぎんなり》
△同飛《どうひ》
▲2四飛成《ひなり》
まで3手詰《さんてづめ》

2四に味方《みかた》の「銀《ぎん》」がいなければ▲2四飛成《ひなり》で詰《つ》みます。王手《おうて》をしながら、じゃまな「銀《ぎん》」を消《け》してしまいましょう。

17問題　正解《せいかい》手順《てじゅん》と変化《へんか》手順《てじゅん》

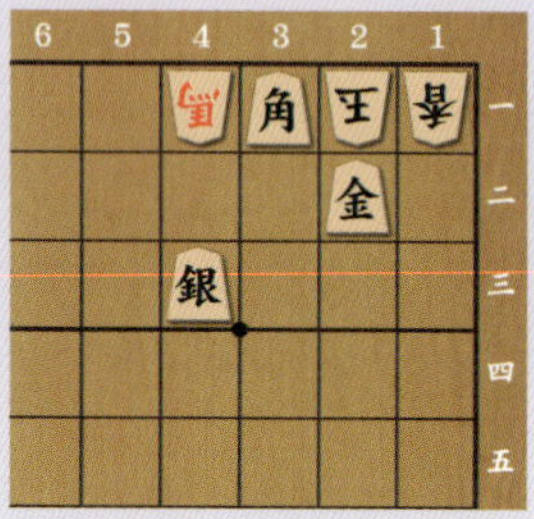

持駒《もちごま》　なし

【正解図《せいかいず》】
▲3一角《かく》
△1二玉《ぎょく》
▲1三金《きん》
△2一玉《ぎょく》
▲2二金《きん》
まで5手詰《ごてづめ》

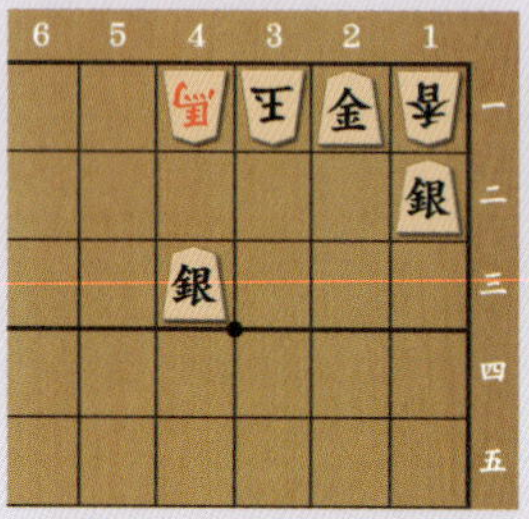

持駒《もちごま》　なし

変化図《へんかず》
▲3一角《かく》
△同玉《どうぎょく》
▲2一金《きん》
まで3手詰《さんてづめ》

初手《しょて》▲3一角《かく》に対《たい》して△同馬《どううま》ならば▲2三金《きん》まで3手詰《さんてづめ》。△3三玉《ぎょく》ならば▲3四金《きん》まで3手詰《さんてづめ》となります。

なお、正解図《せいかいず》の▲2二金《きん》は、▲2二角成《かくなり》でも正解《せいかい》です。

18問題　正解《せいかい》手順《てじゅん》と失敗例《しっぱいれい》

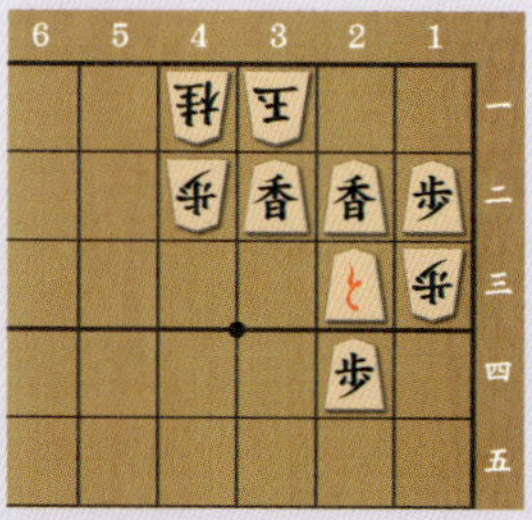

持駒《もちごま》　なし

【正解図《せいかいず》】
▲1二歩《ふ》
△2一玉《ぎょく》
▲2二香《きょう》
△3一玉《ぎょく》
▲3二香《きょう》
まで5手詰《ごてづめ》

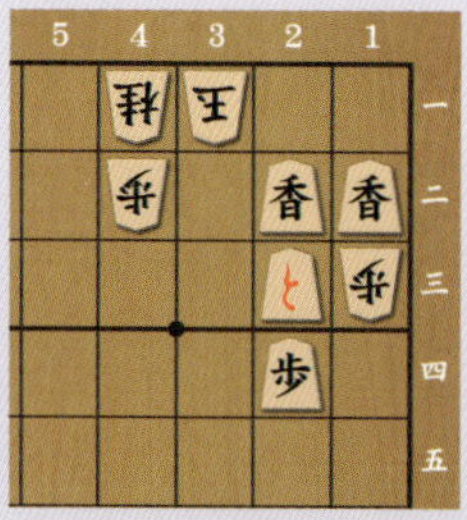

持駒《もちごま》　歩《ふ》

失敗図《しっぱいず》
▲1二香《きょう》
△2一玉《ぎょく》
▲2二香《きょう》
△3一玉《ぎょく》
まで（失敗《しっぱい》）

「香《きょう》」を先《さき》に使《つか》ってしまうと、▲2二歩《ふ》は「二歩《にふ》」で打《う》てないし、最《さい》後《ご》の▲3二歩《ふ》は「打歩詰《うちふづめ》（失敗図《しっぱいず》）」になってしまいます。そこで初手《しょて》は▲1二歩《ふ》です。

あとは「香《きょう》」をならべて打《う》てば詰《つ》め上《あ》がりです。

問題19

5《ご》手《て》詰《づめ》

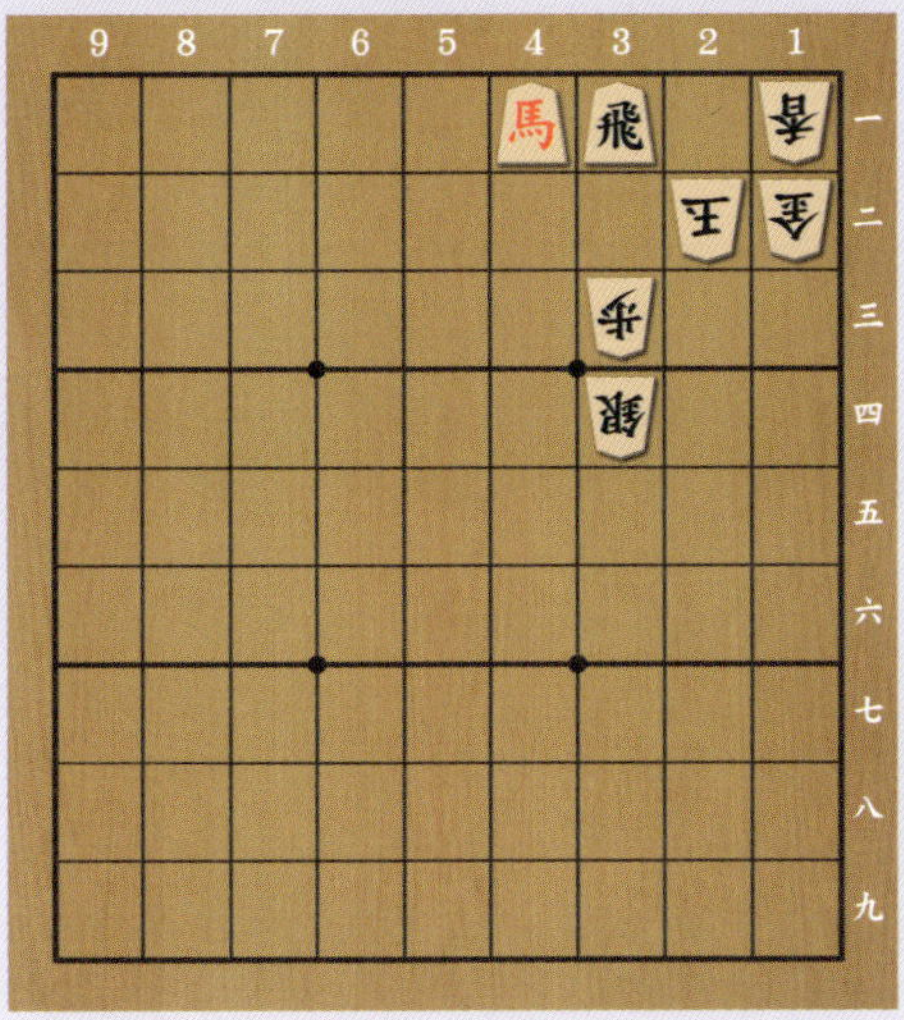

持《もち》駒《ごま》

【ヒント】「玉《ぎょく》は下段《げだん》に落《お》とせ」というのは、将棋のセオリー（基本的《きほんてき》な戦術《せんじゅつ》）です。逃《に》げる場所《ばしょ》が少《すく》なく、動《うご》きにくいところなら詰《つ》めやすくなります。

問題20

5《ご》手《て》詰《づめ》

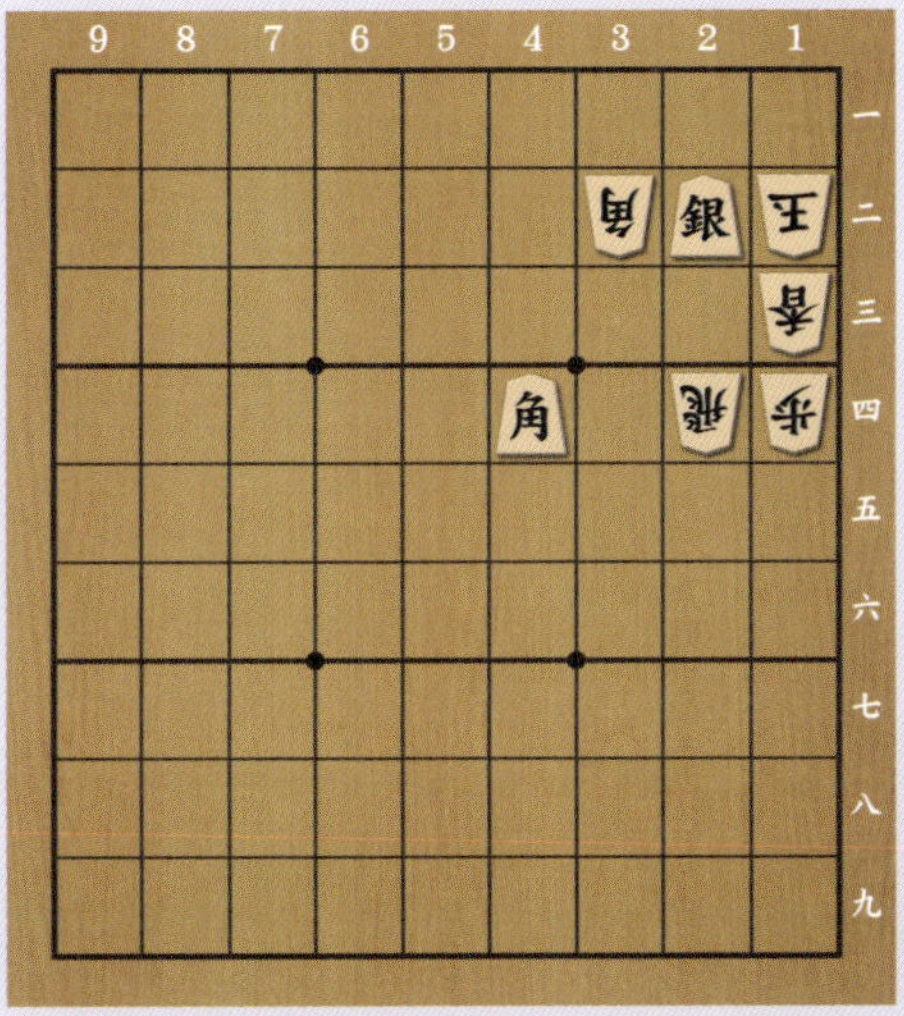

持《もち》駒《ごま》

【ヒント】困《こま》ったときは、相手《あいて》の逃《に》げ道《みち》に先回《さきまわ》りしてみましょう。

問題21

5《ご》手《て》詰《づめ》

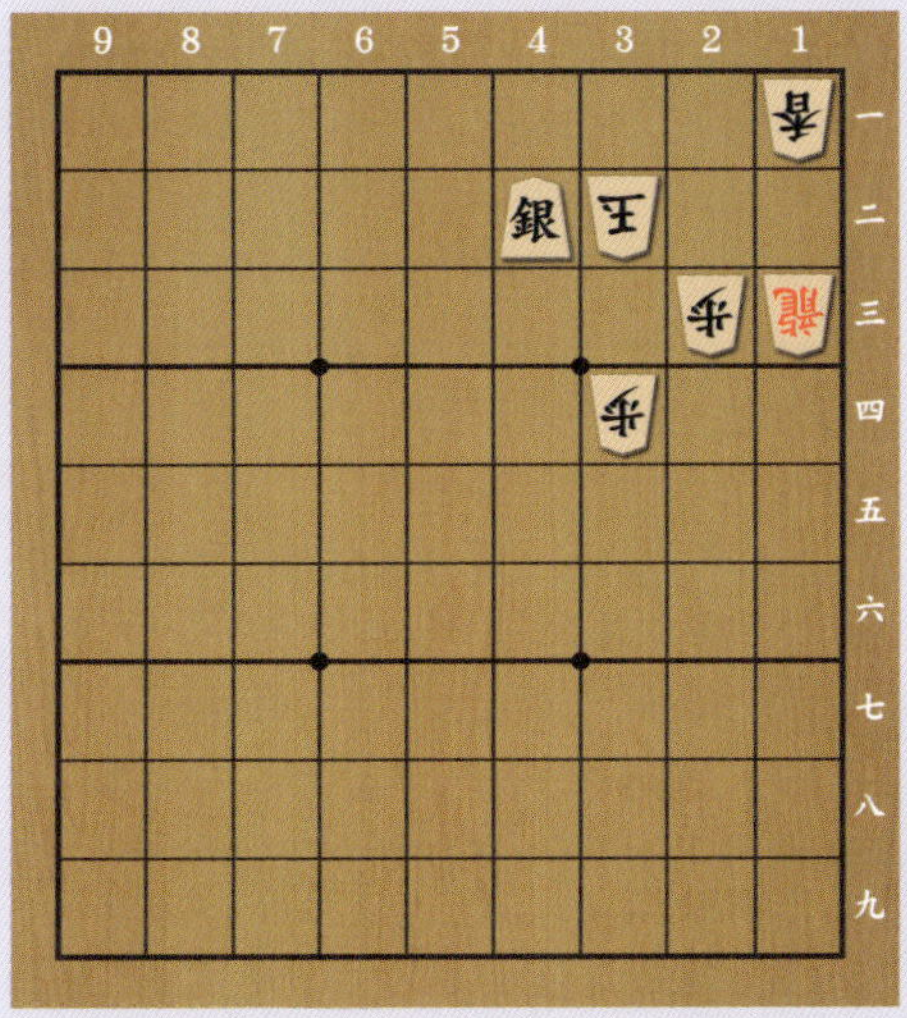

持《もち》駒《ごま》

手順《てじゅん》と解説《かいせつ》

問題19 正解手順《せいかいてじゅん》と変化手順《へんかてじゅん》

持駒《もちごま》 なし

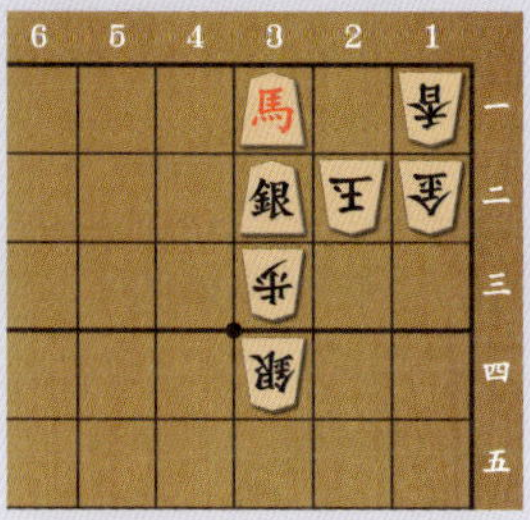

【正解図《せいかいず》】
▲2一飛成《ひなり》
△同玉《どうぎょく》
▲3二銀《ぎん》
△2二玉《ぎょく》
▲3一馬《うま》
まで5《ご》手《て》詰《づめ》

持駒《もちごま》 なし

変化図《へんかず》
▲2一飛成《ひなり》
△1三玉《ぎょく》
▲1四銀《ぎん》
まで3《さん》手《て》詰《づめ》

「馬《うま》」と「銀《ぎん》」、両方《りょうほう》の力《ちから》を合《あ》わせて詰《つ》め上《あ》げましょう。

問題20 正解手順《せいかいてじゅん》と失敗例《しっぱいれい》

持駒《もちごま》 なし

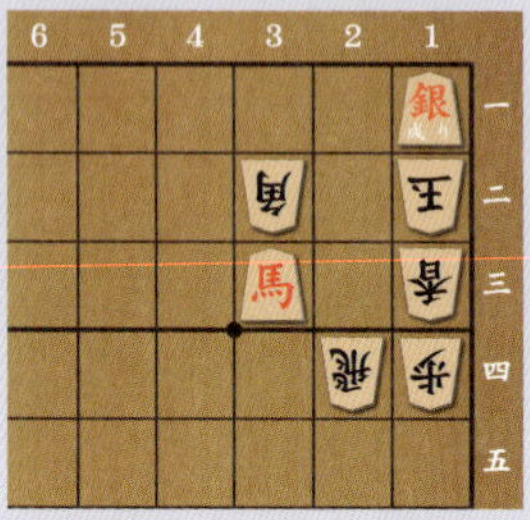

【正解図《せいかいず》】
▲2三銀《ぎん》
△同玉《どうぎょく》
▲3三角成《かくなり》
△1二玉《ぎょく》
▲1一銀成《ぎんなり》
まで5《ご》手《て》詰《づめ》

持駒《もちごま》 なし

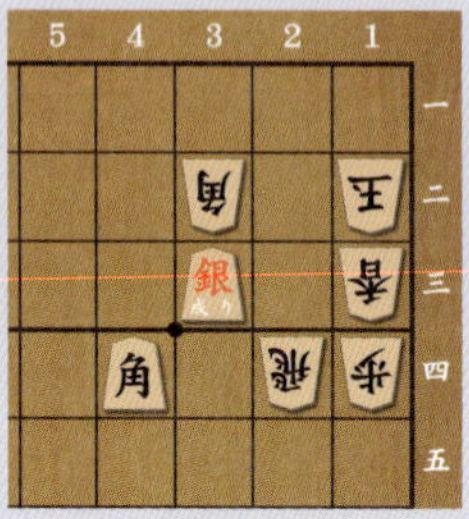

失敗図《しっぱいず》
▲2三銀《ぎん》
△同玉《どうぎょく》
▲3三銀成《ぎんなり》
△1二玉《ぎょく》
まで（失敗《しっぱい》）

初手《しょて》の▲2三銀《ぎん》は「逃《に》げ道《みち》に先回《さきまわ》り」という手《て》です。△同飛《どうひ》も△同角《どうかく》も逃《に》げ道《みち》がふさがれて、▲1一銀成《ぎんなり》で詰《つ》め上《あ》がりとなります。

問題21 正解手順《せいかいてじゅん》と変化手順《へんかてじゅん》

持駒《もちごま》 なし

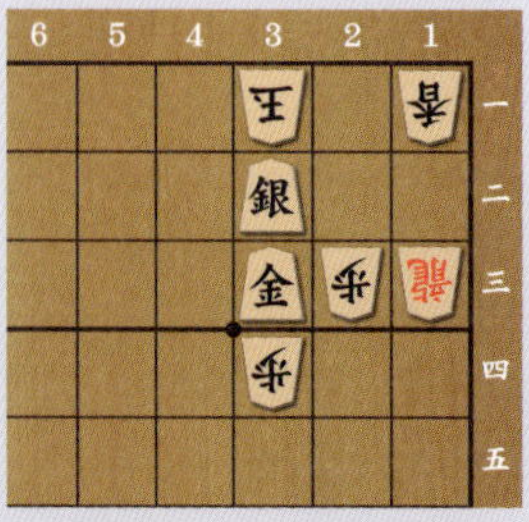

【正解図《せいかいず》】
▲3三金《きん》
△2一玉《ぎょく》
▲3一銀成《ぎんなり》
△同玉《どうぎょく》
▲3二銀《ぎん》
まで5《ご》手《て》詰《づめ》

持駒《もちごま》 なし

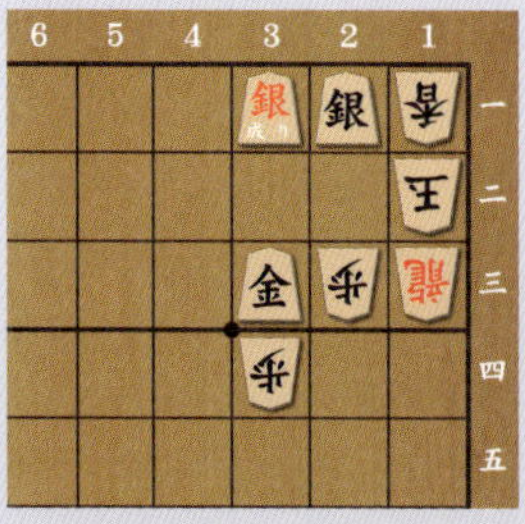

変化図《へんかず》
▲3三金《きん》
△2一玉《ぎょく》
▲3一銀成《ぎんなり》
△1二玉《ぎょく》
▲2一銀《ぎん》
まで

「金《きん》」を最初《さいしょ》に使《つか》うのが正解《せいかい》です。初手《しょて》に▲3三銀《ぎん》と「銀《ぎん》」を先《さき》に打《う》つと、4手目《てめ》△1二玉《ぎょく》で失敗《しっぱい》です。変化図《へんかず》では、最後《さいご》▲2一銀《ぎん》で詰《つ》め上《あ》がりです。

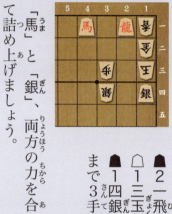

問題22

5《ご》手《て》詰《づめ》

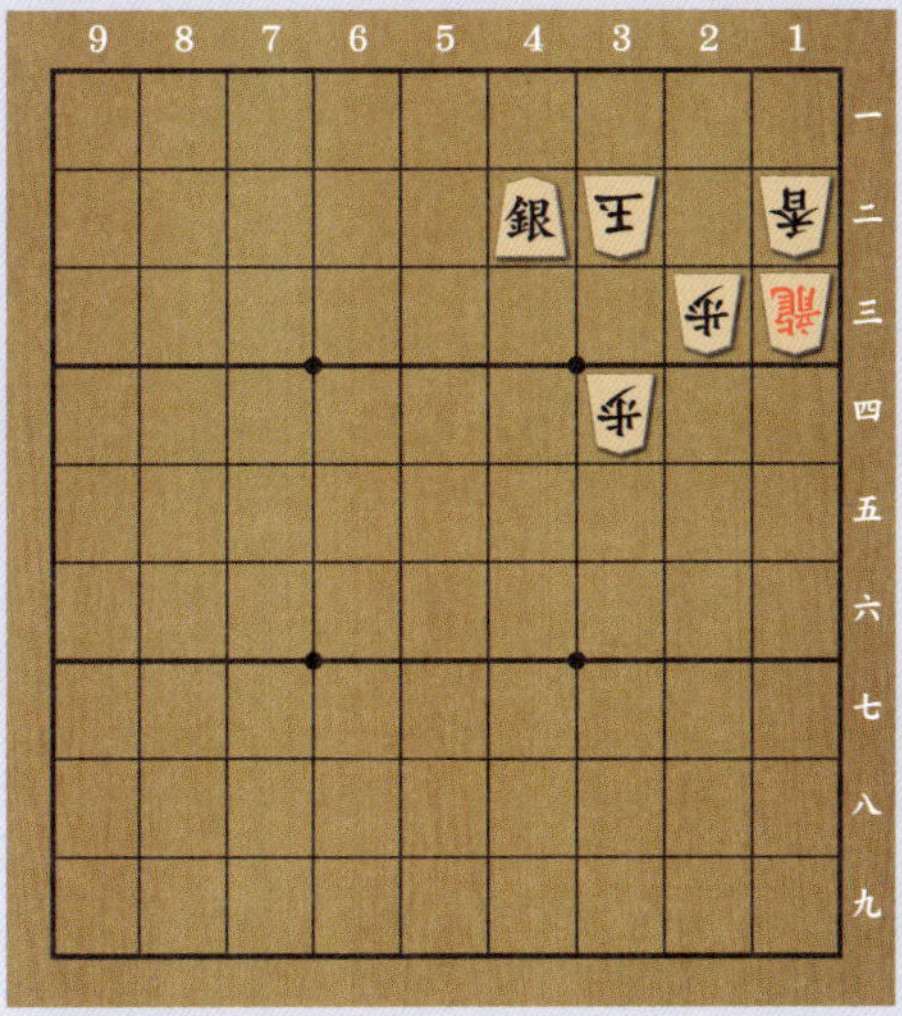

持《もち》駒《ごま》

【ヒント】実際《じっさい》の対局《たいきょく》で、先《さき》のことをあまり考《かんが》えないまま「金《きん》」や「銀《ぎん》」を打《う》ったりしていませんか？
3手先《てさき》5手先《てさき》を読《よ》めば、勝《か》てる対《たい》局《きょく》がグッと増《ふ》えます。

問題23

5《ご》手《て》詰《づめ》

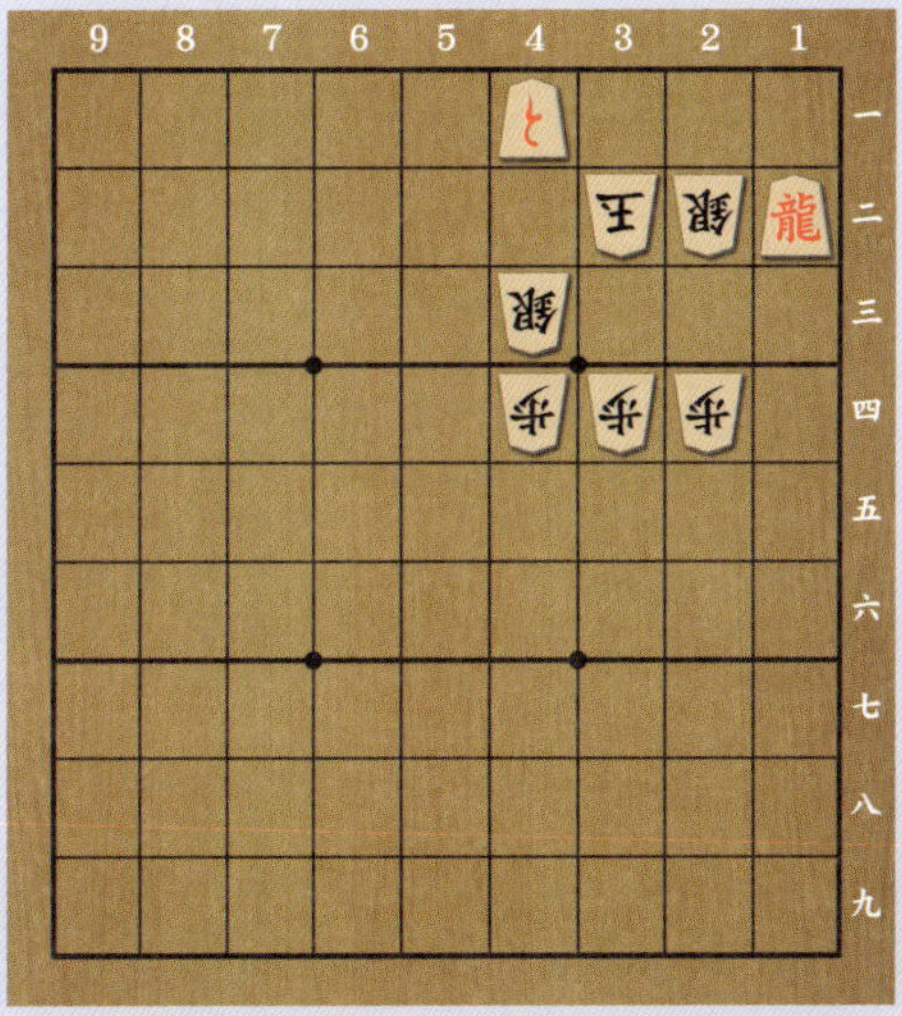

持《もち》駒《ごま》

【ヒント】いったん「角《かく》」を打《う》っておいて、あとから成《な》って活用《かつよう》しましょう。

問題24

5《ご》手《て》詰《づめ》

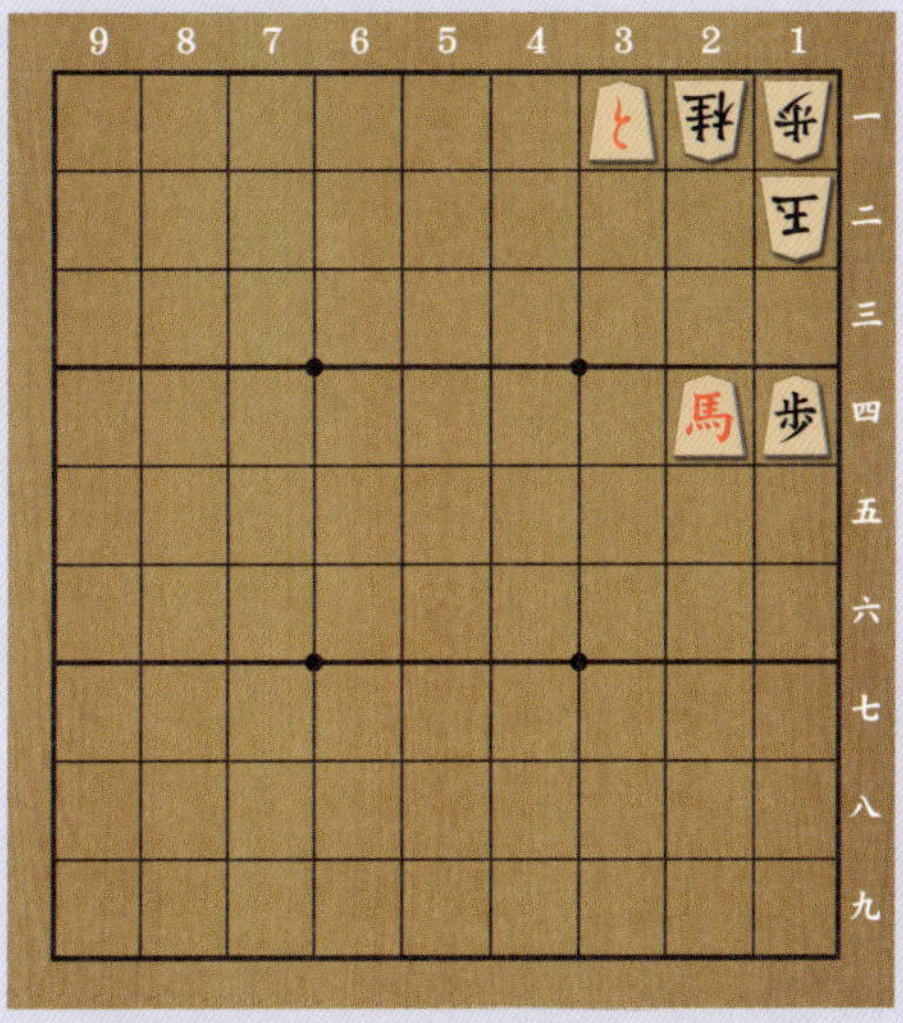

持《もち》駒《ごま》

上級

手順《てじゅん》と解説《かいせつ》

問題22　正解手順《せいかいてじゅん》と変化手順《へんかてじゅん》

持駒《もちごま》　なし

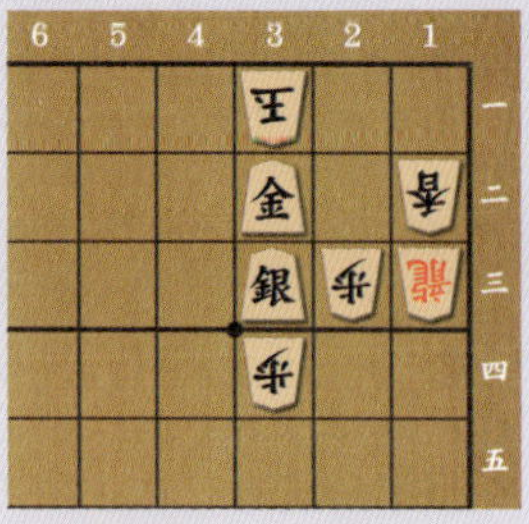

【正解図《せいかいず》】
☗3三銀《ぎん》
☖2一玉《ぎょく》
☗3一銀成《ぎんなり》
☖同玉《どうぎょく》
☗3二金《きん》
まで5手詰《ごてづめ》

持駒《もちごま》　金《きん》

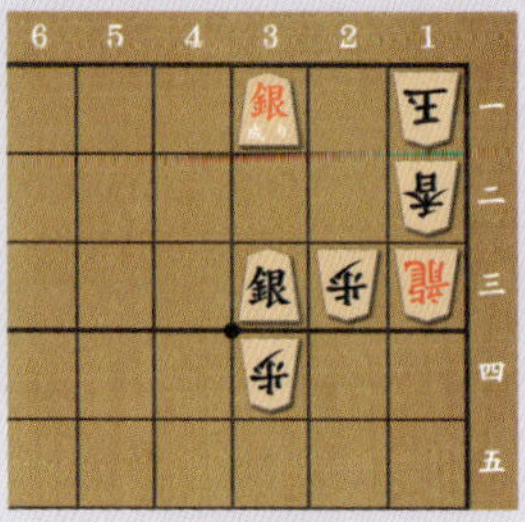

変化図《へんかず》
☗3三銀《ぎん》
☖2一玉《ぎょく》
☗3一銀成《ぎんなり》
☖1一玉《ぎょく》
まで

「銀《ぎん》」を先《さき》に使《つか》うのが正解《せいかい》。初手《しょて》に☗3三金《きん》を打《う》ってしまうと4手目《てめ》☖1一玉《ぎょく》で失敗《しっぱい》です。変化図《へんかず》では☗2一金《きん》で詰《つ》め上《あ》がりです。

問題23　正解手順《せいかいてじゅん》と失敗例《しっぱいれい》

持駒《もちごま》　なし

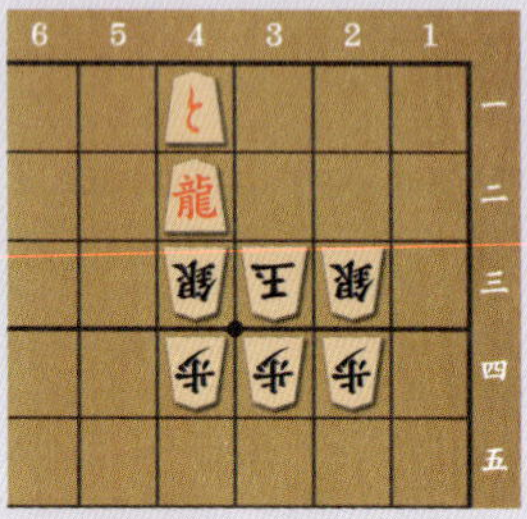

【正解図《せいかいず》】
☗1四角《かく》
☖3三玉《ぎょく》
☗2三角成《かくなり》
☖同銀《どうぎん》
☗4二龍《りゅう》
まで5手詰《ごてづめ》

持駒《もちごま》　なし

失敗図《しっぱいず》
☗2三角《かく》
☖3三玉《ぎょく》
まで（失敗《しっぱい》）

この問題《もんだい》では、「角《かく》」をはなして打《う》って成《な》り捨《す》てるのが正解《せいかい》です。2手目《てめ》で後手《ごて》が合駒《あいごま》をしてきても、☗2三角成《かくなり》で詰《つ》みです。☗2三角《かく》とつけて打《う》ってしまうとあとの王手《おうて》が続《つづ》かず詰みません。

問題24　途中経過《とちゅうけいか》と正解手順《せいかいてじゅん》

持駒《もちごま》　なし

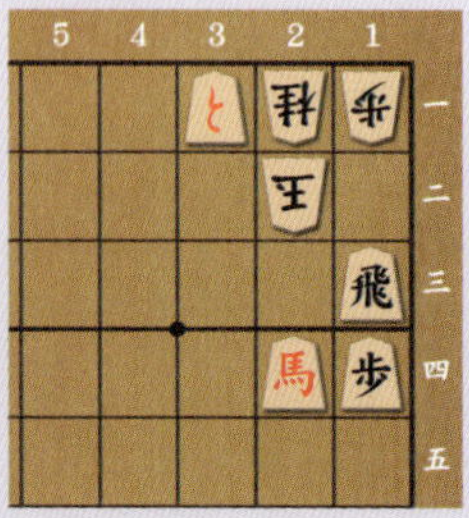

途中図《とちゅうず》
☗1三飛《ひ》
☖2二玉《ぎょく》

持駒《もちごま》　なし

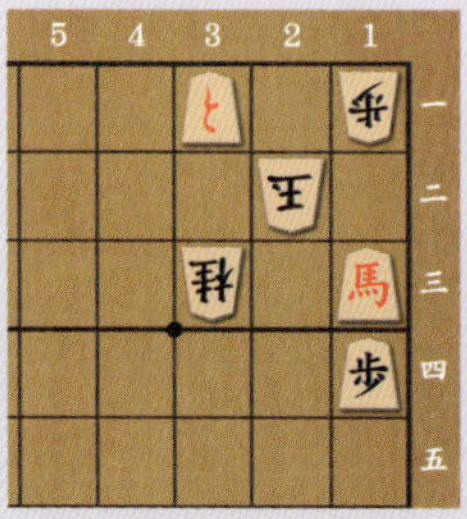

【正解図《せいかいず》】
☗3三飛成《ひなり》
☖同桂《どうけい》
☗1三馬《うま》
まで5手詰《ごてづめ》

捨駒《すてごま》で守備駒《しゅびごま》を移動《いどう》させるというのも大切《たいせつ》な手《て》です。

＊成《な》り捨《す》てるとは、文字通《もじどお》り、相手陣《あいてじん》で成《な》った駒《こま》を捨駒《すてごま》として使《つか》うことです。

上級

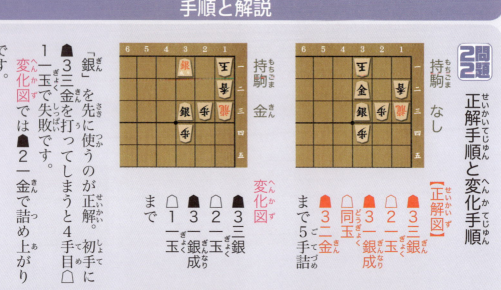

問題25

5《ご》手《て》詰《づめ》

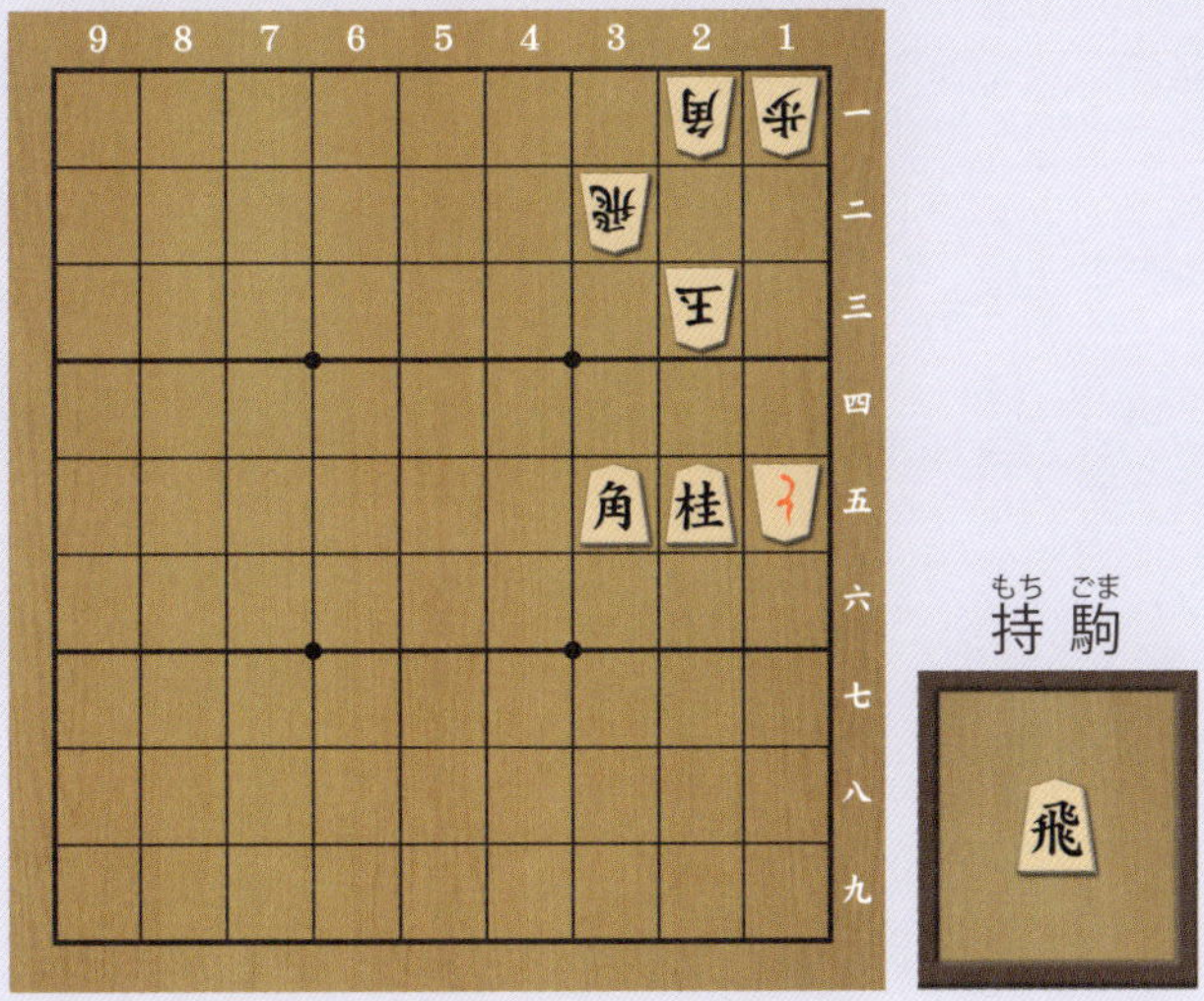

【ヒント】捨駒《すてごま》を使って「玉《ぎょく》」の位置《いち》を変《か》えましょう。

問題26

5《ご》手《て》詰《づめ》

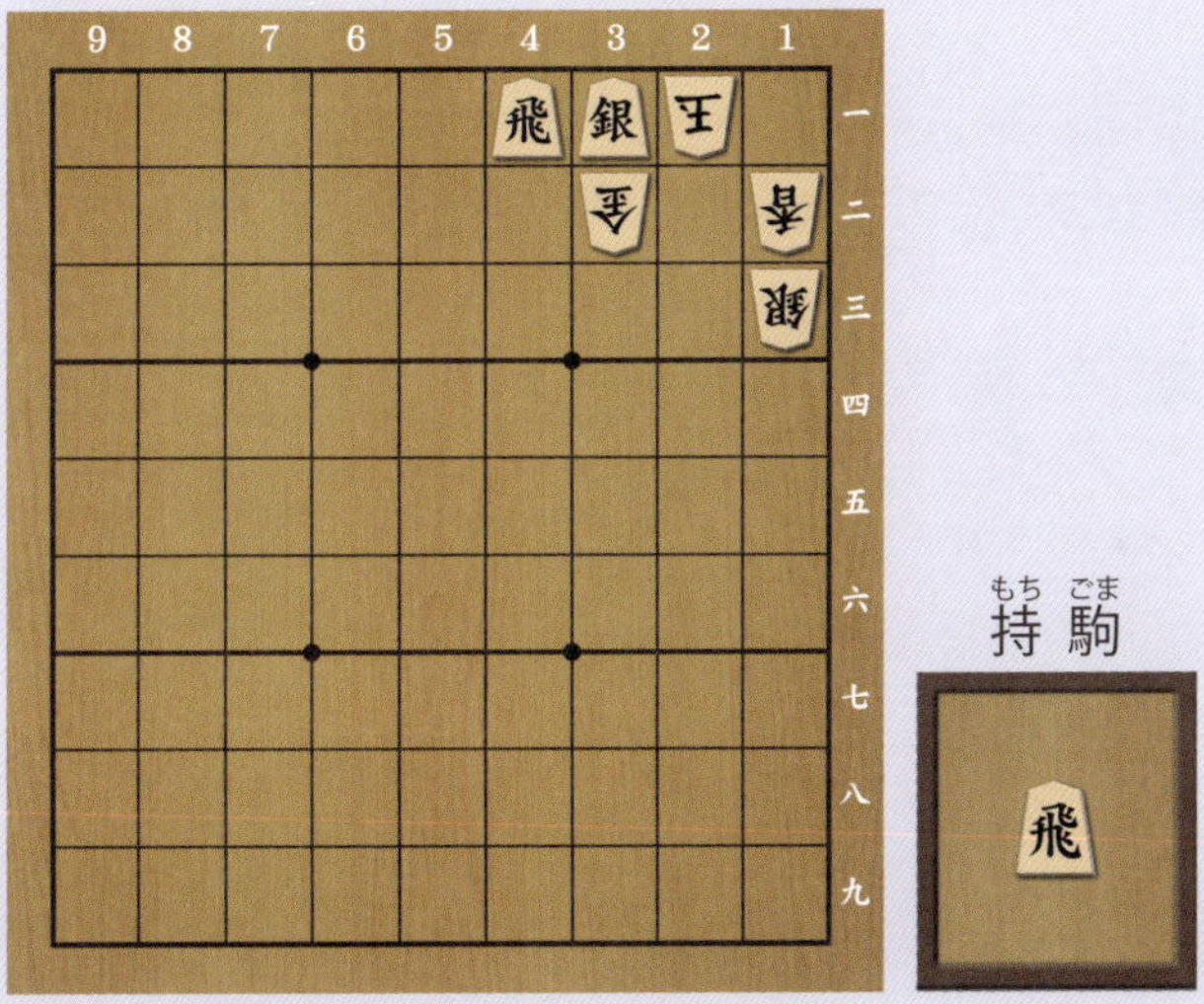

【ヒント】「両王手《りょうおうて》」をねらっていきましょう。

問題27

5《ご》手《て》詰《づめ》

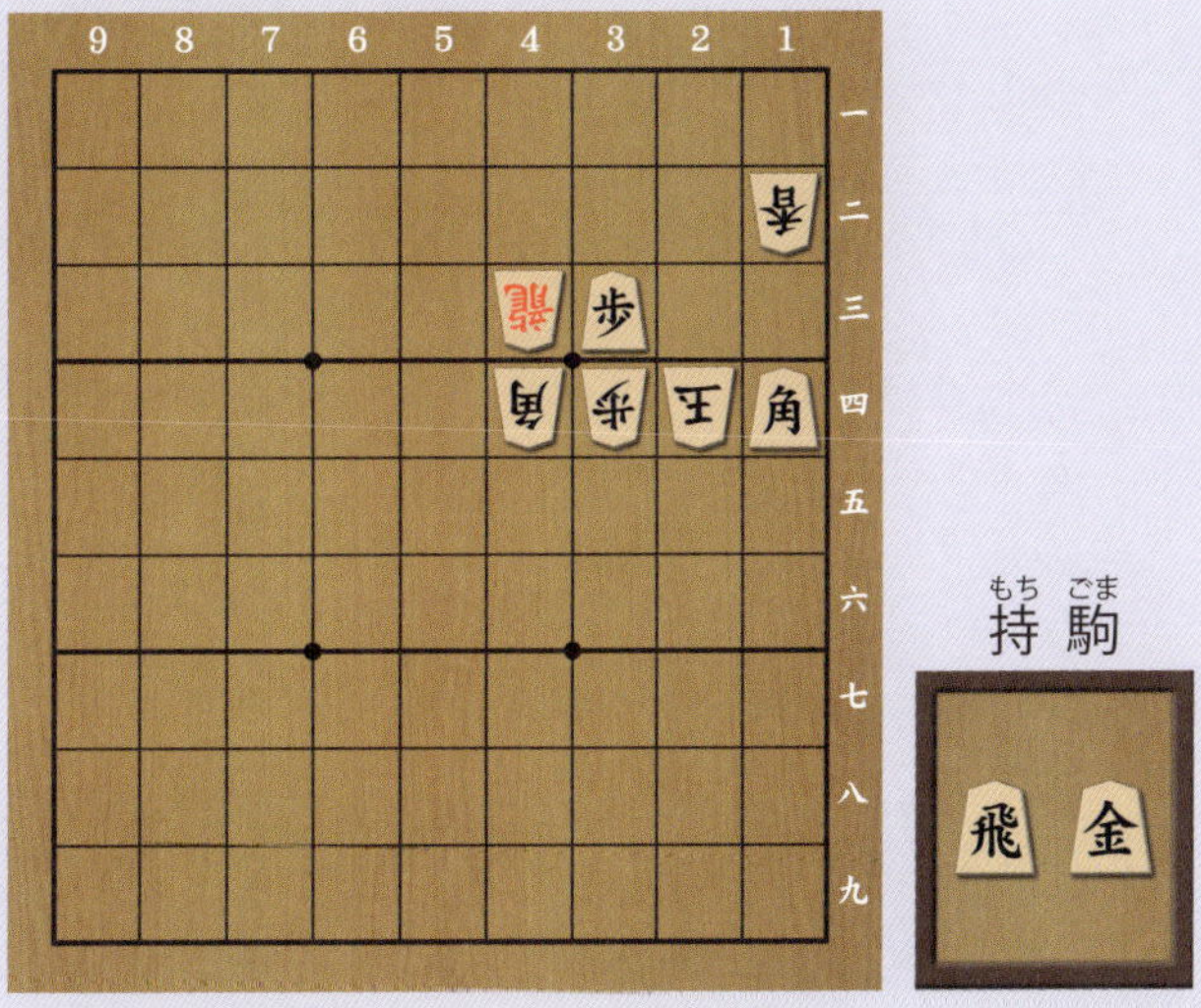

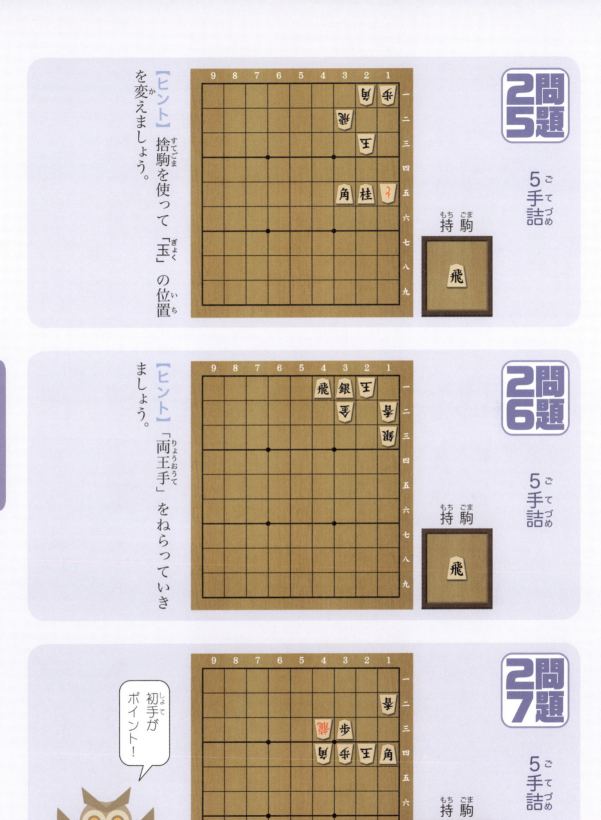

手順《てじゅん》と解説《かいせつ》

問題25 途中経過《とちゅうけいか》と正解手順《せいかいてじゅん》

持駒《もちごま》　なし

途中図《とちゅうず》

▲2四飛《ひ》
△1二玉《ぎょく》

持駒《もちごま》　なし

【正解図《せいかいず》】

▲2二飛成《ひなり》
△同玉《どうぎょく》
▲1三角成《かくなり》
まで5手詰《ごてづめ》

「玉《ぎょく》」が2二にいたらいいな、と考《かんが》えることが大切《たいせつ》です。

▲2四飛、△1二玉（途中図《とちゅうず》）と「玉《ぎょく》」を下段《げだん》に落《お》として、もう一度《いちど》「飛《ひ》」で追《お》いこみます。

なお、4手目《てめ》が△同飛《どうひ》でも▲1三角成《かくなり》で詰《つ》みです。

問題26 正解手順《せいかいてじゅん》と失敗例《しっぱいれい》

持駒《もちごま》　なし

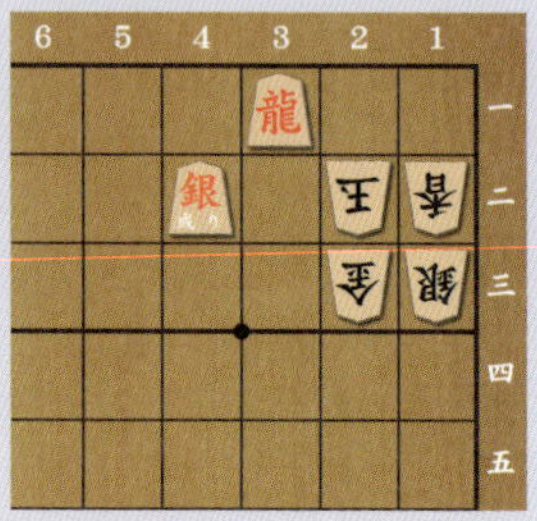

【正解図《せいかいず》】

▲2三飛《ひ》
△同金《どうきん》
▲4二銀成《ぎんなり》
△2二玉《ぎょく》
▲3一飛成《ひなり》
まで5手詰《ごてづめ》

持駒《もちごま》　なし

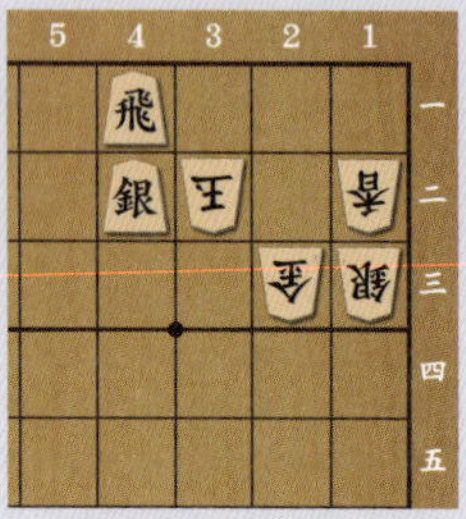

失敗図《しっぱいず》

▲2三飛《ひ》
△同金《どうきん》
▲4二銀不成《ぎんならず》
△3二玉《ぎょく》
まで（失敗《しっぱい》）

2手目《てめ》で後手《ごて》が2二に合駒《あいごま》を打《う》ってきても▲同銀成《どうぎんなり》の「両王手《りょうおうて》」で詰《つ》みになります。

3手目《てめ》▲4二銀成《ぎんなり》の「あき王手《おうて》」が正解《せいかい》です。

問題27 正解手順《せいかいてじゅん》と変化手順《へんかてじゅん》

持駒《もちごま》　なし

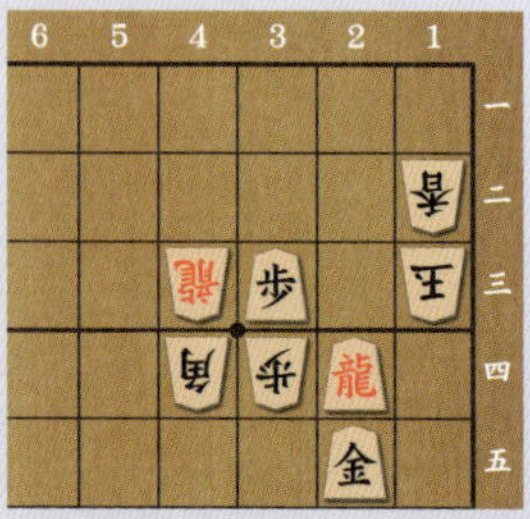

【正解図《せいかいず》】

▲2二飛《ひ》
△1四玉《ぎょく》
▲2五金《きん》
△1三玉《ぎょく》
▲2四飛成《ひなり》
まで5手詰《ごてづめ》

持駒《もちごま》　金《きん》

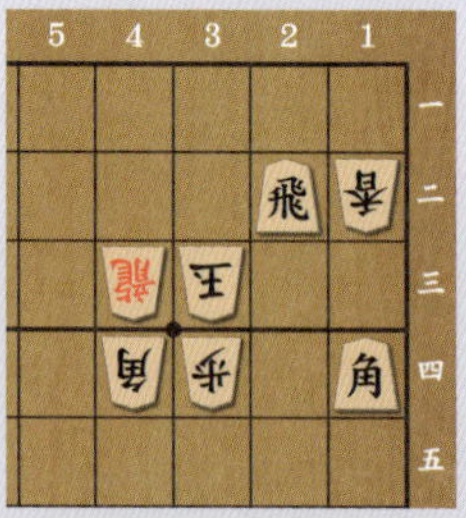

変化図《へんかず》

▲2二飛《ひ》
△3三玉《ぎょく》
まで

変化図《へんかず》では、3手目《てめ》▲2三角成《かくなり》で詰《つ》め上《あ》がり（3手詰《さんてづめ》）です。

問題28

5手詰《ごてづめ》

持駒《もちごま》

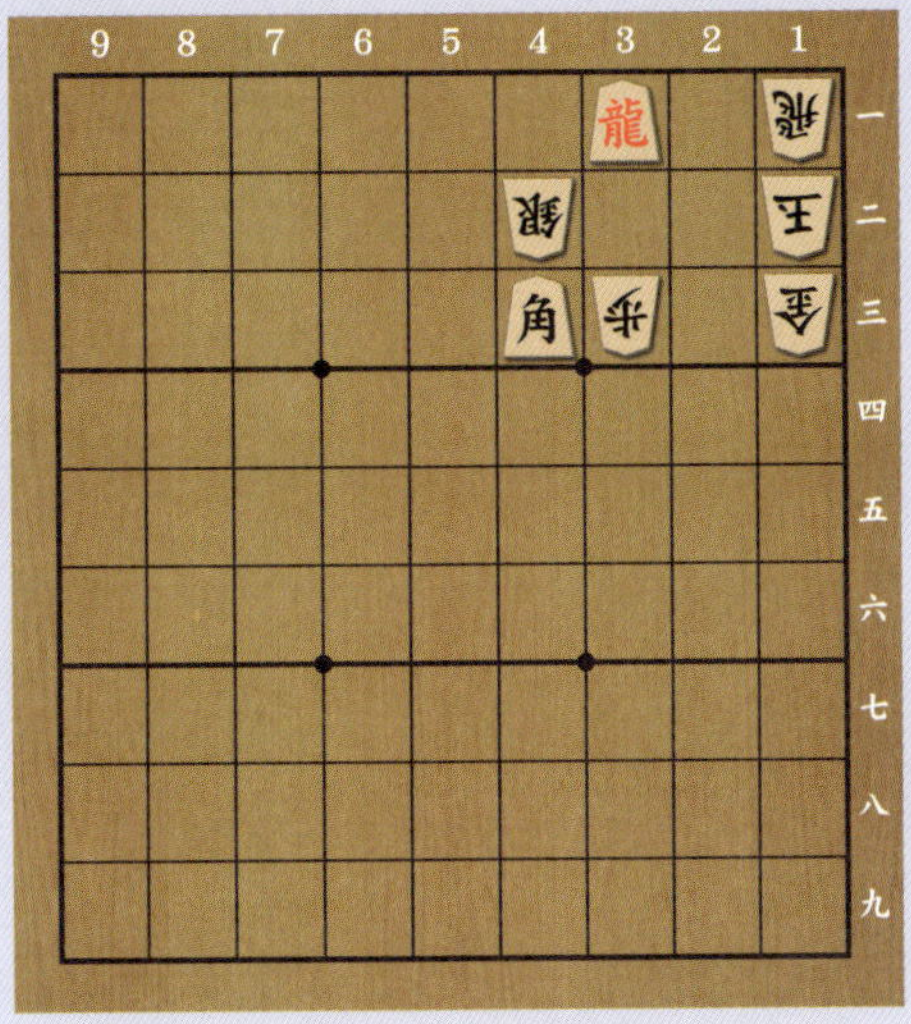

問題29

5手詰《ごてづめ》

持駒《もちごま》

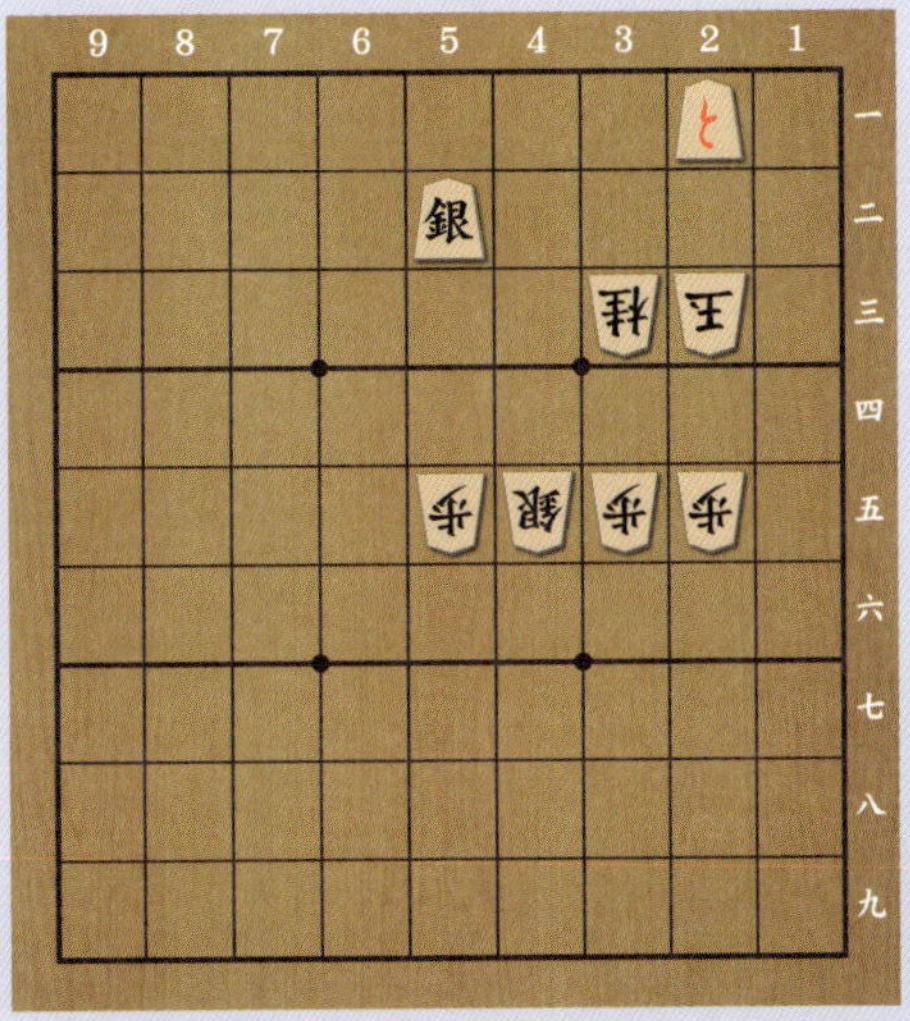

【ヒント】「角《かく》」を打《う》つ場所《ばしょ》が一番《いちばん》大切《たいせつ》です。ここしかないポイント（限定打《げんていだ》）をねらいましょう

問題30

5手詰《ごてづめ》

持駒《もちごま》

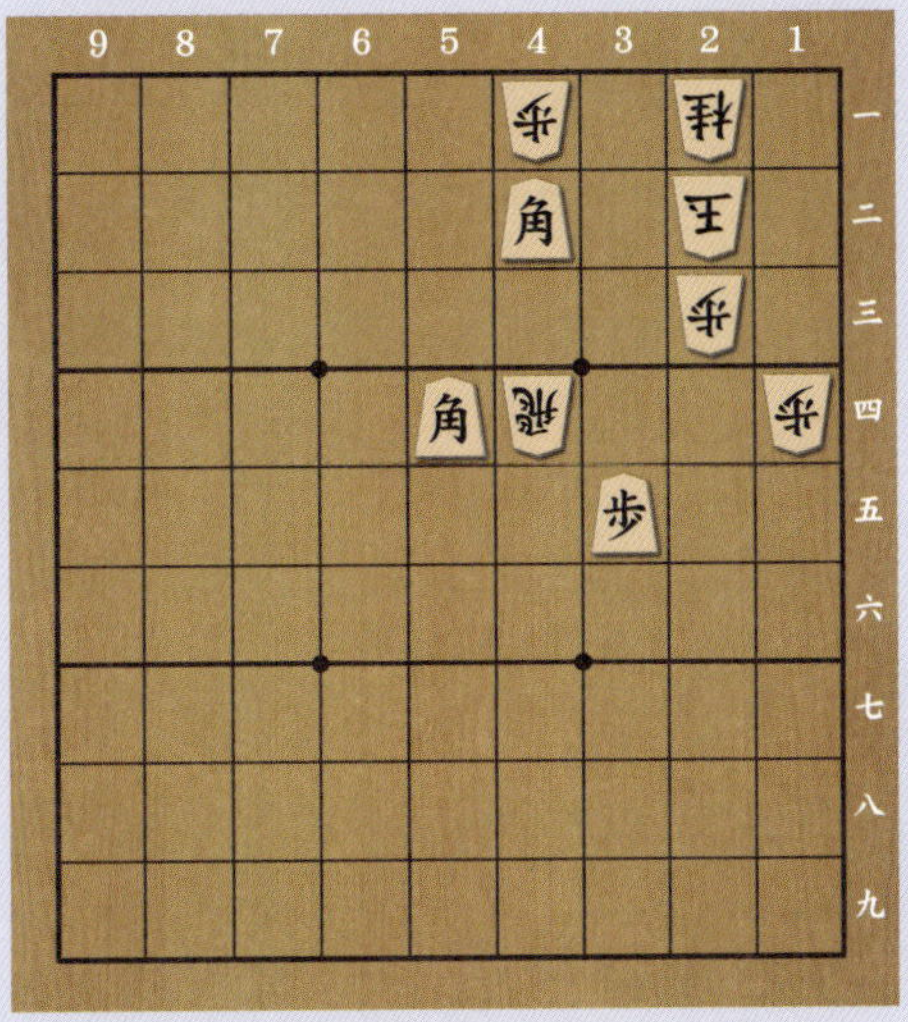

【ヒント】「角《かく》」のききをいかして攻《せ》めましょう。

手順《てじゅん》と解説《かいせつ》

問題28 途中経過《とちゅうけいか》と正解手順《せいかいてじゅん》

持駒《もちごま》 なし

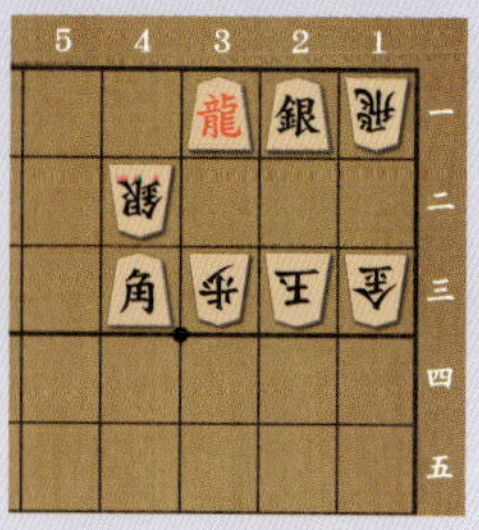

途中図《とちゅうず》

☗2一銀《ぎん》
☖2三玉《ぎょく》

持駒《もちごま》 なし

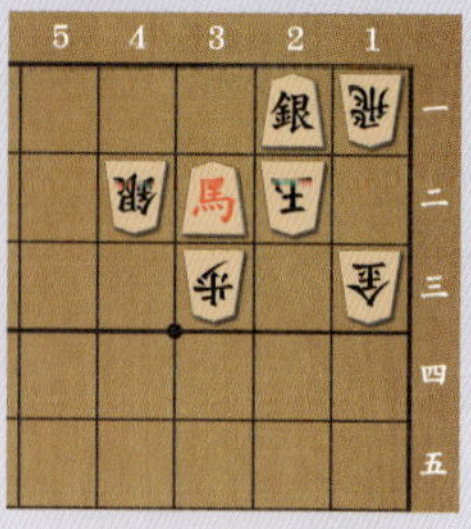

【正解図《せいかいず》】

☗2二龍《りゅう》
☖同玉《どうぎょく》
☗3二角成《かくなり》
まで5手詰《ごてづめ》

4手目《てめ》☖1四玉は☗2五龍《りゅう》で詰《つ》め上《あ》がりです。2手目《てめ》が☖同飛《どうひ》なら☗同龍《どうりゅう》まで3手詰《てづめ》になります。

問題29 正解手順《せいかいてじゅん》と変化手順《へんかてじゅん》

持駒《もちごま》 なし

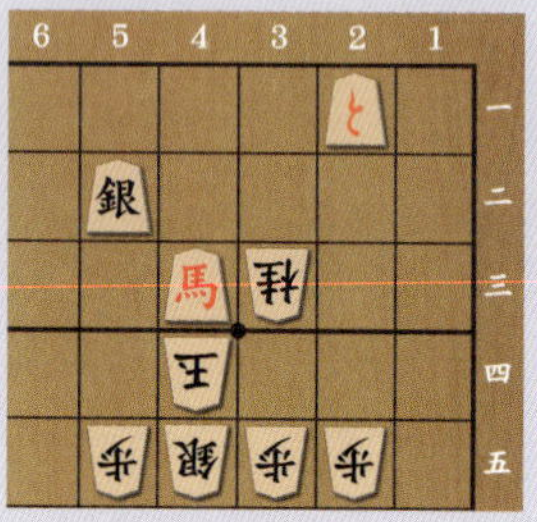

【正解図《せいかいず》】

☗3二角《かく》
☖3四玉《ぎょく》
☗4四飛《ひ》
☖同玉《どうぎょく》
☗4三角成《かくなり》
まで5手詰《ごてづめ》

持駒《もちごま》 なし

変化図《へんかず》

☗3二角《かく》
☖2四玉《ぎょく》
☗1四飛《ひ》
まで3手詰《さんてづめ》

初手《しょて》「玉《ぎょく》」につけて打《う》つ☗3二角《かく》が限定打《げんていだ》。☖3四玉《ぎょく》に☗4四飛《ひ》と呼《よ》びこんで詰《つ》みます。

2手目《てめ》☖2四玉《ぎょく》（変化図《へんかず》）は☗1四飛《ひ》まで。

初手《しょて》が☗4一角《かく》だったら、最後《さいご》で☗4三角成《かくなり》とできず詰《つ》みません。

問題30 正解手順《せいかいてじゅん》と変化手順《へんかてじゅん》

持駒《もちごま》 なし

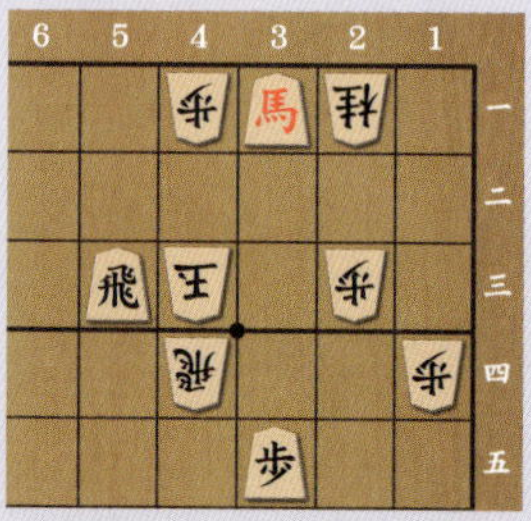

【正解図《せいかいず》】

☗3一角成《かくなり》
☖3三玉《ぎょく》
☗4三角成《かくなり》
☖同玉《どうぎょく》
☗5三飛《ひ》
まで5手詰《ごてづめ》

持駒《もちごま》 飛《ひ》 桂《けい》

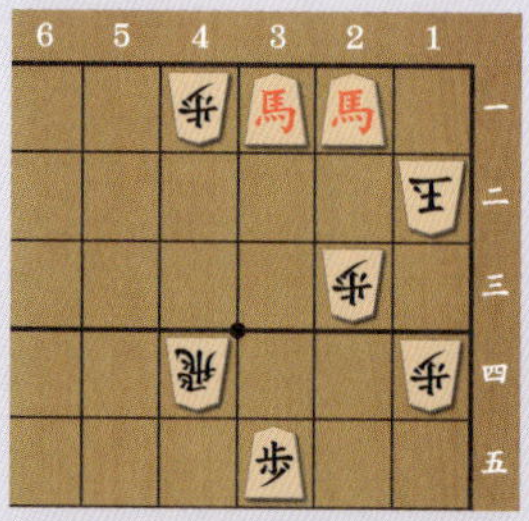

変化図《へんかず》

☗3一角成《かくなり》
☖1二玉《ぎょく》
☗2一角成《かくなり》
まで3手詰《さんてづめ》

4手目《てめ》☖同飛《どうひ》は☗3四飛《ひ》まで。

4手目《てめ》☖2四玉《ぎょく》は☗2五飛《ひ》まで。続《つづ》けて「角《かく》」を成《な》り捨《す》てる豪快《ごうかい》な手順《てじゅん》です。

コラム③ ［名作詰将棋《めいさくつめしょうぎ》２　名匠《めいしょう》の絶品《ぜっぴん》二題《にだい》］

内藤國雄《ないとうくにお》　九段《くだん》　作《さく》

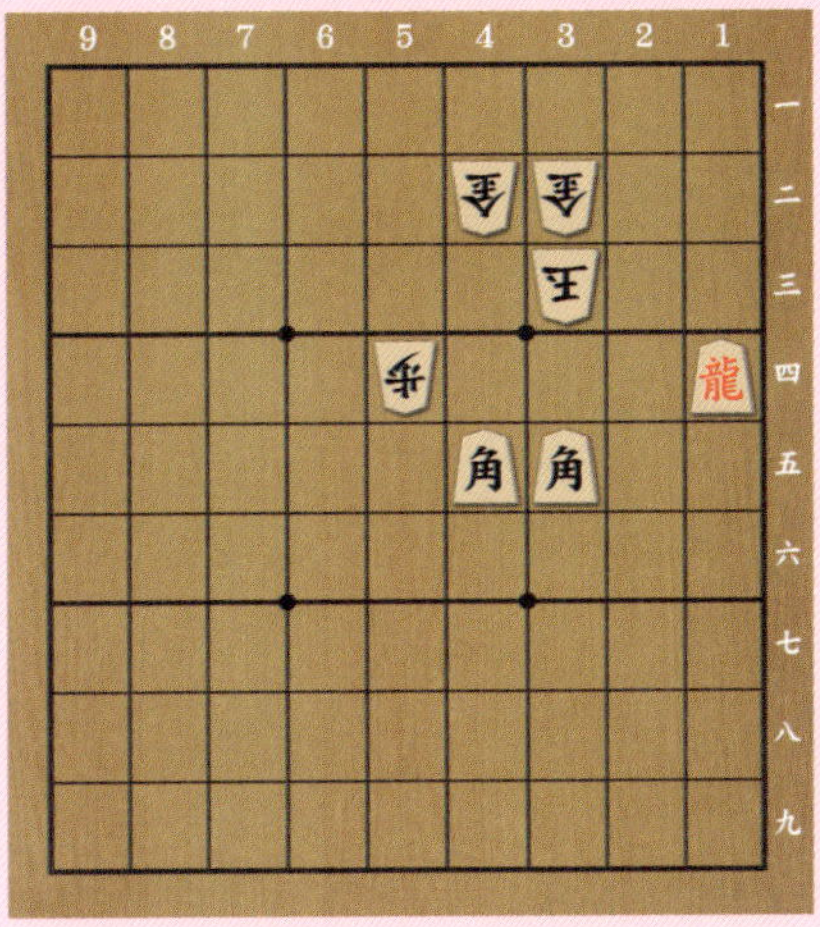

持駒《もちごま》
なし

【ヒント】手数《てすう》はヒミツにしておきますが、かなり短《みじか》い手数《てすう》で詰《つ》みます。

内藤國雄《ないとうくにお》九段《くだん》は関西将棋界《かんさいしょうぎかい》の大御所《おおごしょ》です。大山《おおやま》十五世名人《せいめいじん》や、中原誠《なかはらまこと》十六世名人《せいめいじん》とタイトルを争《あらそ》いました。引退《いんたい》された後《あと》も、詰将棋作家《つめしょうぎさっか》として長《なが》く活躍《かつやく》されています。歌手《かしゅ》としても有名《ゆうめい》で、１９７６年の「おゆき」はミリオンセラーになっています。

勝浦《かつうら》　修《おさむ》　九段《くだん》　作《さく》

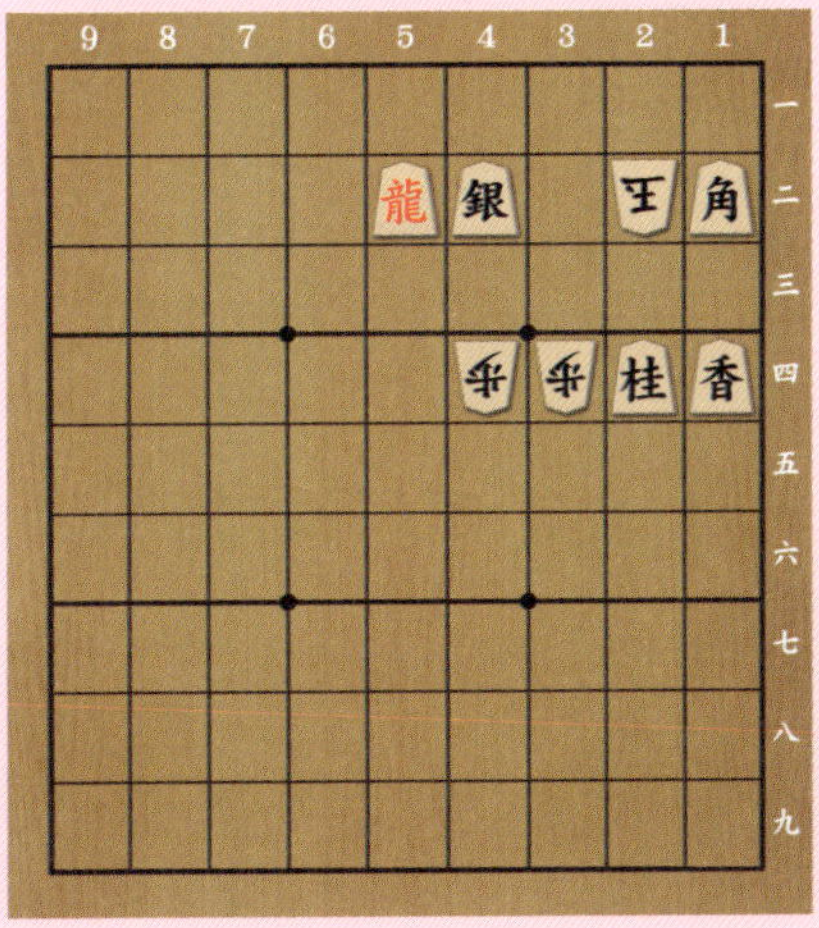

持駒《もちごま》
なし

【ヒント】５手詰《ごてづめ》として最高《さいこう》レベルにむずかしい名作《めいさく》で、プロでも悩《なや》むほどです。

勝浦修九段《かつうらおさむくだん》はその鋭《するど》い終盤力《しゅうばんりょく》から「カミソリ流《りゅう》」とも呼《よ》ばれた名棋士《めいきし》。日本将棋連盟杯争奪戦優勝《にほんしょうぎれんめいはいそうだつせんゆうしょう》など、通算《つうさん》７１４勝《しょう》を上《あ》げ、１９９３年《ねん》には将棋栄誉賞《しょうぎえいよしょう》を受賞《じゅしょう》しています。

また、詰将棋作家《つめしょうぎさっか》としても長《なが》く活動《かつどう》されています。

名作詰将棋《めいさくつめしょうぎ》の解答《かいとう》

塚田正夫《つかだまさお》　名誉十段《めいよじゅうだん》　作《さく》
☗２三銀《ぎん》　☖１三玉《ぎょく》
☗１二飛《ひ》　☖同香《どうきょう》
☗２二銀不成《ぎんならず》　まで５手詰《ごてづめ》。

清野静男《せいのしずお》　八段《はちだん》　作《さく》
☗２二金《きん》　☖同馬《どううま》　☗３三金《きん》
☖同馬《どううま》　☗１三金《きん》まで５手詰《ごてづめ》。

二上達也《ふたかみたつや》　九段《くだん》　作《さく》
☗１二金《きん》　☖同香《どうきょう》　☗１一銀《ぎん》
☖同玉《どうぎょく》　☗３一飛成《ひなり》
まで５手詰《ごてづめ》。

内藤國雄《ないとうくにお》　九段《くだん》　作《さく》
☗２四龍《りゅう》　☖４三玉《ぎょく》　☗３四角《かく》
まで３手詰《さんてづめ》。

勝浦《かつうら》　修《おさむ》　九段《くだん》　作《さく》
☗３二桂成《けいなり》　☖同玉《どうぎょく》　☗４一龍《りゅう》
☖４三玉《ぎょく》　☗２一角成《かくなり》
まで５手詰《ごてづめ》。

レベル判定問題《はんていもんだい》

総《そう》仕《し》上《あ》げとして、レベル判《はん》定問題《ていもんだい》を10問用意《じゅうもんようい》しました。勝浦修九段《かつうらおさむくだん》にお願《ねが》いして、出題《しゅつだい》していただいたスペシャルな詰将棋《つめしょうぎ》の問題《もんだい》です。今《いま》の自分《じぶん》の実力《じつりょく》を判定《はんてい》してみましょう。

問題1

持駒《もちごま》

金 金

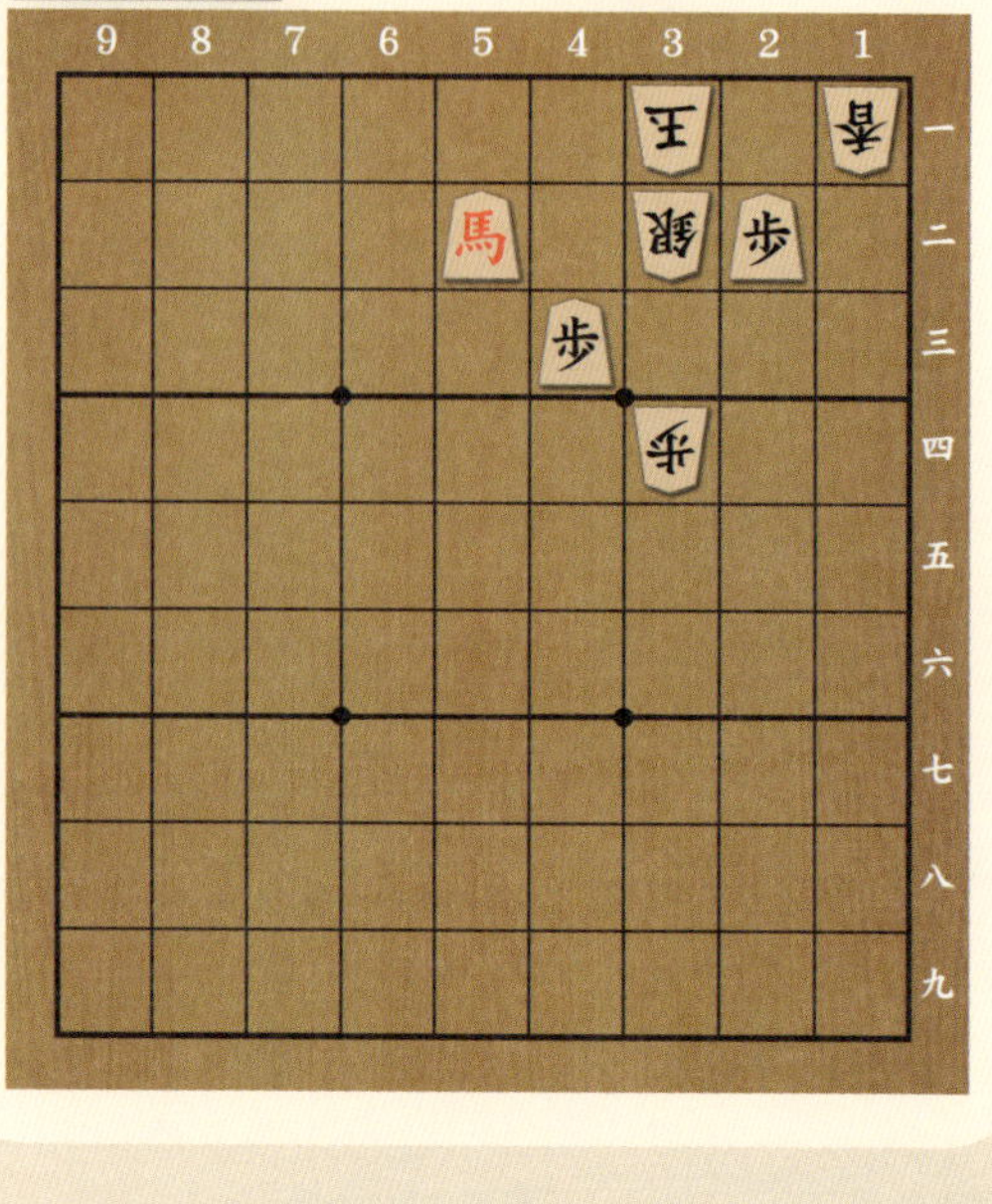

問題2

持駒《もちごま》

なし

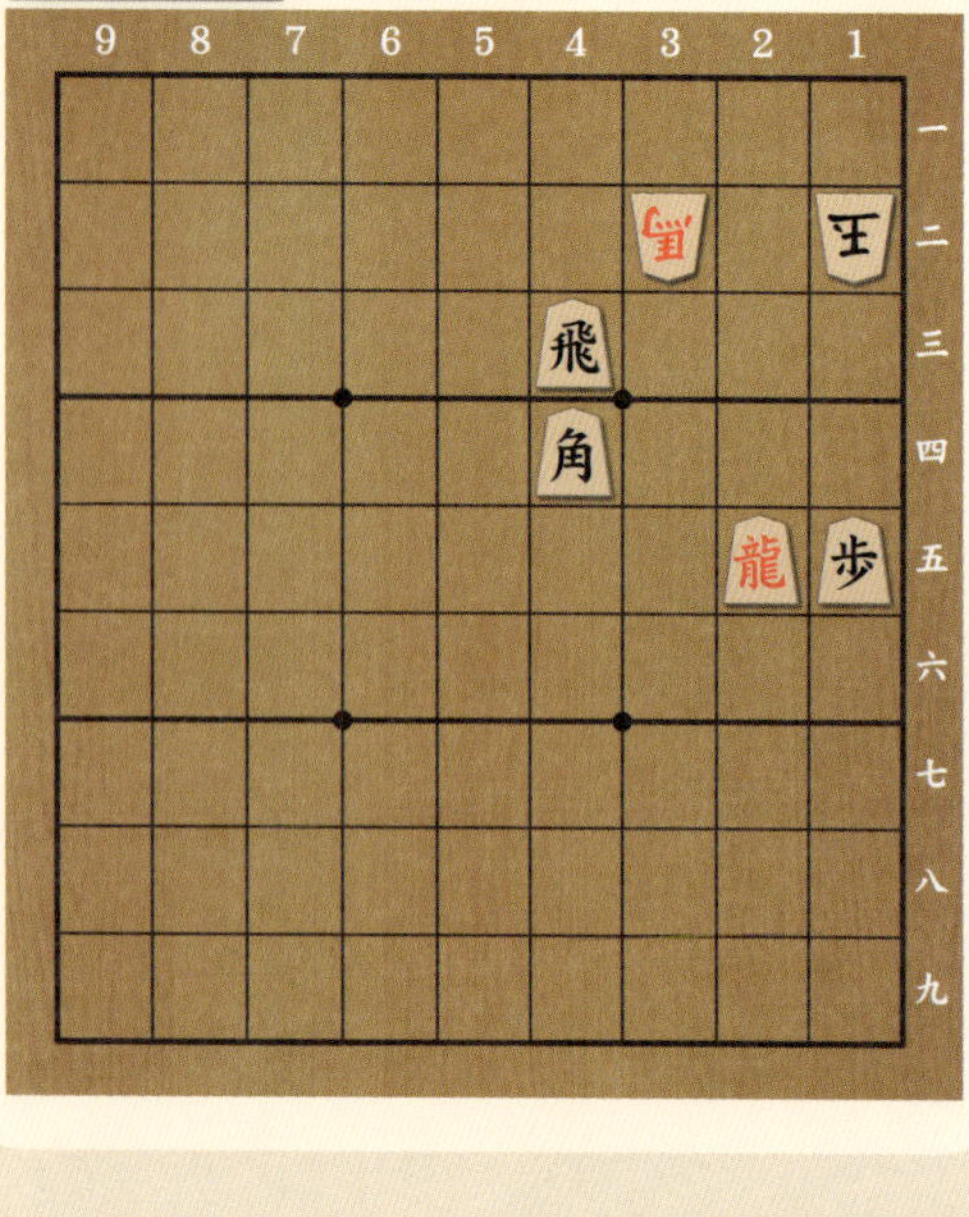

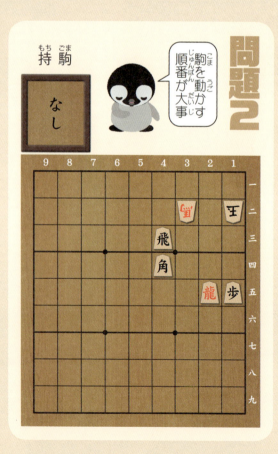

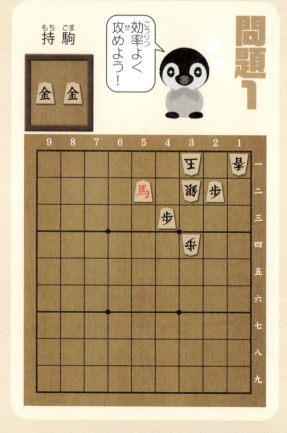

問題3

持駒《もちごま》

なし

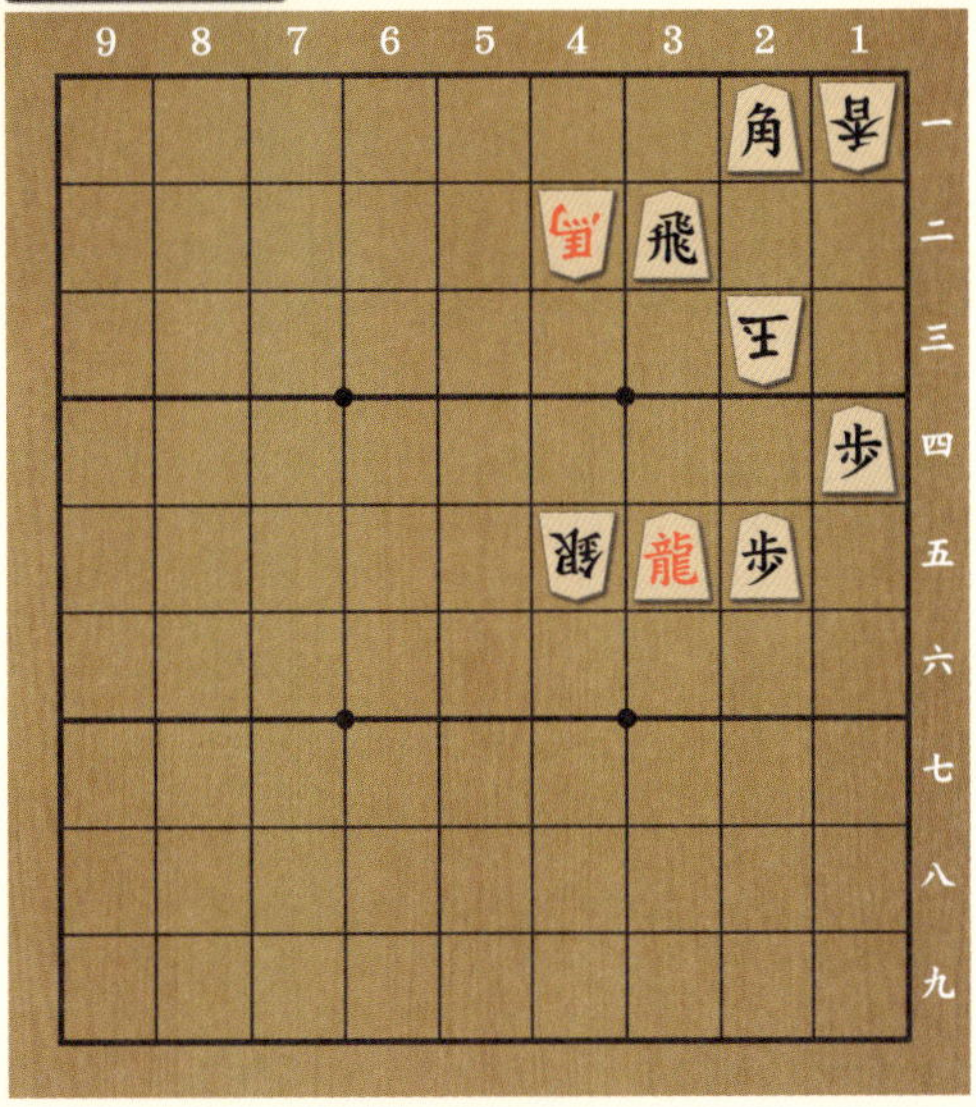

問題4

持駒《もちごま》

角

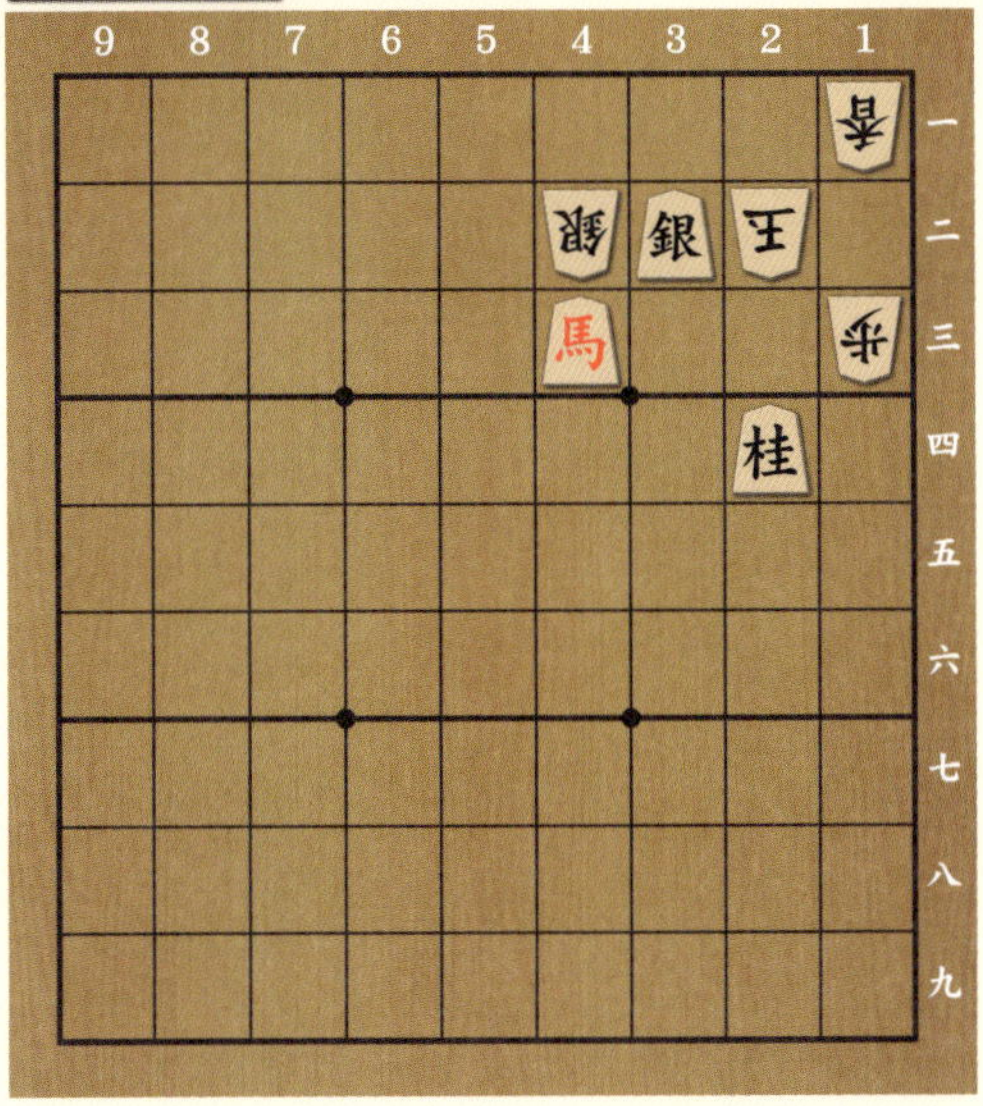

問題5

持駒《もちごま》

金

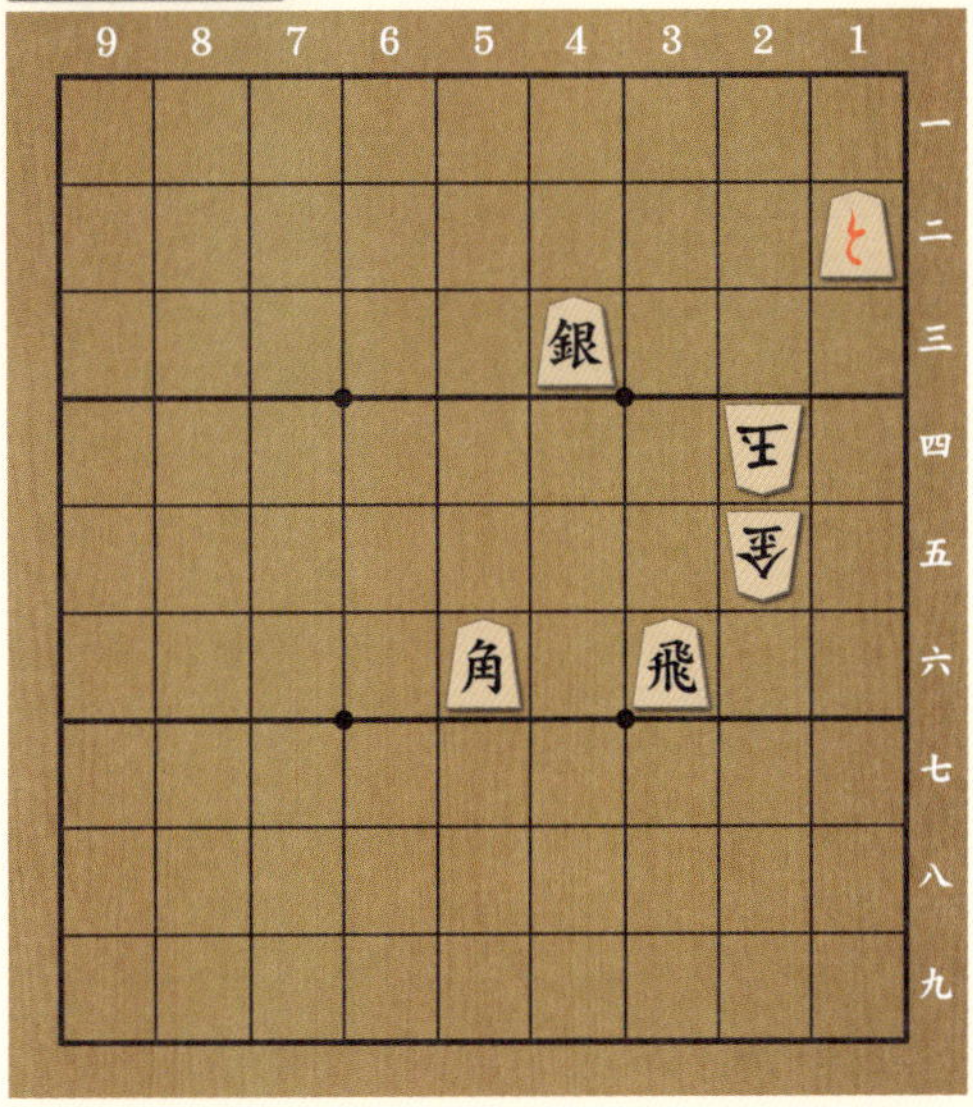

問題6

持駒《もちごま》

金

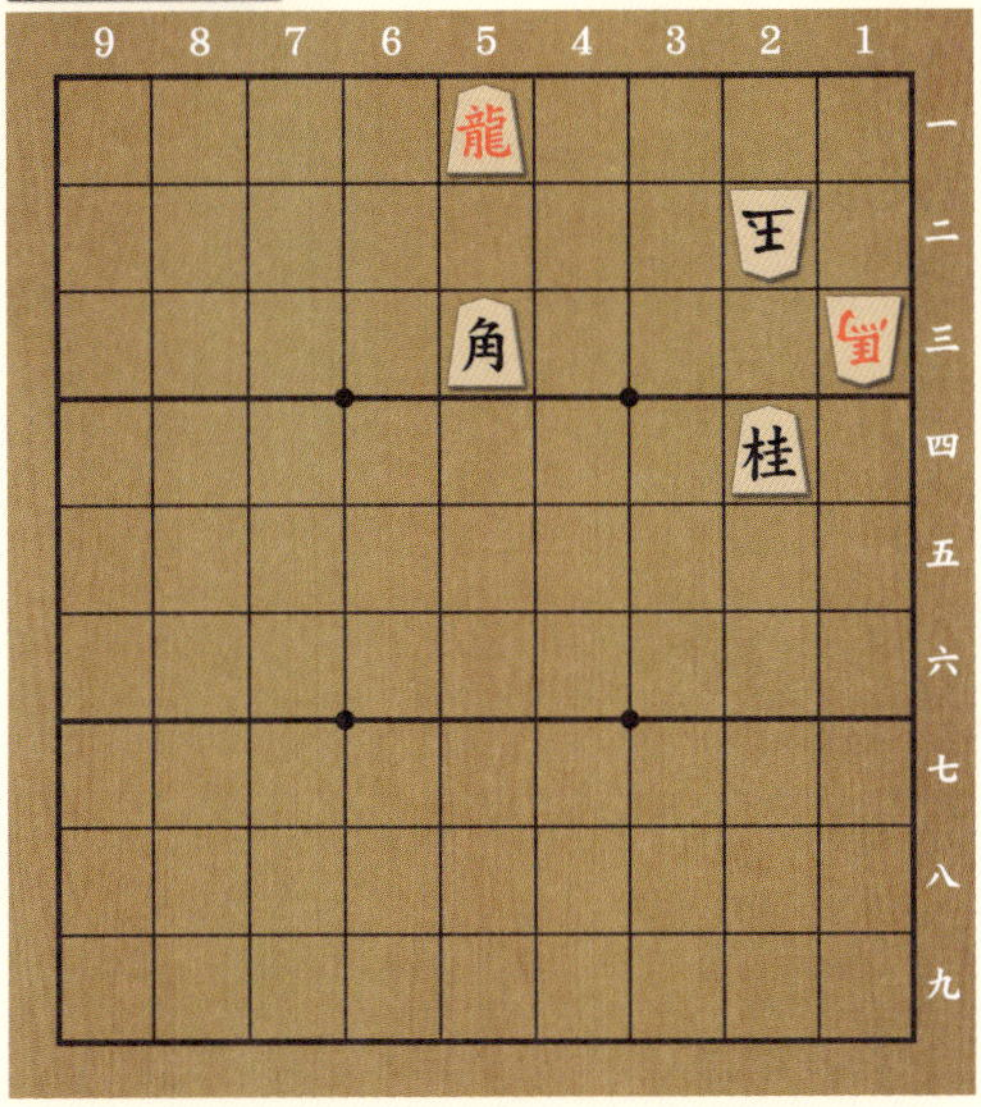

問題7

「金《きん》」の守《まも》りをはずすには…

持《もち》駒《ごま》：金

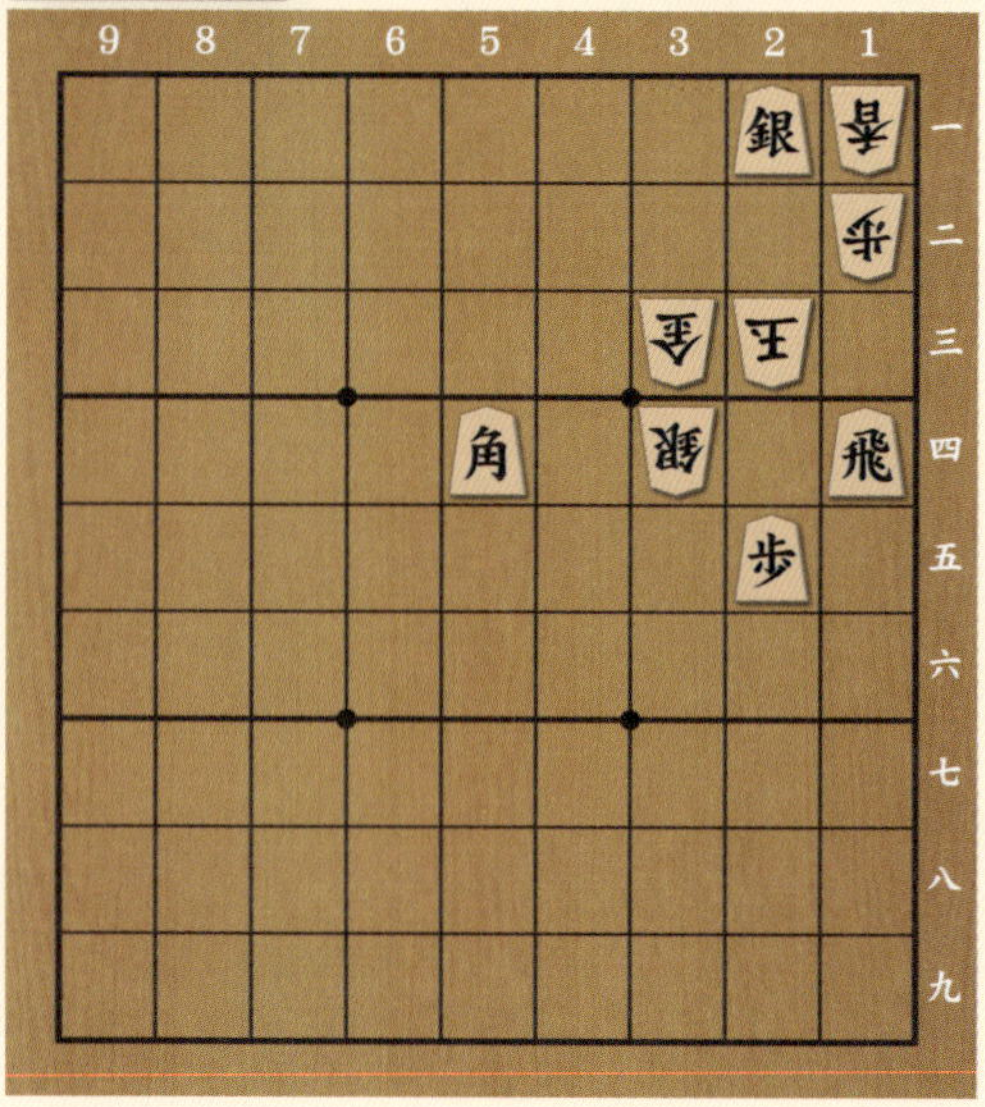

問題8

連続《れんぞく》ワザでハデな攻《せ》め

持《もち》駒《ごま》：飛　金

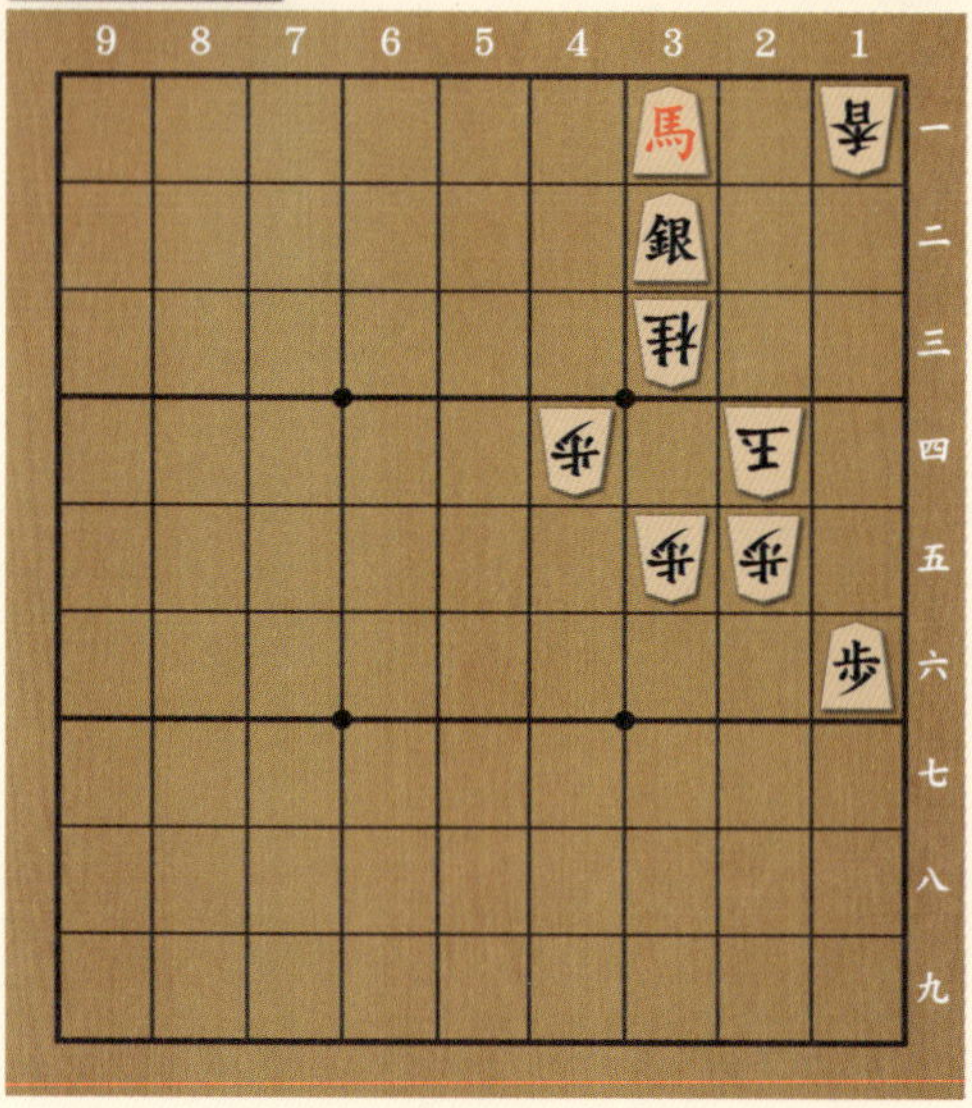

問題9

遠《とお》くにいても「角《かく》」は強力《きょうりょく》！

持《もち》駒《ごま》：飛　桂

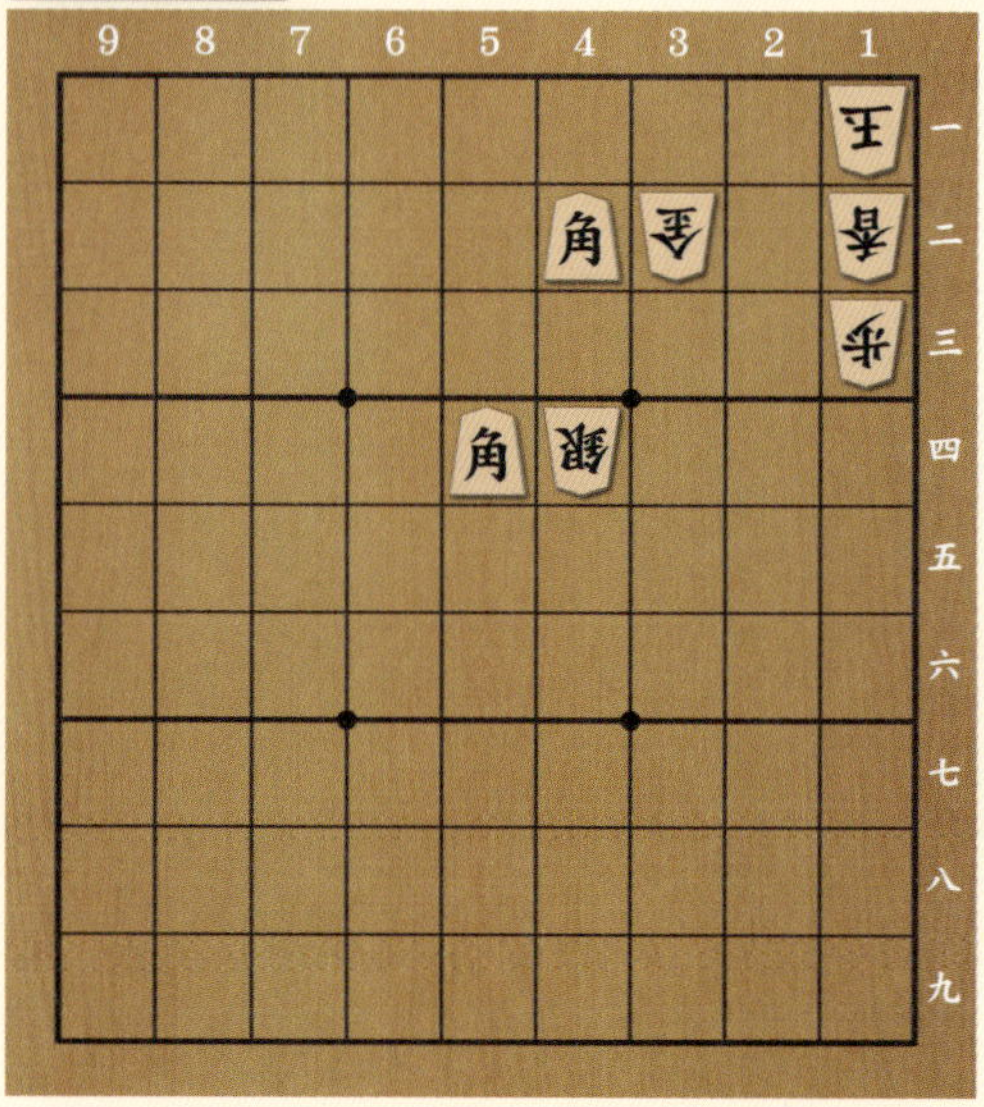

問題10

「飛《ひ》」のききを何《なん》とかしよう

持《もち》駒《ごま》：なし

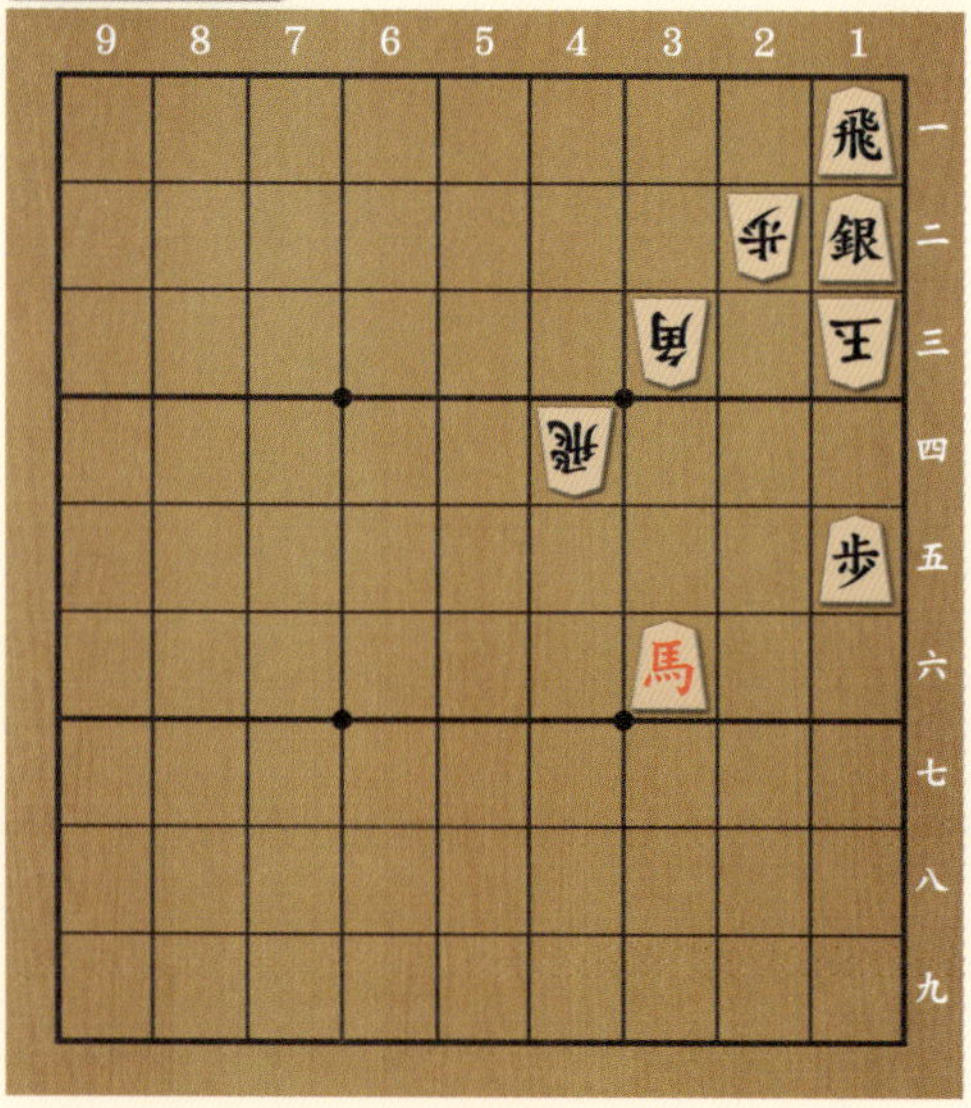

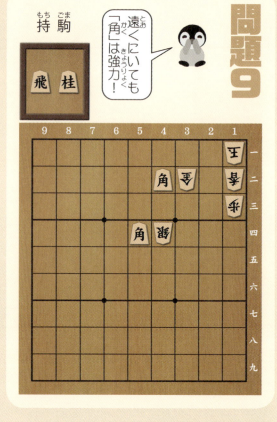

手順《てじゅん》と解説《かいせつ》

問題1　正解手順《せいかいてじゅん》と変化手順《へんかてじゅん》

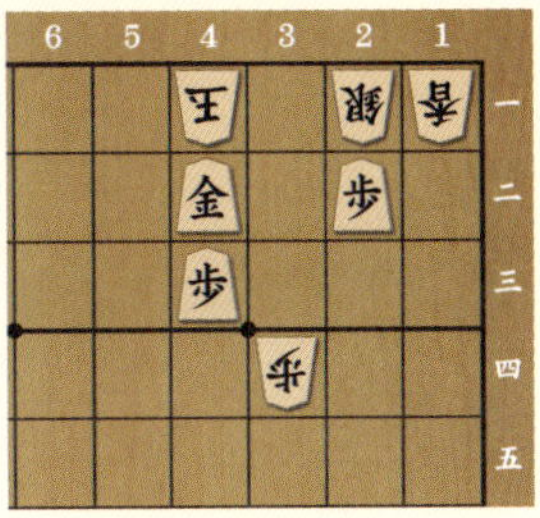

持駒《もちごま》　なし

【正解図《せいかいず》】
☗2一金《きん》
☖同銀《どうぎん》
☗4一馬《うま》
☖同玉《どうぎょく》
☗4二金《きん》
まで5手詰《ごてづめ》

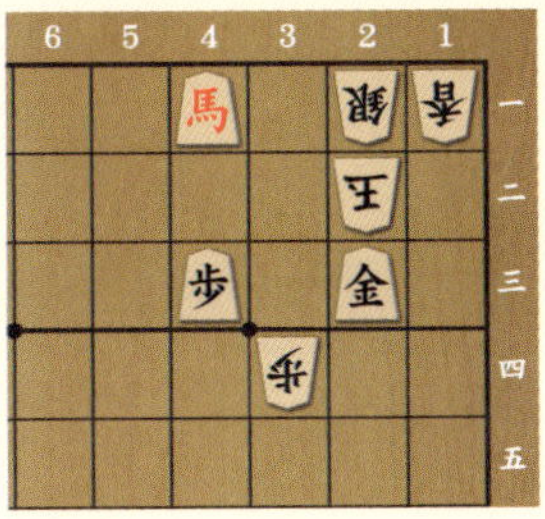

持駒《もちごま》　金《きん》

変化図《へんかず》
☗2一金《きん》
☖同銀《どうぎん》
☗4一馬《うま》
☖2二玉《ぎょく》
☗2三金《きん》
まで

初手《しょて》☗2一金《きん》で「銀《ぎん》」の守《まも》りをはずしたら、☗4一馬《うま》がとてもよい手《て》になります。

4手目《てめ》で☖2二玉《ぎょく》なら☗2三金《きん》まで。

問題2　途中経過《とちゅうけいか》と正解手順《せいかいてじゅん》

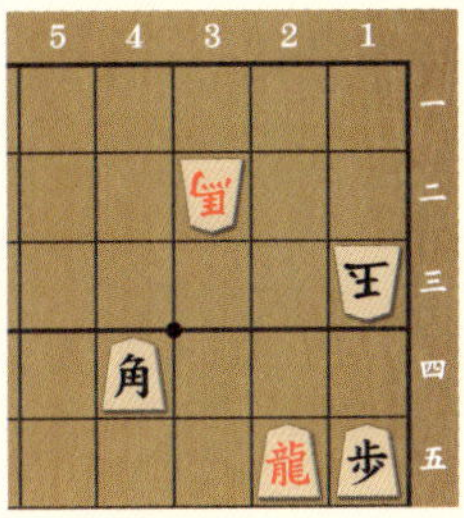

持駒《もちごま》　なし

途中図《とちゅうず》
☗1三飛成《ひなり》
☖同玉《どうぎょく》

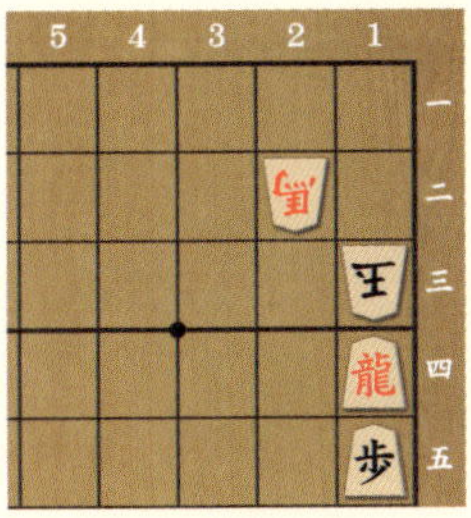

持駒《もちごま》　なし

【正解図《せいかいず》】
☗2二角成《かくなり》
☖同馬《どうま》
☗1四龍《りゅう》
まで5手詰《ごてづめ》

2手目《てめ》☖同玉《どうぎょく》（途中図《とちゅうず》）のあと、「角《かく》」を捨駒《すてごま》として「馬《うま》」のききをはずしたら、「玉《ぎょく》」の頭《あたま》に「龍《りゅう》」が進《すす》んで詰《つ》みとなります。

初手《しょて》で先《さき》に☗2二角成《かくなり》でもよさそうですが、以下《いか》☖同馬《どうま》☗1三飛成《ひなり》☖同馬《どうま》で詰《つ》みません。

問題3　途中経過《とちゅうけいか》と正解手順《せいかいてじゅん》

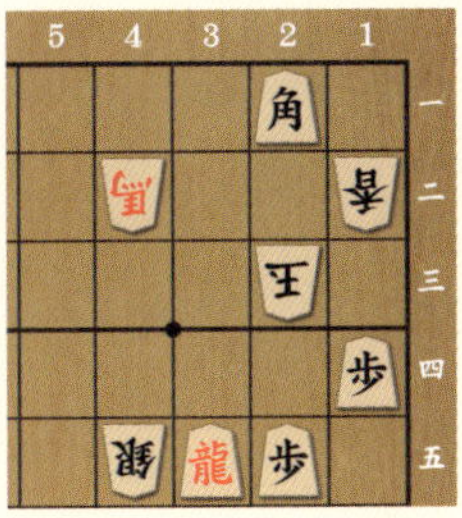

持駒《もちごま》　なし

途中図《とちゅうず》
☗1二飛成《ひなり》
☖同香《どうきょう》

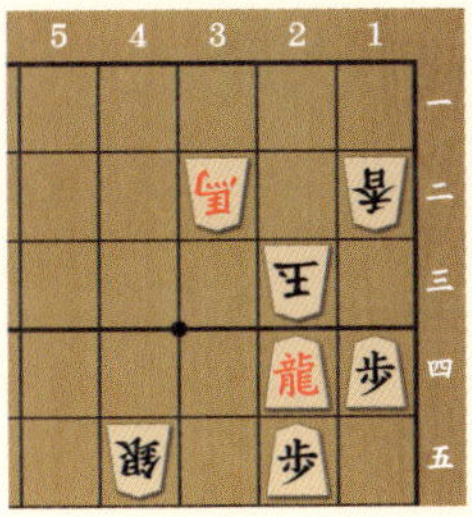

持駒《もちごま》　なし

【正解図《せいかいず》】
☗3二角成《かくなり》
☖同馬《どうま》
☗2四龍《りゅう》
まで5手詰《ごてづめ》

ちょっと見たところ、問題2と少《すこ》し似《に》ていますが、こちらの方《ほう》がずっとむずかしいでしょう。1四からの逃《に》げに注意《ちゅうい》してください。

3手目《てめ》☗3二角成《かくなり》で「馬《うま》」のききをはずして、☗2四龍《りゅう》まで。

手順《てじゅん》と解説《かいせつ》

問題4　正解《せいかい》手順《てじゅん》と変化《へんか》手順《てじゅん》

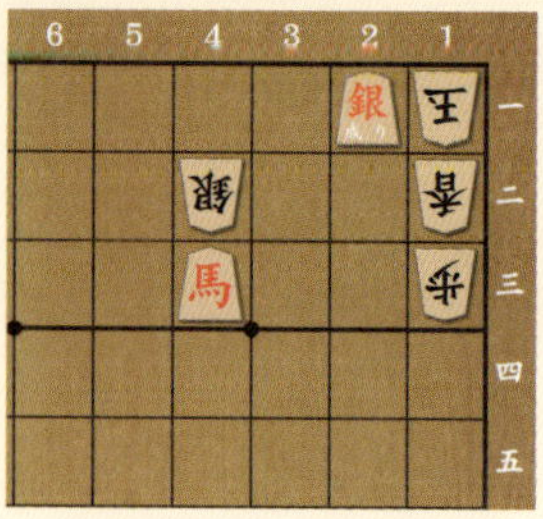

持駒《もちごま》　なし

【正解図《せいかいず》】
☗1二桂成《けいなり》
☖同香《どうきょう》
☗1一角《かく》
☖同玉《どうぎょく》
☗2一銀成《ぎんなり》
まで5手詰《ごてづめ》

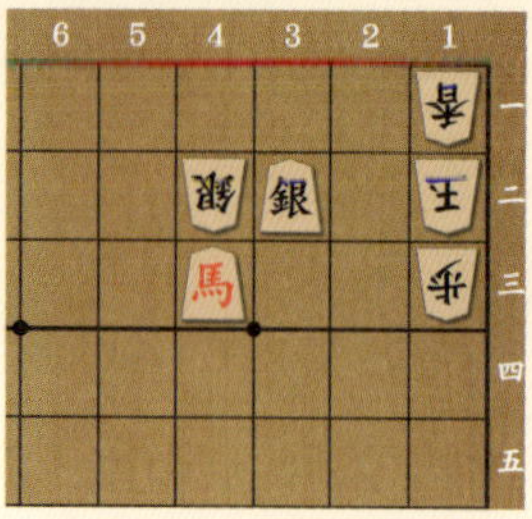

持駒《もちごま》　角《かく》

変化図《へんかず》
☗1二桂成《けいなり》
☖同玉《どうぎょく》
☗3四馬《うま》
☖2二玉《ぎょく》
☗2三馬《うま》
まで5手詰《ごてづめ》

2手目《てめ》が☖同玉《どうぎょく》だと☗3四馬《うま》で駒《こま》余《あま》り（持駒《もちごま》が残《のこ》る）の詰《つ》み。

先《さき》に「角《かく》」を打《う》とうとするとむずかしくなるかもしれませんが、1手目《てめ》の☗1二桂成《けいなり》に気《き》がつけばやさしい問題《もんだい》です。

問題5　正解《せいかい》手順《てじゅん》と変化《へんか》手順《てじゅん》

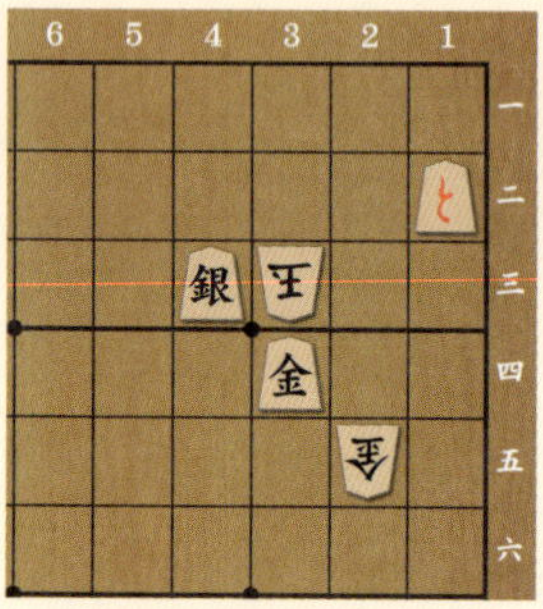

持駒《もちごま》　なし

【正解図《せいかいず》】
☗2三角成《かくなり》
☖同玉《どうぎょく》
☗3三飛成《ひなり》
☖同玉《どうぎょく》
☗3四金《きん》
まで5手詰《ごてづめ》

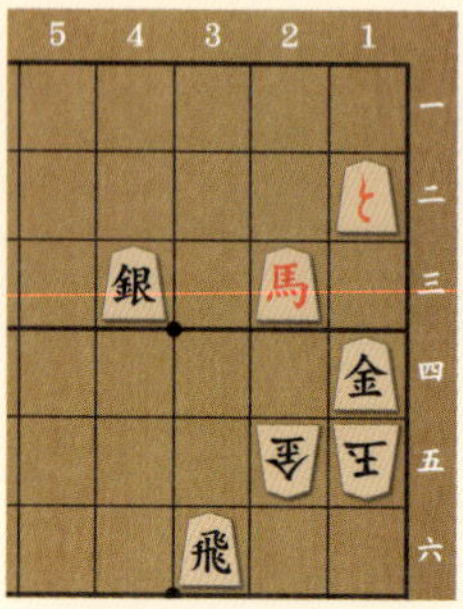

持駒《もちごま》　なし

変化図《へんかず》
☗2三角成《かくなり》
☖1五玉《ぎょく》
☗1四金《きん》
まで3手詰《さんてづめ》

初手《しょて》でいきなり☗3三飛成《ひなり》とすると☖1五玉《ぎょく》で失敗《しっぱい》します。

問題6　正解《せいかい》手順《てじゅん》と変化《へんか》手順《てじゅん》

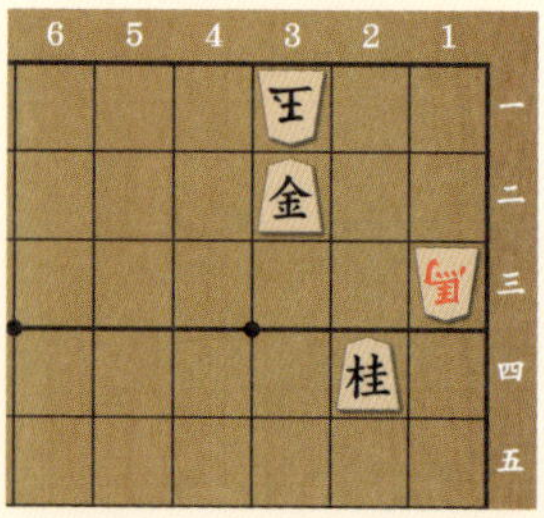

持駒《もちごま》　なし

【正解図《せいかいず》】
☗2一龍《りゅう》
☖同玉《どうぎょく》
☗3一角成《かくなり》
☖同玉《どうぎょく》
☗3二金《きん》
まで5手詰《ごてづめ》

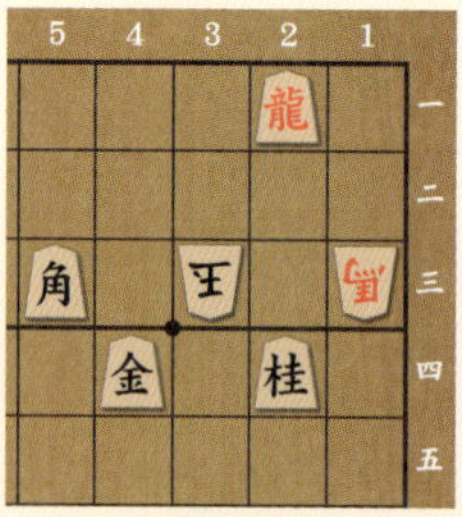

持駒《もちごま》　なし

変化図《へんかず》
☗2一龍《りゅう》
☖3三玉《ぎょく》
☗4四金《きん》
まで3手詰《さんてづめ》

初手《しょて》☗2一龍《りゅう》は「玉《ぎょく》は下段《げだん》に」のセオリーどおりの手《て》です。3手目《てめ》の☗3一角成《かくなり》にたいして☖同馬《どうま》なら☗1二金《きん》までの5手詰《ごてづめ》。2手目《てめ》で☖3三玉《ぎょく》なら☗4四金《きん》までで3手詰《さんてづめ》（変化図《へんかず》）となります。

手順《てじゅん》と解説《かいせつ》

問題7　途中《とちゅう》経過《けいか》と正解《せいかい》手順《てじゅん》

持駒《もちごま》　なし

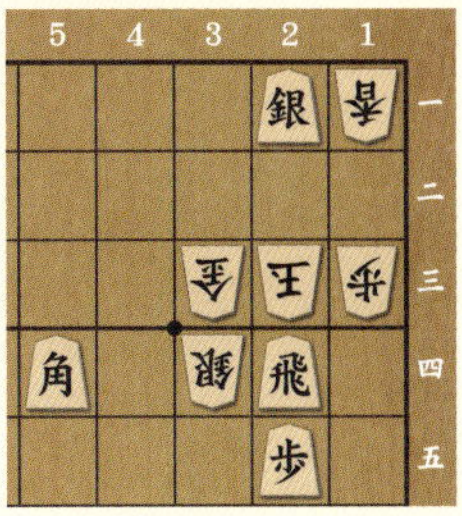

途中図《とちゅうず》
▲1三金《きん》
△同歩《どうふ》
▲2四飛《ひ》

持駒《もちごま》　なし

【正解図《せいかいず》】
△同金《どうきん》
▲3二角成《かくなり》
まで5手詰《ごてづめ》

まずは「玉《ぎょく》」の逃《に》げ場所《ばしょ》となる1三に捨駒《すてごま》の「金《きん》」を打《う》ちます。さらに3手目《てめ》▲2四飛《ひ》（途中図《とちゅうず》）と捨《す》てます。これは△同金《どうきん》ととるほかなく、▲3二角成《かくなり》で詰《つ》みとなります。

問題8　正解《せいかい》手順《てじゅん》と変化《へんか》手順《てじゅん》

持駒《もちごま》　なし

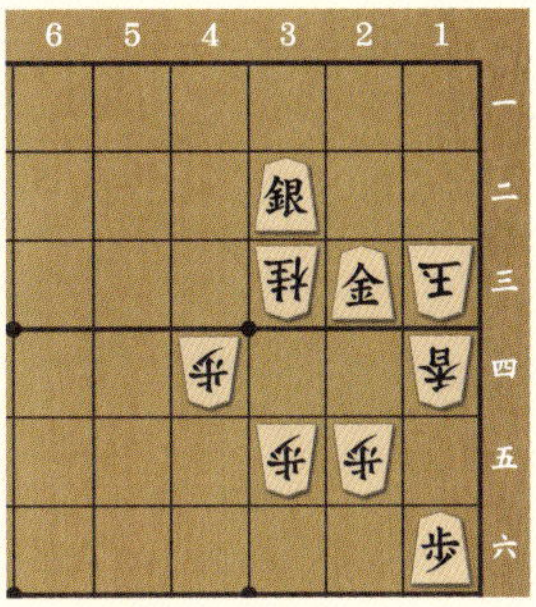

【正解図《せいかいず》】
▲1四飛《ひ》
△同香《どうきょう》
▲1三馬《うま》
△同玉《どうぎょく》
▲2三金《きん》
まで5手詰《ごてづめ》

持駒《もちごま》　金《きん》

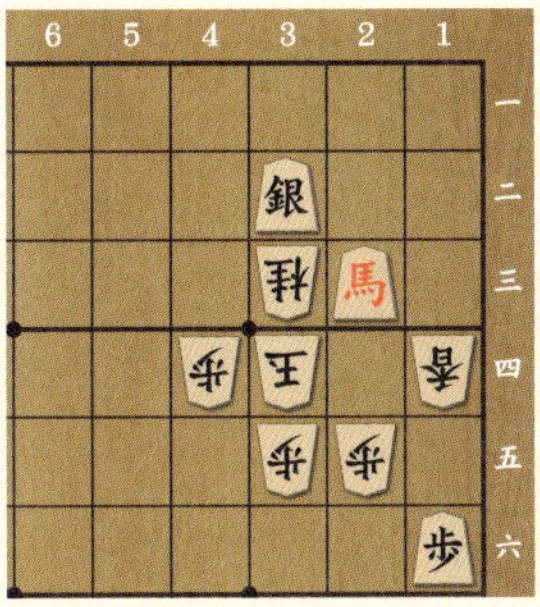

変化図《へんかず》
▲1四飛《ひ》
△同香《どうきょう》
▲1三馬《うま》
△3四玉《ぎょく》
▲2三馬《うま》
まで5手詰《ごてづめ》

2手目《てめ》で△同玉《どうぎょく》だと▲1五金《きん》までの3手詰《さんてづめ》。4手目《てめ》で△3四玉《ぎょく》は▲2三馬《うま》（変化図《へんかず》）まで駒余《こまあま》りの詰《つ》みとなります。大駒《おおごま》を連続《れんぞく》で捨《す》てるハデな攻《せ》め手《て》です。

問題9　正解《せいかい》手順《てじゅん》と変化《へんか》手順《てじゅん》

持駒《もちごま》　なし

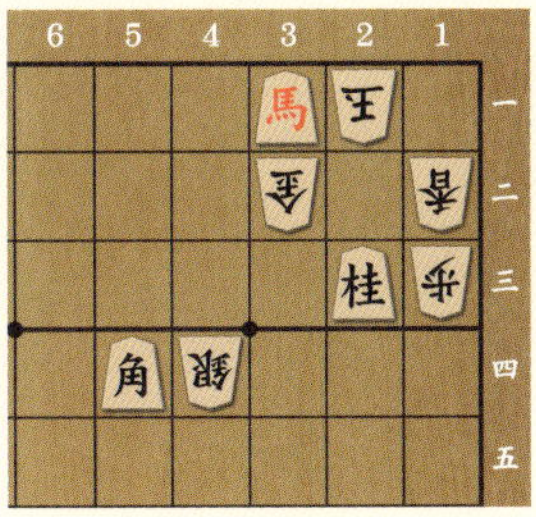

【正解図《せいかいず》】
▲2三桂《けい》
△2二玉《ぎょく》
▲2一飛《ひ》
△同玉《どうぎょく》
▲3一角成《かくなり》
まで5手詰《ごてづめ》

持駒《もちごま》　なし

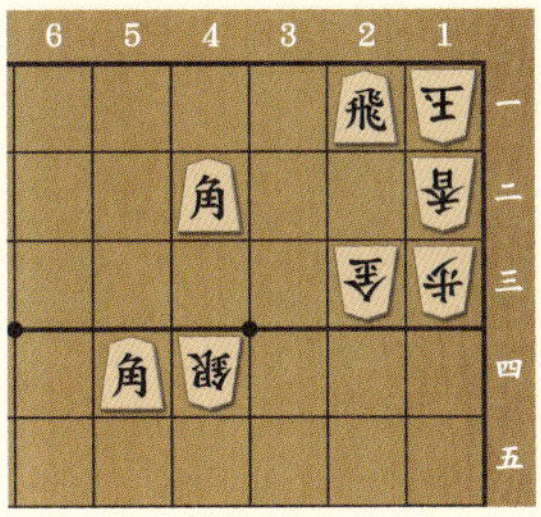

変化図《へんかず》
▲2三桂《けい》
△同金《どうきん》
▲2一飛《ひ》
まで3手詰《さんてづめ》

2手目《てめ》で△2二玉《ぎょく》と逃《に》げられるとなやむところですが、▲2一飛《ひ》なら「玉《ぎょく》」が自分《じぶん》でとるしかありません。下段《げだん》に落《お》としたら、▲5四角《かく》のききを使《つか》って詰《つ》みとなります。

問題10 正解手順《せいかいてじゅん》と失敗例《しっぱいれい》

持駒《もちごま》 なし

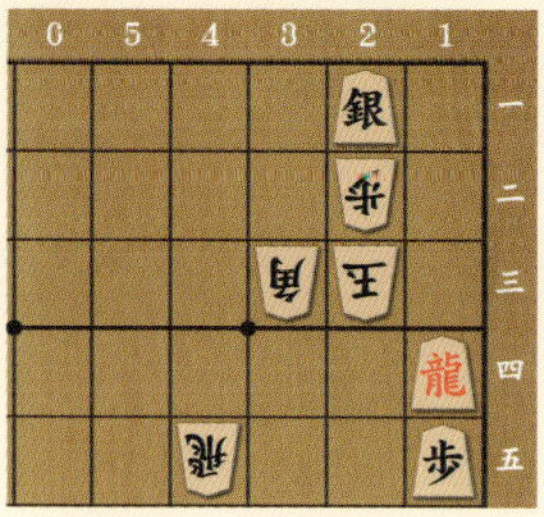

【正解図《せいかいず》】
▲2一銀不成《ぎんならず》
△2三玉《ぎょく》
▲4五馬《うま》
△同飛《どうひ》
▲1四飛成《ひなり》
まで5手詰《ごてづめ》

持駒《もちごま》 なし

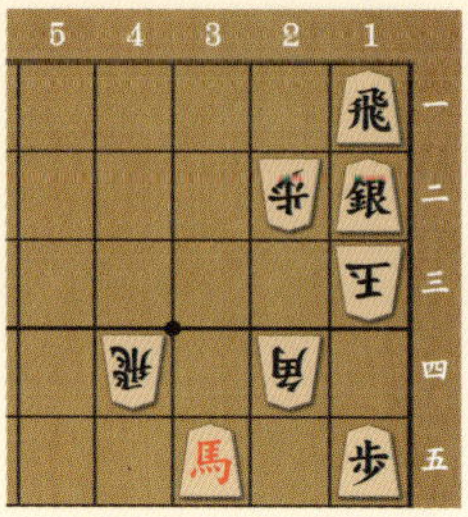

失敗図《しっぱいず》
▲3五馬《うま》
△2四角《かく》
まで（失敗《しっぱい》）

初手《しょて》▲3五馬《うま》もよさそうですが、△2四角《かく》（失敗図《しっぱいず》）で応《おう》じられると、以下《いか》攻《せ》め手《て》はあるものの、3三から逃《に》げられてしまいます。△2四角《かく》の合駒《あいごま》は逃《に》げ道《みち》づくりの手《て》にもなっていたのです。

【レベル判定】

10問全問正解《もんぜんもんせいかい》……すばらしい！ 才能《さいのう》アリです。未来《みらい》の名人《めいじん》かもしれません！

7問以上正解《もんいじょうせいかい》……実力十分《じつりょくじゅうぶん》。解《と》けなかったり、まちがえた問題《もんだい》を見直《みなお》してください。

5問以上正解《もんいじょうせいかい》……よくがんばりました！ 上級問題《じょうきゅうもんだい》をもう一度《いちど》やってみて、さらに力《ちから》をつけましょう。

3問以上正解《もんいじょうせいかい》……実力《じつりょく》はあるはずですが、かんちがいがあったかもしれません。中級問題《ちゅうきゅうもんだい》からもう一度《いちど》！

0～2問正解《もんせいかい》……ちょっとむずかしかったかもしれません。もう一度《いちど》、初級問題《しょきゅうもんだい》からチャレンジしましょう。

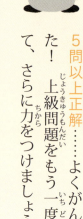

あとがき　～おうちの方《かた》へ～

(1)「将棋《しょうぎ》を孫《まご》に伝《つた》える会《かい》」の考《かんが》えていること

「将棋《しょうぎ》を孫《まご》に伝《つた》える会《かい》」を設立《せつりつ》して6年《ねん》。将棋《しょうぎ》の普及《ふきゅう》のむずかしさを感《かん》じながら日々《ひび》奮闘《ふんとう》しています。

子《こ》どもたちの上達《じょうたつ》のポイントは「対局《たいきょく》」と「詰将棋《つめしょうぎ》」です。やさしい詰将棋《つめしょうぎ》（3手詰《てづめ》・5手詰《てづめ》）が解《と》けるレベルというのは将棋《しょうぎ》の面白《おもしろ》さを理解《りかい》するひとつの目安《めやす》かと思《おも》います。

将棋《しょうぎ》の面白《おもしろ》さを感《かん》じるために一番大切《いちばんたいせつ》なことは「自分《じぶん》の頭《あたま》で考《かんが》えること」ではないでしょうか。時宜《じぎ》を得《え》たアドバイスはもちろん必要《ひつよう》ですが、「教《おし》えてしまう」ことがマイナスになることもあります。「自分《じぶん》が考《かんが》えて自分《じぶん》で指《さ》す」そこで将棋《しょうぎ》の面白《おもしろ》さを理解《りかい》してもらうわけです。

本書《ほんしょ》の詰将棋《つめしょうぎ》では「やさしい出題《しゅつだい》」を心《こころ》がけています。このことで「解《と》けた喜《よろこ》び」を感《かん》じて、自《みずか》ら次《つぎ》の課題《かだい》に挑戦《ちょうせん》する意欲《いよく》がわき出《で》てくるのです。

(2) ルールとマナーについて

将棋《しょうぎ》は、ルールとマナーを学《まな》ぶためにも絶好《ぜっこう》のゲームです。ルールを正《ただ》しく理解《りかい》し、マナーにも心《こころ》を配《くば》らなければなりません。幼少期《ようしょうき》にこれらを学ぶことは大変《たいへん》に意義深《いぎぶか》いことと思《おも》います。指《さ》した手《て》の良《よ》し悪《あ》しとか、勝《か》った負《ま》けたよりも大切《たいせつ》なことです。

①姿勢《しせい》を正《ただ》しくして指《さ》しなさい。
②片手《かたて》で指《さ》しなさい……両手《りょうて》を使《つか》うのはマナー違反《いはん》です。
③指《さ》す手《て》を決《き》めるまで手《て》を盤《ばん》の上《うえ》に持《も》ってこないように……一度《いちど》指《さ》した手《て》は動《うご》かせません。
④負《ま》けましたと言《い》える子《こ》どもに……悔《くや》しくても「投了《とうりょう》」の挨拶《あいさつ》が大切《たいせつ》です。
⑤駒《こま》の正《ただ》しいとり方《かた》……まず相手《あいて》の駒《こま》を自分《じぶん》の駒台《こまだい》に運《はこ》び、次《つぎ》に自《じ》分《ぶん》の駒《こま》をその位置《いち》に進《すす》めるのが優雅《ゆうが》なとり方《かた》です。
⑥「段級判定《だんきゅうはんてい》」を励《はげ》みにして上達《じょうたつ》を目指《めざ》す……子《こ》どもたちにとって大《おお》きな励《はげ》みになります。目《め》の前《まえ》の勝負《しょうぶ》にこだわらず、上達《じょうたつ》を目《め》指《ざ》すことが重要《じゅうよう》です。段級位認定証《だんきゅういにんていしょう》の授与《じゅよ》では、ルールとマナーができているかどうかを必《かなら》ず付《つ》け加《くわ》えて改善点《かいぜんてん》を指摘《してき》します。

(3) 将棋《しょうぎ》の教育的効果《きょういくてきこうか》について

よくいわれるのは脳《のう》の活性化《かっせいか》です。最近《さいきん》では子《こ》どもたちのみならず、中高年《ちゅうこうねん》の認知症予防効果《にんちしょうよぼうこうか》もあるとされます。

その他《た》、以下《いか》のような効果《こうか》が期待《きたい》できます。

①我慢《がまん》する力《ちから》、相手《あいて》を尊重《そんちょう》する心《こころ》が育《そだ》つ
②負《ま》けたときの心《こころ》の持《も》ちかたを学《まな》ぶ
③公共心《こうきょうしん》を養《やしな》う
④真《しん》のコミュニケーション力《りょく》が身《み》につく
⑤世代間《せだいかん》コミュニケーションに役立《やくだ》つ
⑥自分《じぶん》のいたらないことを思《おも》いしる
⑦偶然《ぐうぜん》に頼《たよ》らない姿勢《しせい》の確立《かくりつ》
⑧アナログ的《てき》な活字文化《かつじぶんか》の継承《けいしょう》
⑨「囲碁《いご》」「将棋《しょうぎ》」「チェス」での国際交流《こくさいこうりゅう》

現在《げんざい》の藤井《ふじい》フィーバーは「将棋《しょうぎ》の普及《ふきゅう》」に追《お》い風《かぜ》であることはもちろん間違《まちが》いありません。しかしながら、「将棋《しょうぎ》の普及《ふきゅう》」は地道《じみち》な活動《かつどう》が基本《きほん》であります。

藤井《ふじい》さんの次《つぎ》の世代《せだい》のヒーロー出現《しゅつげん》を夢《ゆめ》とする一方《いっぽう》、多《おお》くの子《こ》どもたちが「将棋《しょうぎ》」を一生《いっしょう》の趣味《しゅみ》にして豊《ゆた》かな人生《じんせい》を歩《あゆ》んでほしいと願《ねが》っています。さらにこのような「将棋《しょうぎ》の普及《ふきゅう》」への思《おも》いを受《う》け継《つ》いでくれる子《こ》どもたちに出会《であ》うことを願《ねが》って活動《かつどう》しています。本著《ほんちょ》が「将棋《しょうぎ》の普及《ふきゅう》」に少《すこ》しでも役立《やくだ》つことを祈《いの》っています。

■著者紹介　「将棋を孫に伝える会」三宅英治
2011 年 10 月：「将棋を孫に伝える会」設立。全国に「将棋の普及」をアピール。
2012 年 6 月：普及用の小冊子「解けてうれしい詰将棋」を月刊として創刊。
現在は「季刊号＋増刊号 4 冊」にて年刊 8 冊発行、現在累計 60 冊を発行。
2014 年 3 月：定年を少しだけ前にしてサラリーマンを卒業。同時に一切の趣味嗜好（酒、煙草、ギャンブル、ゴルフ、温泉など）を断ち切り、子供たちへの「将棋の普及」に専念することを決意。
2014 年 12 月　「大津・将棋を孫に伝える会」を設立。大津市内にて親子将棋教室を開催。特に将棋を全く知らない親子に将棋の面白さを伝えることに全力。
［主な主張］
（1）「将棋」は日本の子供達の精神教育に役立つ
（2）自殺する子供、スマホ中毒、ギャンブル依存症などを発生させない世の中にしたい
（3）中高年の生きがいは世代間コミュニケーション

■監修者紹介　九段 勝浦 修
1946 年北海道紋別市生まれ／ 1967 年プロ棋士四段／ 1985 年九段／ 2011 年引退
A 級在位通算 7 年。タイトル戦出場 2 回。棋戦優勝 3 回。

将棋連盟常務理事、専務理事として長年活躍。

詰将棋作家としても有名で、『勝浦詰将棋選集』（日本将棋連盟）『詰将棋道場シリーズ」（マイナビ）など多数執筆。

現在もサンケイスポーツ、毎日新聞にて出題中。発表数は約一万局。

■問題図出典『解けてうれしい詰将棋』
上級問題 3 手詰・・・平成 24 年 6 月号～平成 25 年 11 月号から 10 題。
5 手詰・・・平成 25 年 2 月号～平成 25 年 9 月号から 20 題。
レベル判定問題・・・平成 28 年夏号～平成 29 年秋号から 10 題（勝浦九段出題）

すぐに覚えられる特製将棋付
頭がよくなる詰将棋ドリル

2017 年 11 月 11 日　第 1 刷発行

著者：将棋を孫に伝える会
責任編者：三宅英治
装丁：後藤美奈子
イラスト・デザイン：金本康民
表紙写真　疋田千里

発行者　岡田剛
発行　株式会社　楓書店
〒 107-0061　東京都港区北青山 1-4-5 5F
TEL 03-5860-4328
http://www.kaedeshoten.com/

発売　株式会社　サンクチュアリ・パブリッシング (サンクチュアリ出版)
〒 151-0051　東京都渋谷区千駄ヶ谷 2-38-1
TEL 03-5775-5192 ／ FAX 03-5775-5193

印刷・製本　中央精版印刷株式会社

ISBN978-4-86113-829-4